2021

中国有色金属
发展报告

中国有色金属工业协会　编

北京

冶金工业出版社

2021

图书在版编目(CIP)数据

2021中国有色金属发展报告/中国有色金属工业协会编．—北京：冶金工业出版社，2021.5

ISBN 978-7-5024-8835-2

Ⅰ．①2… Ⅱ．①中… Ⅲ．①有色金属冶金—工业发展—研究报告—中国—2021 Ⅳ．①F426.32

中国版本图书馆CIP数据核字(2021)第098302号

出 版 人 苏长永
地 址 北京市东城区嵩祝院北巷39号 邮编 100009 电话 (010)64027926
网 址 www.cnmip.com.cn 电子信箱 yjcbs@cnmip.com.cn
责任编辑 张熙莹 美术编辑 彭子赫 版式设计 郑小利 孙跃红
责任校对 郑 娟 责任印制 禹 蕊
ISBN 978-7-5024-8835-2
冶金工业出版社出版发行；各地新华书店经销；北京捷迅佳彩印刷有限公司印刷
2021年5月第1版，2021年5月第1次印刷
787mm×1092mm 1/16；26.25印张；467千字；409页
298.00元

冶金工业出版社 投稿电话 (010)64027932 投稿信箱 tougao@cnmip.com.cn
冶金工业出版社营销中心 电话 (010)64044283 传真 (010)64027893
冶金工业出版社天猫旗舰店 yjgycbs.tmall.com
(本书如有印装质量问题，本社营销中心负责退换)

《2021 中国有色金属发展报告》
编 委 会

前　言

2021 年是中国有色金属工业协会成立二十周年。二十年来，中国有色金属工业协会坚持以服务政府、服务行业、服务企业为根本出发点和落脚点，不断探索服务能力与治理能力建设，努力拓展服务方式、手段和途径，持续提升服务水平与治理效能，协会工作一步一步迈上新台阶，作出新贡献。

从 2004 年开始，中国有色金属工业协会每年组织编写《中国有色金属工业发展报告》（以下简称《发展报告》），反映上一年度有色金属主要品种及行业运行发展情况，并以内部资料的形式，在每年一度的理事会上发放给各位代表，满足政府有关部门与相关单位需要，受到了各方面的欢迎。《发展报告》具有连续性、史料性、系统性和独立性的特点，与协会出版发行的《中国有色金属工业年鉴》和《有色金属信息》既相互联系，又各有侧重，是协会会员企业、理事单位、相关从业人员、有关部门与机构及时了解我国有色金属工业最新年度概貌的重要窗口与权威资料。

全面记述 2020 年有色金属产业的《发展报告》基本沿承过去连续 17 年以内部资料印刷的框架结构与主体内容，分为综合篇、专题篇、品种篇、统计篇，其中，品种篇包括铜、铝、铅锌、镍、钴、镁、钨、钼、锡、锑、钛、钽铌、稀土、硅、金、银、锂等主要品种。为了宣传有色、弘扬有色，为了让更多关心支持有色金属产业发展的各界人士认知有色、了解有色，更好满足各方需要，也为了规范和延续，从 2021 年起，《发展报告》由内部资料改为正式公开出版。公开出版的名称稍作调整，统一为《中国有色金属发展报告》并标注出版年份。

《2021 中国有色金属发展报告》的撰稿人主要来自协会本部有关部门、协会所属各有关单位、相关专业分会等，审稿人为各撰稿人所在部门或单位的主要负责人。书中全国数据暂时不包括台湾及香港、澳门地区资料。

2020年是新中国历史上极不平凡的一年，我国有色金属工业也经受了严峻的考验。面对错综复杂的国际形势、艰巨繁重的国内改革发展稳定任务、新冠肺炎疫情突如其来的严重冲击，在以习近平同志为核心的党中央坚强领导下，我国有色金属行业企业扎实贯彻落实党中央、国务院决策部署，在做好自身疫情防控的同时，积极有序推进企业复工复产。有色金属工业在一季度探底后，从二季度起逐季形成恢复性向好的态势。全年主要有色金属产量突破6000万吨大关，达到6188万吨，同比增长5.5%；规模以上有色金属工业企业（包括独立黄金企业）实现营业收入58266.5亿元，同比增长3.8%；实现利润总额1833.2亿元，同比增长19.2%。总体上看，2020年我国有色金属行业交出了一份可以载入史册的答卷。

2021年是中国共产党成立一百周年，是开启全面建设社会主义现代化国家新征程的第一年，也是实施"十四五"规划的第一年。对有色金属行业而言，认识新发展阶段、贯彻新发展理念、构建新发展格局，重任在肩，使命光荣。对中国有色金属工业协会而言，2021年也极具纪念意义，在协会成立二十周年之际，顺利完成了协会第四届理事会的换届工作。站在新起点、面对新形势、展现新作为，需要协会发挥更好的服务功能。我们将在推进行业高质量发展、加快有色金属强国建设的征程中，努力向具有全球影响力的世界一流行业协会奋勇迈进。

希望正式出版的《中国有色金属发展报告》能够发挥更好的服务作用。由于有色金属品种多，篇章之间难免交叉重叠，加之准备出版的时间周期短，撰稿人、审稿人把握尺度存在差异与经验不足，书中不足之处在所难免，敬请读者批评指正！

贾红林

2021年4月

目　录

综　合　篇

专　题　篇

品　种　篇

统 计 篇

综合篇

ZONGHE PIAN

2020 年及"十三五"期间
有色金属工业经济运行综述

2020 年，面对突如其来的新冠肺炎疫情，在以习近平同志为核心的党中央坚强领导下，有色金属行业统筹推进疫情防控和复工复产工作，有效推进控产能、促转型，加快高端产业发展，推动行业向高质量发展。2020 年，有色金属工业在一季度探底后，从二季度起走出恢复性向好的态势。2020 年有色金属工业生产、效益及铜、铝年均价格好于上年水平，但固定资产投资及出口额低于上年水平。"十三五"期间，有色金属生产、消费稳中有升，投资稳中趋降，2020 年规模以上有色金属企业效益明显回升。

一、有色金属工业运行情况

（一）有色金属生产、消费平稳增长

1. 2020 年十种常用有色金属冶炼产品产量稳中有升，铜、铝材产量从 4 月起恢复正增长，六种精矿产量从 5 月起恢复正增长

根据国家统计局初步统计，2020 年中国十种有色金属产量首次超过 6000 万吨大关，达到 6188.4 万吨，同比增长 5.5%。其中，一季度增长 2.1%，上半年增长 2.9%，前三个季度增长 3.5%。其中，精炼铜产量 1002.5 万吨，同比增长 2.5%；原铝产量 3708.0 万吨，同比增长 5.6%。六种精矿金属量 603.2 万吨，同比增长 1.6%。氧化铝产量 7313.2 万吨，同比增长 0.3%。铜材产量 2045.5 万吨（尚未扣除企业间重复统计约 200 万吨），同比增长 2.7%；铝材产量 5779.3 万吨（尚未扣除企业间重复统计约 1300 万吨），同比增长 8.6%。

2020 年 12 月十种有色金属日均产量达到 18.5 万吨，同比增长 8.6%（见图 1）。其中，原铝日均产量 10.5 万吨，同比增长 7.6%。

2. "十三五"期间有色金属生产保持平稳增长

"十三五"期间，中国十种有色金属产量总体保持平稳增长的态势，年均增长 3.6%。其中，精炼铜产量年均增长 4.7%，原铝产量年均增长 3.3%。氧

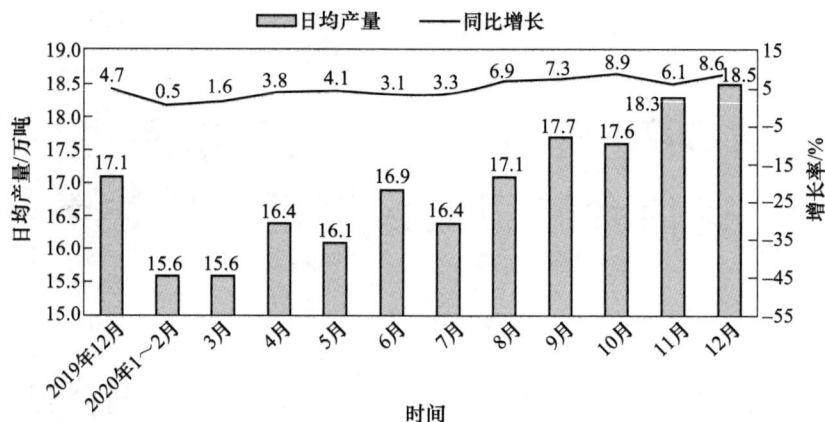

图 1　十种有色金属日均产量及同比增长速度图
数据来源：中国有色金属工业协会、国家统计局

化铝产量年均增长 4.4%，铜材产量按可比口径计算年均增长 4.1%，铝材产量按可比口径计算年均增长 4.4%。

"十三五"期间十种有色金属、精炼铜和原铝产量及同比增长速度如图 2~图 4 所示。

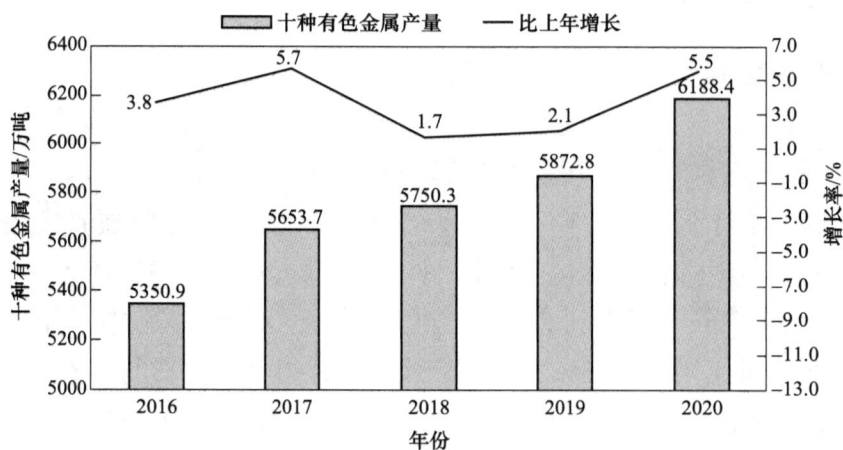

图 2　"十三五"期间十种有色金属产量及同比增长速度图
数据来源：中国有色金属工业协会、国家统计局（2020 年为统计公报数）

3. 精炼铜、原铝消费量增加

2020 年，中国精炼铜消费量为 1290 万吨，比上年增长 4.9%（见图 5）；原铝消费量为 3780 吨，比上年增长 5.3%（见图 6）。"十三五"期间，中国精炼铜年消费量增加约 300 万吨，年均增长 5.4%；原铝年消费量增加约 830 万吨，年均增长 5.1%。

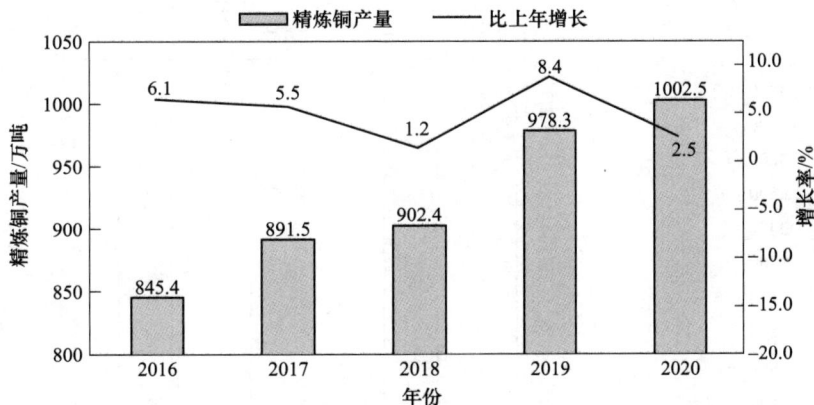

图3 "十三五"期间精炼铜产量及同比增长速度图

数据来源：中国有色金属工业协会、国家统计局（2020年为统计公报数）

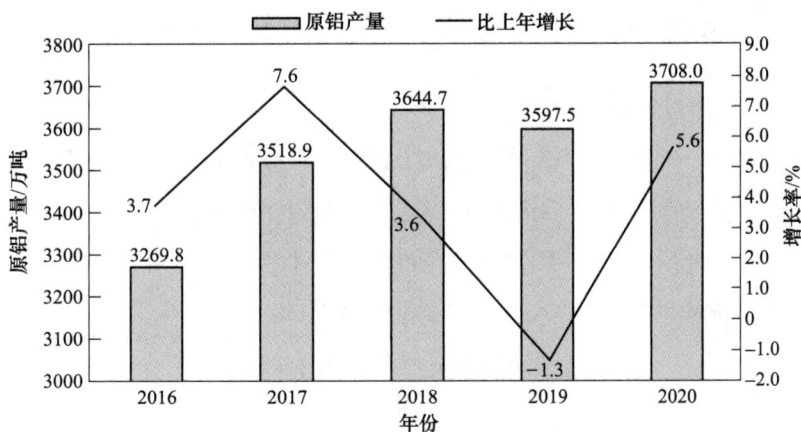

图4 "十三五"期间原铝产量及同比增长速度图

数据来源：中国有色金属工业协会、国家统计局（2020年为统计公报数）

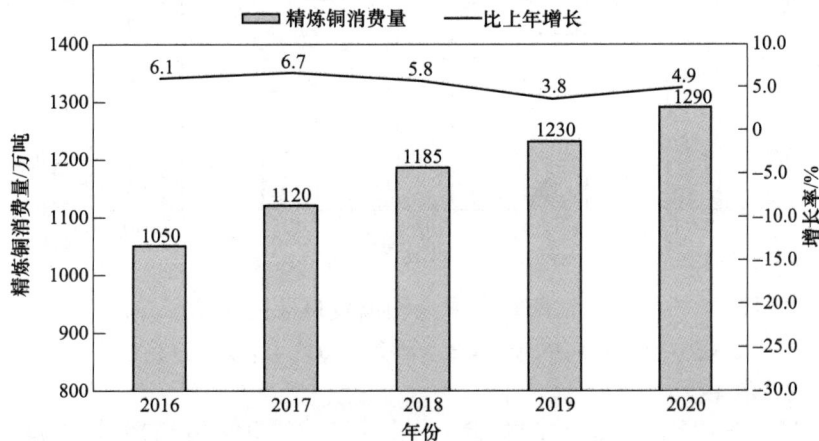

图5 "十三五"期间精炼铜消费量及同比增长速度图

数据来源：中国有色金属工业协会（2020年为初步统计数）

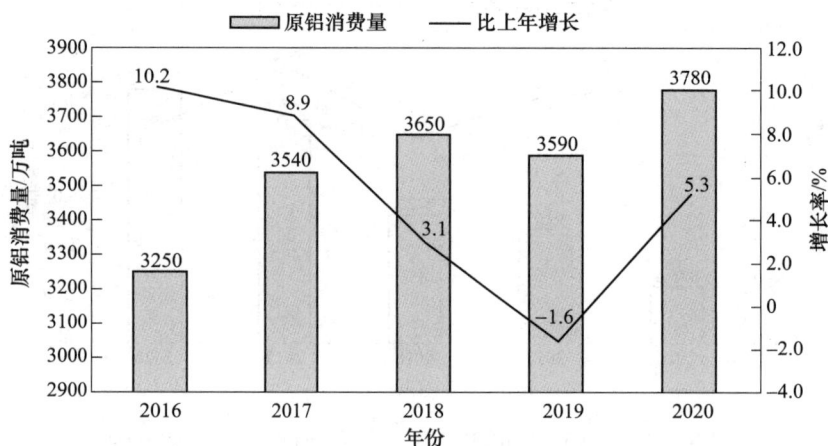

图6 "十三五"期间原铝消费量及同比增长速度图

数据来源：中国有色金属工业协会（2020 年为初步统计数）

4. 全铜、全铝人均消费量明显提升

2020 年，中国全铜人均年消费量为 10.4 千克/人，比上年增长 5.5%（见图 7）；全铝人均年消费量为 29.1 千克/人，比上年增长 6.3%（见图 8）。"十三五"期间，中国全铜人均年消费量增加 2.2 千克/人，年均增长 5.0%；全铝人均年消费量增加 6.0 千克/人，年均增长 4.7%。

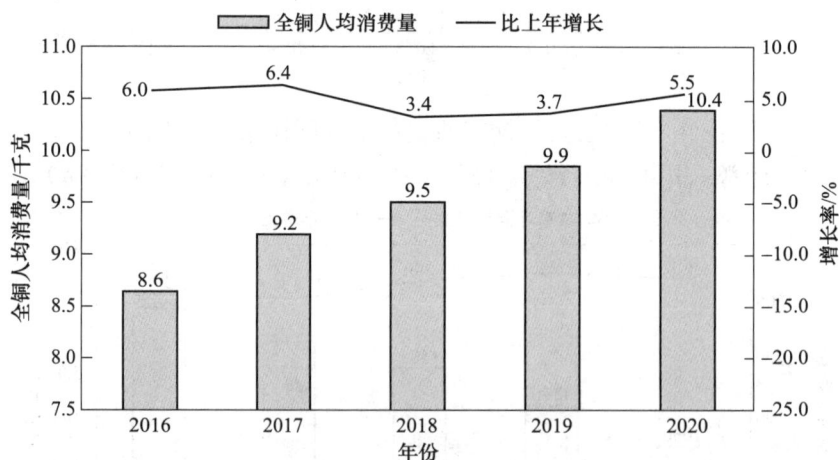

图7 "十三五"期间全铜人均消费量及同比增长速度图

数据来源：中国有色金属工业协会（2020 年为初步统计数）

（二）2020 年投资降幅逐步收窄，"十三五"期间投资稳中趋降

1. 2020 年有色金属投资降幅逐步收窄

据国家统计局新统计方法统计，2020 年有色金属工业（包括独立黄金企

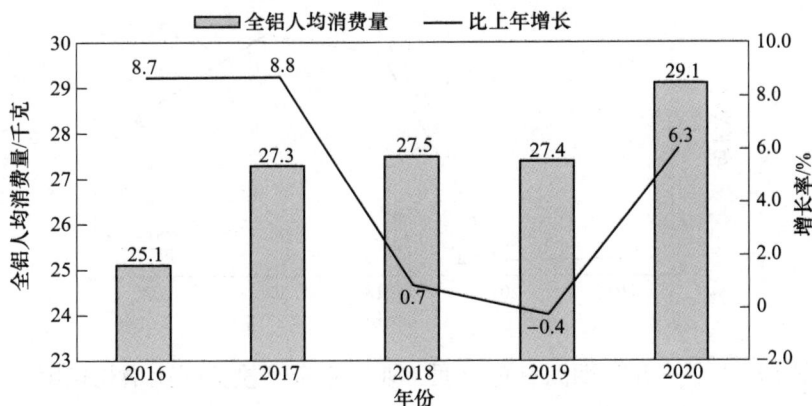

图8 "十三五"期间全铝人均消费量及同比增长速度图

数据来源：中国有色金属工业协会（2020年为初步统计数）

业）完成固定资产总投资额同比下降1.0%。其中，一季度下降11.4%，上半年下降8.9%，前三个季度下降7.0%。其中，矿山采选完成固定资产投资同比下降4.0%；冶炼和压延加工完成固定资产投资同比下降0.4%（见图9）。

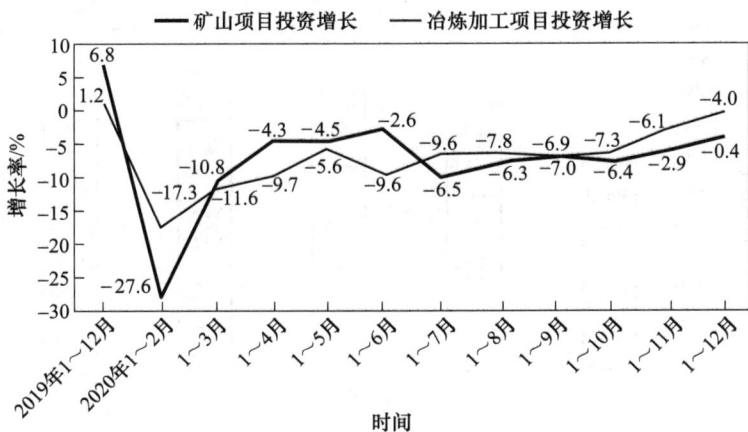

图9 有色金属矿山及冶炼加工项目投资同比增长速度图

数据来源：国家统计局

2. "十三五"期间完成固定资产投资稳中趋降

"十三五"期间，中国有色金属工业完成固定资产投资总体呈稳中趋降的态势，年均下降2.6%。分年度看，2016年和2017年比上年下降，2018年和2019年比上年小幅回调，2020年比上年小幅回落（见图10）。

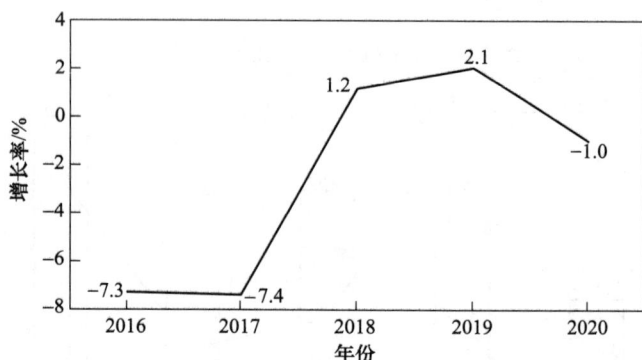

图 10 "十三五"期间有色金属工业固定资产投资同比增长速度图

数据来源：国家统计局（2020 年为初步统计数）

（三）有色金属矿产资源进口增加，铝材、稀土等出口回落

1. "十三五"期间有色金属进出口总额小幅增长

（1）根据海关总署统计数据整理，2020 年有色金属进出口贸易总额（含黄金贸易额）1542.4 亿美元，同比下降 11.3%。其中：进口额 1250.5 亿美元，下降 13.2%；出口额 291.9 亿美元，下降 2.2%（见图 11）。"十三五"期间有色金属进出口总额（含黄金贸易额）年均增长 3.4%。

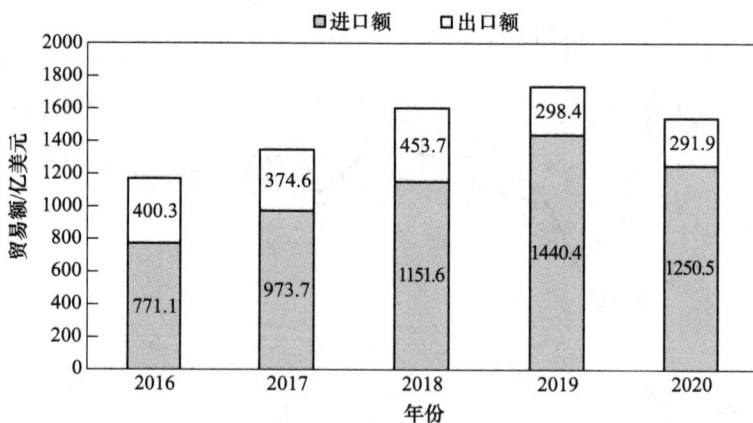

图 11 "十三五"期间有色金属（含黄金）进出口额增减趋势图

数据来源：中国有色金属工业协会、海关总署

（2）2020 年，有色金属进出口贸易总额（不含黄金贸易额）1329.8 亿美元，同比增长 7.7%。其中：进口额 1136.3 亿美元，同比增长 13.2%（见图 12）；出口额 256.5 亿美元，同比下降 11.6%（见图 13）。贸易逆差为 879.8 亿美元，同比增长 23.4%。"十三五"期间有色金属进出口总额（不含黄金贸

易额）年均增长 3.3%。其中，进口额年均增长 5.5%，出口额年均下降 1.3%。

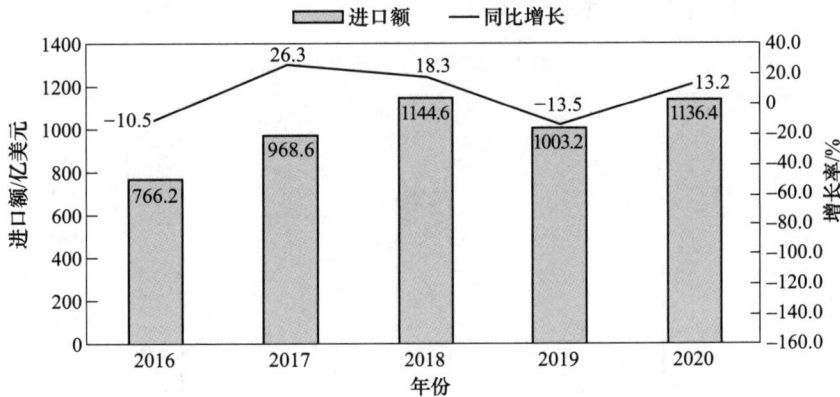

图 12　"十三五"期间有色金属（不含黄金）进口额及同比增长速度图
数据来源：中国有色金属工业协会、海关总署

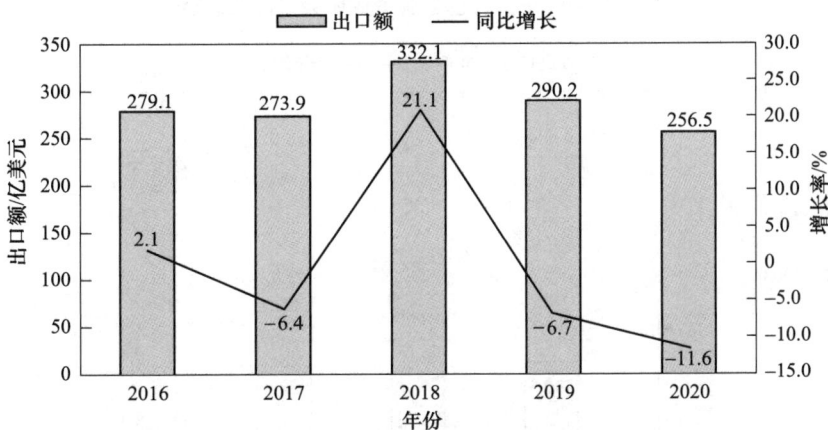

图 13　"十三五"期间有色金属（不含黄金）出口额及同比增长速度图
数据来源：中国有色金属工业协会、海关总署

2. 未锻轧铜进口大幅增长，铜废碎料进口下降

2020 年，铜产品进口额 823.2 亿美元，同比增长 18.9%，占有色金属产品（不含黄金贸易额）进口额的比重为 72.4%；出口额 54.9 亿美元，同比下降 9.3%。铜产品贸易逆差为 768.3 亿美元，占有色金属贸易逆差的 87.3%。2020 年，进口铜精矿实物量为 2178.7 万吨，同比下降 0.9%（见图 14）；进口粗铜（阳极铜）103.0 万吨，同比增长 36.4%；进口未锻轧铜 501.6 万吨，同比增长 34.9%（见图 15）；进口铜材 61.6 万吨，同比增长 22.4%；进口铜废

碎料实物量94.4万吨,同比下降36.5%。2020年,出口未锻轧铜21.2万吨,同比下降32.9%;出口铜材53.8万吨,同比增长2.7%。2020年,净进口未锻轧铜489.4万吨,同比增长43.8%。

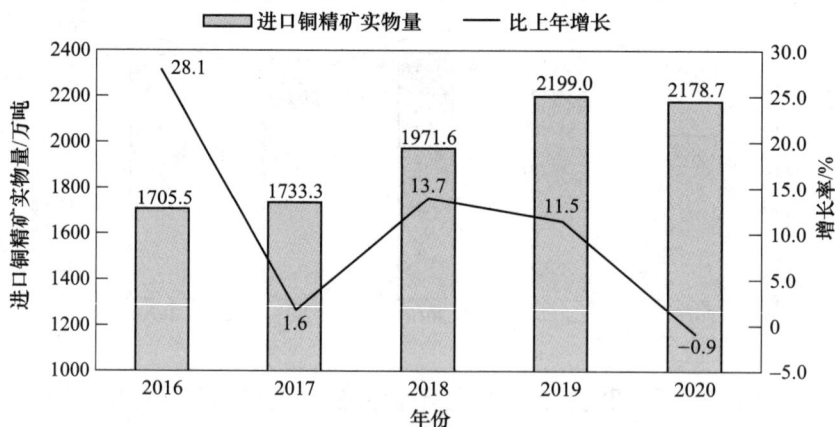

图14 "十三五"期间进口铜精矿及同比增长速度图

数据来源:中国有色金属工业协会、海关总署

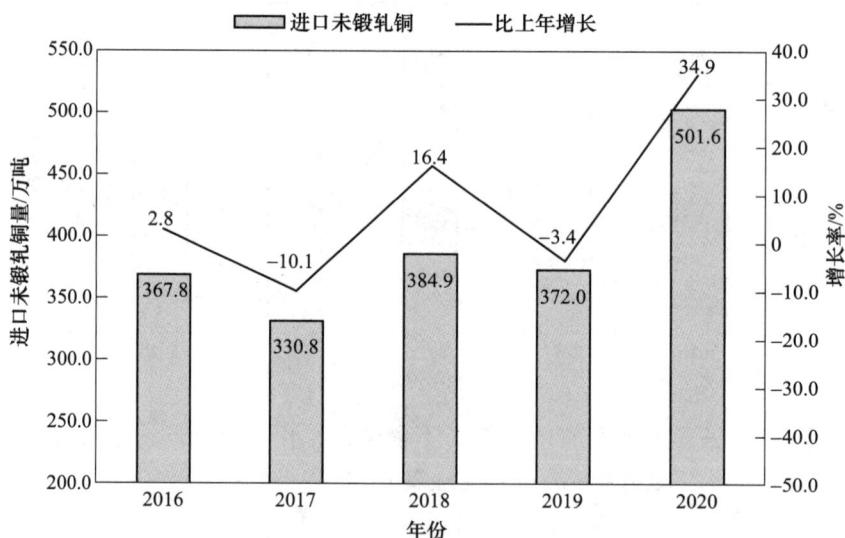

图15 "十三五"期间进口未锻轧铜及同比增长速度图

数据来源:中国有色金属工业协会、海关总署

"十三五"期间,中国铜精矿进口量年均增长10.3%,未锻轧铜进口量年均增长6.2%,铜废碎料进口实物量年均下降23.7%。

3. 进口铝土矿增加,出口铝材下降

2020年,铝产品进口额为136.6亿美元,同比增长28.2%;出口额为

135.1亿美元，同比下降13.6%，占有色金属产品（不含黄金贸易额）出口额的比重为52.4%。2020年，进口铝土矿11155.8万吨，同比增长10.8%；进口氧化铝380.6万吨，同比增长131.3%；进口未锻轧铝229.8万吨，同比增长6.9倍；进口铝材40.7万吨，同比增长14.7%；进口铝废料实物量82.5万吨，同比下降40.8%。2020年，出口氧化铝15.5万吨，同比下降43.8%；出口未锻轧铝23.4万吨，同比下降61.2%；出口铝材463.6万吨，同比下降9.9%。2020年，净出口铝材422.9万吨，同比下降15.3%。

"十三五"期间，中国铝材出口量总体呈前增后降，2018年出口量达到523.3万吨后，2019年和2020年持续下降，但"十三五"期间仍年均增长1.9%（见图16）。"十三五"期间，中国铝土矿进口量年均增长14.7%，铝废料进口实物量年均下降16.9%（见图17）。

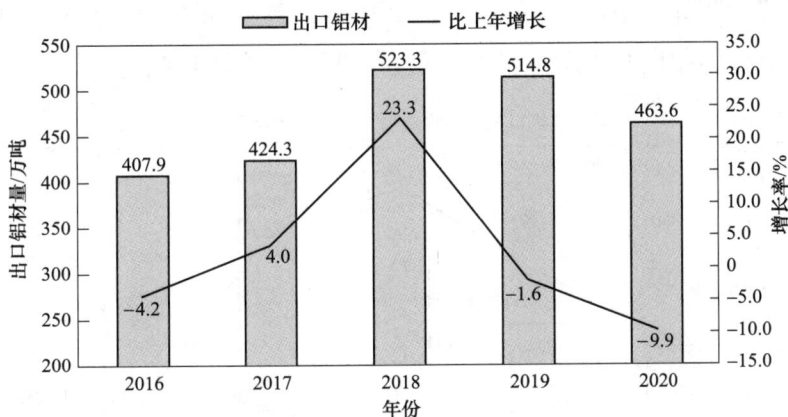

图16 "十三五"期间出口铝材及同比增长速度图

数据来源：中国有色金属工业协会、海关总署

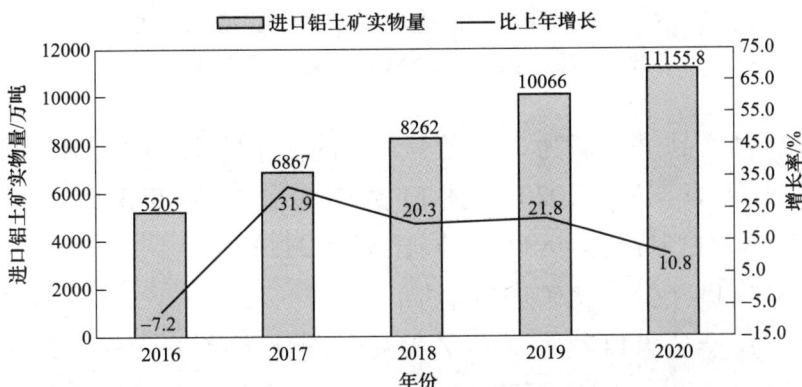

图17 "十三五"期间进口铝土矿及同比增长速度图

数据来源：中国有色金属工业协会、海关总署

4. 进口未锻轧铅、锌及铅精矿减少，进口锌精矿增加

2020 年，铅产品进口额为 18.3 亿美元，同比下降 25.2%；出口额为 0.3 亿美元，同比下降 61.6%。2020 年，进口铅精矿实物量为 133.5 万吨，同比下降 17.2%；进口未锻轧铅 6.5 万吨，同比下降 64.5%。

2020 年，锌产品进口额为 44.2 亿美元，同比下降 3.8%；出口额为 1.5 亿美元，同比下降 35.3%。2020 年，进口未锻轧锌 61.5 万吨，同比下降 11.2%；进口锌精矿实物量为 382.2 万吨，同比增长 20.4%。

5. 进口镍矿、钴矿均下降

2020 年，镍产品进口额为 56.2 亿美元，同比下降 27.3%；出口额为 5.4 亿美元，同比下降 38.2%。2020 年，进口镍矿实物量为 3912.2 万吨，同比下降 30.3%；进口未锻轧镍 13.2 万吨，同比下降 32.2%。

"十三五"期间，中国镍矿进口量 2019 年高达 5615.9 万吨，2020 年回落为 3912.2 万吨（见图 18），但"十三五"期间仍年均增长 2.2%。

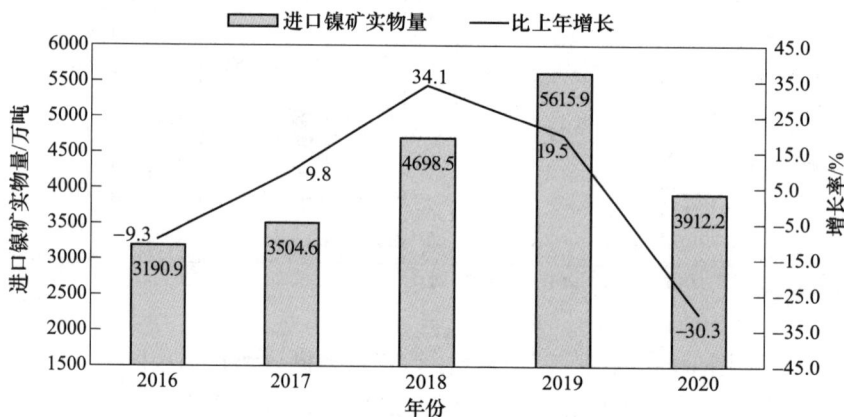

图 18 "十三五"期间进口镍矿及同比增长速度图

数据来源：中国有色金属工业协会、海关总署

2020 年，钴产品进口额为 2.3 亿美元，同比下降 23.9%；出口额为 1.8 亿美元，同比下降 18.0%。2020 年进口钴矿实物量为 5.3 万吨，同比下降 41.7%；进口钴及钴制品为 488 吨，同比下降 21.1%。

6. 镁产品出口减少，钛矿进口增加

2020 年，镁产品出口额为 9.6 亿美元，同比下降 16.2%。2020 年，出口未锻轧镁为 31.1 万吨，同比下降 12.0%；出口镁粒、粉 6.9 万吨，同比下降 18.0%；出口镁材及制品为 7617 吨，同比下降 0.5%。

2020 年，钛产品进口额为 10.7 亿美元，同比增长 0.2%。2020 年，进口

钛矿实物量为 301.4 万吨，同比增长 15.3%；进口海绵钛为 4723 吨，同比下降 33.8%。

"十三五"期间，中国钛矿进口量年均增长 9.9%。

7. 进口钨、锡、锑矿下降，进口钼矿增长，多数钨、钼、锡、锑冶炼加工产品出口下降

2020 年，钨产品进口额为 0.9 亿美元，同比下降 7.6%；出口额为 3.2 亿美元，同比下降 57.9%。2020 年，进口钨矿实物量为 1954 吨，同比下降 31.3%；出口钨材及钨制品量为 4383 吨，同比下降 15.5%；出口钨酸盐为 2802 吨，同比下降 47.2%；出口氧化钨及氢氧化钨为 3968 吨，同比下降 49.4%。

2020 年，钼产品进口额为 5.2 亿美元，同比增长 59.0%；出口额为 4.4 亿美元，同比下降 3.6%。2020 年，进口钼矿实物量为 40003 吨，同比增长 88.5%；出口钼矿实物量为 2356 吨，同比下降 39.1%。2020 年，出口钼材及钼制品为 4241 吨，同比下降 21.5%；出口钼酸盐为 2080 吨，同比增长 20.5%；出口氧化钼及氢氧化钼为 2356 吨，同比下降 39.1%。

"十三五"期间，中国钼矿进口量年均增长 23.4%。

2020 年，锡产品进口额为 9.6 亿美元，同比增长 17.6%；出口额为 1.3 亿美元，同比增长 13.2%。2020 年，进口锡矿实物量为 15.8 万吨，同比下降 11.2%；出口未锻轧锡为 4484 吨，同比下降 26.9%。

2020 年，锑产品进口额为 1.3 亿美元，同比下降 19.8%；出口额为 2.4 亿美元，同比下降 27.8%。2020 年，进口锑矿实物量为 4.3 万吨，同比下降 31.6%；出口未锻轧锑为 8105 吨，同比下降 36.2%；出口氧化锑为 37457 吨，同比下降 11.1%；出口硫化锑为 244 吨，同比下降 77.2%。

8. 稀土出口额回落、进口额增加

2020 年，稀土产品进口额为 5.1 亿美元，同比增长 51.4%；出口额为 3.4 亿美元，同比下降 21.9%。2020 年，出口稀土金属及氧化物 35448 吨，同比下降 23.5%（见图 19）。

"十三五"期间中国稀土出口呈前增后降的态势。

9. 黄金进口额下降、出口额增长，银产品进口额、出口额均增长

2020 年，未锻轧银、银首饰及零件进口额为 16.2 亿美元，同比增长 22.0%；出口额为 31.3 亿美元，同比增长 65.2%。

2020 年，黄金进口额为 114.2 亿美元，同比下降 73.9%；出口额为 35.4 亿美元，同比增长 332.1%。

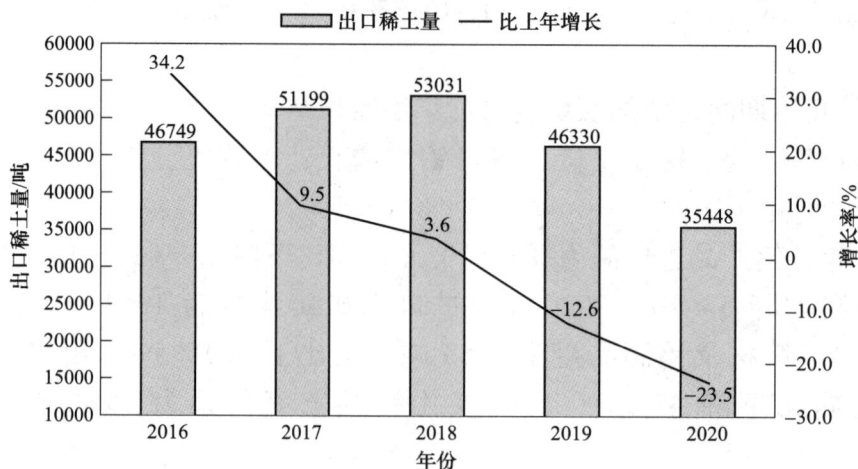

图19 "十三五"期间出口稀土及同比增长速度图

数据来源：中国有色金属工业协会、海关总署

（四）主要金属品种价格筑底后反弹，铜、铝年均价高于上年均价

1. 铜价筑底后率先反弹，年末收盘价创"十三五"期间年末收盘价的新高

2020 年末，LME 及上期所三月期铜收盘价分别为 7766 美元/吨和 57870 元/吨，比上年末收盘价分别上涨 24.9%和 17.2%。2020 年 12 月，LME 三月期铜均价为 7771.5 美元/吨，环比回升 9.8%，同比上涨 27.7%；上期所三月期铜均价为 57960 元/吨，环比回升 9.0%，同比上涨 18.6%；国内现货市场铜均价为 57932 元/吨，环比回升 9.1%，同比上涨 19.3%（见图 20）。

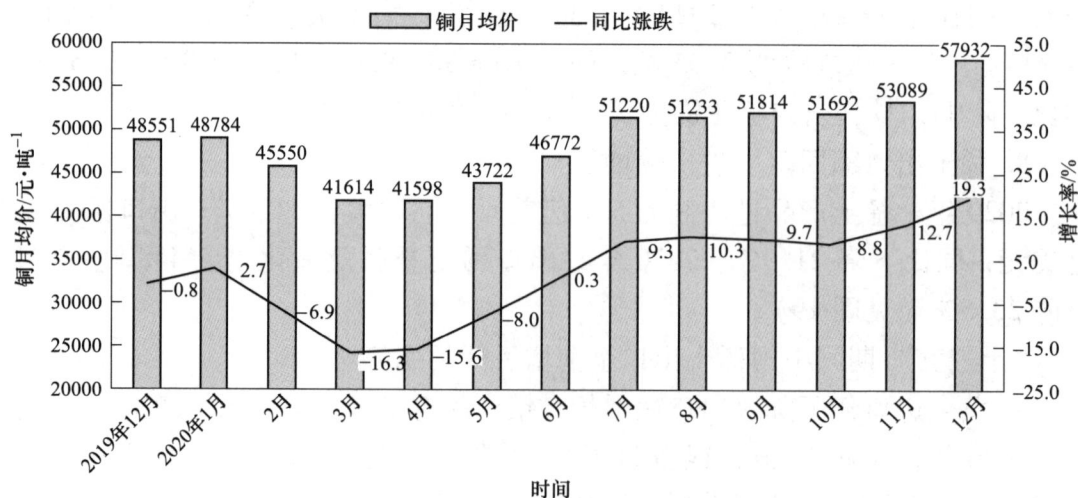

图20 国内市场铜现货月均价及同比增长速度图

数据来源：中国有色金属工业协会

2020年末，LME及上期所三月期铜收盘价分别为"十三五"期间年末收盘价的最高值。2020年国内现货市场铜年均价为48752元/吨，同比上涨2.1%，国内铜现货市场年均价为"十三五"期间第三高（见图21）。

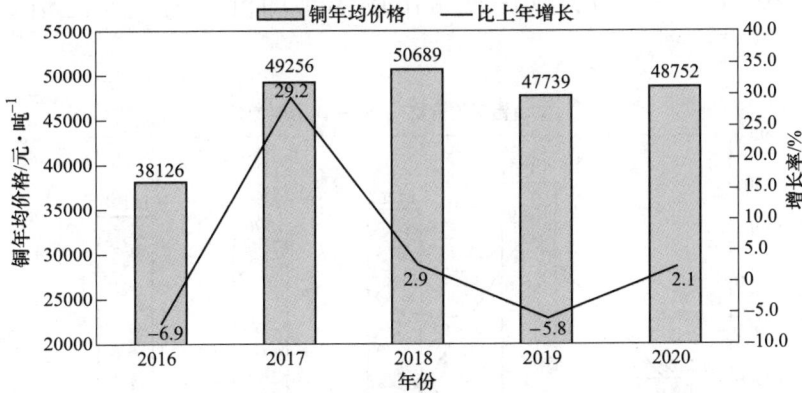

图21 "十三五"期间国内市场铜现货年均价及同比增长速度图
数据来源：中国有色金属工业协会

2. 铝价筑底后反弹，且国内市场铝价好于国际市场

2020年末，LME及上期所三月期铝收盘价分别为1979.5美元/吨和15265元/吨，比上年末收盘价LME下降0.9%、上期所上涨8.9%。2020年12月，LME三月期铝均价为2028.9美元/吨，环比回升4.3%，同比上涨14.0%；上期所三月期铝均价为15770.2元/吨，环比回升5.2%，同比上涨13.1%；国内现货市场铝均价为16480元/吨，环比回升5.4%，同比上涨15.6%（见图22）。

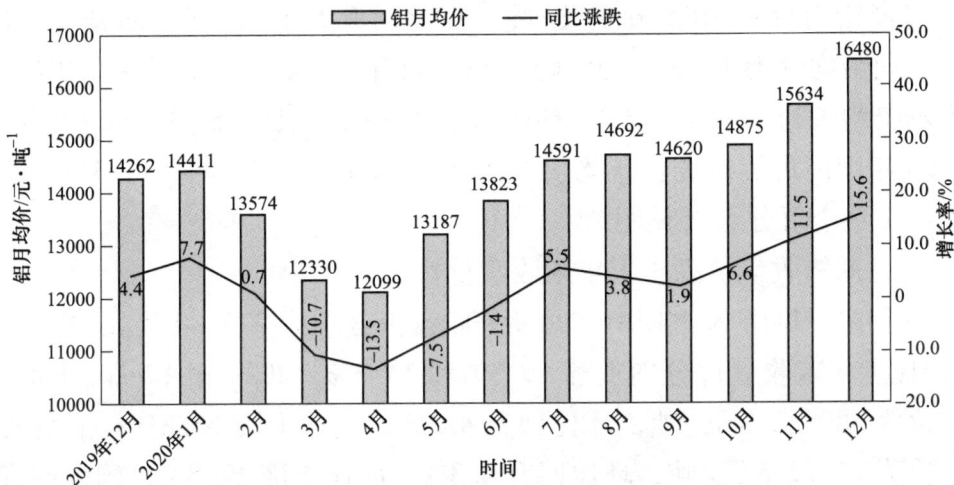

图22 国内市场铝现货月均价及同比增长速度图
数据来源：中国有色金属工业协会

2020 年末，LME 三月期铝收盘价仅次于 2017 年末收盘价 2268 美元/吨，为"十三五"期间年末收盘价的次高值，上期所三月期铝收盘价为"十三五"期间年末收盘价的最高值。2020 年国内现货市场铝现货年均价为 14193 元/吨，同比上涨 1.7%（见图 23），国内现货市场铝年均价，为"十三五"期间的第三高。

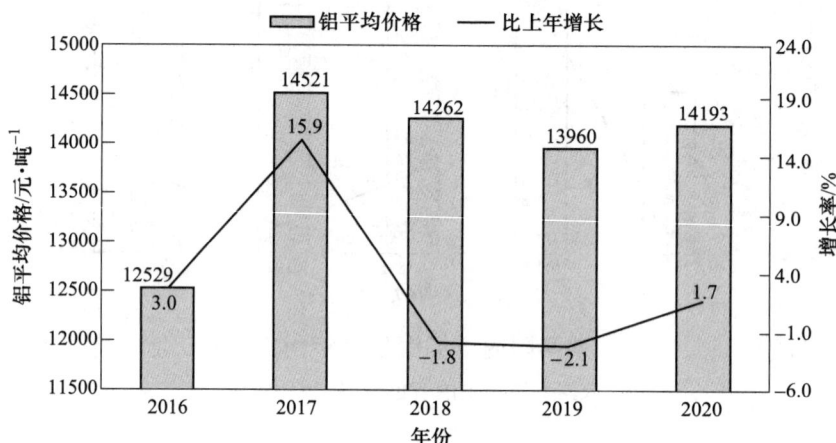

图 23 "十三五"期间国内市场铝现货年均价及同比增长速度图
数据来源：中国有色金属工业协会

3. 国内外市场铅价筑底后反弹

2020 年末，LME 及上期所三月期铅收盘价分别为 1994 美元/吨和 14740 元/吨，比上年末收盘价 LME 上涨 0.1%、上交所下降 2.3%。2020 年 12 月，LME 三月期铅均价为 2028.6 美元/吨，环比回升 5.1%，同比回升 5.9%；上期所三月期铅均价为 14927.2 元/吨，环比回升 1.1%，同比下跌 0.8%；国内现货市场铅均价为 14821 元/吨，环比回落 0.1%，同比下跌 3.2%（见图 24）。

2020 年国内现货市场铅年均价为 14770 元/吨，同比下跌 11.3%，跌幅比上年收窄 1.7 个百分点（见图 25）。

4. 三月期锌收盘价高于上年末收盘价

2020 年末，LME 及上期所三月期锌收盘价分别为 2751.0 美元/吨和 20600 元/吨，比上年末收盘价分别上涨 19.3% 和 14.3%。2020 年 12 月，LME 三月期锌均价为 2809.2 美元/吨，环比回升 4.7%，同比上涨 23.8%；上期所三月期锌均价为 21392.8 元/吨，环比回升 4.3%，同比上涨 17.8%；国内现货市场锌均价为 21753.0 元/吨，环比上涨 4.6%，同比上涨 17.1%（见图 26）。

2020 年国内现货市场锌年均价为 18496.0 元/吨，同比下跌 9.7%，跌幅比

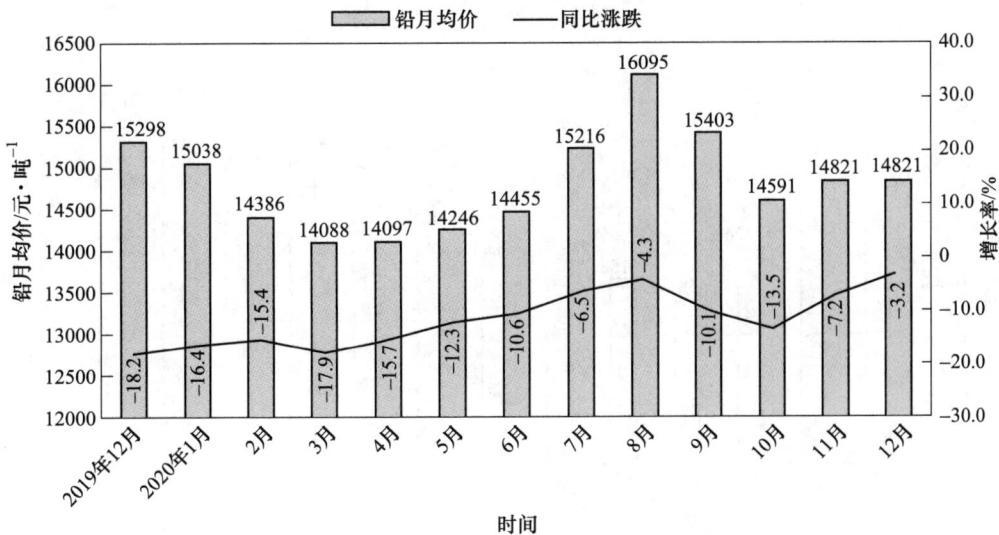

图 24　国内市场铅现货月均价及同比增长速度图

数据来源：中国有色金属工业协会

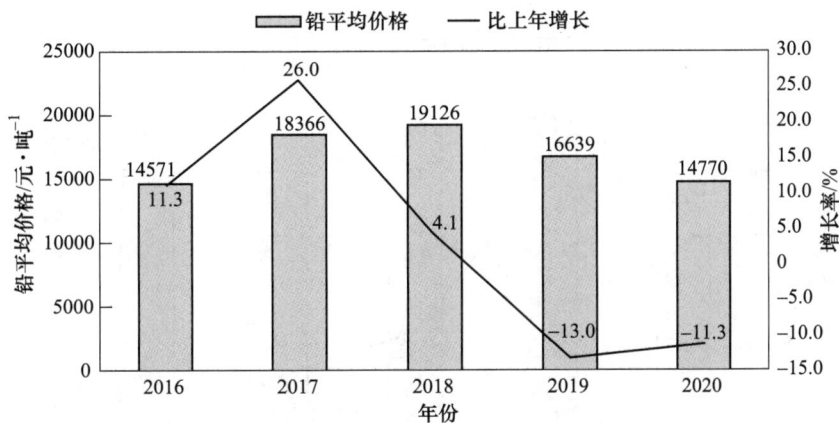

图 25　"十三五"期间国内市场铅现货年均价及同比增长速度图

数据来源：中国有色金属工业协会

上年收窄 3.8 个百分点（见图 27）。

（五）规模以上有色金属企业实现利润明显好于上年

1. 规模以上有色金属企业实现利润逐季度回升

根据国家统计局初步统计，2020 年 8607 家规模以上有色金属工业企业（包括独立黄金企业）实现营业收入为 58266.5 亿元，同比增长 3.9%；实现利润总额为 1833.2 亿元，同比增长 19.2%。其中，独立矿山企业实现利润为 353.7 亿元，增长 14.7%；冶炼企业实现利润为 787.9 亿元，增长 17.3%；

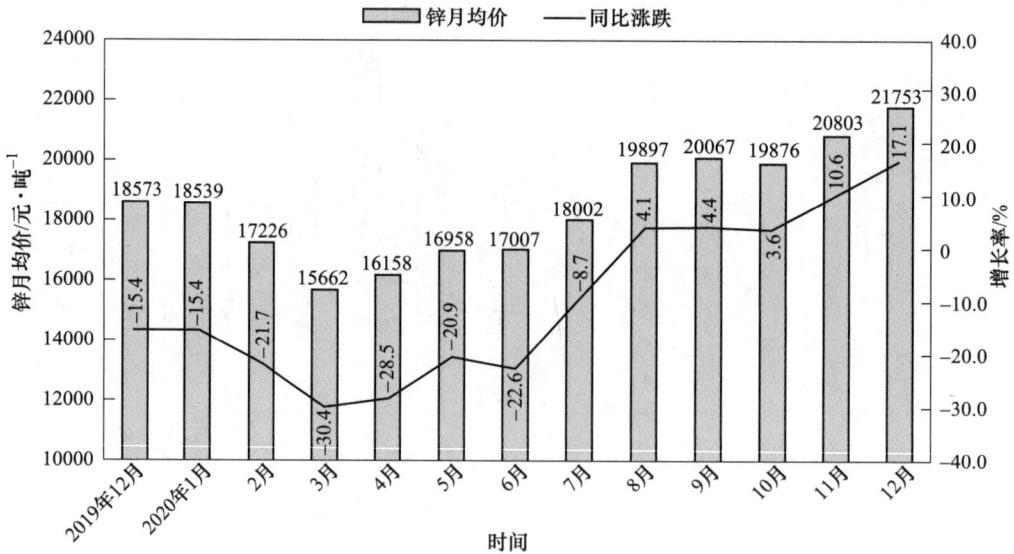

图 26　国内市场锌现货月均价及同比增长速度图

数据来源：中国有色金属工业协会

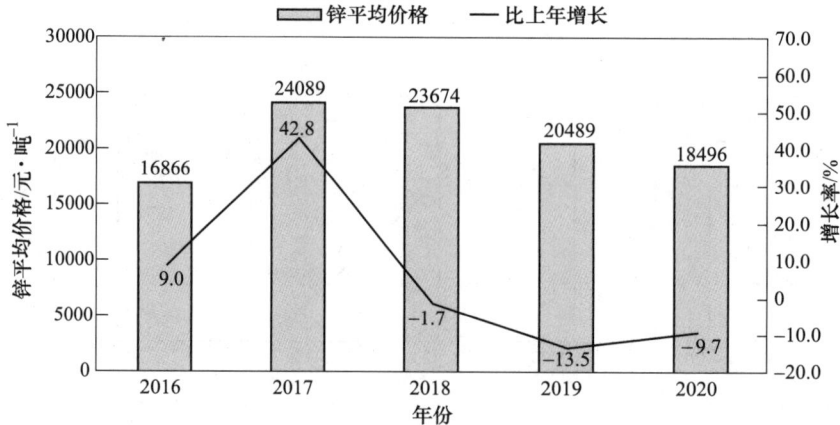

图 27　"十三五"期间国内市场锌现货年均价及同比增长速度图

数据来源：中国有色金属工业协会

加工企业实现利润为 691.5 亿元，增长 23.9%。其中，一季度实现利润为 153.3 亿元，同比下降 31.4%；二季度实现利润为 340.0 亿元，环比增长 121.8%，同比下降 23.0%，上半年实现利润下降 25.8%；三季度实现利润为 607.4 亿元，环比增长 78.6%，同比增长 50.2%，前三个季度实现利润增长 2.9%；四季度实现利润为 732.5 亿元，环比增长 20.6%，同比增长 56.2%（见图 28）。

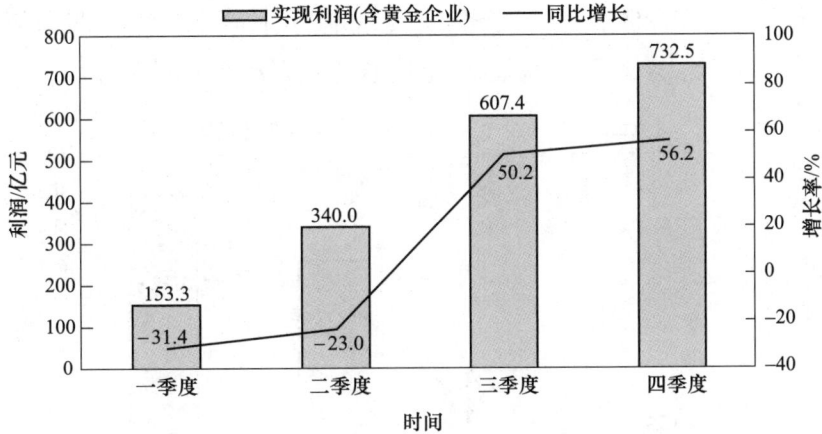

图 28　2020 年规模以上有色金属（含黄金企业）企业季度盈利及同比增长速度图

数据来源：中国有色金属工业协会、国家统计局

"十三五"期间，规模以上有色金属企业（含黄金企业）实现利润 2016 年和 2017 年增长，2018 年和 2019 年下降，2020 年按可比口径计算明显回升（见图 29）。

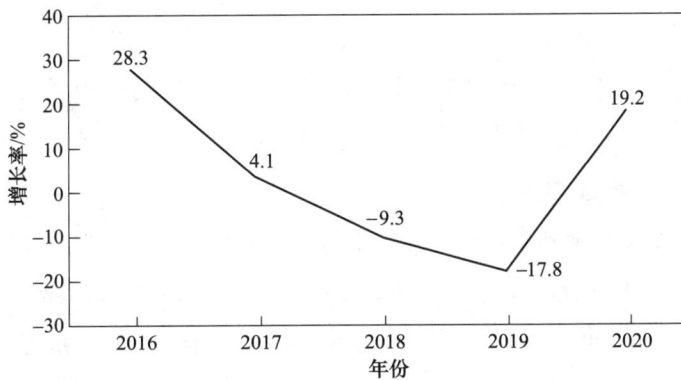

图 29　"十三五"期间规模以上有色金属（含黄金企业）企业实现利润同比增长速度图

数据来源：中国有色金属工业协会、国家统计局

2020 年，8263 家规模以上有色金属工业企业（不包括独立黄金企业，下同）实现营业收入为 53706.9 亿元，同比增长 3.0%；实现利润总额为 1611.5 亿元，同比增长 14.9%。其中，独立矿山企业实现利润为 236.8 亿元，增长 2.4%；冶炼企业实现利润为 683.2 亿元，增长 11.5%；加工企业实现利润为 691.5 亿元，增长 23.9%。其中，一季度实现利润为 116.3 亿元，同比下降 40.2%；二季度实现利润为 281.6 亿元，环比增长 142.1%，同比下降 30.7%；上半年实现利润下降 34.0%；三季度实现利润为 544.7 亿元，环比增长

93.4%，同比增长 47.2%，前三个季度实现利润下降 3.1%；四季度实现利润为 668.9 亿元，环比增长 22.8%，同比增长 55.7%（见图 30）。

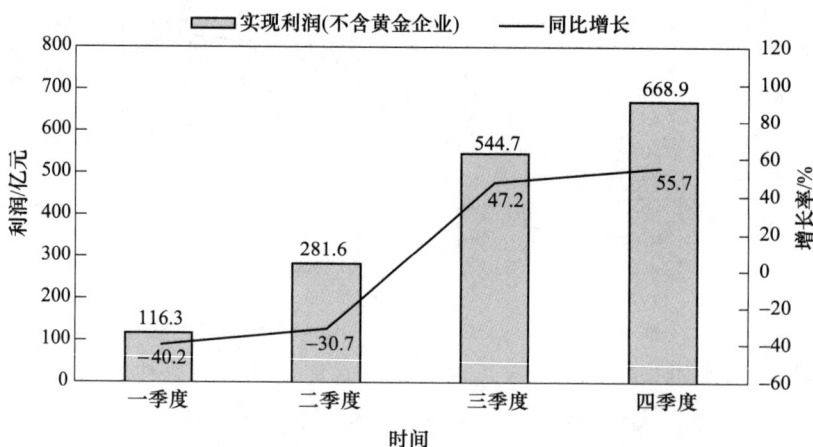

图 30　2020 年规模以上有色金属（不含黄金企业）企业季度盈利及同比增长速度图

数据来源：中国有色金属工业协会、国家统计局

2. 亏损企业亏损额下降

2020 年，8263 家规模以上有色金属工业企业中亏损企业有 1797 家，亏损户数比上年增加 53 家；亏损面为 21.7%，比上年扩大 0.6 个百分点；2020 年亏损企业亏损额为 377.8 亿元，同比减亏 13.0%。

3. 企业库存周转速度加快

2020 年末，8263 家规模以上有色金属工业企业存货额为 6046.8 亿元，同比增长 2.7%。其中产成品库存额为 1663.8 亿元，增长 5.8%。2020 年，规模以上有色金属工业企业库存周转天数为 44.7 天，比一季度加快 12.1 天，比上半年加快 2.7 天，比前三个季度加快 1.5 天。其中，产成品库存周转天数为 12.2 天，比一季度加快 3.8 天，比上半年加快 1 天，比前三个季度加快 0.5 天。

4. 企业资金周转速度提升

2020 年末，8263 家规模以上有色金属工业企业应收账款为 3625.9 亿元，同比增长 18.4%。2020 年，规模以上有色金属工业企业应收账款周转天数为 25.7 天，比一季度加快 6.7 天，比上半年加快 2.4 天，比前三个季度加快 1.1 天。

5. 资产负债率略有下降

2020 年末，8263 家规模以上有色金属工业企业资产总额为 44863.6 亿元，同比增长 0.4%，负债总额为 27701.8 亿元，同比下降 1.6%。2020 年末，规模以上有色金属工业企业资产负债率为 61.75%，比上年下降了 1.28 个百分点。

6. 百元收入成本费用减少，降本增效取得初步成效

2020 年，8263 家规模以上有色金属工业企业每百元营业收入中的成本为 92.3 元，比上年减少 0.6 元（见图 31）；每百元营业收入中的三项费用为 3.5 元，比上年减少 0.2 元（见图 32）。即每百元营业收入中的成本费用为 95.8 元，比上年减少 0.8 元。

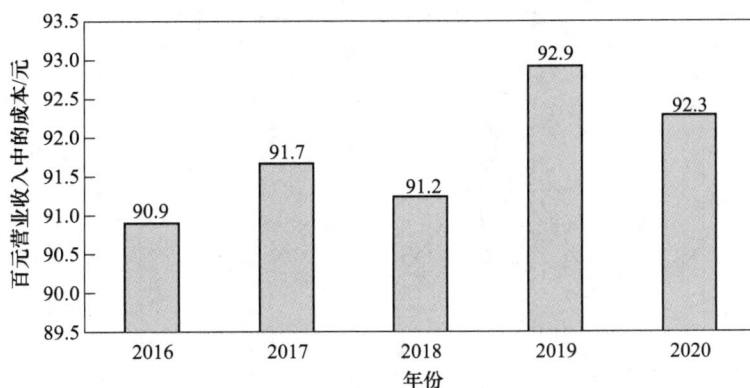

图 31 "十三五"期间规模以上有色金属企业百元营业收入中成本增减图

数据来源：中国有色金属工业协会、国家统计局

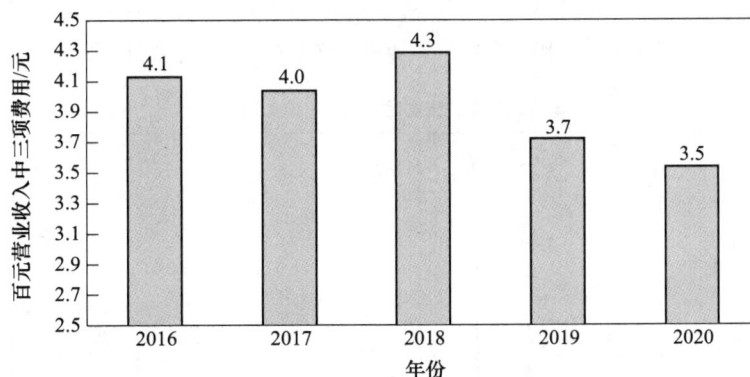

图 32 "十三五"期间规模以上有色金属企业百元营业收入中三项费用增减图

数据来源：中国有色金属工业协会、国家统计局

（六）单位产品能耗下降

1. 2020 年单位产品能耗比上年有降有增

2020 年初步统计数，原铝综合交流电耗为 13543 千瓦时/吨，同比增加 12

千瓦时/吨；铜冶炼综合能耗（以标煤计）为 213.6 千克/吨，同比减少 12.5 千克/吨；铅冶炼综合能耗（以标煤计）为 317.6 千克/吨，同比减少 18.6 千克/吨；电解锌冶炼综合能耗（以标煤计）为 811.6 千克/吨，同比增加 7.9 千克/吨。

2."十三五"期间单位产品能耗下降

按可比口径计算，"十三五"期间中国原铝综合交流电耗年均下降 0.1%，铜冶炼综合能耗年均下降 1.0%，铅冶炼综合能耗年均下降 4.6%，电解锌冶炼综合能耗年均下降 2.3%（见图 33~图 36）。

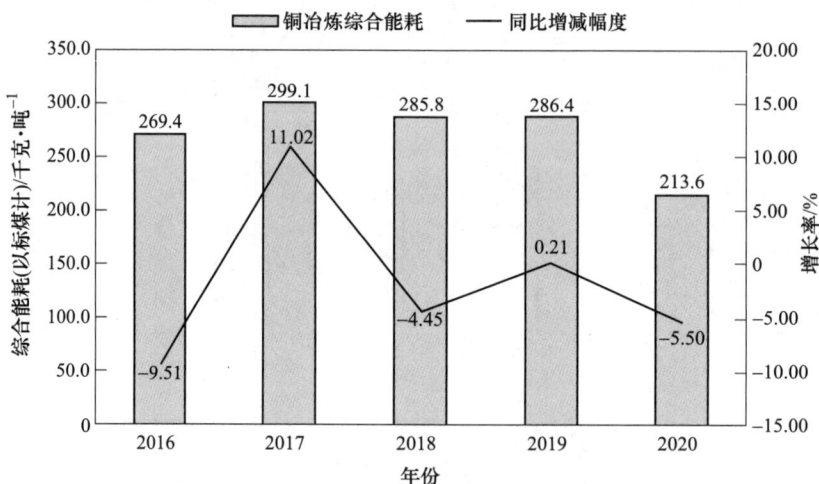

图 33 "十三五"期间铜冶炼产品综合能耗及同比增减幅度图

数据来源：中国有色金属工业协会（2020 年为初步统计数）

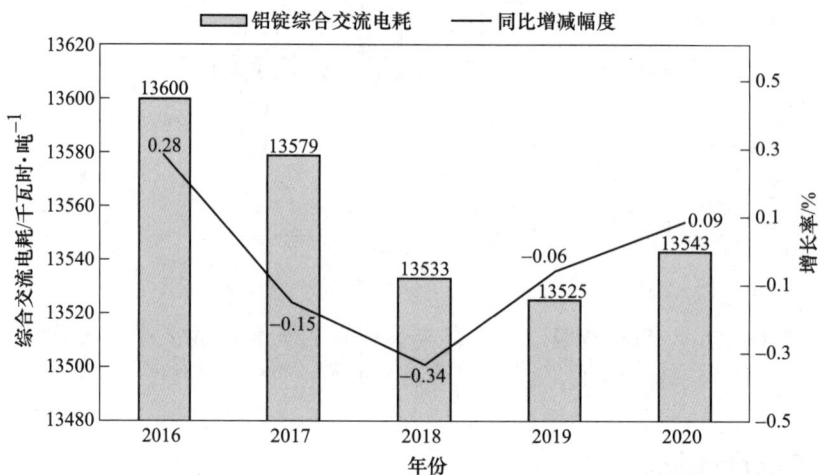

图 34 "十三五"期间电解铝综合交流电耗及同比增减幅度图

数据来源：中国有色金属工业协会（2020 年为初步统计数）

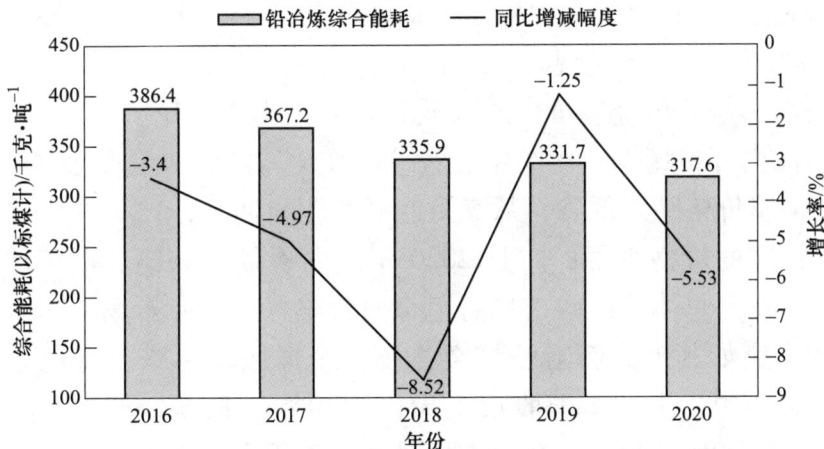

图 35 "十三五"期间铅冶炼产品综合能耗及同比增减幅度图

数据来源：中国有色金属工业协会（2020 年为初步统计数）

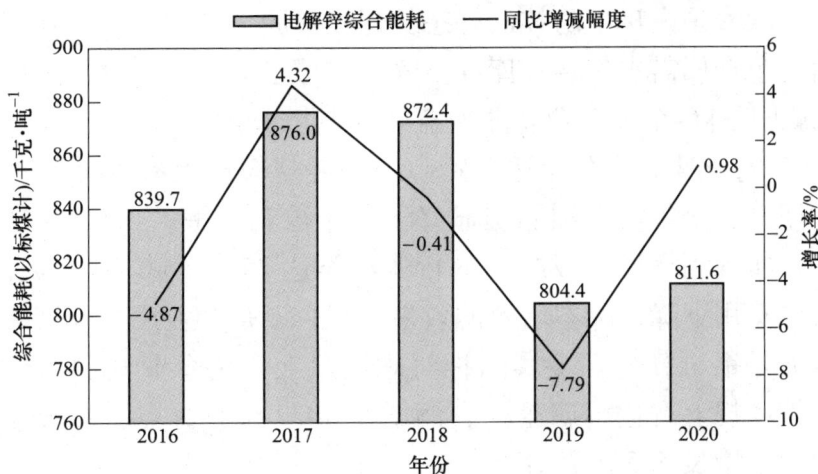

图 36 "十三五"期间电解锌综合能耗及同比增减幅度图

数据来源：中国有色金属工业协会（2020 年为初步统计数）

二、有色金属工业运营特点

（一）2020 年有色金属工业运营特点简析

1. 有色金属工业率先走出探底后恢复性向好态势

2020 年面对突如其来的新冠肺炎疫情，有色金属工业率先呈现出探底后恢复性向好的态势。十种常用有色金属冶炼产品产量稳中有升，铜、铝材产量从 4 月恢复正增长，六种精矿产量从 5 月恢复正增长。2020 年中国十种常用有色金属冶炼产品产量首次超过 6000 万吨，占全球主要有色金属的比重稳定在 50% 以上，在全球有色金属总量规模方面领先优势十分突出，推动世界有色金属工业发展的作用进一步显现。

2. 受疫情影响有色金属价格跌入低谷后率先止跌回升

2020 年国内外市场铜、铝、铅、锌价格变化特点：一是受疫情影响，3 月和 4 月有色金属价格跌入低谷，从 5 月起开始明显回升，12 月主要金属品种价格已超过疫情前的价格水平；二是 2020 年国内现货市场铜、铝年均价比上年实现正增长；三是总体看国内市场有色金属价格好于国际市场。

2020 年在突如其来的新冠疫情袭击下，全球股市暴跌，有色金属等大宗商品价格大幅下跌。3 月美国股市十天内"熔断"四次，3 月国内铜价下跌 26%、铝价下跌 20%。为应对金融市场暴跌，世界主要金融机构相继出台宽松的货币政策，大幅度增加流动性投放力度。由于世界金融市场流动性增加，金融市场迅速回升，具有金融属性的有色金属价格也率先止跌回升。从有色金属供求关系看，随着国内疫情防控向好态势逐步巩固，下游消费企业复工复产加快，国内对有色金属需求好转，库存下降，支撑了有色金属价格的持续回升。

3. 规模以上有色金属工业企业效益好于上年水平

2020 年有色金属工业企业运营特点：一是规模以上有色金属工业企业实现利润逐季回升，全年实现利润明显好于上年盈利水平；二是 34 个有色金属行业小类中，实现利润增长或减亏的行业小类达 25 个，占 73.5%；三是百元营业收入成本费用下降，降本增效的效果显现；四是企业库存及资金周转速度逐季加快；五是铝、黄金等金属品种对规模以上有色企业利润增长的拉动明显，其中铝拉动规上有色金属企业利润增长 14.2 个百分点，黄金拉动规上有色金属企业利润增长 5.5 个百分点。

（二）"十三五"期间有色金属工业运营特点及分析

1. "十三五"期间新旧动能转换已成为推动产业发展的新动力

"十三五"期间有色金属工业由低端向高端、由高速向高质量转型取得初步成效。一是加快高端材料的进口替代，不断提升关键铝合金材料自主可控能力，为嫦娥四号、长征五号、北斗导航等重点工程及新一代战机、国产航母等重大装备提供材料保障；二是一批民用飞机、汽车用铝板带项目建成投产，支持了大飞机、铝结构汽车等高端制造业的发展；三是铸轧法铜管生产技术提升，单根铸坯突破 32 米，质量达 1.6 吨；四是"全海深载人潜水器用钛合金载人舱研制"项目填补钛及钛合金领域多项国际技术空白，为中国载人深潜装备制造提供了关键材料支撑；五是光伏、动力电池的发展，为多晶硅、动力电池材料发展提供了新动能。

2. 绿色发展在有色金属产业取得重要进展

"十三五"期间，中国有色金属工业绿色发展取得重要进展。一是绿色制造能力不断增强。在京津冀及周边地区大气污染防治圈、汾渭平原大气污染防治圈、长江三角洲大气污染防治圈内的有色金属冶炼企业、炭素制造企业等已经执行最低限值的污染物排放标准。二是重金属污染防治取得进步。国家制订了铜、铅锌、锡锑等重金属冶炼清洁生产技术推行方案，有色金属工业企业严格执行国家约束性减排指标，确保重金属污染物稳定、达标排放。三是不符合环保标准的有色废料进口得到有效控制。

3. 境外有色矿产资源项目建设取得重要进展

"十三五"期间，中国境外有色矿产资源项目开发取得预期效果。随着"走出去"战略实施与"一带一路"倡议项目落地，有色金属行业一批重大项目相继开工运营，达产达标。这一时期，刚果（金）和赞比亚的铜钴资源项目、几内亚铝土矿项目、印尼镍资源项目、秘鲁铜资源项目、澳大利亚锂资源项目建设已经形成规模，且投资效果初步显现。中国铜、铝等加工项目的境外投资力度加大，中国境外投资建设的铜管、铜棒、铝型材项目获得世界同行业的认可。到 2020 年底，中国企业境外铜矿山金属权益产能接近 200 万吨/年，镍金属权益产量在 30 万吨/年以上，均超过国内生产能力；铝土矿权益产能接近 7000 万吨/年，与国内生产能力基本相当。

4. 国内再生有色金属资源供应进一步提升

"十三五"期间，国内废旧有色金属资源回收利用体系逐步规范化，国内再生资源的地位进一步提升。一是 2020 年国内回收再生铜资源约为 235 万吨，"十三五"期间年均增长 5.9%，占再生铜供应量的比重达到 75.7%，比"十二五"末期提高了 17.7 个百分点。二是 2020 年国内回收再生铝资源约为 600 万吨，"十三五"期间年均增长 8.0%，占再生铝供应量的比重达到 89.0%，比"十二五"末期提高了 18 个百分点。三是 2020 年中国再生铅供应量约为 245 万吨，"十三五"期间年均增长 9.6%。再生铅占精铅的比重提高到 45.0%，所占比重比"十二五"末期提高了 10 个百分点。

5."十三五"期间有色金属行业完成固定资产投资额缓中趋降

改革开放以来，尤其是"十五""十一五""十二五"时期有色金属固定资产投资持续大幅度增长。到"十二五"末有色金属冶炼及常用加工项目产能已出现过剩或饱和。"十三五"期间有色金属冶炼及常用加工项目投资下降，是化解产能过剩政策效果的显现，即产能过剩的冶炼项目投资下降，对有效化解产能过剩起到积极作用。"十三五"期间有色金属项目投资下降的客观原因：一是在等量减量置换冶炼产能时，单位产能投资明显减少。如每吨电解铝产能投资成本已由前些年的一万元左右降到五六千元。二是企业到海外投资建矿获得国内短缺的矿产资源，以及部分加工项目也转移到东南亚投资建厂。按统计规定海外项目投资未纳入国内有色金属项目投资统计范围。三是国内基础研究薄弱、缺乏高新项目储备，以及根据行业分类规定部分高深有色金属加工及制品项目投资也未纳入有色金属行业投资统计范围。

6. 贸易摩擦及新冠疫情对有色金属出口影响显著

"十三五"期间有色金属进出口贸易的特点：一是有色金属出口额连续两年下降；二是"十三五"期间中国铝材和稀土出口呈前增后降的态势；三是"十三五"期间中国进口铜、铝矿山原料及铜冶炼产品均明显增长，其中，铜精矿进口年均增长10.3%，铝土矿进口年均增长14.7%，未锻轧铜及铜材进口年均增长6.8%；四是除大量铜、铅、锌精矿，铝土矿，红土镍矿，钴矿，钛矿外，中国传统优势资源钨、钼、锡、锑及稀土矿也需进口。

7. 企业管理水平提升，百元营业收入中三项费用下降

"十三五"期间，有色金属企业的管理水平提升，规模以上有色金属企业百元营业收入中的管理费用、财务费用和营业费用等三项费用明显减少，支撑企业的盈利能力回升。"十三五"末的2020年规模以上有色金属工业企业百元营业收入中三项费用为3.53元，比"十二五"末的2015年减少了0.79元。其中，百元营业收入中的管理费用减少了0.29元，百元营业收入中的财务费用减少了0.37元，百元营业收入中营业费用减少了0.14元。

8. 有色金属企业的地位明显提升

"十三五"期间，通过深化供给侧结构性改革，中国有色金属企业的实力显著增强，国际地位明显提升。2020年《财富》杂志评选的"世界500强"中中国有色金属企业有8家，占当年"世界500强"中全球有色金属企业14家的57.1%，占当年"世界500强"中的中国（不包括港澳台企业）企业118家的6.8%。

三、促进产业高质量发展的保障措施及政策建议

（一）促进有色金属产业高质量发展的保障措施

"十四五"期间，中国有色金属工业将以确保供应链安全，加快产业链优化，促进价值链提升为重点。一是确保有色金属资源供给可控。要统筹国内外两种资源及原生、再生两种资源，在建设境外矿产资源基地的同时，加快建设

再生资源基地，增强防范资源风险的能力。二是重点突破关键材料研发生产。以满足国家重大工程和高端装备等领域重大需求为导向，围绕"卡脖子"材料和技术开展技术攻关，争取全面突破。三是着力扩大有色金属应用，促进国内消费升级。四是坚持供给侧结构性改革，有效控制过剩产能非理性扩张。五是降低成本费用增强盈利能力，有效提升产业资产利润率和营业收入利润率。

（二）政策建议

推动有色金属工业高质量发展的政策建议：一是构建广义有色金属产业链间的交流协作机制，加大科技创新力度，拓展有色金属应用领域；二是加快构建以国内大循环为主体，国内国际双循环相互促进的有色金属产业发展格局，强化并规范企业在境外投资办矿活动；三是加快建设再生资源基地，科学充分利用国内的再生有色金属资源；四是重新审定"两高一资"概念和适用领域；五是充分发挥行业协会作用，提升行业协会在全球有色金属产业发展和市场供给链的影响力和话语权。

注释：

1. 2016 年至 2019 年的数字为正式年报数，2020 年十种有色金属产量合计及精炼铜、原铝产量为统计公报数，其余数据为初步统计数，2020 年增长速度按可比口径计算。

2. 2020 年生产及财务数据来源于国家统计局工业司，固定资产投资数据来源于国家统计局投资司，进出口数据来源于海关总署，由中国有色金属工业协会整理；其他数据来源于中国有色金属工业协会。

3. 营业总成本＝营业成本+销售费用+管理费用+财务费用；三项费用＝销售费用+管理费用+财务费用。

4. 部分数据因四舍五入的原因，存在总计与分项合计不等的情况。

撰稿人：王华俊、彭　勃、张淑宁
审稿人：贾明星

中国有色金属工业发展
形势简析与思考

2020 年，面对错综复杂的国内外形势，在以习近平同志为核心的党中央坚强领导下，我国有色金属工业行业坚决贯彻落实党中央、国务院决策部署，统筹推进产业运行与疫情防控，取得了生产经营正增长的不俗业绩，为我国经济社会发展"六稳""六保"作出了行业贡献。

2021 年，是我国脱贫攻坚战取得全面胜利、全面建成小康社会、实现第一个百年奋斗目标之后，乘势而上开启全面建设社会主义现代化强国新征程、向第二个百年奋斗目标进军、实现好"十四五"规划开局起步的第一年。有色金属全行业要深入认识新发展阶段，坚决贯彻新发展理念，努力构建新发展格局，认清形势，抓住机遇，迎接挑战，补齐短板，全力以赴促进行业高质量发展，为实现有色金属强国目标奋勇迈进。

一、有色金属产业发展的新变局

当前世界正面临百年未有之大变局，在经济社会大调整、大变革的历史背景下，我国及世界有色金属产业发展形势也发生了很多新变化。其中一些新变局应引起高度重视。

（一）有色金属的战略地位凸显

随着新技术革命和产业变革浪潮的推进，各种有色金属凭借其特殊的物理、化学性质，日益成为战略性新兴产业和国防科技工业发展的重要支撑，有色金属的战略属性更加凸显，战略地位更加重要。

2018 年 5 月，美国内政部发布了美国 35 种关键矿产目录，将钒、钛、铝土矿、镁、钴、钨、锡、锑、铋、铂族金属、铌、钽、铍、锂、锶、铷、铯、锆、铪、稀土元素、钪、锗、镓、铟、铼、碲等 26 种（类）有色金属列入其中。2019 年 6 月，为提高经济和国防安全保障能力，美国商务部发布了《确保关键矿产安全可靠供应的联邦战略》，体现了美国举国家之力确保关键矿产安全可靠供应的决心。其中，有色金属占据重要地位。

2010 年，欧盟提出了关键原材料清单，将具有重大经济和战略价值的原材料纳入清单，同时公布行动计划，力求扩大这些原材料的供应商网络，减少对第三国供应的依赖。随后在 2014 年、2017 年和 2020 年对关键原材料清单进行了三次修订。2020 年修订的清单涉及 30 种稀缺原材料，其中，有色金属就涉及 22 种（类），包括第三次修订新增加的锂、锶、钛、铝土矿，以及原有的锑、轻稀土、镓、镁、铪、铍、锗、金属硅、铋、铪、钽、铌、钨、钴、重稀土、铂族金属、钒、铟。

日本、韩国等也各自根据本国的情况，提出了包括有色金属在内的战略资源清单，并采取保护措施。由此可见，发达经济体对有色金属在经济社会发展和维护国家安全中的战略地位和受重视程度越拉越高。

（二）有色金属进入多元争雄新时代

随着全球经济的发展，世界有色金属工业演变为多元争雄的局面，呈现三个竞争特征。一是发达经济体凭借技术成熟、金融强势、应用领先的体系优势，继续强化其占据国际竞争制高点的先机；二是新兴经济体依托资源优势，快速扩充产品市场份额，已经成为全球产业格局变化的重要力量；三是发展中国家凭借相对资源优势，强化资源话语权，资源民粹主义抬头，成为产业格局中不可忽视的新生力量。

目前发达经济体在有色金属产业的竞争优势集中体现在引领并把控高端发展方面。譬如，在集成电路及其材料领域，美国、欧盟、日本等掌控发展先机，关键装备制造的优势在欧洲，硅片制造的优势在日本，芯片制造的优势在韩国等亚洲国家和地区，而美国则以标准体系的优势牢牢掌控整个集成电路体系的优势，并打压其他国家的发展。再譬如进入 21 世纪以来，美国铝业公司（后分拆成立现在的奥科宁克公司）联手福特汽车公司，凭借技术与体系优势，实现了铝材料在汽车结构应用方面的重大突破，从而在汽车轻量化领域占据引领地位。

近年来，印度、东盟等新兴经济体发展提速，在世界有色金属生产中的地位明显提升。2019 年，印度常用有色金属产量突破 500 万吨，比 2015 年增长 25%，成为仅次于中国、美国、俄罗斯的世界第四大有色金属生产国。印度阿迪特亚比拉集团收购美国诺贝丽斯公司后，已经成为全球领先的铝压延和回收企业。印度尼西亚红土镍矿加速开发并就地转化，其 2019 年镍（折合金属量）产量超过 35 万吨，是 2015 年的 7 倍，跃居到世界第一。越南引进铜、铝加工，也在加工材领域占得一席之地。

一些发展中国家凭借其相对资源优势，一方面需要依靠中国等的资金、技术、人才，带动矿产资源开发利用，促进经济社会发展；另一方面，一旦项目落地，又频繁调整矿业政策，提高资源税，抬高资源开发利用门槛，限制甚至禁止资源性产品出口，社区事件频发，影响企业正常生产经营。特别在中国"走出去"资源项目落地较集中的部分国家和地区表现明显，显示出资源话语权的强化与资源民粹主义倾向，在全球有色金属产业格局中，扮演的分量与作用越来越重。

总之，世界各国经济社会发展与贸易保护、技术封锁、资源民粹主义等相互交织，正在改变全球有色金属工业发展格局，多元竞争的新时代已经来临，我国有色金属产业发展正面临更加复杂的竞争与角力。

（三）中国主要有色金属冶炼产能接近"天花板"

改革开放四十多年来，中国有色金属冶炼产能持续扩张。从 2020 年的数据看，国内已经形成精炼铜产能 1207 万吨/年，电解铝产能 4232 万吨/年，精炼铅产能 727 万吨，锌冶炼产能 785 万吨/年。按产能利用率 90%计算，可以满足年产 1086 万吨精炼铜，3809 万吨电解铝，654 万吨精炼铅，707 万吨锌的需要。而 2020 年国内精炼铜消费量为 1290 万吨，电解铝消费量为 3780 万吨，精炼铅消费量为 500 万吨，锌消费量为 672 万吨，基本形成了产能与国内消费相互匹配、相对稳定关系。

中国是全球最大的有色金属消费国，年消费量超过世界其他国家和地区的总和，已经达到很高水平。从人均消费强度看，2019 年中国人均精炼铜消费量为 8.6 千克，而世界平均为 3.2 千克，美国为 5.6 千克，日本为 8.0 千克，德国为 12.4 千克；中国人均原铝消费量为 25.5 千克，而世界平均为 8.5 千克，美国为 15.9 千克，日本为 13.6 千克，德国为 25.3 千克；中国人均铅消费量为 3.9 千克，世界平均为 1.7 千克，美国为 4.7 千克，日本为 1.9 千克，德国为 4.9 千克；中国人均锌消费量为 4.9 千克，世界平均为 1.9 千克，美国为 2.7 千克，日本为 4.0 千克，德国为 4.9 千克。从单位 GDP 消费强度看，2019 年中国万美元 GDP 精炼铜消费量为 83.9 千克，美国为 8.8 千克，日本为 19.4 千克，德国为 26.6 千克；中国万美元 GDP 原铝消费量为 247.5 千克，美国为 23.5 千克，日本为 33.9 千克，德国为 53.0 千克；中国万美元 GDP 铅消费量为 44.1 千克，美国为 8.5 千克，日本为 5.1 千克，德国为 10.7 千克；中国万美元 GDP 锌消费量为 55.7 千克，美国为 4.9 千克，日本、德国同为 10.7 千克。

虽然各国所处发展阶段不一样，有色金属消费强度会呈现不同的变化，不能完全代表消费趋势，但以上数据至少说明，中国有色金属消费强度已经很高。综合各有关方面的预测分析，总体上认为"十四五"期间中国铜、铝、铅、锌等主要有色金属消费峰值都将来临。鉴于中国资源、能源、环境等要素约束，中国有色金属产业发展的一个基本政策取向，是以满足国内消费为主，加之"碳达峰""碳中和"要求与再生有色金属的发展，可以认为，中国主要有色金属产能"天花板"已经或者接近完成，进一步扩展原生金属冶炼产能的空间十分有限。

（四）市场变化受宏观经济形势不确定性的影响增加

2008年国际金融危机以来，全球有色金属市场历经几起几落，表明有色金属市场变化受宏观经济形势不确定的影响在加剧。2020年，受新冠肺炎疫情蔓延影响，世界经济发展遭受重挫。为了应对危机，各国纷纷出台宽松货币政策和积极财政政策，这一方面加强了疫情防控、刺激了经济复苏，另一方面也加剧了通胀或通缩风险，导致国内外有色金属市场变化更加复杂化。

2021年伊始，国内出现了一波少有的有色金属股市、期市、现货"三市齐涨"局面，股市有色金属板块持续飘红，铜、镍、锡等期货和现货价格分别创出周期新高，铝、铅、锌等期货和现货价格也持续维持阶段性高点。这固然与中国经济实现正增长提振了信心、提升了预期有关，也与国际货币基金组织预测2021年全球经济将增长6%、2022年全球经济将增长4.2%、将显著拉动有色金属等大宗商品需求有关，与清洁能源、"碳中和"等绿色发展理念迅速普及与概念消化、将带动相关有色金属材料的应用有关，也与美国释放并实施总额高达1.9万亿美元的新一轮经济刺激计划使得流动性宽松进一步加剧、有色金属金融属性过度强化等不无联系。

百年未有之大变局下，全球宏观经济形势的不确定性仍在增加。一方面，国际竞争全面加剧，大国竞争合作与冲突并存，经济因素叠加其他因素，不确定性增加，有色金属产业链、供应链、价值链有可能时刻受到这种局面的扰动；另一方面，刺激经济复苏的宽松货币政策与流动性充裕，各国政策难以预期，资金趋利与避险需求同时存在，直接影响实体经济的稳定运行。同时，世界各地区、各国家的经济复苏进程差异较大，不平衡将导致新的不确定性。因此，尽管当前国内外有色金属市场基本面向好，但全球宏观经济一系列的不确定性势必影响有色金属的市场变化，增加了对有色金属市场风险的把控难度。

二、中国有色金属产业持续发展的几个显性问题

虽然中国是世界有色金属工业大国，但离强国目标依然任重道远。推进有色金属产业高质量发展，建设一流企业与行业，首先要保障产业可持续发展。

当前中国有色金属工业至少在要素效率、创新能力、资源保障和产业结构等方面，仍存在明显的差距。

（一）要素效率不高，盈利能力不强

2020年底规模以上企业资产总计达到4.86万亿元，是1978年的428倍，2012年的1.6倍。但是，当年行业规模以上企业资产利润率只有3.70%，不仅低于2012年的6.72%，更低于1978年的10.77%。在全国工业行业中，有色金属行业的资产利润率、主营业务收入利润率都明显偏低，充分显现行业存在要素配置效率不高、产业盈利能力不强的突出问题。在2020年美国《财富》杂志评选的"世界500强"有色金属生产经营企业中，国外企业的资产利润率多在6%以上，而中国企业最高的也只有2.27%，差距十分明显。

（二）研发投入不足，创新能力不强

研发投入不足，自主技术创新能力不强，已经成为行业高质量发展亟待破解的重大问题。据国家统计局数据显示，近年来我国有色金属工业规模以上企业研究与试验发展经费支出占主营业务收入的比例一直徘徊在0.9%上下，比全国工业平均水平低0.4个百分点左右。由于盈利能力受限，导致企业研发投入不足，致使基础研究弱化，以企业为主体的技术创新难有作为，制约行业绿色发展的氧化铝赤泥利用、矿山尾矿和废石利用、冶炼废渣的综合利用等应用技术长期没有重大突破，行业智能制造水平赶不上时代要求，引领行业高质量发展的"颠覆性"创新和"杀手锏"技术远落后于发达国家。

（三）资源保障不力，后备资源堪忧

矿产资源是有色金属工业发展的基础，受国内资源禀赋制约，我国铜、铝、镍等矿产资源保障问题突出，成为中国严重短缺的战略性矿产资源。2020年，我国铜原料对外依存度超过70%，铜精矿（按铜含量为22%计）进口量为479万吨，是国内产量的2.9倍；铝原料对外依存度超过55%，铝土矿原料进口量达到1.15亿吨，是国内产量的1.5倍；镍原料对外依存度超过90%，镍矿进口量（按镍含量为1.2%计）为47万吨，是国内产量的4.5倍。虽然我国企业在国际资源合作开发利用方面取得重大进展，但国内公益性地质勘探活动削弱，资源储备基地尚未建立，可供开发利用的国内大型铜、铝、镍等接替矿山有限，有色行业地质勘探队伍举步维艰，除少数具有较强实力的企业自筹资金开展老矿山边部、深部找矿并取得一定进展外，大部分矿山企业随着矿产资源的逐渐枯竭，将面临无矿可开、无资源可采的窘迫境地，铜、铝、镍等战略性矿产资源安全形势依然严峻。

（四）产业结构不优，同质竞争激烈

虽然中国建成了全球最完整的有色金属产业体系，但产业结构不合理的矛盾依然存在。总体上，中国有色金属工业还处于国际产业链分工的中低端，尤其是在有色金属加工制造领域，表现更为明显。譬如，中国铜材产量占全球的60%以上，铝材产量占全球的55%以上，但多为附加值不高的普通产品，且同质化竞争异常激烈。代表当代世界先进技术水平的高强、高导、高弹、耐高温及抗应力松弛铜合金材料，高强、高韧铝合金结构材料等高端产品仍主要依赖进口。即使个别加工产品质量与技术水平跻身世界一流，也陷入同质化竞争的恶性循环中。由于国内生产的数控机床、乘用汽车、计算机、集成电路、核电站等下游终端产品大多采用国外成熟材料，使用国内材料需要经过复杂的认证程序，实际上对我国有色金属材料的产品结构调整形成了技术屏障。

三、促进有色金属产业高质量发展的几点思考

学习领会习近平新时代中国特色社会主义思想，贯彻落实《中华人民共和国国民经济和社会发展第十四个五年规划和2035年远景目标纲要》，促进产业高质量发展，是我国新发展阶段的逻辑遵循。要依托我国具有全球最完整的有色金属工业产业体系、最大规模的有色金属产业体量、最巨大的有色金属应用市场，进一步认识新发展阶段，贯彻新发展理念，构建新发展格局，加快推进有色金属工业强国建设。推动行业高质量发展的基本思路就是围绕质量第一、效益优先，深化供给侧结构性改革、加强需求侧管理，谋划促进科技创新、扩大应用、品牌提升、绿色发展、风险防控等重大问题的新思路、新举措。准确认识、科学应对全球产业发展新格局、新变局，化危为机，变不利为有利，切实保障产业链循环畅通，增强供应链自主可控能力。

有色金属产业高质量发展涉及面很广，要解决的问题很多，这里，简要谈几点思考。

第一，进一步夯实产业基础，持续推进产业基础高级化。保持有色金属原材料工业合理规模与规模的相对稳定，是落实"六保"任务、实现"六稳"目标在有色行业的具体体现。即使有色金属大宗品种消费平台期即将到来，平台期也将会保持相当长时间，客观上也要求有色金属原材料工业规模相对稳固。关键是要重视并加强对传统产业的技术改造，加快与现代信息技术的融合步伐，促进产业基础高级化，进而迈向产业链现代化。这是保障产业高质量发展的根基所在。

第二，努力强化协同攻关，不断提升应用水平。我国有色金属产业发展短

板集中体现在两头，一头是上游资源端，一头是下游高端产品和技术。我国铜、铝、钛材的出口量均高于进口量，但进口单价分别是出口单价的1.4倍、2.5倍、3倍。关键技术买不来、讨不来，只能靠我们自力更生。要加强上下游供需两端的协同与融合，解决上游不知道下游需要什么、下游不知道上游能生产什么的脱节问题，通过供需两端见面找准问题，发挥制度优势，联合研发机构协同攻关，才能有效加快解决"卡脖子"难题，进而提升高端开发能力与高端应用水平，拓展高端市场空间，迈向高质量发展。

第三，持续提高原材料工业协同化水平，畅通国内大循环。有色工业不仅与上下游相互依存，与钢铁、建材、石化等原材料工业之间也存在很多相互衔接、相互交集的问题，如有色行业的副产硫酸与石化行业的衔接问题，石化行业的石油焦与有色行业的衔接问题，有色、钢铁行业的废石、废渣、尾矿与建材行业的衔接问题等。这些问题解决得好，有利于国内市场大循环畅通，解决得不好，很可能成为国内市场大循环的堵点、断点和痛点。要以大工业观审视原材料产业之间的相互适配和衔接，从国家原材料工业规划、大工业布局优化的战略层面，找产业间痛点、通产业间堵点、补产业间断点，提高原材料工业的协同化发展水平。

第四，坚持高水平对外开放，充分利用国际市场和资源。当前复杂的国际环境下，尽管全球化遭遇逆流，但全球化大势不可阻挡。中国坚持高水平对外开放，开放的大门只会越开越大。有色金属产业的发展要应因而动、顺势而为，坚持大规模走出去，高水平引进来，秉持"共商、共建、共享"的原则，特别重视境外资源的合作开发与利用，加快建设稳定可靠的境外资源基地，确保资源供给安全，畅通国际市场循环。

第五，强化行业自律行为，共同维护行业利益。完整的产业体系、雄厚的产业体量、单一的最大市场、巨大的制度优势，是我们建设有色强国的底气所在，也是我们向高质量发展迈进的基础所在。面对百年未有之大变局，不确定性因素增多，潜在风险上升，有色全行业应强化行业自律行为，凝聚共识，形成合力，敢于担当，积极参与行业国际事务活动，共同应对各种风险挑战，努力提升市场影响力、话语权、竞争力，维护好行业共同利益与产业安全。

四、结语

鉴于以上浅显认识，个人认为，构建有色金属产业新发展格局，推进有色金属工业高质量发展，在发挥市场决定性作用，激发行业企业积极性、创造性、能动性的同时，应更好地发挥政府作用，在深化"放、管、服"改革中，厘清边界，规范行为，形成国家战略顶层设计与政策引领相结合的驱动力，为产业发展质量变革、效率变革、动力变革奠定基础和保障。

一是应强化顶层设计，加强政策引领。应特别加大国内资源公益性勘探，布局后备资源基地，保障一定规模的可接替资源。应从国家政治外交的战略层面统筹境外资源合作与开发利用，保障大宗短缺资源供应渠道稳定安全，降低"走出去"企业风险。应以底线意识系统研究建立国家战略储备、社会储备与商业储备体系，保障战略资源安全，提高战略资源地位，提升战略资源价值。应从国家层面谋划境外组织活动可能伤害我国有色金属产业特别是稀有金属产业安全的新问题，加强战略应对。应从产业政策上引导相关领域产能形成"天花板"，避免部分品种产能非理性扩张，并从原材料工业规划上引导我国传统原材料产业发展的耦合性、协同性，避免国内产业循环的"堵点""断点"与"痛点"。应加强上下游协作机制与创新平台建设，发挥好制度优势，集产学研用与政策和金融力量为一体，支持联合攻关，强化科技创新，解决"卡脖子"问题，拓展高端绿色应用国内市场大循环。

二是应切实为有色行业减负。特别是应针对行业企业反映突出的共性问题，研究解决办法，减轻企业负担。如当前实施的矿产资源权益金制度和管理办法，企业反映普遍强烈，极大加重了资源型企业的不合理负担，甚至影响到资源勘探和矿山建设的积极性，已经成为事关有色金属等资源型产业可持续发展的重大问题。

三是应避免因"两高一资"误导行业认知。"两高一资"是对某些资源型产品特性的高度概括，应该是一个中性词。但在实际工作中，"两高一资"概念明显被泛用，扩大到了行业和产业，成为事实上的贬义词乃至有色等资源型产业的代名词。进而影响到有色等相关行业在项目建设、投资融资、贸易财税等方面均受掣肘，普惠性政策难以享受，也误导了社会认知。应客观对待传统产业，结合产业技术进步实际与产业和产品的逻辑关系，避免"两高一资"和"高耗能行业"等以偏概全的提法与表述。

撰稿人：赵武壮
审稿人：段德炳

专题篇

ZHUANTI PIAN

2020 年有色金属工业
科技进步情况报告

一年来，有色金属工业围绕国家重大需求和企业急需解决的关键技术难题，开展产学研联合攻关，取得了一批重大科技成果，行业重点骨干企业主体生产工艺技术达到国际先进水平，产业技术创新能力不断增强。

一、行业科技工作取得新进展

2020 年，行业科技工作围绕国家重点研发计划项目推荐、"十四五"行业科技发展方向调研、行业科技成果评价与奖励评审、国家科技奖提名、《中国工业史·有色金属卷》编纂、智能制造联盟组建等重点工作，组织行业企业、院所和高校开展行业重大技术攻关、新技术推广应用，大力推动行业科技进步，促进产业绿色、智能和高质量发展。

（一）国家重点研发项目实施及平台建设取得新进展

"十三五"立项的有色行业材料加工和固废处理技术与装备项目实施取得明显进展，一批研发项目和国家认定企业技术中心等平台建设通过国家立项。研究推荐一批"十四五"资源环境和材料加工领域重点研发项目，争取国家立项支持。

1."十三五"国家重点研发项目取得新进展

"十三五"立项的有色行业固废处理技术与装备取得明显进展，尾矿伴生稀贵资源综合回收技术、含砷尾矿无害化综合利用关键技术、铅锌冶炼过程含铅固废资源化利用、电解铝高氟危险废物无害化处置及资源化利用技术、电子废弃物清洁综合利用关键技术研发取得明显突破，重金属清洁冶炼、大宗固废消纳等方面已达到国际领先水平。中国有色金属工业协会（以下简称为协会）组织推荐的由凯美龙精密铜板带（河南）有限公司、北京科技大学牵头的"高端集成电路关键材料 Cu-Ni-Si 合金带材短流程低成本生产关键技术开发与应用"等 2 个项目通过国家科技部立项。至此，"十三五"期间有色行业国家重点研发计划已累计通过立项 39 项。对协会推荐列入国家重点研发计划项目情况进行跟踪，推动项目实施和成果转化。

2. 一批企业技术中心和制造业创新中心通过国家审批

2020 年 12 月 22 日，有研稀土新材料股份有限公司、洛阳栾川钼业集团股份有限公司、亚洲硅业（青海）股份有限公司、浙江华正新材料股份有限公司（高频铜覆板及相关材料）、宁波江丰电子材料股份有限公司（高纯靶材）、青岛乾运高科新材料股份有限公司（锂电材料）等 6 家有色企业通过国家发展改革委等五部门国家认定企业技术中心审批。至此，有色行业拥有国家认定企业技术中心 96 家。2020 年 4 月，工业和信息化部（以下简称为工信部）批复同意由江西理工大学牵头，依托国瑞科创稀土功能材料有限公司组建国家稀土功能材料创新中心。

3. 研究制定行业"十四五"科技发展方向和先进技术装备"走出去"三年推动计划

组织企业、院所、高校开展行业"十四五"重大研发需求调研，征集研发项目，开展行业"十四五"资源环境和材料加工领域科技发展方向研究，向国家有关部门推荐重大研发项目，争取国家立项支持，为行业科技进步提供支撑。组织编制了《有色金属行业先进技术装备"走出去"三年推动计划》。按照协会编制《有色金属行业先进技术"走出去"三年推动计划》的要求，开展企业调研，征集有色金属行业"走出去"先进技术和装备项目。由协会科技部牵头，联合协会政策研究室、国际合作部和中国有色金属工业技术开发交流中心有限公司、矿冶科技集团有限公司、中南大学成立了编写组，起草了《有色金属行业先进技术装备"走出去"三年推动计划（草案）》，经进一步征求意见，形成了《有色金属行业先进技术装备"走出去"三年推动计划》，现已通过协会党政联席会审议。研究列入计划项目 152 项，其中高校 21 项、院所 33 项、企业 98 项；国外已建在建拟建项目 116 项、可走出的项目 36 项。按国家科技部国际合作司征集"一带一路"国家转移的可持续发展技术要求，推荐了 51 项行业技术。组织开展了铝工业科技发展战略研究。

（二）一批重大科技成果和专家获国家奖励表彰

一批科技成果通过行业评价，一批重大科技成果被授予中国有色金属工业科学技术奖，4 项重大科技成果通过国家科技奖励评审；多位行业专家获国家表彰。

1. 4 项重大科技成果通过国家科技奖励评审

有色行业通过 2020 年度国家科技奖评审项目 4 项，其中郑州大学何季麟院士牵头完成的"平板显示用高性能 ITO 靶材关键技术及工程化"、中南大学阳春华教授牵头完成的"锌冶炼过程智能控制与协同优化关键技术及应用"两个项目通过国家技术发明奖二等奖评审,中国环境科学研究院等单位完成的"锌电解典型重金属污染物源头削减关键共性技术与大型成套装备"、西北工业大学等单位完成的"大型高质量铝合金铸件控压成型关键技术及应用"两个项目通过国家科技进步奖二等奖评审。

2. 一批科技成果被授予 2020 年度中国有色金属工业科学技术奖

协会和中国有色金属学会(以下简称为学会)授予 233 个项目 2020 年度中国有色金属工业科学技术奖,其中一等奖 82 项、二等奖 90 项、三等奖 61 项。2020 年通过行业科技成果评价 296 项,入库国家科技成果网的行业科技成果登记 185 项。

3. 多位行业专家获国家表彰

2020 年,一批行业专家和优秀青年科技工作者分获全国创新争先奖、何梁何利基金科学与技术创新奖、全国杰出工程师奖、杰出工程师青年奖和入选 2020 年度未来女科学家计划、青年人才托举工程。

(1)两位科技工作者获全国创新争先奖状。2020 年 5 月 29 日,学会推荐的大理大学校长王华和中南大学冶金与环境工程学院副院长赵中伟获人力资源社会保障部、中国科协、科学技术部和国务院国资委全国创新争先奖状。

(2)一位科技工作者获何梁何利基金科学与技术创新奖。2020 年 11 月 3 日何梁何利基金 2020 年度颁奖大会在京举行,河南科技大学副校长魏世忠教授获何梁何利基金科学与技术创新奖,表彰了其在金属材料磨损控制与成型技术产业化领域的突出成就和贡献。

(3)一批专家荣获 2020 年度杰出工程师奖。该奖经国家批准由中华国际科学交流基金会设立,西部超导材料科技股份有限公司总经理冯勇、中国有色矿业集团有限公司科技部技术总监钟景明获全国"杰出工程师奖";长沙华时捷环保科技发展股份有限公司副总经理蒋晓云、矿冶科技集团有限公司史帅星、有研稀土新材料股份有限公司彭新林、有研工程技术研究院有限公司解浩峰、北京科技大学新材料技术研究院路新获全国"杰出工程师青年奖"。中国有色矿业集团有限公司、矿冶科技集团有限公司获第二届"工程科技人才贡献奖"。

(4)一位科技工作者入选中国科协 2020 年度未来女科学家计划。学会推荐的中南大学王艳秀被评为中国科协、中华全国妇女联合会等三部门 2020 年度未来女科学家计划 5 名拟入选者之一。

(5)三名青年科技工作者入选第六届中国科协青年人才托举工程。学会推荐的中南大学王梁炳、颜旭和昆明理工大学的李舟航入选中国科协第六届（2020~2022年度）青年人才托举工程，每人每年获科研项目经费15万元，连续资助3年。

（三）《中国工业史·有色金属工业卷》编纂工作取得新进展

由协会组织编纂的《中国工业史·有色金属工业卷》在2019年提交一审稿的基础上，进一步组织编纂人员多次修改，于2020年12月底提交了二审稿。中国工业经济联合会已将《中国工业史·有色金属工业卷》列为第一批2021年向中国共产党建党100周年献礼出版的7个行业卷之一，《中国工业史·有色金属工业卷》全书分综合篇和金属品种篇上、下两册，共9编59章，约186万字。在《中国工业史》的编纂工作中，协会取得良好成绩，2020年10月16日被中国工业经济联合会授予《中国工业史》编纂工作先进单位，并颁发荣誉证书。

（四）全国有色金属智能制造联盟成立

组织开展有色金属行业智能矿山和冶炼加工工厂建设指南编制工作。2020年4月28日，工信部、国家发展改革委、自然资源部联合发布2020年第19号公告——《有色金属行业智能矿山建设指南（试行）》《有色金属行业智能冶炼工厂建设指南（试行）》《有色金属行业智能加工工厂建设指南（试行）》，标志着有色金属领域智能制造工作加速推动。指南明确了建设目标、建设路径、建设内容、基础支撑、标准体系等方面要求。在工信部原材料司的指导下，协会和学会组织企业、院所、高校和技术机构，依托已发布的有色金属行业智能工厂（矿山）三个建设指南，组建了全国有色金属智能制造联盟（以下简称为联盟），于2020年10月16日在杭州召开了联盟成立大会，会议通过了联盟章程，选举产生了联盟理事长、常务副理事长、副理事长和秘书长，组建了联盟技术委员会。通过组建联盟，围绕企业智能工厂（矿山）建设需求，整合行业资源优势，借力行业外先进技术，推动行业企业对智能制造进行总体规划与系统设计，促进有色金属企业、院所、高校和供应商间的交流合作，组织开展有色金属行业智能制造标准制定、关键共性技术攻关、先进模型应用推广、智能制造建设项目示范，加速有色金属企业智能工厂（矿山）建设进程，目前联盟成员单位194家，其中企业102家，院所和大学40家，供应商52家。

二、企业科技进步成效显著，生产技术水平进一步提升

2020年全行业围绕建设有色金属工业强国目标，加大新技术、新材料研发力度，企业生产技术装备水平不断提高，行业技术创新能力进一步增强。一

是企业研发机构和人员数量不断增加。据 2020 年统计，2019 年规模以上全国有色金属工业企业 8437 个，企业研发机构 2060 个，同比增长 17.31%；研发人员 11.5 万人，同比增长 1.77%。二是研发投入明显提高。2019 年企业研发经费投入 508.4 亿元，同比增长 5.74%；研发经费投入占产品销售收入的 1%，一批骨干企业研发经费投入强度达到 2%以上。三是企业专利权益显著增强。2019 年企业申请专利达 16629 件，同比增长 11.13%，其中申请发明专利 5527 件，同比增长 8.78%；有效发明专利 19265 件，同比增长 6.93%。四是新产品开发力度持续加大。2019 年企业新产品开发项目 12272 项，同比增长 14.31%；新产品开发经费支出 438.8 亿元，同比增长 3.98%；新产品销售收入 8158.7 亿元，占产品销售收入的 16.1%[1]。

中国铝业集团有限公司（以下简称为中铝集团）科技创新工作稳步推进。开展科技项目 1765 项，研发投入强度达到 2.3%，申请专利 1332 件，授权专利 1037 件，累计拥有有效授权专利 7628 件，其中国际专利 189 件，发明专利 3053 件；获省部级和行业科技进步一等奖 8 项。制定了科技创新对标世界一流管理提升行动专项方案和提升自主创新能力专项方案；编制了《集团"十四五"科技发展规划（初稿）》；制定了《关键核心技术短板攻关计划》，形成"6+8"重点研发任务。进一步优化科技激励机制，2020 年度中铝集团科技奖励金额达 730 万元。研发突破一批关键技术，2024 化铣板等产品各项性能达到指标要求；7050 铝合金坯料等产品通过了装机评审；大飞机用关键铝合金材料成品率持续提升，单机成本大幅下降；研制生产的铝合金蒙皮、型材、五米直径锻环等众多材料，有力保障了长征 5B 火箭的顺利发射和新一代载人飞船试验船的飞行任务，荣获型号办感谢信；东北轻合金有限责任公司与西南铝业（集团）有限责任公司（以下简称为西南铝）两家企业获得中国航天科技集团有限公司突出贡献供应商称号；建立了铜合金材料专用数据库，基于数据驱动开发了高强高导和高强中导系列铜合金。开发的 2024 厚板成功进入中国商用飞机有限责任公司合格供应商目录；西南铝汽车用 5754 内板及隔热罩等六种结构件通过了上海通用汽车有限公司（以下简称为上海通用）认证，实现对上海通用、上海蔚来汽车有限公司汽车板稳定供货；中铝瑞闽股份有限公司已获得北京汽车有限公司、浙江吉利控股集团、海马汽车股份有限公司等五家自主品牌主机厂的 6×××系覆盖件外板供货资质，开始小批量供货。形成了铝电解新型连续阳极技术原型和电解柔性生产技术仿真模型和完整可推广的高硫矿生产氧化铝经济利用技术方案；铝冶炼无炭渣阳极生产及电解铝应用成套技术，在遵义铝业股份有限公司和中铝山西新材料有限公司产业化应用。2020

年开展各类技术标准制修订 178 项，其中国际标准 3 项、国家标准 29 项、行业标准 18 项，发布高于国家及行业标准水平的企业标准 19 项。中国铝业郑州有色金属研究院有限公司提出的《镁及镁合金锶含量的测定：ICP-AES 法》已通过 ISO/TC79/SC5（镁及镁合金国际标准化分技术委员会）投票立项。

中国五矿集团有限公司（以下简称为五矿集团）承担国家和省部级科技项目（课题）50 余项，获批经费超 1.5 亿元，攻关复杂铅基多金属固废协同冶炼、退役产品智能拆解等行业重大技术难题。52 项先进适用技术与装备纳入有色行业先进技术"走出去"三年推动计划。五矿集团改革科技专项支持方式，实施"揭榜挂帅"，部署科技专项重点项目 8 项，着力攻关深部资源超大规模开采、矿石性质智能识别、矿冶与城市固废协同处置等关键技术；开创性设立科创基金，基金规模 10 亿元，完成首批 14 个科创基金项目立项，支持企业攻关关键核心卡脖子技术，实现从 0 到 1 的突破。打造开放合作创新生态体系，谋划启动"中国五矿科技大讲堂"并成功举办 12 期，邀请 5 位院士以及企业高级专家分享交流行业智能化、绿色化建设最新科技前沿动态，针对行业实际问题提出相关解决方案及建议，获得广泛好评。获 2020 年度中国有色金属工业科学技术奖 18 项，其中一等奖 8 项；新增授权专利约 5000 件，其中发明专利约 1000 件；3 项重大科技成果通过国家科学技术奖励初评，13 项科技成果经评价达到国际领先水平，制定发布 3 项国际标准。

中国有色矿业集团有限公司（以下简称为中色集团）完成多项重点任务，取得一批创新成果。2020 年强化创新体系管理升级，成立了首届专家技术委员会，开展了各专业领域的技术现状和重点创新方向调研，为制定"十四五"科技规划提供了基础；西北稀有金属材料研究院宁夏有限公司牵头成立我国首个铍产业技术创新联盟，出资企业铁岭选矿药剂有限公司跻身国家"专精特新"小巨人企业之列；赞比亚共和国、刚果民主共和国（以下简称为刚果（金））两个海外实验室完成了条件建设，启动了 CNAS 资质认证。科技工作重点围绕有色金属矿产资源开发和材料加工，布局实施中色集团科技计划项目和科技成果转化专项立项 18 项，参与了中国—南非矿产资源可持续开发利用"一带一路"联合实验室相关国家重点研发计划项目，所属出资企业共获批立项国家科技项目 5 项及国防科工局军用关键材料和军民两用技术项目。中色（宁夏）东方集团有限公司参与完成的"平板显示用高性能 ITO 靶材关键技术及工程化"科技成果通过 2020 年度国家技术发明奖二等奖评审；中色集团 7 项科技成果通过行业评价，其中 3 项获评国际领先水平，获 2020 年度中国有色金属工业科学技术奖一等奖 3 项。

金川集团股份有限公司（以下简称为金川集团）深化科技体制机制改革，下沉科技项目管理权，赋予内部项目单位在人、财、物资源使用上更大的自主权，进一步释放内部创新活力。全年承担省级以上纵向科研课题7项，组织开展内部重大、重点科研项目80余项，科技成果转化率超过65%。根据科研性质不同，建立了"双层级、多属性"的科技经费投入模式。金川集团投入与厂矿投入相结合，长期战略研究与现有系统提升相统一，立足长远、统筹兼顾，设置考核体系，形成了科研投入稳步增长机制。2020年金川集团科研投入达6.04亿元。抢抓新一代信息技术发展机遇，大力推动5G、工业互联网、人工智能等与生产经营的融合创新发展，加快推进传统产业升级改造。以矿山、选矿、冶炼为重点培育实施了一批"5G"融合应用项目，形成"5G+矿运卡车"远程遥控运输系统等5个数字化赋能样板示范工程。强化专利申请质量提升和转化应用，修订专利管理制度，鼓励专利成果转化运营。2020年获授权专利443件，其中发明专利41件。金川集团万人发明专利拥有量达到82.7件，同比增长13.1%，保持了在甘肃省和有色行业企业的先进水平。开展了多层级的科技成果激励，设立了科技进步奖、技术改进奖、职工技术革新奖，全年奖励成果160余项，奖励金额超过1000万元。

铜陵有色金属集团控股有限公司制定了"十四五"科技规划，确定"十四五"科技发展方向、主要任务和目标。积极打造创新平台，联合组建了"安徽先进结构材料产业技术研究院"，于2020年12月完成注册并揭牌。与学会联合组建了学会专家工作站，于2020年12月揭牌运作。设立了24个科技创新团队，团队完成任务并达到预期目标，公司给予团队负责人和成员奖励，团队负责人最高可奖励4.8万元/年，成员最高可奖励1.2万元/年。2020年组织实施重点科技项目222项，其中1个项目列入国家"固废资源化"重点专项，4个项目列入安徽省重大科技项目计划，攻克一批制约生产经营及发展的技术难题。"航空级高纯金属铼研究"项目产品获中国航空发动机集团有限公司首批订单。自主研发生产的"锂离子电池用双面光超薄（4.5~12微米）电子铜箔"等铜箔产品已批量用于比亚迪股份有限公司、华为技术有限公司等国内锂电池龙头企业和5G通信、物联网等产业领域。2020年获省部级科学技术奖8项，其中获中国有色金属工业科学技术奖一等奖2项。获授权受理专利270件，其中发明专利122件，PCT（国际）专利申请2件。

陕西有色金属控股集团有限责任公司积极开展科技攻关及成果转化，全年完成研发投入4.25亿元，承担省部级以上课题30项，课题到款额1.96亿元；获授权专利56件，其中发明专利22件；主持或参加制修订国家标准32项、行业标准 7 项、地方标准 7 项；开发新产品 30 项。权属企业金堆城钼业集团有限公司"铼金属制备关键工艺技术研究及配套生产线建设"项目突破了原料预处理技术，解决了不同形态高铼酸铵对铼粉还原的过程影响问题；靶材研发团队针对高端 6 代钼整靶材高纯度、高密度、大宽幅及均匀细小晶粒组织的技术要求和难点，研发攻克了高端钼溅射靶材产品从粉末选型—坯料制备—高温塑性变形—晶粒均匀控制—应力去除—表面处理的全过程技术难题，制备单重超过 1000 千克的钼板坯，成功开发出世界上最大规格高清柔性显示用钼溅射靶材，打破国外技术垄断，实现了高端钼溅射靶材的国产化，该团队荣获陕西省国资委"科技创新优秀团队"奖。宝钛集团有限公司"钛合金在火炮装备上的应用"项目开展了新型低成本钛合金板材的研制，攻克了返回料电极制备及成分均匀性难题，突破了添加返回料的铸锭熔炼技术、成分均匀性控制技术、短流程板坯锻造及板材轧制技术，制备出满足装甲板用新型低成本钛合金板材。陕西地矿集团有限公司"陕西省山阳矿集区找矿预测"项目成果作为"我国主要矿集区取得重要找矿突破"获得央视报道，引起了社会热烈反响和广泛好评。"陕西省柞水—山阳矿集区成矿作用研究与找矿突破"项目获 2020 年度中国有色金属工业科学技术奖一等奖。"北方沉积型铝土矿综合地球物理探测技术及应用"获中国地球物理学会地球物理工程奖金奖。

云南锡业集团（控股）有限责任公司科技创新取得新进展，全年组织实施科技项目 140 项，科技投入 5.8 亿元，获授权专利 85 件。"复杂多金属锌精矿绿色高效冶炼新技术"荣获 2020 年度中国有色金属工业科学技术奖一等奖，参与云南省重大科技专项"云南稀贵金属材料基因工程"研究，入选国家技术标准创新基地共建单位，新认定省级创新团队、创新平台 4 个。完成科技成果转化 32 项，预选抛废技术基本实现矿山运用全覆盖，贫中矿再选、膏体充填、浸出渣综合利用、贵金属提取等一批地采选冶新技术实现运用。加大甲基锡系列产品、锡基复合阻燃剂、高纯材料、无卤焊锡丝、BGA 焊锡球等深加工新产品开发力度，全面推进数字矿山、智能工厂建设。锡冶炼异地搬迁升级改造项目建成投产，12.5 万吨/年铜冶炼扩能项目实现达产，三家单位入选云南产业发展"双百"工程。

广西华锡集团股份有限公司（以下简称为华锡集团）针对低品位锡铅锑锌铟多金属资源、硫化矿混浮工艺体系下的铅锌无氰分离技术难题，自主研发低品位锡多金属硫化矿无氰工艺，经过多年科技攻关，2020 年在给矿品位铅 0.48%、锌 6.6% 条件下，实现低品位锡多金属矿大残余药量浮选体系铅锌的无氰分离，该工艺具有不增加投资，药剂用量与氰化物相同优点，解决了国家淘汰落后工艺难题，大幅降低危化品管理成本。华锡集团联合矿冶科技集团有限公司等单位对铜坑矿地表塌陷区进行攻关治理，重介质运输覆盖 31.1 万立方米，边坡削减生成充填物 13.7 万立方米，井下充填 48.6 万立方米，工程顺利通过验收。来宾华锡冶炼有限公司（以下简称为来冶）开展的"锌浸出渣综合回收银试验研究"，精矿含银 2685.46 克/吨，回收率达 78.84%；来冶锌浸出工艺完成技术改造，缩短了锌冶炼流程，减少了沉矾碳铵消耗 2000 吨/年、蒸汽消耗 2 万吨/年和硫酸消耗 1.2 万吨/年，节约生产成本约 600 万元/年；来冶采用石灰石-石膏湿法脱硫工艺处理锡冶炼产出的低浓度二氧化硫烟气，使原脱硫产生的双碱渣全部变为产出脱硫石膏（3 万吨/年），年减少危险废物 1 万吨，产出的脱硫石膏可用于水泥厂的综合利用，实现变废为宝。

紫金矿业集团股份有限公司坚持以矿石流为走向，统筹研究设计与实施地勘、采矿、选矿、冶炼和环保 5 个环节，"矿石流五环归一"矿业工程管理模式得到进一步推广。地勘找矿有新突破，山西紫金矿业有限公司新增约 55 吨黄金；刚果（金）卡莫阿-卡库拉铜矿新增约 154 万吨铜，铜资源达到 4369 万吨。福建紫金山金铜矿地采技术和装备的提升与应用，使成本同比下降 18.5%；优化边坡安全控制工程，黑龙江多宝山铜业股份有限公司（以下简称为多宝山铜矿）减少废石剥离量约 2 亿吨，累计减少采矿成本约 20 亿元。选矿运用铜钼分离新工艺综合回收多宝山铜矿伴生钼资源，直接经济效益超亿元；自主开发的高效环保无毒新型浮选药剂 ZJ201 在企业应用，建成年产 1000 吨工业生产线，取得了良好的技术指标。针对哥伦比亚武里蒂卡金矿矿石特性开发了冶炼优化工艺方案，实现金、银、铜、锌等有价金属的综合回收；针对新疆紫金锌业有限公司低品位难选混合锌矿特点，研发了分采分选、选冶协同处理工艺，实现不同锌品位、不同氧化程度的锌矿资源经济高效回收，并解决了锌冶炼厂焙烧系统产生的硫酸富余问题；洛宁紫金黄金冶炼有限公司新组建了新材料技术中心，自主研发高纯金银、金银系列合金和高纯铜。紫金铜业有限公司开发了污酸、砷烟灰等协同控砷分步沉淀处置技术和污酸中铼的回收技术，实现了含砷物料资源化与无害化处置，"常压臭葱石固砷"优化工艺可有效解决塞尔维亚紫金铜业有限公司波尔（Timok）铜金矿的高砷铜精矿冶炼的砷无害化处置问题；巴彦淖尔紫金锌冶炼厂的铁闪锌矿湿法冶炼浸出渣资源综合利用及无害化处理工程建成投产，每年可减少危废渣排放 20 万吨，年经济效益可达 3000 万元以上。2020 年新增 2 家国家高新技术企业，总量达到 16 家；新增 4 家国家级绿色矿山，总量达到 9 家。2020 年度获福建省和中国有色金属工业科学技术奖 7 项，其中一等奖 2 项；获授权专利 24 件，转让专利权 2

项；参与制修订国家和行业标准 15 项；与福州大学联合办学的紫金模式入选全国"校企合作双百计划"典型案例。

浙江海亮股份有限公司为满足高端制冷铜管国际市场需求及国内制造设备、工艺的不断升级，新建盘管项目，瞄准智能制造目标，通过自研与购置先进加工、检测、信息化设备，将智能行车、物联网、机器人、AGV、RFID 识别、在线检测防错等先进智能制造技术在生产管理上全面应用。项目通过 RFID、二维码等工业物联网技术应用，数据采集系统与 PLC 集成，形成生产物料、设备、产成品的身份唯一标识与生产流程的真实追溯；通过制造执行系统（MES）与智能装备、智能检测、智能仓储物流、数据采集系统集成，实现智能生产；升级完善企业资源管理（ERP）、客户关系管理（CRM）系统实现智能经营；通过多系统信息集成的数据分析，实现制造、检测、仓储物流等环节的价值发现和持续改善。项目创建以自动化控制和智能网络控制技术为基础的智能生产管理新模式，实现生产过程自动化与信息化无缝集成、全寿命周期产品质量追溯、智能测控等，大幅度降低生产成本，提高产品质量和生产效率，技术水平达到国际一流。

山东南山铝业股份有限公司（以下简称为南山铝业）秉承"创新驱动、高端制造、精深加工"的发展战略，在航空、汽车用铝材认证方面范围继续扩大，市场地位得到进一步巩固；空客 A320/321 用上、下侧撑杆锻件产品试制成功，获得法国赛峰集团批准，开始进入量产阶段；开发出满足高能量密度电池所需的 10~12 微米超薄、高力学性能锂离子电池用铝箔，并已批量供应国内多家动力电池客户；成功研发出轨道高速列车用 6005A 合金系列型材，产品性能国内领先。申报的山东省铝合金压力加工技术创新中心获省科技厅批复。"南山牌一般工业用铝合金挤压型材"荣获山东省优质品牌；南山铝业荣获山东专利创新企业百强荣誉称号。

丛林铝业科技（山东）有限责任公司（以下简称为"丛林铝业"）前身为丛林集团有限公司铝加工产业板块，2020 年 4 月由安徽海螺创业投资有限责任公司、中银信控股集团有限公司联合投资收购，企业完成了资产和业务的重整再造，进入了新的发展阶段。丛林铝业 2020 年全力推进技术创新，"汽车轻量化关键构件铝型材制造技术开发与应用"通过协会科技成果评价，获评"项目整体技术达到国际先进水平"。项目开发了乘用车和商用车关键受力承载、碰撞吸能防撞梁和 ABS 阀块等特殊部件用高性能铝型材制备核心关键技术，形成了成熟的产业化技术体系，研制出三类关键构件用高性能铝型材产品，发明了 6 个新型铝合金牌号，解决了铝合金强度与韧性协同和阀体铝型材高机加工表面质量、高组织性能均匀性的共性难题，使 7A46 型材的强度提高 5% 以上，冲击韧度提高 10%。近三年累计产销汽车用高性能铝材 1.6 万吨，实现销售收入 3.5 亿元。为轻量化汽车用铝材的开发和应用起到了良好的示范和带动作用。主持制定《汽车用铝及铝合金挤压型材》（GB/T 33910—2017）国家标准 1 项，获授权发明专利 19 件。

辽宁忠旺集团有限公司成功开发出轨道交通与公路货运车用超大规格铝合金挤压材成套制造技术和铝合金挤压材、新能源城市客车全铝化车身+底盘、航空用大型高精度锻环挤压结构件等产品。开发出了最大长度 60 米、外接圆直径 1 米以上、组织性能均匀的 6005A 铝型材，这是我国乃至全球产出的最宽铝合金型材，填补了国际超宽铝合金型材市场的空白，满足了市场对铝合金型材宽度日益增长的需求。成功开发航空用大型高精度锻环挤压结构件制备技术和产品，打破产品主要依赖于国外进口的局面，促进国内航空材料国产化进展。成功开发新能源城市客车全铝化车身+底盘制备关键技术，成功解决了全铝新能源客车超薄底板焊接变形量大、合格率低、车身+底盘连接强度低等多项行业共性技术难题，实现了铝合金在城市客车底盘上的首次应用，填补了国内空白。研发制造了卡车用铝合金货厢、铝合金车架、铝合金储气筒等一系列高附加值的轻量化产品。

洛阳栾川钼业集团股份有限公司（以下简称为栾川钼业）2020 年累计研发投入 1.37 亿元，实施研发项目 19 项，节能技改项目 50 余项，"五小创新" 77 项，多措并举使生产成本大幅降低，企业创新能力显著提升。应用 "5G" 技术，智慧矿山建设 "领跑" 中国矿业，矿山无人电动矿用卡车实现规模化生产，1 号破碎站实现无人化运输；"滴滴打车" 模式的智能派车系统植入无人矿山建设；上房沟矿区智能矿山建设成效显著，建成一个数据中心和六大智能系统，提高了安全生产管理水平。"栾川钼业钨业选矿二公司选钨工艺流程延长" 粗选回收率上升 1 个百分点；栾川钼业选矿二公司采用永磁电机，节电率达 14%，使用新型复合衬板综合降耗 8%。栾川钼业矿山公司实施燃油挖掘机电动化改造，实现废气 "零排放"；栾川钼业冶炼有限公司加大硫酸废水处理力度，实现废水 "零排放"。通过持续创新，获批国家认定企业技术中心，荣获 "第六届中国工业大奖表彰奖"，获 "中国产学研创新成果一等奖" 1 项。钨产品被工信部认定为 "第五批制造业单项冠军产品"。

宁波兴业盛泰集团有限公司（以下简称为宁波兴业）2020 年成功开发出超高强弹性合金替代铍铜合金，有效实现 5G 通信等无铍铜合金的应用；工业化生产蚀刻用、集成电路引线框架用铜合金和高强高导铜铬锆合金，已完全替代进口；在高端应用领域使用的高性能铜合金，已满足高速背板等领域国外厂家的性能要求。作为骨干核心企业参与国家重点研发计划 2 项，主持工信部工业节能与绿色标准研究项目 1 项。宁波兴业积极推进高端人才建设，获批国家级博士后工作站，入站博士后 2 名，自主培养博士生 1 名，培养宁波市领军人才 2 名。

三、行业科研院所改革发展稳步推进，综合实力持续增强

有色行业科研院所通过深化改革，创新体制机制，院所收入连创新高，综合实力显著增强。初步统计，2020 年有色行业 21 个原直属科研院所综合收入达到 737.1 亿元，同比增长 14.0%。云南省贵金属新材料控股集团有限公司综合收入突破三百亿元，达到 320.0 亿元，同比增长 12.0%；有研科技集团有限公司（以下简称为有研集团）综合收入达到 157.0 亿元，同比增长 20.3%；西北有色金属研究院综合收入达到 147.1 亿元，同比增长 11.4%；矿冶科技集团有限公司综合收入 52.4 亿元，同比增长 28.1%；赣州有色冶金研究所有限公司收入达到 15.9 亿元，同比增长 33.6%；四川省有色科技集团有限责任公司综合收入达到 11.0 亿元，同比增长 23.6%。21 个科研院所实现利润 28.9 亿元，同比增长 41.7%。

有研集团 2020 年在职员工 4900 人，总资产 115 亿元，净资产 86 亿元，实现经营收入突破 150 亿元，利润总额同比增长 25%；国家和地方政府科技项目经费到款 4.3 亿元；获授权国际国内专利 295 件，其中发明专利 200 余件；获省部级和中国有色金属工业科学技术奖 28 项；制修订国际、国家和行业标准 105 项。年产 300 吨大直径半导体硅单晶和 300 万片硅单晶抛光片的山东德州生产基地顺利建成投产，年产 2 万块超高纯金属靶材的北京昌平基地二期建设项目全面达产，为我国集成电路产业的发展提供了关键核心材料自主保障。获国防科技工业局批准，挂牌组建特种有色金属材料国防科技创新中心；获国家市场监督管理总局批准，挂牌组建国家动力电池产品质量监督检验中心；获工信部批准，挂牌组建金属粉体材料产业技术研究院；有研稀土新材料股份有限公司技术中心被国家发展改革委等五部门认定为国家级企业技术中心。

矿冶科技集团有限公司 2020 年实现净利润同比增长 7.6%，创历史最好水平。科技收入 15.0 亿元。全年获批纵向科研项目 77 项，合同总额 1.97 亿元，同比增长 48.0%，纵向科研经费到款 1.5 亿元，同比增长 10.0%。全年内部各类科技基金立项经费总额近 6500 万元，同比增长 16.0%，其中设立专项科研启动基金 3000 万元，全力支持行业"卡脖子"关键核心技术攻关。通过科技

成果评价 30 项，其中 14 项成果获评国际领先水平。获得各类科技奖励 55 项，同比增长 22.2%。获批授权专利 160 件，同比增长 28.0%；获准软件著作权登记 40 项；主持或参与制修订标准规范项目 196 项，其中发布 72 项。分别与秘鲁、乌兹别克斯坦等国研究机构签署了共建联合实验室合作协议，持续推动"一带一路"矿冶科技伙伴计划实施。积极开发绿色技术和产品，自主研发的"树脂基纳米复合吸附剂处理痕量重金属废水技术"入选 2020 年绿色"一带一路"技术储备库，为矿山生态修复提出新的治理思路。

长沙矿山研究院有限责任公司 2020 年经营指标成绩亮眼。全年完成新签合同额同比增长 47.31%，全年实现营业收入同比增长 13.78%，全年实现利润总额同比增长 124.81%，资产负债率 44.62%。课题立项、技术研发、专利申报等方面取得丰硕成果。全年获批纵向项目 26 项，其中国家级 5 项、省部级 13 项，获批专项资金 3826.75 万元。获批湖湘青年科技英才 1 名、青年科技奖 1 名。全年获科技成果奖励 24 项，全年申请专利 119 件，获专利授权 77 件，其中发明专利 15 件。完成了《安全检测检验机构专业技术人员通用要求》《金属非金属矿山在用架空乘人装置安全检测检验规范》等标准编制工作。全面完成了"金属非金属矿山重大灾害事故分析鉴定实验室"建设任务。"矿用电梯安全准入分析验证实验室"完成了初步设计和专家论证，获得上级部门批复。"湖南省智能矿山工程技术研究中心"成功获批。

广东省科学院七家有色行业研究所 2020 年科研和技术服务收入达到 4.0 亿元。广东省科学院资源综合利用研究所高纯五氧化二铌系列产品规模化绿色生产关键技术开发成功并实现工业应用，建成了国内最大规模的高纯氧化铌工业生产线，并实现了生产过程废水资源化和近零排放。广东省科学院稀有金属研究所开发的"氧压湿法炼锌工艺中稀贵金属高效清洁回收关键技术"，实现了氧压湿法炼锌过程中锗、镓、铟、银等稀贵金属资源的高效分离利用，并在深圳市中金岭南有色金属股份有限公司丹霞冶炼厂得到产业化应用。广东省科学院新材料研究所积极探索事业单位产研分离，在佛山成立技术育成研发机构和股份公司；获授权专利 39 件；"航空用高硬耐磨耐蚀涂层技术及应用"成果获广东省科技进步奖一等奖。广东省科学院半导体研究所 2020 年新增俄罗斯工程院中国籍院士 1 人，申请 PCT 专利 4 件，牵头承担省重点研发计划项目 3 项，孵化 2 家企业，技术服务收入增加 75%，获批为广州市科普基地。广东省科学院中乌焊接研究所 2020 年获批建设中国—乌克兰材料连接与先进制造"一带一路"联合实验室；研制的轨道车辆侧墙全自动焊接生产线通过中车眉山车辆有限公司验收，标志着首套敞车侧墙自动化焊接产线正式投产；智能化搅拌摩擦焊接技术应用于航空关键部件的试制及生产，满足复杂曲面薄壁结构高质量制造技术需求，项目成套系统交付中国航空工业集团有限公司客户使用。广东省科学院工业分析检测中心参与制修订国家行业标准53项，首次承担了国际标准镁及镁合金化学分析方法制定工作。广东省科学院材料与加工研究所新增广东省企业重点实验室等4个创新平台；获批国家级科研项目5项，授权发明专利39件，发布国家标准8项，获科技奖励5项，其中中国有色金属工业科学技术奖一等奖2项，在《全国科技创新百强指数报告2020》中，该所入选全国研究机构科技创新50强，排名第30位。

中国有色桂林矿产地质研究院有限公司启动技术攻关专项，开展"关键技术研发应用工程"，以科技支撑中色集团资源增储，以科技预防矿企环保风险，积极构建"地质管家"和"环保管家"模式。获批国家重点研发计划1项、国家自然基金2项以及省级、中色集团科技项目9项，3项科技成果经协会评价达到"国际领先"水平。连续第二年入选"2020年广西高新技术企业百强""2020年广西高新技术企业创新活力10强"。

云南省贵金属新材料控股集团有限公司围绕产业布局，全力推进新产品、新技术研发。超低贵金属及新型三金属催化剂技术分别在中国长安汽车集团股份有限公司NE系列发动机、上汽通用五菱汽车股份有限公司N15T系列发动机上表现优异，成为行业标杆；丙烷脱氢铂催化剂通过第三方工业应用验证，实现商业化应用；6种规格金带产品成功开发，填补了国内空白；键合银丝产品经可靠性验证，满足商业级LED光源器件使用要求；LTCC系列电子浆料研制工作全面完成，产品进口替代顺利推进。2020年获批立项科研项目57项，获授权专利21件，制修定各类标准17项。"贵金属二次资源循环利用关键技术及应用"和"国五国六汽车催化剂关键技术及产业化"2项成果获中国有色金属工业科学技术奖一等奖。贵研铂业股份有限公司获工信部"专精特新"小巨人企业荣誉称号。

中铝郑州有色金属研究院有限公司2020年强力推进重大项目研发和产业化建设，全年开展研发项目96项；申请发明专利60件，获授权发明专利19件；通过协会组织的科技成果评价7项，其中国际领先水平2项，获中国有色金属工业科学技术奖一等奖1项；主持制修订的10个国家标准、13个行业标准发布实施。推广的腐殖质脱除技术使中铝集团山西交口兴华科技股份有限公司氧化铝生产能力由最低不足50%增至100%。无炭渣阳极生产技术示范项目在遵义铝业股份有限公司（以下简称为遵义铝业）、中铝山西新材料有限公司应用，吨铝炭渣量降低7千克以上。铝用新型超强防渗料累计在行业多家企业应用 10 万吨以上。二次铝灰全量化资源综合利用项目建成处理产能 6 万吨/年示范线。在遵义铝业持续完成了 2 万平方米赤泥堆场边坡生态修复示范工程，植被覆盖率达 95%以上。开展的新型连续阳极研究，烟气收集与治理集气率达到 99.5%以上。废阴极资源化利用项目在包头铝业（集团）有限责任公司建成处理产能 4000 吨/年试验线，生产出石墨化产品约 1100 吨，各项指标均优于《电煅石墨化焦》（YS/T 763—2011）一级标准要求。"铝选冶过程资源综合利用工程技术研究中心""先进结构陶瓷工程技术研究中心"获批河南省工程技术研究中心。

西北有色金属研究院综合收入再创历史新高，科技收入 5.07 亿元，产值 142 亿元，利润同比增长 34%；获省部级以上科技成果奖励 6 项，其中一等奖 3 项。申请专利 284 件，授权专利 222 件，其中发明专利 135 件。获纵向项目立项 233 项，经费 2.17 亿元，同比增长 22%；研发投入占比达 8%。参与了长征五号火箭、嫦娥五号探测器、奋斗者号等多项国家重大工程配套材料研制。部分项目突破关键核心技术瓶颈，制造出国内首台套工业级核乏燃料后处理关键核心设备，补齐我国核废料后处理短板；开发的我国现有最大规格铌钨合金环材产品，解决了我国某型号航天装备试车的燃眉之急；制备的 200 米量级长线性能达到国际先进水平，解决了国产聚变工程堆 CFETR 用高温超导线材工程化应用关键问题；研制出国内最大规格高温合金棒材，攻克高品质航空用国产三联高温合金材料"卡脖子"难题。累计开发新产品 129 项，产值 6.6 亿元。投资 2.14 亿元，推动 52 项产业化及技改项目建设，完成建设 34 项。获批陕西省先进稀有金属材料技术创新中心，累计科技平台 73 个，其中国家级 14 个、省级 29 个。获批优秀级"2020 年陕西省引进国外智力示范基地"2 项；《稀有金属材料与工程》连续获得"中国最具国际影响力学术期刊"称号。与西北工业大学联合成立超导材料与应用技术研究院；获批组建"陕西省新材料产业技术创新战略联盟"。从资本市场募集资金 8.75 亿元用于产业升级发展。西部金属材料股份有限公司完成非公开发行股票工作，募集资金 7.85 亿元，同时启动三家子公司新三板挂牌，11 月 26 日获申请受理；西安凯立新材料股份有限公司启动科创板上市，11 月 20 日通过上交所上市委员会审议，待证监会注册；宝德科技集团股份有限公司完成定向股票发行，发行 994 万股，价格为 6 元/股，募集资金 5964 万元；西安赛隆金属材料有限责任公司完成增资扩股，新增注册资本 285.72 万元，增资价格为 10.5 元，募集资金 3000 万元。坚持品牌保护，申请商标 37 件，累计申请商标达 462 件，已取得证书 322 件。

西北矿冶研究院以白银有色集团股份有限公司（以下简称为白银集团）内部项目为主战场，紧盯采、选、冶三大系统的关键技术和重点指标，深入挖掘、凝练和实施了矿产资源储量调查与研判、采选冶工艺技术优化、资源综合回收利用研发和技术服务项目 134 项，创造技术增量效益 6800 余万元。首信秘鲁矿业股份有限公司（以下简称为首信秘鲁）技术服务团队，在疫情期间坚守海外现场持续攻关，实现锌精矿锌品位环比提高 5.66 个百分点，回收率环比提高 20.84 个百分点，铜回收率环比提高 1.56 个百分点的优异指标，受到首信秘鲁的特别表彰。配合白银集团建成了"有色金属智能制造协同创新中心"，环境检测实验室主体工程全部建成并逐步开展业务。深井高效开采及灾变控制工程实验室经过 5 年建设发展，逐步具备相关研究功能与科研手段。积极拓展外部市场，新签横向技术合同 133 项，实施技术攻关和产品转化合同 302 项。全年完成成果应用项目 4 项，省级科技成果评价 5 项，申请专利 123 件。人才结构进一步改善，全年引进高端人员 8 名，7 名同志进入白银市青年英才库。

西北稀有金属材料研究院宁夏有限公司聚焦国家战略，加快推进承担的国家重大专项、配套科研、自治区重点研发计划等科技项目研发，在大尺寸铍镜、高性能铍铝合金、5G 深冲接插件用高铍带材等制备关键技术方面取得了多项突破性进展，为国内相关应用领域发展奠定了扎实基础。获宁夏回族自治区科技进步奖一等奖 1 项，"稀有金属铍及铍合金研发团队"获宁夏回族自治区创新争先奖。申请专利 24 件，获授权专利 8 件。

北京矿产地质研究院有限责任公司（以下简称为地研院）完成公司制改制。与紫金矿业集团股份有限公司（以下简称为紫金集团）合作设立中色紫金公司，注册资本 5.18 亿元。地研院以持有的中色地科矿产勘查股份有限公司的股权评估价值对价出资，占 42%。紫金集团、员工持股平台以现金出资，分别占 42%、16%，投资新设公司，盘活并实现了地研院资产增值和质量变优，为员工提供了新的发展平台和股权激励方式。地研院本部承担各类项目 18 项，经费 2753 万元，"赤峰"等项目为代表的找矿预测取得一批新发现，"宜昌"等项目为代表的生态地质项目成果显著。获省部级奖励 5 项，软件著作权 18 项。博士后科研工作站 2015~2019 年度评估结果再获优秀。

峨嵋半导体材料研究所 2020 年新增省部级科研项目 1 项，开展科技项目 7 项；其中产学研用协同研究项目 3 项，结题内部项目 2 项。获得省部级科技成果奖 1 项；申请专利获得受理 6 件，获授权专利 2 件；主持制定行业标准 1 项，主持修订国家标准、行业标准各 1 项。进一步完善科技管理和考核制度，加大科研考核力度，激发研发人员积极性。

沈阳有色金属研究院有限公司 2020 年总收入同比增长 27%，营业收入同比增长 37%，实现利润总额同比增长 421%。在技术开发板块，全年获批各级科技计划项目 6 项，新签技术服务合同 11 项，合同额 1839 万元；实现科研收入同比增长 65%，技术服务收入同比增长 44%。产业板块通过采取提产增效、上下游价格对锁等措施，市场份额进一步扩大，全年产品收入同比增长 36%。两个业务板块均达到了"十三五"期间最好水平。

新疆有色金属研究所完成了新疆有色金属工业（集团）有限责任公司（以下简称为新疆有色集团）委托的可可托海低品位废石综合回收项目，获批开展自治区重大科技专项"新疆南部重点矿床稀有金属资源综合开发利用技术"项目。"无水碘化锂/四氟硼酸锂制备技术开发与示范"和"有色金属资源综合利用国家地方联合工程实验室（新疆）创新能力建设项目"顺利通过验收。研发的阿克陶科邦锰业制造有限公司阳极渣与尾渣处理项目解决了每年 6000 吨含铅阳极渣危废处置问题，实现了废物资源综合回收利用，该项目将以科技型股份企业的形式形成产业，为研究所科研成果转化提供了创新型的产学研合作示范模式。获授权发明专利 1 件。"电池级无水四氟硼酸锂制备方法"获新疆有色集团 2020 年度优秀发明专利奖。2020 年无水氢氧化锂销量大幅提高，主要锂盐产品的销售额达到 1134 万元。

赣州有色冶金研究所有限公司（以下简称为赣研所）2020 年实现营业收入突破 15 亿元，新增科研经费 1098.06 万元，新增科研项目 45 项，完成项目验收（结题）52 项。主持标准立项 6 项、参与 13 项。获授权发明专利 6 件，实用新型专利 8 件，软件著作权 3 项；维护有效专利 41 件。获省部级科技奖 7 项。牵头完成的"复杂空区群下薄脉组钨矿床安全高效开采及灾害监控关键技术"项目，经协会组织成果评价，整体技术达到国际先进水平。起草的国家标准《离子型稀土原矿化学分析方法　稀土总量的测定　电感耦合等离子体质谱法》，专家审定达到国际先进水平；获批赣州市钨与稀土功能合金材料重点实验室和赣州市有色金属矿冶装备技术创新中心。2020 年 12 月 21 日，赣州市市场监督管理局颁发了赣研所营业执照，公司制改制顺利完成。

四川省有色科技集团有限责任公司（以下简称为四川有色集团）2020 年实现营业收入突破 10 亿元。获批国家、省市重大科研项目立项 5 项，授权专利 13 件。4 家分（子）公司成功进入 2020 年度成都市中小企业成长工程培育企业名单，4 家分（子）公司成功被认定为科技型中小企业。1 家公司成功获批"高新技术企业"，四川有色集团成功认定为省级"专精特新"小巨人企业。

湖南有色金属研究院 2020 年积极响应国家"一带一路"倡议，坚定推进"一带一路"国际业务合作，新签技术服务合同 5 个，金额 5020 万元，将先进的优势技术推向多米尼加、刚果（金）、肯尼亚、几内亚等国家。2020 年中标刚果（金）Ruashi 矿业公司选矿扩建和改造 EPC 工程总包项目；承担了刚果（金）腾科丰古鲁美矿业（简称为 TFM）铜钴矿的选冶试验研究，开发出了高效捕收剂 WS 和先进的浮选—磁选联合工艺，获得铜回收率和钴回收率达到 90% 以上的良好指标；中国铝业股份有限公司（以下简称为中铝股份）几内亚博法铝土矿检测项目以半年时间完成全年工作任务，为中铝股份提供技术支撑，保障了国家投资和资源安全。完成了湖南省"新型合金产业链"三年行动计划实施方案的编制并通过评审；完成了《湖南有色金属"十四五"规划》《永兴县稀贵金属综合回收利用产业发展总体规划（2021~2025)》《沅陵县农村污水治理专项规划》和《望城区农村生活污水专项规划》的编制。申请发明专利 10 件，获授权发明专利 8 件，编制国家和行业标准 5 项，获省部级科技进步奖 5 项，其中"复杂高氧化率难处理铜矿深度活化—协同捕收浮选新技术研究及应用"项目获湖南省科技进步奖一等奖。

湖南稀土金属材料研究院获批 2020 年湖南省第三批制造强省专项资金项目、湖南省财政厅稀土金属材料加工公共服务平台项目。完成 2020 年湖南省新材料企业认定、湖南省重点民参军企业认定、2020 年高新技术企业认定工作。申请专利 25 件，受理发明专利 18 件，获授权发明专利 7 件。获得各类奖项 3 项。"钪的高效提取与高值化利用技术研究及产业化"成果获中国有色金属工业科学技术奖一等奖。控股的湖南稀土新能源材料有限责任公司完成团队持股工作，列入湖南省省属国有企业混改项目推荐名单。湖南稀土功能材料科技创新创业团队成功入选 2020 年湖南省"企业科技创新创业团队支持计划"；院副总工程师黄美松同志荣获全国有色金属行业劳动模范。

湖南有色冶金劳动保护研究院科技工作取得新进展，获授权专利 15 件，其中发明专利 1 件；申报并获受理专利 15 件。取得了放射卫生技术服务机构资质（乙级）。完成企业退休人员社会化管理，向社区移交 107 人（含退休党员 43 人）。

有色金属技术经济研究院有限责任公司标准制修订工作成效显著，完成了300 余项国家、行业、军用、协会标准制修订工作，组织论证并上报了 300 余项相应标准制修订计划。国际标准化工作继续取得新突破，成立了锂国际标准化技术委员会，发布了中国牵头研制的国际标准 5 项，包括全球稀土领域首批国际标准（两项稀土术语）和首个贵金属领域国际标准（金锭），继续强化了稀土和镁及镁合金国际秘书处优势。与有研集团联合成功申报 2020NQI 专项"民机铝材关键标准研究"，成功申报若干项市场监管总局、工信部研究课题。完成专利申请代理、软件著作权登记、科技查新等共计 800 余项。完成咨询项目国家部委委托课题 1 个、地方政府委托课题 2 个、大型企业委托课题 5 个。

四、行业设计研究单位增强技术开发能力，服务企业技术进步

有色行业设计研究单位不断深化改革、加快发展，工程设计和技术开发能力持续增强。初步统计，2020 年有色行业原 8 个直管设计研究院实现综合收入 123.5 亿元。中国恩菲工程技术有限公司（以下简称为恩菲）综合收入 56.2 亿元，中国瑞林工程技术股份有限公司综合收入达到 17.8 亿元，昆明有色冶金设计研究院股份公司综合收入达到 16.9 亿元，长沙有色冶金设计研究院有限公司综合收入达到 14.5 亿元。8 个设计研究院实现利润 4.7 亿元，同比增长 39.1%。

恩菲牵头或参与承担国家科技计划项目 20 个、课题 40 个的研究任务，其中项目牵头 4 项，课题牵头 11 项。中标工信部"2020 年智能制造系统解决方案供应商—智能工厂集成、协同制造集成"项目，中色建设非洲矿业有限公司谦比希铜矿智能矿山总承包项目成为"2020 年国家大数据产业发展试点示范项目"，体现出恩菲在智能化转型方面工作的不断深入。累计拥有有效专利 1427 件（含海外专利 37 件），其中发明专利 638 件。加强了海外专利布局，在印度尼西亚、菲律宾、南非、欧亚、欧洲等不同国家和地区正在申请 50 多件海外专利。重点攻关的 BREF 冶炼技术相关专利也得到授权。发布国家标准 3 项、强规 2 项、行业和团体标准 5 项，发布国际标准 4 项。牵头修订的《金属非金属矿山安全规程》和《尾矿库安全规程》两项强制性国家标准，历时三年完成，2020 年 12 月 22 日，国家矿山安全监察局就此举行了首场新闻发布会。获批"北京市企业技术中心"。

中国瑞林工程技术股份有限公司以市场导向和问题导向，持续开展公司重大科技项目研发，并取得阶段性成果，联户污水处理成套设备和智能铜电解关键技术与装备成果进入推广应用阶段。积极参与政府和行业主导的研发活动，承担 2 项江西省重点研发计划项目，主编行标《有色金属冶炼场地稳定化后土壤再利用技术标准》和协会标准《有色金属冶炼场地修复过程综合防控技术指南》。冶金装备 2 项技术获美国、日本发明专利授权。"火法炼铜关键技术研发与应用团队"荣获首届江西省创新争先奖。

沈阳铝镁设计研究院有限公司落实"科技+国际"发展战略,加大科技创新,推进铝行业绿色高质量发展。2020年,有6项科技成果获得中国有色金属工业科学技术奖、辽宁省科技奖、中国机械工业科学技术奖,其中一等奖2项;申请专利51件,其中发明35件;获授权专利19件,其中发明11件。主编《氧化铝厂工艺设计规范》国家标准1项,参编国家标准4项。自主研发了国际上主炉结构最大的氧化铝气态悬浮焙烧炉系统,投产稳定运行5套。升级开发了第三代500千安级高稳定环保型铝电解槽关键技术,投产和在建产能达到360万吨/年。

贵阳铝镁设计研究院有限公司进一步建设完善科技创新平台,与遵义铝业股份有限公司、四川启明星铝业有限责任公司、株洲天桥起重机股份有限公司等生产企业合作共建"科技创新合作基地",支撑了智能制造、安全、环保、节能、高效技术的研发;开发形成的"铝电解在线检测系统""自动制样检测设备""炭块无人仓储系统"等技术成果进入生产应用并得到企业的肯定;工信部揭榜项目"智能铝电解多功能机组核心装置开发"顺利通过验收;"φ18米高效节能分层均化搅拌分解槽"和"高能效铝电解槽多元物理场协同耦合优化及动态管控技术"成果,经行业专家评价为国际领先水平。获省部级优秀设计一等奖1项;主编国家标准2项;申报专利53件,其中发明专利26件。"三水铝石型铝土矿生产氧化铝技术"成功在广西华昇氧化铝厂应用,投产1月即达产达标;"7点进电500千安大型铝电解槽精准调节深度节能成套技术"在贵州兴仁登高新材料有限公司、云南神火铝业有限公司、鹤庆溢鑫铝业有限公司等多个项目上稳定运行、指标领先,并成功输出到印度巴拉特铝业(BALCO)、印尼华青铝业有限公司项目;"赤泥干法堆存技术"输出到力拓矿业集团雅温(文)氧化铝厂应用;"粉煤灰制取氧化铝技术"已在国家能源投资集团建设第一条生产线;"高硫铝土矿焙烧脱硫技术"成功应用在国家电力投资集团务川自治县氧化铝项目,找到了资源获取的新途径。

长沙有色冶金设计研究院有限公司2020年新签科研合同同比增长74%;承担了国家重大科研课题15项,省级重大科研项目9项,其中牵头承担国家重大科研项目3项;专利授权47件,其中发明20件;获奖项目54项,其中获省部级科技进步奖一等奖1项;颁布实施国标2部、团标1部;参编国标3部、行标2部。"复杂多金属物料协同冶炼及综合回收关键技术"列入了国家发展改革委、科学技术部、工信部和自然资源部颁布的《绿色技术推广目录》;成为工信部绿色制造系统解决方案供应商;入选国家"科改示范行动"企业。

中色科技股份有限公司大力开展科技创新工作,高端铝合金带材连续退火生产线顺利进入试生产，整体性能和主要技术指标达到国际先进水平；研发的2800毫米宽幅六辊铝带冷轧机已进入设备安装、调试阶段。通过协会科技成果评价4项，2项达到国际领先水平。申请专利53件，其中发明20件，获授权专利33件；主编或参编国家、行业标准7项，其中发布4项。

兰州有色冶金设计研究院有限公司（以下简称为兰州有色院）2020年获省部级科学技术奖8项。依托兰州有色院组建的甘肃省尾矿处置行业技术中心考核评价优秀，并位列第一，同时获中国质量协会质量信得过班组。兰州有色院2020年获绿色矿山评估服务能力认证资格；自然资源部高寒干旱区矿区地质环境修复工程技术创新中心第一分中心协议已经签订。兰州有色院设计的"青海赛什塘铜业有限责任公司赛什塘铜矿矿山地质环境整治项目"和"甘肃金徽矿业有限责任公司徽县郭家沟铅锌矿矿山地质环境保护与土地复垦项目"获评"全国矿山生态修复示范工程"。

昆明有色冶金设计研究院股份公司新增行业设计大师1人；申请专利23件，授权专利7件，获得软件著作权2项，形成国家和行业标准3项；加强科技成果转化，加压浸出、铝电解、矿山绿色智能化、生态修复、边坡稳定性等研究技术已经在多个设计项目中得到成功应用；与多家行业企业、院校、科研机构开展多领域的技术研发、人才培养，大力拓宽科技创新研发平台。

五、行业高校发挥基础研究和人才培养优势，助力行业发展

行业高校发挥人才培养和基础研究的独特优势，在行业共性技术研发、成果转化和创新人才培养等方面取得显著进展，为行业发展作出了积极贡献。

中南大学2020年科研经费快速增长，进校经费（不含医院）突破16亿元，同比增长21.2%。科技奖励稳步推进，2个项目通过国家科技奖评审（国家技术发明奖二等奖项目"锌冶炼过程智能控制与协同优化关键技术及应用"、国家科技进步奖二等奖项目"智能化地图综合与多尺度级联更新关键技术及应用"）；空天运载装备铝合金环形构件先进制造方法与应用获教育部十大科技进展；获协会、教育部、湖南省科技进步奖一等奖共21项。赵中伟被授予第二届"全国创新争先奖状"，徐海获"2020全国科普工作先进工作者"称号。重大项目喜获丰收，获批有色领域国家重点研发计划首席专家项目7项，立项数和专项经费总数均为历年最高。国家自然科学基金项目经费突破4亿元，创历史最好成绩；"数字经济时代的资源环境管理理论与应用"国家基础科学中心项目成功获批立项，实现有色领域国家基础科学中心项目"零突破"。军民融合快速推进，被纳入教育部、国防科技工业局和湖南省共建高校，

获批 6 个军工重大科研项目，军工项目立项合同经费创历年最高，助力嫦娥五号探月、服务北斗全球组网，多次收到相关单位感谢信。知识产权与成果转化再创佳绩，入选首批国家知识产权示范高校，有色领域授权发明专利 1316 件，数量为历年之最，转化金额 1000 万元以上成果 7 项，涉及新材料、选矿、冶金、环境等领域。

昆明理工大学立足云南经济社会发展，服务我国有色金属工业转型升级，科技成果亮点突出。学校自主研发的熔池熔炼炉富氧旋流混沌搅拌强化供热技术及加热炉旋流混沌燃烧强化供热技术，应用于中国铜业有限公司、金川集团股份有限公司等龙头企业，攻克了相关领域"卡脖子"技术难题；开发的提取贵金属颠覆性技术，将贵金属精矿与重金属精矿协同冶炼，开辟了贵金属清洁高效冶炼新途径，成果在国内 10 省区以及俄罗斯、越南等国家应用，与传统方法相比，不使用剧毒氰化物，不产生氰化渣，创造了金山银山、留住了绿水青山；开发的精炼锡核心装备真空精炼炉以及全自动电热机械结晶机，应用于全球锡行业龙头企业云南锡业集团（控股）有限责任公司"锡冶炼退城入园搬迁改造项目"，代表了当今世界锡冶炼一流技术和装备水平。2020 年科研规模达 18.83 亿元，承担国家重点研发计划重点专项 1 项、课题 6 项，获资助国家自然科学基金 134 项，连续 10 年位列云南第一。环境/生态学、植物与动物学学科进入 ESI 国际排名全球前 1%。获授权发明专利 650 件，发明专利授权量、有效发明专利拥有量排名均进入全国 50 强。获云南省科学技术奖 16 项，获中国有色金属工业科学技术奖一等奖 4 项。新增省部共建国家重点实验室 1 个，教育部（省部共建）协同创新中心 1 个。自然科学学术研究水平位列全国第 33 名。

江西理工大学着力推进科技创新，在重大成果转化应用、深入服务地方产业发展等方面取得突出成效。2020 年 5 月，学校与兴国县人民政府签订了永磁磁浮技术及应用成果转化合作协议，学校自主研发的永磁磁浮技术以 1 亿元作价入股在兴国落地转化。永磁磁浮技术成果是学校历时 5 年牵头研制的具有自主知识产权的一种集安全、智能、节能环保、经济和适应范围广的轨道输送新制式，永磁磁浮技术成果落地兴国县，有效探索了县域产业发展新路径，将进一步促进地方经济高质量发展，形成产业聚集和带动效应。学校与鹰潭市共建的先进铜产业研究院助推鹰潭铜产业转型升级跑出加速度，联合承担的"摩擦系数极低的高性能铜基钢背自润滑轴承"项目和"微合金化高强高导铜合金线"项目，相关产品已打入德国、美国、日本等国外高端市场；牵头研制的"高质量热管用大径厚比无氧铜管"已成功投产，并批量应用于"荣耀"系列的 5G 手机；合作开发的"源广顺铜丝智能测径及防错系统""毅鹏智能科技基于视觉定位的移动式镀锡线盘上下料机械手"等系统，为企业提高了信息化、自动化水平，大幅提升了生产效率。

东北大学围绕汽车轻量化用高性能铝合金材料与部件制造关键问题，研发了双冷场铸造、FSP+MIG复合焊接等共性技术，构建了铝合金组织性能调控与智能成型一体化制造体系，成功应用于奇瑞汽车股份有限公司、一汽客车有限公司等汽车制造企业，有力推进汽车轻量化进程，该成果获2020年度中国有色金属工业科学技术奖一等奖；面向光伏产业发展中"砂浆固废"和"刚线固废"两种固废处置难题，研发了"砂浆固废全组分利用关键技术"和"刚线固废生产高纯硅关键技术"，实现了国际率先产业化应用，2011年来创造经济效益近20亿元，该成果获2020年度中国有色金属工业科学技术奖一等奖；研发的"绿色高耐蚀镁合金防腐蚀涂层制备理论与应用"项目，阐明了铝合金及其防护涂层的失效机理，提出了微弧氧化涂层的"自致密化"理论和镁合金化学转化膜溶液设计的"酸比"理论，研发了系列绿色高耐腐蚀镁合金防护涂层技术，在国防建设领域大规模应用，该成果获2020年度辽宁省自然科学奖一等奖。学校牵头承担的"贫硫化物复杂含金矿石全组分高效回收关键技术研究与应用"和主要实施的"招莱金矿带深部采动岩石力学研究及其工程应用"获中国黄金协会科学技术奖特等奖。

北方工业大学2020年科研总经费突破1.5亿元，创历史新高。获批国家级项目43项，省部级项目56项。"冬奥和冬残奥场所人员疏导与残障人群无障碍协助关键技术研究及应用示范"获得科技部科技冬奥重点研发计划课题资助，获得"水下船体表面攀爬机器人设计与控制研究"等重点研发计划课题10余项。"融合业务过程和物联大数据的服务抽象与编程机制研究"获国家自然科学基金国际合作重点项目。获批机械工业辊弯成形技术重点实验室和梯度结构硬质合金开发及循环利用湖南省工程研究中心；参编省部级标准7项，获授权专利和软件著作权162项；获得省部级科研成果奖22项，省部级科技奖20项，其中"基于拥堵源头快速发现的道路交通缓堵关键技术及应用"获安徽省科学技术进步奖一等奖。建立北方工业大学科技园，入驻企业11家。

桂林理工大学（以下简称为桂工）全年新增国家级科研项目90项、省部级项目123项，到位科技经费达2.2亿元；获省部级科研奖励22项。"铝资源先进勘探技术及绿色矿山建设工程研究中心"获批为自治区工程研究中心。2篇高水平论文在《自然》子刊发表。新登记科技成果47项，新增授权专利268件，学校被国家知识产权局、教育部确定为全国知识产权试点高校。积极对接区域主导产业和粤港澳大湾区建设等重大战略，推动产教融合和产学研结合，与南宁市、广西梧州中恒集团股份有限公司和中国科学院深圳先进技术研究院等十多家政企单位开展合作；建成南宁产教融合基地、桂工宜兴环保产业技术研究院等一批服务平台；完成国家技术合同认定登记 103 项，编制广西地方标准 6 项，签订技术开发合同 232 项、合同经费 5000 多万元。以党建引领精准帮扶，"党建+专家+产业"精准帮扶模式入选教育部第三届省属高校精准扶贫精准脱贫先进典型。

北华大学获批国家重点研发计划子课题 2 项，获批国家自然科学基金项目 10 项；获授权发明专利 41 件；发表 SCI、EI 期刊等高水平论文 182 篇，其中 ESI 高被引论文 3 篇；建立了高新技术与人工智能领域的智能生态、智能制造、智能教育、智慧医疗康养等产学研合作平台，秉持科研服务地方经济社会发展的理念，建设以新能源、生物化工、装备制造、生物技术与生物制药、新材料信息技术、社会服务等特色研究领域，与地方、企业共建合作共赢的产业技术创新联盟和协同创新中心，开展校城融合、医工结合的产学研联合攻关。

嘉兴学院被誉为我国有色金属行业培养经济管理人才的"摇篮"。该校充分发挥地处长三角一体化发展国家战略核心区、与有色行业联系紧密优势，整合校内外资源联合开展重大科研成果培育，不断提升科研项目的组织化水平。2020 年获中国有色金属工业科学技术奖 6 项，其中一等奖 2 项；9 篇科技论文获第四届中国有色金属优秀科技论文奖。

重庆科技学院全年科研经费首次突破 2 亿元；科研成果转化 20 余项；省部级以上科研平台建设有力推进，生活垃圾资源化处理省部协同创新中心获批建设经费 500 万元；新增重庆市科研团队 3 个，学校省部级创新（创业）团队（群体）达到 13 个；获省部级以上科技奖励近 20 项，其中获重庆市科技进步奖一等奖、中国有色金属工业科学技术奖一等奖各 1 项。学校众创之家被评为六大特色孵化载体之一（重庆高校唯一），并获批重庆市技术转移示范机构、重庆市经信委精品双创示范平台和"中国科技创业孵化贡献奖"称号。

参 考 文 献

[1] 国家统计局科技和文化产业统计司，科学技术部战略规划司. 中国科技统计年鉴. 2020 [M]. 北京：中国统计出版社，2020.

撰稿人：张洪国、张　龙、赵婧琳
审稿人：贾明星

2020 年有色金属国际交流与合作

行业协会对外交流工作是国家总体外交的重要窗口和载体。有色金属行业是我国"走出去"的先行行业之一，2020 年，中国有色金属工业协会（以下简称为协会）外事工作围绕打造"具有全球影响力的世界一流行业协会"总体目标，落实建设"有色金属工业强国"总任务，发扬"不言败"工作作风，推动我国有色金属行业践行"一带一路"倡议，积极应对疫情带来的挑战与机遇，创新工作模式，加强对外交流，积极有效推进国际交流与合作工作。

一、提升国际合作服务水平，加强行业海外投资研究

国际产能合作顺应开放型经济发展的客观规律，是经济全球化深入发展的重要引擎。随着我国经济的发展，推进工业化、信息化、城镇化和农业现代化的步伐加快，对各种有色金属资源的需求呈持续增长态势，通过国际产能合作，有助于实现资源全球化、多元化配置，有助于保障产业链、供应链安全稳定。

（一）中国有色金属国际产能合作企业联盟工作稳步推进

经国家发展和改革委员会批准，2017 年 3 月"中国有色金属国际产能合作企业联盟"（以下简称为联盟）在京成立。成立四年以来，联盟在推动行业内相关企业抱团出海开展国际产能合作、助力中资企业开发海外矿产资源、保障我国有色金属资源安全以及带动装备走出去等方面做了很多有益工作。

2020 年新冠肺炎疫情（以下简称为疫情）在全球暴发，给中国有色金属行业，特别是海外投资项目的正常运营带来不小影响。联盟根据疫情情况和企业需求，第一时间组织召开相关座谈会，向部委反映企业诉求，搭建政府与企业之间的桥梁，力求为企业办实事，办好事。

1. 召开"战疫情、稳生产"网络座谈会

2020 年 3 月疫情开始在全球蔓延，联盟首次尝试以网络会议的形式，召开"战疫情、稳生产"有色金属企业网络座谈会，听取中国主要有色金属企业在疫情下海外项目的运行情况、面临的困难问题、应对措施及政策建议。来自国家发展和改革委员会利用外资和境外投资司（以下简称为发改委外资司）、工

业和信息化部原材料工业司（以下简称为工信部原材料司）、国务院国有资产监督管理委员会规划发展局（以下简称为国资委规划局）、中国有色矿业集团有限公司、中国黄金集团有限公司、中铝海外发展有限公司、矿冶科技集团有限公司、白银有色集团股份有限公司（中国有色金属国际产能合作企业联盟轮值主席单位）、万宝矿产有限公司、五矿有色金属股份有限公司、中国恩菲工程技术有限公司、紫金矿业集团有限公司、中国十五冶金建设集团有限公司、山东魏桥创业集团有限公司、云南锡业股份有限公司、酒钢甘肃东兴铝业有限公司、江西铜业香港有限公司、中国瑞林工程技术股份有限公司及洛阳栾川钼业集团股份有限公司等共计30家部委及企业的50余位代表参加座谈会。座谈会上，联盟9家重点企业依次发言，其开展的国际产能合作项目覆盖非洲、南美洲、大洋洲及中南亚等我国有色金属海外投资项目较集中的地区，具有代表性。联盟切实了解海外项目运行现状，传递政府信息，倾听企业心声，反映企业诉求，企业之间分享好经验、好做法，互学、互鉴，共同抗击疫情，实现安全生产。

2. 召开刚果（金）中资企业座谈会

2020年7月31日，联盟收到《钴业分会关于向协会转报寒锐钴业相关请求的报告》诉求，8月7日联盟组织召开刚果（金）中资企业座谈会，听取我国在刚开展投资活动的8家重点企业情况介绍，并形成报告报送外交部非洲司、发改委外资司、工信部原材料司及国资委规划局。外交部非洲司和发改委外资司高度重视，非洲司多次与联盟交流了解项目情况及企业遇到的具体困难。发改委外资司于9月7日再次组织相关企业在有色协会召开座谈会，进一步了解报告中所反映的问题。外交部、发改委、国家开发银行、中国工商银行、中非发展基金及中国有色矿业集团有限公司、五矿有色金属股份有限公司、万宝矿产有限公司、金川集团股份有限公司、白银有色集团股份有限公司及洛阳栾川钼业集团股份有限公司等共计24家单位约60人参加座谈会。会议还就企业面临的税务、领事等问题，以及金融、交通、电力等跨行业合作等话题进行讨论。会后不久，企业反映的部分困难及问题得到一定程度缓解或解决。

（二）成立中国国际贸易促进委员会有色金属行业委员会

我国作为世界有色金属工业大国，产量、消费量及贸易量已经连续十多年居世界第一，为进一步促进中国有色金属行业全方位、多层次地开展国际经济、技术以及商贸合作，加快推进中国有色金属行业国际产能合作，更好地为国内外有关企业和组织提供服务，2020年7月17日，中国国际贸易促进委员会（以下简称为贸促总会）批复同意成立"中国国际贸易促进委员会有色金属行业委员会"（以下简称为有色贸促会），旨在拓展、提升国际交流渠道，解决有色金属国际贸易摩擦，提升我国有色金属产品国际竞争力。

有色贸促会的成立将进一步推动与提高协会对外交流与合作水平。第一，通过贸促总会的平台，摸索适合自身发展的途径，在行业贸促工作方面献言建策，在推动行业发展方面扩大服务范围，提供精细化服务；第二，借助贸促总会的贸易投资促进优势，提升协会平台优势，为我国有色金属行业构建稳健的对外开放新格局，进一步提高对外开放水平，作出新贡献；第三，借助贸促总会自身活动优势，为我国有色金属行业企业"走出去"、转型升级发挥更大作用；第四，借助贸促总会的贸促服务优势，在优化提升商事法律、应对经贸摩擦、投资贸易信息等涉企服务方面发挥更大作用；第五，在涉及有色金属行业交流合作和相关重要活动等，根据需要，探索合作模式，共同开展配套服务。

（三）编写《刚果（金）国别指引》

在国家政策引导下，有色企业积极贯彻落实国家"一带一路"倡议，在全球成功实施了一批国际产能合作项目，获取了一些有色金属资源。各国政治、法律、社会环境和发展阶段等国情不同，也决定了在境外开展产能合作具有特殊性，较之国内矿业资源开发，表现出复杂、多元、风险较高的特点。我国获取的矿产资源大部分在欠发达及不发达国家及地区，为此，编制对外投资国别指引有利于我国有色金属行业更加健康地参与全球资源布局，推动行业走出一条可持续、高质量发展之路。协会 2020 年确定刚果（金）作为第一个对外投资合作国别研究，编写《刚果（金）国别指引》，内容包括国家概况、中资企业在刚果（金）有色金属行业投资概况、风险提示、政策建议等。

二、适应国际交流新方式，提升行业国际影响力

疫情给原有模式的国际交流带来障碍，协会积极适应新形势、新变化，采取视频会谈、视频参会的形式，继续开展国际交流并积极参与国际抗疫工作，对内确保交流工作有序进行，对外提升协会国际影响力。

（一）疫情下有序开展国际交流

2020 年 1 月 9 日，协会党委书记葛红林会见艾芬豪资本集团创始人兼主席、艾芬豪矿业创始人兼执行联席主席罗伯特·弗里兰德一行，双方就艾芬豪与协会未来合作机会进行交流。

6 月 16 日，葛红林会见秘鲁驻华大使路易斯·克萨达一行，双方就秘鲁寻求中方抗疫援助及有色金属行业未来合作机会进行交流。

6月19日，葛红林视频连线力拓集团首席执行官夏杰思，双方就中国及澳大利亚行业有色金属生产经营、加强多领域合作、铜铝资源供需等共同关心的话题进行交流。

此外，协会还与澳大利亚驻华大使馆、澳大利亚维多利亚州商务促进中心、国际镍协会、印度铝工业有限公司以及俄铝等保持业内友好交流，互通有无，探讨并开展行业间合作、推动业内企业间合作，协商解决业内面临的问题。

（二）积极参与国际组织工作，努力讲好中国故事

中国政府分别于1987年和1993年加入国际铅锌研究组和国际铜研究组，自协会成立之日起，便承继相关义务与职责。几十年来，协会及我国有色行业企业一直积极参与研究组活动，参加双方举办的国际会议，定期交流统计数据，解读相关产业政策等。受疫情影响，2020年10月国际铅锌研究组及国际铜研究组改为线上召开国际铅锌研究组年会及其他相关研讨会。来自20多个国家的代表出席会议，协会相关人员在国际铅锌研究组年会上致辞并作《中国铜供给与需求》报告，向各国代表客观介绍中国铜行业现状以及中国有色金属行业抗击新冠疫情付出的努力和取得的成效。

（三）创新线上新模式，举办"有色云讲堂"活动

疫情以来，举办传统国际会议受阻，行业技术交流受到影响。为持续促进有色金属行业之间技术交流，2020年7月7日，协会与国际镍协会共同举办"有色云讲堂——镍"线上网络会议，重点聚焦镍在新能源汽车电池技术中的应用。会议得到国际镍协大力支持，国际知名镍行业专家与中国专家一道，为中国参会代表介绍国际最新技术成果、镍及电池的生命周期探讨、镍在新能源车电池的应用，以及镍在新能源电池中的技术分析和展望，共计三百余人通过网络直播参加了会议。

（四）举办国际会议，促进行业交流

协会在华举办国际会议始终以中国有色金属行业发展和对外合作需要为出发点，坚持以我为主，目的明确，旨在利于促进国民经济、社会和有色金属工业的发展，国际会议准确捕捉国际热点和行业关注，成为业内交流的重要平台之一。2020年，协会克服疫情带来的新挑战，高度重视疫情常态化防控，顺利举办计划内的八个国际会议。分别是：2020年（第十八届）中国国际铜业论坛、2020年国际硅业大会、第二十三届中国国际铅锌年会、2020年中国国际铝业论坛、2020中国国际镍钴工业年会、第二十届再生金属国际论坛、2020年第十九届中国国际白银年会及2020年全球小金属论坛（中国）。

全年的会议为行业合作交流搭建高规格、高层次平台，推动行业内政策宣贯、贸易对接及技术推广，呈现出层次高、人气旺、热点突出及形式多样等特点。由于疫情，会议多采取线上、线下相结合的方式，境外代表多通过连线致辞或作报告。在国际铅锌年会等大型国际会议中，采用线上直播方式，让更多的国内外同行身临其境，共享会议盛况。

与此同时，协会积极响应国家及地方政府有关新冠肺炎疫情常态化防控政策，按照相关工作部署，为每个国际会制定详尽的会议疫情防控方案、组建疫情防控领导小组和工作小组，切实落实相关防疫措施，做好会议期间疫情防控工作，保障参会人员及工作人员健康。

三、携手行业企业助力国际社会抗击疫情

（一）助力智利抗击疫情，共克时艰

2020 年 3 月，智利驻华大使路易斯·施密特·蒙特斯致函协会，寻求协会的抗疫援助。3 月 30 日，协会分别向行业有关企业发出《"铜"心携手、助智抗疫》倡议书。山东新凤祥集团、中国铜业有限公司、江西铜业集团有限公司、中国五矿集团有限公司和中国有色矿业集团有限公司（含中国瑞林工程技术股份有限公司）积极响应，先后捐赠医疗防护用品，支援国际抗疫合作。六家企业共计向智利驻华大使馆捐赠：口罩 37 万只（其中 1 万只 N95 3M-1860 口罩），一次性手套 1 万只和一次性橡胶手套 1000 双，防护服 1000 件（套），额温枪 200 支，红外测温仪 2 台。

智利大使致协会感谢信，感谢协会对智利抗击疫情提供的帮助，并在 2020 年的中国国际铜业论坛上，与协会共同授予上述企业"中智合作抗击疫情特别贡献企业"牌匾。

（二）提供疫情防控相关资料，展现有色有爱

在各国奋力抗疫时期，协会为多个国际组织和国外公司提供不同语言文本的《新冠肺炎防治手册》《新型冠状病毒肺炎防护手册》（北京协和医院编写）和《张文宏教授支招防控新型冠状病毒》（张文宏主编）等资料。其中包括：巴西淡水河谷、俄铝、国际铝业协会、国际铅锌研究组、国际铜研究组、国际钴业协会、国际铅协会、欧洲铝箔协会、智利铜与矿业研究中心、日本石油天然气矿物资源机构、日本金属经济研究所、韩国矿物资源公社和美国地质调查局，涉及英文、葡萄牙文、俄文、西班牙文、德文、日文及韩文 7 个版本，积极助力国际组织和企业共同抗击疫情。

（三）国际有色同仁凝心聚力，携手抗疫

自新冠肺炎疫情暴发以来，多家有色金属外资企业伸出援手支持疫情防控工作，展现了"守望相助"患难真情。巴西淡水河谷公司、俄罗斯 Vi Holding 集团、荷兰托克集团及力拓集团等分别向中国红十字会、湖北、四川等地捐款及捐赠防疫物资，充分体现国际有色业界对中国疫情的高度关注和对中国人民的情谊。

当疫情在全球蔓延后，中国有色金属业界"涌泉以报"，中国铝业集团有限公司、中国五矿集团有限公司、中国有色矿业集团有限公司、中国中冶集团、万宝矿产有限公司、华刚矿业股份有限公司、金川集团股份有限公司、白银有色集团股份有限公司、紫金矿业集团股份有限公司（以下简称为紫金矿业）、洛阳栾川钼业集团股份有限公司及洛阳万基铝加工有限公司等及时伸出援手，向阿富汗、巴布亚新几内亚、巴基斯坦、秘鲁、德国、法国、刚果（金）、韩国、斯里兰卡、西班牙、委内瑞拉、意大利、印度尼西亚及赞比亚等国政府、医院、企业及当地社区捐款、捐赠医疗抗疫及生活物资等，体现了有色大家庭患难与共的珍贵情谊，得到国际社会、所在国政府及人民的广泛赞誉。

值得一提的是，紫金矿业捐助塞尔维亚在其南部城市尼什建立"火眼"病毒检测实验室。该实验室由紫金矿业全资捐建，总投资57.1万美元。4月15日，实验室核心设备抵达贝尔格莱德。"火眼"病毒检测实验室是一个一体化的解决方案，合计检测能力将达到每天3000份样本，除病毒核酸检测技术外，还能够有效推动病毒溯源和监测病毒可能发生的变异等方面的研究。

四、中资有色金属行业企业2020年海外投资项目进展

改革开放以来，我国境外有色金属矿产资源开发大体经历三个发展阶段。第一阶段（1978～1990年）为探索阶段。伴随着改革开放的实施，我国企业参与境外金属资源开发拉开序幕。最早的项目是1984年中国国际信托投资公司（中信集团前称）通过国际融资，参与投资澳大利亚波特兰电解铝厂，成为该电解铝厂的主要股东之一，当时在一定程度上缓解了国内电解铝短缺的问题。第二阶段（1990～2000年）为起步阶段。我国企业开始建设境外矿产资源项目，为后续发展奠定基础。1998年中国有色金属矿业集团在非洲赞比亚投资开发的谦比希铜矿是中国海外投资建设的第一座铜矿，开启了中国有色人海外发展之路。第三阶段（2000年至今）为"走出去"发展战略提出后的快速发展阶段。境外有色金属投资取得重大进展，如中国铝业集团有限公司的秘

鲁特罗莫克铜矿和中国铝业股份有限公司的几内亚博法铝土矿项目、五矿有色金属股份有限公司的澳大利亚杜加尔河锌矿和秘鲁拉斯邦巴斯铜矿、紫金矿业的刚果（金）卡莫阿铜矿项目、洛阳栾川钼业集团股份有限公司的刚果（金）腾凯丰谷鲁美铜钴矿项目、中铁资源集团有限公司的刚果（金）铜钴矿项目、万宝矿产有限公司的缅甸蒙育瓦铜矿项目、山东魏桥创业集团有限公司的几内亚赢联盟铝土矿项目、中国中冶集团的巴布亚新几内亚瑞木镍钴矿项目、中国有色矿业集团有限公司缅甸达贡山镍矿项目以及上海鼎信投资（集团）有限公司的中国-印尼经贸合作区青山园区等。

疫情对全球经济造成巨大冲击，但是也带来了逆势并购的机会。在这特殊的一年，我国有色中资企业在海外资源开发道路上继续发挥重要作用，有并购项目、投产项目、在建扩建项目，如疫情能得到有效控制且不再反复，相信2021~2022 年还会有一批新的项目投产。

（一）几内亚博法铝土矿项目投产

博法项目是中铝股份首个海外大型铝土矿项目，也是目前中国在几内亚投资最大的铝土矿项目，主要涉及矿山、港口、驳运三部分。项目总投资 7.06 亿美元，持股 85%，2018 年开工建设，拥有铝土矿资源量 21 亿吨。2020 年 1 月 6 日项目首船 5.5 万吨铝土矿启运回国，2 月 24 日抵达山东省日照港。几内亚当地时间 4 月 6 日，项目 23 千米皮带输送系统带料重载联调一次成功，项目全线贯通。6 月 18 日，17.5 万吨铝土矿抵达广西防城港港口。

（二）刚果（金）迪兹瓦铜钴矿项目和卢阿拉巴铜冶炼项目投产

迪兹瓦铜钴矿项目是中色矿业目前单体投资规模最大的海外铜钴资源开发项目。项目总投资 8.8 亿美元，2018 年 5 月开工建设，2020 年 1 月竣工投产，比原计划提前 150 天。现有铜金属资源量 460 万吨、钴金属资源量 42 万吨。设计产能为年产阴极铜 8 万吨，金属钴 8000 吨。在开启商业化生产的第一个月，迪兹瓦项目共处理矿量 34 万吨，生产出 4500 吨阴极铜。2020 年 2 月首批发运 320 吨阴极铜。

卢阿拉巴铜冶炼项目是刚果（金）首座规模型现代化火法铜冶炼项目。项目总投资 4.7 亿美元，项目一期 2019 年 12 月投产，设计产能为年产粗铜约 12 万吨、铜钴合金约 1 万吨。二期同等规模在建，预计 2022 年投产。

（三）几内亚铝业开发项目首船铝土矿装运

2020 年 2 月，国家电力投资集团有限公司几内亚铝业开发项目首船铝土矿装运。该项目累计投资 1 亿美元，获得铝土矿资源量 9 亿吨。项目于 2019 年 9 月开工，预计达产后形成 750 万吨/年供矿能力。

（四）厄瓜多尔米拉多铜矿首批铜精矿抵达铜陵有色

2020 年 2 月 29 日，铜陵有色金属集团控股有限公司厄瓜多尔米拉多铜矿首批 2.2 万吨铜精矿抵达铜陵市金园码头。该项目由铜陵有色和中国铁路建设股份有限公司共同投资，目前为安徽省海外最大单个投资项目，一期工程总投资为 18.9 亿美元，2015 年 12 月开工建设，2019 年 7 月 18 日建成投产，设计产能为年产铜金属量 9.6 万吨。

（五）收购澳大利亚恩祖里公司

2020 年 3 月，盛屯矿业集团股份有限公司完成对澳大利亚恩祖里（Nzuri）公司 100%股权收购。恩祖里公司是一家专注于刚果（金）从事铜钴勘探和开发的澳洲上市企业，主要拥有卡隆威铜钴项目和一些勘探项目。

恩祖里拥有卡隆威项目 85%股权，其余股份由当地公司和政府所有。2018 年的可研结果表明：矿山储量 799 万吨，铜平均品位 2.94%，钴平均品位 0.34%，含铜金属 23.4 万吨，钴金属 2.7 万吨。一期开采寿命 7 年，通过后期项目的开发，该矿山寿命至少能够延长 13～15 年。卡隆威项目第一阶段的最终可研已经完成，所有矿山建设的许可和环评都已取得。

恩祖里还控股 Monwezi、Katetehe 和 Kasangasi 等多个勘探项目。

（六）收购哥伦比亚武里蒂卡金矿及圭亚那金田金矿项目

2020 年 3 月 5 日，紫金矿业完成哥伦比亚武里蒂卡金矿项目并购，收购总金额约 13.78 亿美元，4 月 30 日，该项目生产流程全线贯通并产出合质金，项目同步稳定生产和技改扩建，技改完成后年产金将增加到 9.1 吨。武里蒂卡金矿是目前世界级超高品位大型金矿，拥有黄金资源量 353 吨、平均品位 9.3 克/吨，银 1469 吨、平均品位 38.8 克/吨，该金矿的超高品位在全球十分罕见，平均品位远高于全球原生金矿石平均品位 1.19 克/吨。

8 月 25 日，紫金矿业完成 2020 年第二笔黄金矿山并购——圭亚那金田 100%股权收购，11 月 23 日，圭亚那金田实现全面复工复产。圭亚那金田金矿为高品位大型黄金矿山，拥有探明+控制的金资源量 118.69 吨，平均品位 3.15 克/吨，推断金资源量 59.13 吨，平均品位 2.28 克/吨。选厂已形成 7500 吨/日处理能力，具备年均产金超过 4 吨的能力。

（七）收购加拿大特麦克资源公司及澳大利亚卡帝诺资源公司

2020 年 5 月 8 日，山东黄金集团有限公司以 11.53 亿元人民币收购加拿大特麦克资源公司 100%股权，获得黄金储量（证实+可信）354.5 万盎司（110.3 吨）、平均品位 6.5 克/吨的大型金矿。

6 月 18 日，山东黄金再次宣布以 3.21 亿澳元收购澳大利亚卡帝诺资源公司 100% 已发行普通股。交易完成后，山东黄金获得该公司至少 50.1% 股权。该公司的核心资产是位于加纳的 3 个黄金项目，其中处于开发阶段的 Namdini 项目为露天开采项目。该项目拥有黄金储量（探明+可信）157.2 吨，平均品位 1.13 克/吨。拥有探明加控制资源量约 203.1 吨，平均品位 1.12 克/吨。该项目于 2014 年开始钻探，2015 年取得重大发现，2016 年进行大规模钻探并报告资源量。根据卡帝诺 2019 年 10 月公布的 Namdini 项目的可研报告，项目建设期为 27 个月，拟 2019 年第 4 季度开始建设，2022 年年中正式投产，投产后平均年产黄金 8.9 吨。

（八）签订南非大型金矿设计合同

2020 年 6 月，金诚信矿山工程设计院有限公司签订南非 Orkney 大型金矿恢复生产设计合同。南非 Orkney 金矿位于世界著名金矿产区威特斯沃特兰德盆地，1852 年发现以来，现已形成 7 个矿井采区，最大井深达 2300 多米。完成了矿山历史资料的矢量化、井巷工程信息的提取及建模、矿体实体和品位模型的建立和采矿方法、采掘设备选择、主采中段以及首采区的初步确定。同时，还对 6 号、7 号竖井提升设备能力进行了初步估算。

（九）增持墨西哥 Sonora 锂黏土项目股份

2020 年 11 月，赣锋锂业股份有限公司全资子公司上海赣锋以不超过 2300 万英镑增持其墨西哥 Sonora 项目。交易完成后，上海赣锋持有 Sonora 不超过 50% 股权。该项目位于墨西哥，是锂黏土提锂项目，也是目前全球最大的锂资源项目之一。根据 Sonora 项目的可行性研究报告，该项目锂资源总量为 882 万吨碳酸锂当量。Sonora 项目尚未投产，预计一期项目投产后的年化氢氧化锂产能为 2 万吨。

（十）卡莫亚项目二期工程氧化矿和庞比铜钴矿项目产出首批阴极铜

2020 年 7 月 28 日，卡莫亚二期工程氧化矿顺利产出首批阴极铜，8 月 26 日，首批阴极铜成功装车发运，二期氧化矿项目正式进入产品销售、资金回笼阶段，12 月 22 日，首批氢氧化钴装车启动发运。项目一期工程于 2015 年开工建设，2016 年建成，设计年产硫化铜钴精矿 6 万吨；二期工程分氧化矿工程和硫化矿工程，氧化矿工程 2019 年 6 月 18 日开工建设，设计年产标准阴极铜 2.5 万吨，粗制氢氧化钴（含钴金属）2000 吨。

2020 年 9 月 13 日，庞比铜钴矿项目成功产出首批 500 吨阴极铜，至此，项目铜生产系统正式打通，11 月 10 日，首批阴极铜顺利装车发运。庞比铜钴矿项目 2019 年 5 月底开工建设，2020 年 8 月 25 日启动投料试车，9 月 13 日成功产出首批阴极铜。

（十一）开展印尼红土镍矿开采全方位合作

2020年9月4~9日，在2020年中国国际服务贸易交易会期间，金川集团工程建设有限公司与印尼WP公司签订在红土镍矿开采、海运物流出口、矿山冶炼系统建设等方面开展全方位合作的战略协议，签约金额为6000万美元，占全省签约金额的43.2%。

（十二）签订澳大利亚霍巴特30万吨/年锌电解项目可研合同

2020年9月，中国恩菲工程技术有限公司与Nyrstar Hobart公司成功签订澳大利亚霍巴特30万吨/年锌电解项目可行性研究合同。Nyrstar Hobart公司是一家在全球范围内经营多金属业务的企业，也是世界第二大锌生产商，旗下工厂每年共生产100多万吨精锌。霍巴特锌精炼厂是Nyrstar Hobart公司重要资产之一，1916年开始运营，是世界第三古老的锌精炼厂，该工厂采用传统的焙烧+浸出+电解法生产锌。

（十三）几内亚西芒杜项目港口奠基

2020年10月6日，西芒杜项目港口奠基。赢联盟与几内亚政府2020年6月签署西芒杜1号、2号矿块基础公约，正式获得该项目开发权。西芒杜1号、2号矿块高品位铁矿石储量预计超过20亿吨，所在矿脉被认为是目前世界上尚未开发的储量最大的优质露天赤铁矿。基础公约签署以来，西芒杜赢联盟已全面启动矿山地质勘探等相关工作，港口前期将为项目基础设施建设提供重要的物资运输通道，未来将作为铁矿石出口港。

（十四）刚果（金）卡莫阿铜矿在建项目稳步推进

2020年11月11日，卡莫阿铜矿项目南北两条运输通道实现贯通，开辟矿床中心附近的两个高品位矿区，矿石量总计1060万吨，平均铜品位达到6.78%。

卡库拉选厂计划于2021年第三季度生产首批铜精矿，预期成为全球品位最高的大型铜矿，初始年处理矿量380万吨，投产后前5年平均给矿铜品位约6%以上。卡库拉是卡莫阿-卡库拉项目400平方千米开采许可范围内，规划的多个高品位矿区中的首产矿山。卡库拉矿山将全面使用清洁、可再生水电，力争成为全球每单位铜的温室气体排放量最低的矿山之一。

（十五）哈萨克斯坦巴库塔钨矿项目开工

2020年11月11日，江西铜业集团有限公司巴库塔钨矿项目正式开工建设，作为中国和哈萨克斯坦两国产能合作框架内56个重点项目之一，巴库塔钨矿拥有世界级的钨矿资源，建成后将成为全球高产能的单体钨矿山之一，年钨精矿产量有望超过世界钨精矿年产量的10%。

（十六）收购位于刚果（金）的 Kisanfu 铜钴矿

2020 年 12 月 13 日，洛阳栾川钼业集团股份有限公司宣布与美国自由港迈克墨伦铜金矿公司（Freeport-McMoRan Inc.）达成股份购买协议，以 5.5 亿美元总价收购后者在刚果（金）的 Kisanfu 铜钴矿中 95% 的间接权益。该矿位于刚果（金）卢阿拉巴省，是世界上规模大、品位高的未开发的铜钴矿项目之一，矿石资源量达 3.65 亿吨，铜品位为 1.72%，含铜金属量约 628 万吨。

（十七）收购澳大利亚 Resolute 矿业公司

2020 年 12 月 15 日，赤峰吉隆黄金矿业股份有限公司发布公告以现金方式收购澳大利亚上市公司 Resolute 矿业公司所持有的 Mensin Bibiani Pty Ltd. 100% 股权，标的股权的核心资产为位于非洲加纳共和国的 Bibiani 金矿，本次交易对价为 1.09 亿美元。矿山位于加纳西南部阿散蒂省首府库马西，根据 JORC 标准的储量报告，按照黄金价格 1200 美元/盎司❶进行经济性测算，Bibiani 矿山矿产资源量为 2170 万吨矿石量，金品位 3.59 克/吨，黄金（金属量）250 万盎司。Bibian 矿山并不是一个绿地项目，其已有完整的基础设施，包括一个炭浸法工艺（CIL）处理选厂（处理矿石能力为 116 万吨/年）及恢复地下矿山运作所需的地面辅助基础设施。选厂的场外基础设施、运输和物流都已经建立，其他地面基础设施还包括办公建筑、员工宿舍、一个 140 公顷面积的山谷型充填尾矿坝，以及一些露天采场和废石堆场等。

数据来源：《中国有色金属报》和相关公司官网。

撰稿人：刘　睿
审稿人：李宇圣

---

❶ 1 盎司（金衡制）＝ 31.10 克。

2020年有色金属行业技能
人才发展报告

通过问卷、调查表、访谈、座谈等形式，中国有色金属工业协会对有色金属行业内主要企业及部分相关单位开展了调研工作，人数涵盖60万，掌握了2020年行业技能人才队伍建设的基本情况、取得的新进展。在此基础上，分析总结了行业技能人才队伍建设的主要特征，以及存在的典型问题，并提出了建议。主要内容如下[1]。

一、有色金属行业技能人才队伍基本情况

调研数据显示，2020年有色金属行业技能人才占从业人员总数的70.33%；高技能人才占技能人才比例为30.33%，占从业人员总数的21.33%；行业内高技能人才占比高于全国平均水平（见表1）。

表1　行业技能人才整体数量情况

序号	人员情况	全国	行业
1	从业人员数量/人	7.75亿	210万（估值）
2	技能人才占从业人员比例/%	26	70.33
3	高技能人才占技能人才比例/%	28	30.33
4	高技能人才占从业人员比例/%	7.28	21.33

数据来源：全国数据引自2021年2月人社部新闻发布会，行业数据来自2020年行业调研及估值。

（一）队伍概况

1. 年龄及工龄情况

2020年行业技能人才的平均年龄为40.9岁，高于全国的36.3岁[2]。国有企业的平均工龄和连续工龄分别为17.92年和13.84年，非国有企业则相对较

---

[1] 本文中行业指有色金属行业，行业调研数据指参与调研企业、职业院校数据；技能人才泛指生产岗位操作人员，也称技能劳动者、产业工人；高技能人才泛指取得高级工证书及以上的技能人员或具备同等技能的生产岗位操作人员。

[2] 参考文献［1］出版于2017年，并非2020年数据。

短，分别为13.89年和8.06年（见表2）。

表2 行业技能人才年龄及工龄情况

序号	年龄情况	行业	国有企业	非国有企业
1	平均年龄/岁	40.9	42.1	37.6
2	90后占比/%	13.13	11.41	17.76
3	80后占比/%	31.33	27.32	42.10
4	70后占比/%	32.75	34.03	27.58
5	60后占比/%	22.79	26.59	12.58
6	平均工龄/年	16.85	17.92	13.89
7	连续工龄/年	12.30	13.84	8.06

数据来源：2020年行业调研。

2. 受教育情况

行业技能人才中接受高等教育和高等职业教育的占34.26%，其中大学本科逐年上升，2020年占到9.12%；中等职业教育占22.62%；普通教育占43.12%，其中初中及以下占25.06%。行业技能人才受职业教育水平略高于全国平均水平，整体受教育水平国有企业略高于非国有企业（见表3）。

表3 行业技能人才受教育情况　　　　　（%）

序号	受教育水平	全国	行业	国有	非国有
1	大学本科	10.6	9.12	9.96	6.89
2	大专、高职	12.0	25.14	25.72	25.33
3	中专、技校	22.9	22.62	24.3	18.09
4	高中		18.06	18.98	13.83
5	初中及以下	54.5	25.06	21.04	35.86

数据来源：全国数据来自参考文献［1］，其他数据来自2020年行业调研。

3. 技能等级情况

2020年行业没有获得技能评价证书（未取证）的技能人才比例为43.06%。国有企业技能人才中取得技能评价证书的比例和高技能人才比例相对非国有企业明显较高（见图1）。

（二）职业晋升通道

2020年仅22.22%的行业企业认为技能人才职业晋升通道运行良好（见图2），技能人才特别晋升渠道中排前三位的方式分别为内部岗位技术比武获奖、岗位劳动模范评选推优、外部职业技能竞赛获奖（见图3）。

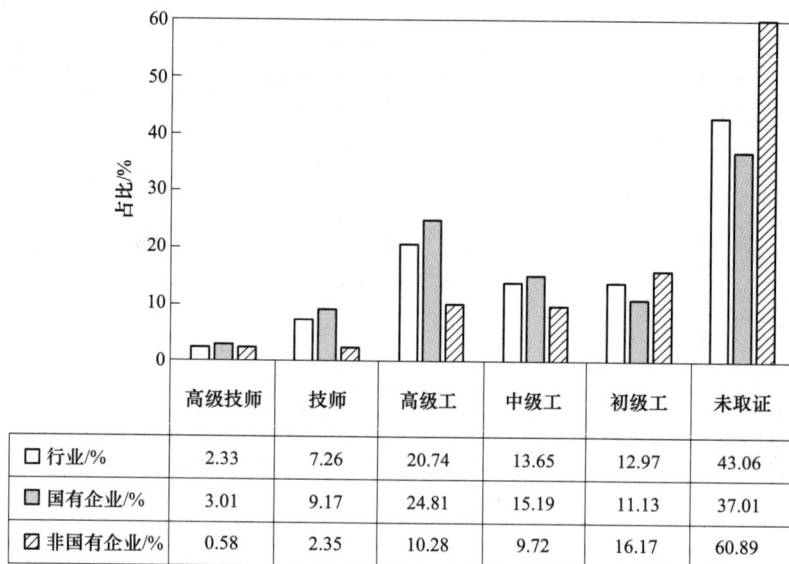

	高级技师	技师	高级工	中级工	初级工	未取证
□ 行业/%	2.33	7.26	20.74	13.65	12.97	43.06
▨ 国有企业/%	3.01	9.17	24.81	15.19	11.13	37.01
▧ 非国有企业/%	0.58	2.35	10.28	9.72	16.17	60.89

图 1　行业技能人才技能等级情况

数据来源：2020 年行业调研

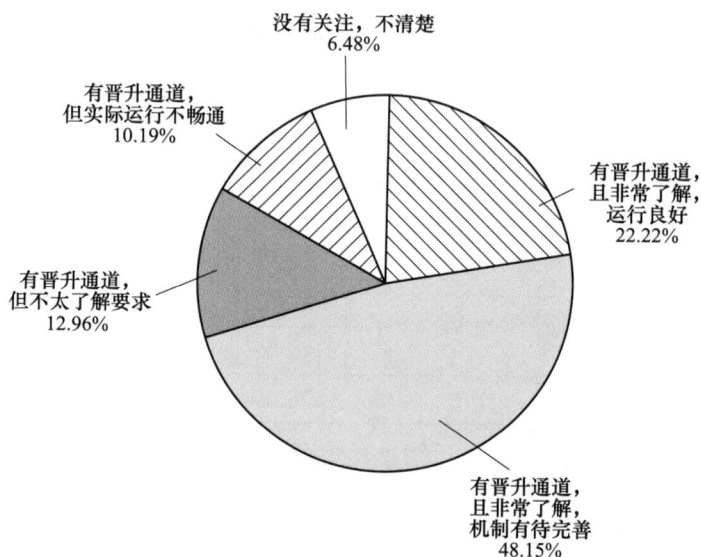

图 2　职业晋升通道运行情况

数据来源：2020 年行业调研

（三）职工培训

根据调研数据，除班前、班后会等例行培训外，近三年技能人才额外培训率为 51.66%，人均学时为 38 学时/年，人均培训经费为 233 元（见表4）。

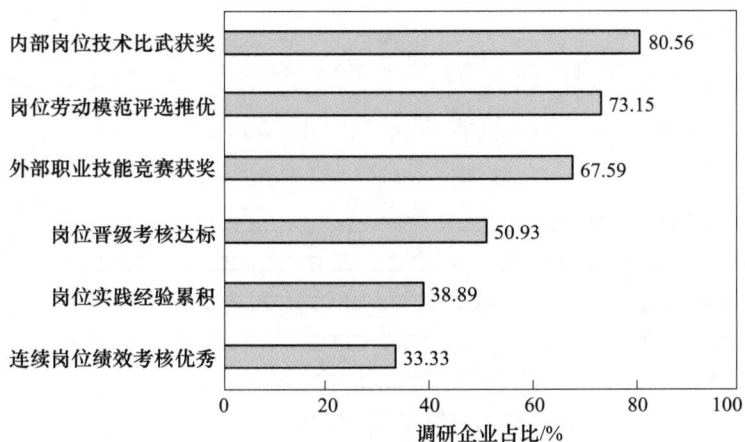

图3 企业技能人才特别晋升渠道排序

数据来源：2020 年行业调研

表4 2018～2020 年技能人才的职业培训情况

序号	项 目	数 据
1	技能人才培训率	51.66%
2	技能人才人均学时	38 学时/年
3	技能人才人均经费	233 元/人

数据来源：2020 年行业调研。

1. 培训方式

培训主要方式从高到低排序为：内部专业技术人员/技师讲解，技能工作室现场实践演示，内部工作经验交流、研讨与分享，外部专业师资讲授（见图4）。2020 年受新冠疫情影响，线上培训得到逐步重视。

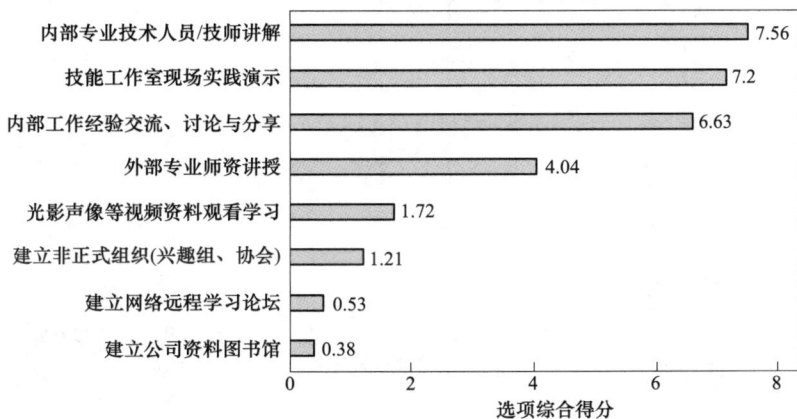

图4 技能人才培训的主要方式

数据来源：2020 年行业调研

2. 培训内容

培训主要内容从高到低排序为：生产操作规范、生产技术工艺、实用技能技巧、安全文明生产、设备器具管理等（见图5）。

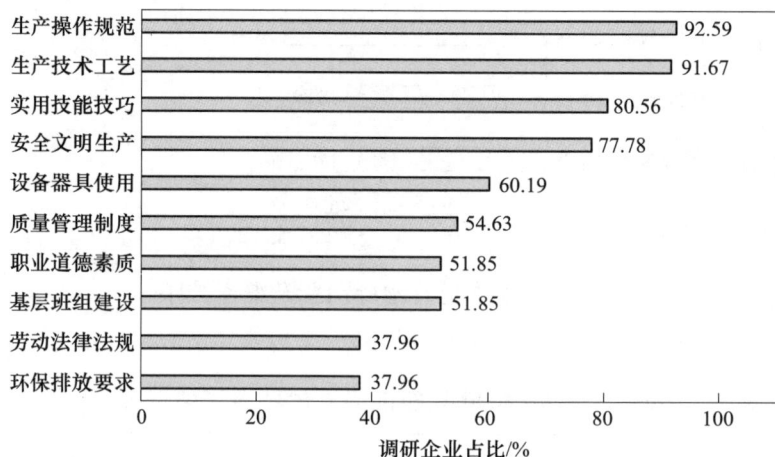

图 5　技能人员培训的主要内容

数据来源：2020 年行业调研

3. 培训时长与频率

41.67%的企业安排技能人才集中培训的单次时长为 2 小时（见图6）；培训频率主要为每月 1 次、每半月 1 次、每周 1 次（见图7）。

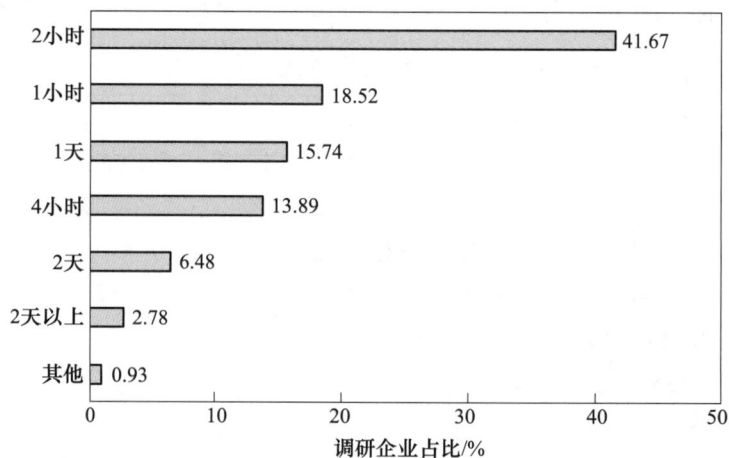

图 6　技能人才集中培训的单次时长

数据来源：2020 年行业调研

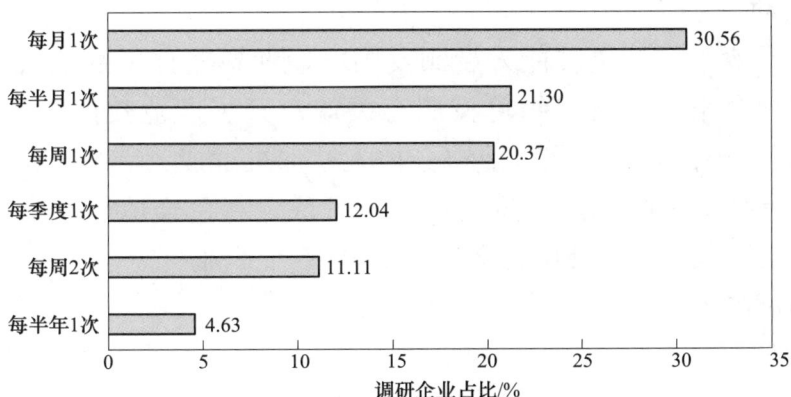

图 7　技能人才集中培训的频率

数据来源：2020 年行业调研

（四）技能评价

1. 评价方式

（1）职业资格鉴定。2020 年有色金属行业办理国家职业资格证书数量创近年新高，先后分 6 批完成 20775 本有色金属行业特有职业工种鉴定数据入库上网，其中高级技师 185 人、技师 776 人、初中高鉴定 19763 人、竞赛晋升 51 人。

（2）职业技能竞赛。2020 年行业组织完成了"中铝工匠赛"和"有研集团杯"等 2 项行业级和 5 项企业级职业技能竞赛，并顺利举办了行业班组长综合管理技能竞赛，总参与人数达 2 万多人。

（3）高技能人才评选表彰。2020 年中国有色金属工业协会组织开展了第十五届高技能人才评选推介工作，推荐中华技能大奖候选人、全国技术能手候选人各 1 名，推荐国家技能人才培育突出贡献候选单位 1 家、候选个人 1 名。

2. 平台建设

（1）国家职业技能标准修订。2020 年行业组织了 200 多名专家对铝电解工、氧化铝制取工、重冶火法冶炼工、重冶湿法冶炼工、电解精炼工、金属挤压工、铸轧工、硬质合金成型工、硬质合金烧结工、硬质合金精加工工等 10 个国家职业技能标准进行修订，得到人社部正式颁布。行业申请的有色金属行业涉及矿山、冶炼、加工等方向的 25 个职业标准修订也获得人社部批准，已经纳入国家新一轮的三年国标修订计划。

（2）职业技能评价试题库建设。2020 年行业组织了 50 多家单位参与题库共建工作，依据行业职业技能标准，系统修订审核行业题库试题，完成铝冶炼、重冶、加工等 14 个职业题库的建设。

3. 政策动态

2020年是水平评价类技能人员颁发国家职业资格证书的最后一年，以后用人单位和社会培训评价组织可按照有关规定开展职业技能等级认定工作。2020年11月，中国有色金属工业协会被人社部批准成为首批（8个行业）开展职业技能等级认定的试点单位之一[2]，可认定有色金属行业中的轻金属冶炼、重金属冶炼、加工、硬质合金、矿山等16个职业[3]。

（五）薪酬待遇

1. 平均薪酬水平

2020年，行业技能人才的整体平均薪酬范围为6.34万~7.38万元；主体生产岗位略高，为6.68万~8.33万元；以企业性质分，国有企业略高于非国有企业（见表5）；以企业类型分，矿山、冶建企业高于其他类型企业（见表6）；从地域分布看，华南、西南、西北地区薪酬水平相对较高（见表7）。

表5　技能人才整体薪酬水平

序号	项目	平均薪酬范围/万元	主体生产岗位平均薪酬范围/万元
1	行　业	6.34~7.38	6.68~8.33
2	国有企业	6.43~7.48	6.70~8.37
3	非国有企业	6.10~7.10	6.58~8.22

数据来源：2020年行业调研。

表6　企业类型与技能人才薪酬水平

序号	企业类型	平均薪酬范围/万元	主体生产岗位平均薪酬范围/万元
1	轻金属铝冶炼	6.18~7.24	6.55~8.09
2	重金属冶炼	5.80~6.80	5.91~7.22
3	矿山类	7.23~8.28	7.33~9.02
4	加工类	5.82~6.86	6.17~8.78
5	研究设计	6.17~7.29	6.15~9.73
6	冶建施工	8~9	10~12

数据来源：2020年行业调研。

表7　地域分布与技能人才薪酬水平

序号	地区分布	平均薪酬范围/万元	主体生产岗位平均薪酬范围/万元
1	东北（黑龙江、吉林、辽宁）	4.12~5.94	4.16~6.24
2	华北（北京、天津、河北、山西、内蒙古）	5.53~6.49	5.29~6.73

续表7

序号	地区分布	平均薪酬范围/万元	主体生产岗位平均薪酬范围/万元
3	华东（上海、山东、江苏、浙江、江西、安徽、福建）	6.53~7.53	7.20~8.59
4	华中（湖北、湖南、河南）	5.34~6.30	5.86~7.78
5	华南（广东、广西、海南）	7.33~8.57	7.76~9.20
6	西南（四川、贵州、云南、西藏、重庆）	8.02~9.05	8.10~10.22
7	西北（陕西、甘肃、宁夏、新疆、青海）	6.72~7.78	6.9~8.63

数据来源：2020 年行业调研。

2. 员工福利

有色金属企业的员工福利中以职工食堂、健康体检、职工宿舍为主。非国有企业在职工食堂、健康体检、职工宿舍、节假日礼物等福利方面略高于国有企业，国有企业在住房公积金、探亲假、企业年金等福利方面高于非国有企业（见图8）。

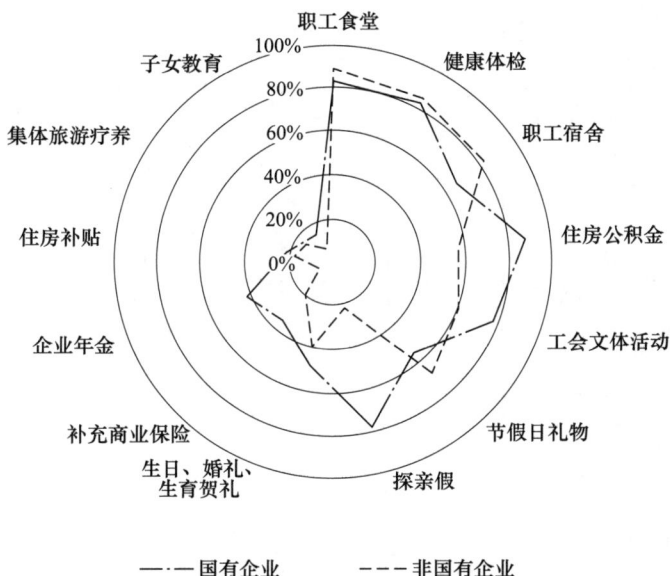

图 8　技能人才的福利情况

数据来源：2020 年行业调研

（六）后备人才培养

1. 专业建设

目前，有色金属行业共有 20 个高职专业，8 个中职专业，覆盖采矿选矿、冶炼、加工、应用等环节，持续招生超万人。2020 年全国共有 220 家（次）

高等职业院校开设了包括矿物加工技术、矿业装备维护技术、有色冶金技术、有色冶金设备应用技术、储能材料技术等在内的 20 个有色金属相关专业（见表8），较 2019 年同比下降 14%，其中有 14 个专业开设院校呈现不同程度下降，4 个专业开设院校较上年持平。

表8　2020 年开设有色金属相关专业情况（高职）

序号	专业名称	2019 年开设院校数/家	2020 年开设院校数/家	同比变化/%
1	矿物加工技术	24	20	−17
2	矿业装备维护技术	4	3	−25
3	有色冶金技术	23	21	−9
4	有色冶金设备应用技术	0	0	——
5	金属压力加工	4	3	−25
6	光伏材料制备技术	18	15	−17
7	炭素加工技术	2	2	0
8	硅材料制备技术	3	3	0
9	金属与非金属矿开采技术	19	16	−16
10	金属精密成型技术	2	3	50
11	矿产地质与勘查	6	4	−33
12	矿山机电技术	44	35	−20
13	矿山地质	14	11	−21
14	矿山测量	14	10	−29
15	金属材料与热处理技术	14	11	−21
16	矿井建设	4	2	−50
17	矿井运输与提升	2	1	−50
18	岩矿分析与鉴定	2	2	0
19	材料成型与控制技术	52	50	−4
20	储能材料技术	5	8	60
	合　　计	256	220	−14

数据来源：高等职业院校人才培养工作状态数据采集与管理系统（中国高职院校数据监测中心）。

2. 招生情况

2020 年职业院校共招收有色金属相关专业人数 6332 人次，较 2019 年涨幅较多，其中，16 个专业招生人数呈上升趋势，仅有 2 个专业的招生人数呈下降趋势（见表9）。从各专业上看，有色冶金技术、矿山机电技术、材料成型与控制技术专业招生人数较多,硅材料制备技术、矿山机电技术专业招生人数涨幅明显;有色冶金设备应用技术专业持续多年没有院校开设,矿井运输与提升专业持续多年招生人数为零。

表9 2020年有色金属相关专业招生情况(高职)

序号	专业名称	2019年实际招生数/人	2020年实际招生数/人	同比变化/%
1	矿物加工技术	143	183	28
2	矿业装备维护技术	87	44	−49
3	有色冶金技术	812	1063	31
4	有色冶金设备应用技术	0	0	—
5	金属压力加工	143	156	9
6	光伏材料制备技术	458	518	13
7	炭素加工技术	54	63	17
8	硅材料制备技术	49	110	124
9	金属与非金属矿开采技术	168	235	40
10	金属精密成型技术	55	61	11
11	矿产地质与勘查	99	138	39
12	矿山机电技术	457	1163	154
13	矿山地质	119	149	25
14	矿山测量	121	96	−21
15	金属材料与热处理技术	318	392	23
16	矿井建设	29	31	7
17	矿井运输与提升	0	0	0
18	岩矿分析与鉴定	12	14	17
19	材料成型与控制技术	1137	1397	23
20	储能材料技术	428	519	21
	合　计	4689	6332	35

数据来源:高等职业院校人才培养工作状态数据采集与管理系统(中国高职院校数据监测中心)。

3. 创新培养

(1)校企合作办学。中国铝业集团有限公司组织所属二级企业深度参与校企合作,成功申报了国家产教融合型试点企业;中铝职业教育集团、中南有色金属职业教育集团积极参与申报示范性职业教育集团(联盟)。

(2)学生竞赛。2020年12月,湖南有色金属职业技术学院、济源职业技术学院、广东工贸职业技术学院、山东理工职业学院、安徽冶金科技职业技术学院、辽宁地质工程职业学院等15所院校学生参加了全国有色金属行业职业院校班组现场管理技能竞赛。

（3）1+X证书。截至2020年11月底，共有62家（次）职业院校申报成为"矿山开采数字技术应用职业技能等级证书"和"冶金机电设备点检职业技能等级证书"试点院校，15家（次）院校建成了考核站点。通过"线上+线下"模式，面向行业相关职业院校开展师资、考评员培训，累计培训183人次，共计完成335人的考核督导工作。2020年9月，"贵金属首饰制作与检验职业技能等级证书"成功入围教育部第四批"1+X"职业技能等级证书。

4. 职业教育"走出去"

（1）境外办学。以北京工业职业技术学院、哈尔滨职业技术学院为代表的10所院校持续推进中国-赞比亚职业技术学院建设；山东理工职业学院与万宝矿产有限公司、万宝矿产（缅甸）铜业有限公司共建中国-缅甸职业技术学院（万宝校区），开展了面向万宝矿产（缅甸）铜业有限公司海外员工的技能培训。

（2）教学标准建设。为满足赞比亚中资企业用工和当地社会发展需要，北京工业职业技术学院、长春职业技术学院、广东工贸职业技术学院和乐山职业技术学院分别向赞比亚教育部申请开设"珠宝设计与加工技术""汽车应用与维修技术""导游"和"储能材料技术"四个新专业，开发了相应的专业教学标准，并已提交赞比亚专业标准审批会。

二、有色金属行业技能人才队伍建设主要特征

（一）技能人才队伍数量、结构持续优化

有色金属行业中从事一线生产制造及辅助生产的技能人才占企业从业人员约七成，近年来，伴随行业技能人才队伍建设工作的持续推进，有色金属行业在技能人才队伍数量、结构上都得到了持续优化，但与贯彻新发展理念、构建新发展格局、实现行业高质量发展的人才需要相比，仍有一定差距。部分企业依然存在招人难、留人难，技能人才队伍的年龄结构不合理，高技能人才比例不高等问题，非国有企业、小微企业尤为明显。

（二）职业晋升通道不断完善，发展空间持续拓展

国家高度重视产业工人队伍建设，通过打通高技能人才与专业技术人才职业发展通道等政策措施，为技能人才拓宽了职业发展空间，不断提升了技能人才的经济收入和社会地位。有色金属企业积极响应号召，逐步完善技能人才晋

升通道，技能人才的职业发展空间得到了进一步拓展。我们也发现，部分企业虽然设置了技能人才纵向晋升通道，但未能将业绩贡献与收入分配，技能提升与职业晋升很好地衔接，激励机制未能有效的运转。

（三）职业技能培训力度持续加大，形式内容多样化

2020年在国家的政策引导和大力支持下，企业持续加大了培训投入的力度，广泛开展了"线上+线下"和"远程+现场"等形式内容多样的职业技能培训，广大职工的技能水平和职业素养得到进一步的提高。但调研中也发现，一些企业也存在培训体系不够完善，培训内容的针对性不强，培训效果未达预期等问题。

（四）技能评价体系不断完善，渠道持续拓宽

近年来，行业持续推进行业特有职业技能鉴定站、点的建设，通过搭建国家级、行业级、企业级等多层次竞赛平台，开展中华技能大奖、全国技术能手推荐以及行业技能大奖、技术能手评选等工作，已形成多元化的技能人才评价体系。随着人社部深化职业资格制度改革，建立职业技能等级制度[4]，未来用人单位和社会培训评价组织可按照有关规定开展职业技能等级认定，由此可见，行业技能人才队伍的技能评价渠道将大幅拓宽。

（五）后备人才队伍不断充实，专业建设能力稳步提升

随着有色金属行业对高素质技术技能型人才需求的增多，近几年报考行业相关专业的学生人数有所增加。同时，海外办学布局进一步扩大，以点带面，将逐步覆盖"一带一路"沿线国家，职业教育"走出去"在服务海外中资企业发展、培养后备人才的作用持续增大，有色金属行业的后备技能人才队伍不断得到充实壮大。随着有色金属行业与5G、人工智能、工业互联网等新一代信息通信技术融合创新发展，专业结构将更加优化，逐步实现中高本一体化衔接，专业建设能力得到稳步提升。然而，受限于就业观念等原因，仍存在少数专业招生难局面，调研中发现，存在企业参与职业教育人才培养的积极性不高等问题。

三、有色金属行业技能人才队伍建设的典型问题

基于对有色金属行业技能人才队伍的现状分析，我们发现在技能人才队伍建设中还存在以下几个典型问题：

（1）总体规划统筹不够，人才管理亟待加强。尽管企业对技能人才的重视度逐步提升，但很多企业缺少总体规划，对技能人才队伍缺乏统筹考虑和远期规划，导致技能人才队伍出现结构性失衡。

（2）晋升通道未与薪酬衔接，激励机制有待完善。部分企业的技能人才职业晋升通道单一，岗位职级、工资梯度设计较少，同时存在技能认定与岗位晋升、业绩贡献与收入分配不挂钩、技能岗位晋升与薪酬激励未衔接等问题。

（3）培训效果不够理想，针对性有待提升。大多数企业针对不同职业工种投入了同等的培训力度，采取了相同的培训方式，忽略了不同岗位间技术特点、掌握难易、重要程度的差别，存在内容脱离生产实际的现象，容易造成培训形式化，培训的效果不够理想。

（4）部分职业评价标准缺乏，评价范围有待拓展。行业涵盖职业工种数量多，范围广，但现有的评价标准数量相对较少，评价范围有限，覆盖面不全，此外，部分职业标准长期未更新，已无法适用当前评价工作，难以满足行业广大企业职工对职业技能评价的需求。

（5）企业办学动力不足，校企合作有待深化。行业内企业办学的生均经费问题还没得到彻底解决，校企之间缺乏有效的利益机制牵连，企业参与职业教育的积极性不高，仍大多局限在订单式培养、学生实习、招生就业等浅层次校企合作，未深入参与到专业建设、师资培训等方面。

四、建议

针对以上的典型问题，我们提出以下建议：

（1）全面系统盘点人才，合理规划调整结构。行业需进一步加大对技能人才的调研力度和深度，发布行业技能人才队伍结构、人均效能等行业数据，为企业合理规划人才队伍提供参考；完善交流平台，促进企业间的相互交流沟通，借鉴好的做法和有益经验。

企业应积极应对挑战，全面系统盘点各自技能人才队伍状况，按照主业、辅业以及各岗位要求等因素，结合企业的发展需求，对未来技能人才队伍的数量、学历、年龄与技能等级比例做出合理规划，逐步完善人才队伍建设工作。

（2）完善职业晋升通道，衔接薪酬激励机制。企业应逐步完善技能人才职业晋升通道，强化技能要素参与分配，将技能岗位与薪酬激励相衔接，贯通技能人才横向和纵向的晋升通道，充分调动技能人才的积极性。

（3）加强培训针对性，持续完善培训体系。企业要学习引进业内外先进培训管理经验，完善师资、教材、场地、设备等培训配套设施，合理制定培训目标，根据人岗匹配偏差，明确所需培训内容，提高培训的针对性，持续完善人才培训体系。

（4）加快职业技能标准修订，扩大职业评价范围。行业需加快国家职业技能标准的修订与开发，扩大主体职业工种的评价范围，满足各企业技能人才评价的实际需求，积极协助企业建立内部岗位技能标准和技能评价体系。

（5）完善相关配套设施，推进落实产教融合。企业要强化社会责任意识，发挥企业办学的主体作用和优势，加大参与职业院校专业建设、人才培养、资金投入等工作力度，积极寻求和争取更多的政府政策支持，完善相关配套设施，加大校企合作力度，推进产教融合落实到位。

参 考 文 献

[1] 李玉赋. 新的使命和担当——《新时期产业工人队伍建设改革方案》解读［M］. 北京：中国工人出版社，2017：25~38.

[2] 中国有色金属工业协会.《关于开展有色金属行业职业技能等级认定工作的通知》（中色协人字〔2020〕180 号）［Z］. 2020.

[3] 中国就业培训技术指导中心.《关于做好首批部门行业开展职业技能等级认定试点分支机构属地备案的函》（中就培函〔2020〕54 号）［Z］. 2020.

[4] 人力资源社会保障部.《关于改革完善技能人才评价制度的意见》（人社部发〔2019〕90 号）［Z］. 2019.

撰稿人：周遵波、陈　昇、陶瑞雪、王　南、
赵文嫣、赵丽霞、赵　婕
审稿人：范顺科、戴　山

2020 年有色金属质量、标准和专利工作发展报告

2020 年是全面建成小康社会和"十三五"规划收官之年，是"十四五"谋篇布局之年。面对突如其来的新冠肺炎疫情，面对错综复杂的国际国内形势，在以习近平同志为核心的党中央坚强领导下，有色金属行业认真贯彻落实党中央国务院的决策部署，坚持稳中求进的工作总基调，持续深化供给侧结构性改革，推进传统产业控产能、促转型，加快高端化、智能化、规范化发展，提升产业链发展水平；积极谋划以国内大循环为主体、国内国际双循环相互促进的中国有色金属产业发展新格局，促进有色行业固基础、补短板、扬长项，向先进制造业迈进。随着国内疫情防控取得决定性成果，国民经济整体向好，有色金属工业更是表现抢眼，成为拉动国民经济增长的排头兵。

在这一过程中，有色金属质量、标准和专利工作紧紧围绕行业发展需求，以满足国家的要求、有色金属行业（以下简称为行业）的诉求、市场的需求为终极使命，克服各种困难，通过各种方式，全方位地为有色金属行业高质量发展提供有力支撑和保障，取得了比较大的成绩。

一、2020 年有色金属质量工作

（一）一批企业和项目荣获中国工业大奖和单项冠军称号

第六届中国工业大奖发布会于 2020 年 12 月 27 日在北京友谊宾馆举行。山东黄金集团有限公司和西部超导材料科技股份有限公司的"低温超导线材批量化制备技术"项目获中国工业大奖；海亮集团有限公司、洛阳栾川钼业集团股份有限公司获得中国工业大奖表彰奖；矿冶科技集团有限公司的"大型浮选机关键技术与成套装备开发及产业化"获得中国工业大奖表彰项目奖；宁夏东方钽业股份有限公司、辽宁忠旺集团有限公司和重庆有研重冶新材料有限公司的粉体材料基地建设项目获得中国工业大奖提名奖。中国有色金属工业协会（以下简称为协会）积极开展第五批制造业单项冠军组织推荐工作，经工业和信息化部（以下简称为工信部）组织评审，有色金属行业的西部超导材

料科技股份有限公司获得"第五批制造业单项冠军企业"称号,宁波金田铜业(集团)股份有限公司的高性能铜合金棒材、广东坚美铝型材厂(集团)有限公司的电泳涂漆铝合金型材、西南铝业(集团)有限责任公司的航天用铝合金锻环、山东南山铝业股份有限公司的铝合金板带材、宁波科诺精工科技有限公司的汽车天窗导轨用铝合金精密型材、荆门市格林美新材料有限公司的超细钴粉、南京云海特种金属股份有限公司的镁合金、安泰天龙钨钼科技有限公司的适形放疗多叶栅系统和洛阳栾川钼业集团股份有限公司的钨钼金属选采、冶炼、深加工产品获得"第五批制造业单项冠军产品"称号。

(二)持续开展行业 QC 小组活动,不断夯实高质量发展的群众基础

在工信部等有关部门的指导下,中国有色金属工业协会和中国质量协会联合推动行业的各级管理者和广大质量工作者,紧紧围绕"扎根基层、落实标准、创新赋能"这一主题,坚持以人为本、以质为先、创新发展,行业群众性质量改进活动持续呈现出积极向上的发展趋势。

2019~2020 年度共有 175 小组及 45 个质量信得过班组申报行业优秀质量管理小组及质量信得过班组,与上一年相比较,增加了 55 个小组及班组。据不完全统计,本年度行业登记注册的 QC 小组有 2646 个,行业累计登记注册的 QC 小组共有 59245 个。

在做好疫情防控的情况下,2020 年 8 月中旬召开的行业优秀质量管理小组及质量信得过班组典型经验交流大会参会人数再创新高,来自中国铝业集团有限公司、中国有色矿业集团有限公司、金川集团股份有限公司、铜陵有色金属集团控股有限公司、广西华锡集团股份有限公司、河南豫光金铅集团有限责任公司等百余家企业 300 多名代表齐聚一堂。最终经评审确定 157 个 QC 小组荣获行业优秀质量管理小组称号(见附表 1)、40 个班组荣获行业质量信得过班组称号(见附表 2)、26 人荣获行业质量管理小组活动优秀推进者称号(见附表 3)、9 人荣获行业质量信得过班组建设先进个人称号(见附表 4)。

(三)推进行业市场质量信用等级评价,营造行业质量诚信的良好环境

2020 年,继续深入贯彻落实《中共中央 国务院关于开展质量提升行动的指导意见》和《国务院关于建立完善守信联合激励和失信联合惩戒制度加快推进社会诚信体系的指导意见》的有关精神,以"质量诚信"和"用户满意"作为双轮驱动,致力于推进行业市场质量信用体系建设,通过开展第三方用户满意测评,推荐行业用户满意工作成绩突出的企业,其中河南豫光金铅集团有限责任公司荣获了全国"市场质量信用 AA 等级"企业称号;河南豫光金铅股份有限公司的"铅锭"和"银锭"产品、河南豫光锌业有限公司"锌锭"产品荣获了全国"市场质量信用 AA 等级"产品称号；铜陵有色铜冠房地产股份有限公司的"物业服务"荣获全国"市场质量信用 AA 等级"服务称号。

（四）持续开展有色金属产品实物质量认定，加强行业自主品牌建设

"有色金属产品实物质量认定活动"是行业开展质量工作的重要平台和抓手，已持续开展了 18 年。多年来，该项活动积极对标国际同类产品质量先进水平，在扎实推进行业技术进步、快速提高产品实物质量等方面取得了显著成效。截止到 2020 年底，已有数千余个产品通过实物质量认定，成为行业质量品牌标杆产品。今后还将继续开展 2020～2021 年度有色金属产品实物质量认定活动，并根据实际工作需要以及企业存在的一些客观因素，重新修订《有色金属产品实物质量认定办法》，将有色金属产品实物质量认定活动周期由原先的一年调整为两年，有效提高认定效率、减轻企业工作压力，扩大影响以吸引更多企业参与实物质量认定活动，以此更好地推动行业整体质量的提升。

（五）推广先进的质量工具方法，以加强质量品牌人才培养

以企业需求为导向，以《质量管理小组活动准则》及《质量信得过班组建设》两个标准宣贯为抓手，行业继续加大对质量品牌素质教育的力度，系统地推进行业质量人才培养，加强质量管理小组活动、质量信得过班组建设、品牌培育等专业人才能力。结合行业特点及企业的实际开展情况，因地制宜，制定有针对性的培训计划。接受培训的 QC 小组及班组骨干等多达数千人，目前他们已成为企业中推进质量活动的中坚力量，和广大一线员工紧紧围绕"全面提升质量水平、降本增效、品牌培育、节能减排、安全环保"等企业广泛关注的热点、重点和难点问题，积极开展质量改进和创新，为企业提质增效、高质量发展作出了巨大的贡献。

二、2020 年有色金属产品标准化工作

（一）克服困难，科学谋划，全面完成标准项目各阶段工作

2020 年下半年，全国有色金属标准化技术委员会（以下简称为有色标委会）克服了不利影响，按时保质的完成年度标准制修订工作计划，具体情况如下。

1. 标准计划立项情况

（1）下达 6 批 93 项国标计划（含 17 项英文版），包括《连铸轧制铜包铝扁棒扁线》《镁及镁合金热挤压棒材》《钛及钛合金板材》《增材制造用铜及铜合金粉》《钌炭》等。

（2）下达 4 批 150 项行标计划，包括《高频高速印制线路板用压延铜箔》

《变形铝铸锭行业绿色工厂评价要求》《粗氯化锂》等。

（3）下达 4 批 55 项协会标准计划，包括《有色金属加工产品质量分级评价规范　通则》《铝及铝合金行业绿色工厂评价导则》《铜冶炼行业节能监察技术规范》《有色金属加工产品质量分级评价·航空用铝合金板材》《航空用铝合金板材通用技术规范》等。

（4）在下达国家标准数量方面，2020 年较 2019 年有大幅度的提高；行业标准计划数量略有下降；协会标准计划数量基本持平；总体数量高于 2019 年。近三年下达标准制修订计划数量对比情况如图 1 所示。

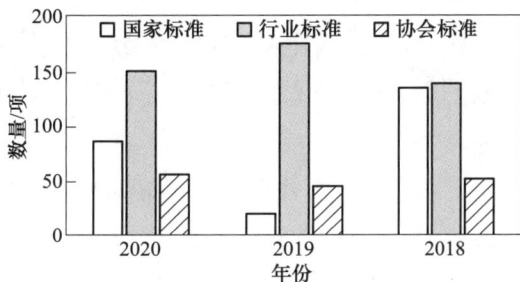

图 1　近三年下达标准制修订计划数量对比图

2. 标准审查讨论情况

审定完成 324 项标准。其中：

（1）国家标准 68 项，如《高纯净细晶铝及铝合金圆铸锭》《铜及铜合金箔材》《镓基液态金属》《金属粉末振实密度的测定》《金块矿取样和制样方法》等。

（2）行业标准 202 项，如《镍精矿单位产品能源消耗限额》《电解铝行业节能监察技术规范》《铜及铜合金加工行业绿色工厂评价导则》《锂盐单位产品能源消耗限额》等。

（3）协会标准 54 项，包括《铝用炭素产业智能制造技术规范》《废电路板取样、制样方法》等。

2020 年度总体审定各类标准方面的工作量也有了较大幅度的提高，尤其是行业标准方面，近三年审定完成标准数量对比情况如图 2 所示。

3. 标准项目报批情况

报批 316 项标准，在报批国标、行标、协会标准方面，数量均有上升。

（1）国家标准 127 项，如《拉深罐用铝合金板、带、箔材》《回收铋原料》《高温弹性元件用镍铍钛合金带材》《纳米晶硬质合金棒材》《贵金属及其

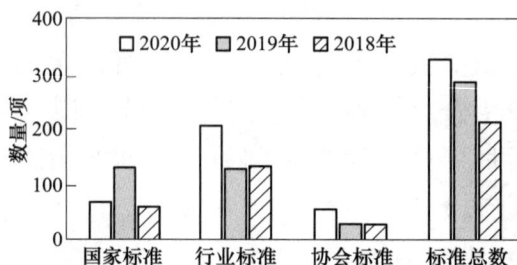

图 2　近三年审定标准数量对比图

合金复合带材》等。

（2）行业标准 151 项，包括《电解铝行业节能监察技术规范》《超高纯铟》《锂盐单位产品能源消耗限额》《镍铬合金粉末》《有色金属行业贵金属冶炼单位产品能源消耗限额》等。

（3）协会标准 38 项，如《便携式铝合金梯图样规格》《镁冶炼用低阶煤高温热解煤气》《高铅渣》等。

近三年报批标准项目数量对比情况如图 3 所示。

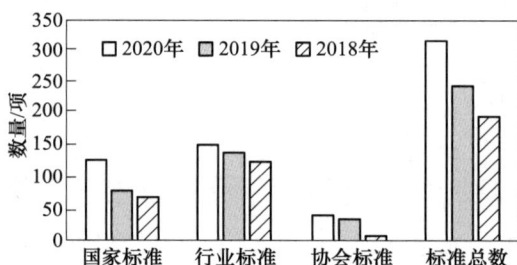

图 3　近三年报批标准数量对比图

4. 标准批准发布情况

发布 290 项标准（见附表 5）。其中：

（1）国家标准 121 项，如《高强度镁合金棒材》《集成电路用高纯铜合金靶材》《航天推进系统钛管材》《增材制造制粉用钛及钛合金棒材》《钯炭》等。

（2）行业标准 129 项，如《铝用炭素生产余热利用技术规范》《电机整流子用银无氧铜异型线坯》《磁记录用铬钽钛合金溅射靶材》《贵金属纪念章坯》等。

（3）发布 7 项行业标准外文版。

（4）协会标准 40 项，如《绿色设计产品评价技术规范　铅锭》《钛及钛合金精密铸造用氧化锆》《有色金属行业金冶炼安全生产规范》等。

近三年批准发布标准数量对比情况如图 4 所示。

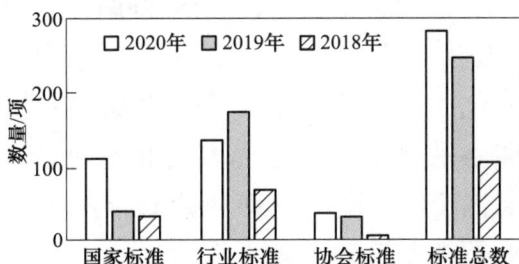

图 4   近三年批准发布标准数量对比图

2020 年度发布的 121 项国家标准和 129 项行业标准详见附表 5。截止到 2020 年底，协会和中国有色金属学会联合发布了 77 项团体标准，详见附表 6。

（二）把握新形势，围绕新需求，有效开展标准化工作

1. 紧跟政策需要，在重点领域开展工作

根据国家标准化管理委员会和工信部《2020 年全国标准化工作要点》《2020 年行业标准化工作要点》以及相关政策的要求，共计下发了三次征集标准项目计划的文件，主要围绕"新材料、质量提升、绿色制造、智能制造、重要标准外文版"等重点领域开展工作：

（1）"新材料"方面主要围绕《新材料标准领航行动计划（2018～2020 年）》（国质检标联〔2018〕77 号）、《战略性新兴产业分类（2018）》（国家统计局令第 23 号）、《重点新材料首批次应用示范指导目录（2019 年版）》（工信部原〔2019〕254 号）、《增材制造标准领航行动计划（2020～2022 年）》（国标委联〔2020〕5 号）等文件进行先进基础材料、关键战略材料和前沿新材料的布局。

（2）"质量提升"主要围绕《中国制造 2025》《产业结构调整指导目录（2019 年本）》（发改委 29 号令）、《装备制造业标准化和质量提升规划》（国质检标联〔2016〕396 号）、《原材料工业质量提升三年行动方案（2018～2020 年）》（工信部科〔2019〕188 号）等文件促进淘汰低端产品和落后产能、有色金属标准升级换代。

（3）"绿色制造"主要围绕《工业节能与绿色标准化行动计划（2017～2019 年）》（工信部节〔2017〕110 号）涉及的工业节能标准（单位产品能耗限额、重点用能设备能效、节能技术规范、节能监察、能源计量、能效测试等）、绿色制造体系相关评价标准（绿色工厂、绿色设计产品、绿色园区、绿色供应链等）、节水和资源综合利用标准、《有色金属工业绿色制造标准化三年行动计划》（中色协科字〔2019〕8号）开展工作。

（4）"智能制造"主要围绕工信部等三部委联合下发的《有色金属行业智能工厂（矿山）建设指南（试行）》。按照《国家智能制造标准体系建设指南》《2020年国家标准化工作要点》以及国家智能制造标准化总体组的要求下，开展智能制造标准体系建设。有色标委会和有色金属行业智能制造联盟，共同开展智能制造标准化工作。随着《有色金属行业智能制造标准体系建设指南》的编制完成，行业智能制造标准化工作全面启动。

2. 精心筹划组织，国际标准化工作再创佳绩

有色标委会全力推动"中国标准和国际标准双轮驱动"，2020年度的国际标准化工作在疫情当前的艰难时期仍然取得了瞩目成绩：

（1）锂国际秘书处成功落户中国。2020年5月30日至6月27日，国际标准化组织（ISO）技术管理局（TMB）对中国提交的"成立锂新技术委员会"的提案进行投票，最终顺利通过。中国为ISO/TC 333锂（Lithium）技术委员会秘书国。

（2）8项中国牵头的国际标准成功立项。包括：《焊管用钛及钛合金带材》《钛及钛合金牌号体系》《硫化铜精矿、锌精矿中铊含量的测定　酸溶—电感耦合等离子体质谱法》《镁及镁合金-镍测定-ICP-AES法》《镁及镁合金-铬测定-ICP-AES法》《镁及镁合金-锶测定-ICP-AES法》《镁及镁合金-砷测定-ICP-AES法》《镁及镁合金-钠测定-ICP-AES法》。

（3）3项中国牵头的国际标准正式发布。包括：ISO 24018：2020《首饰与贵金属　千克金锭》、ISO 7524：2020《镍铁中碳含量的测定　感应炉燃烧红外吸收法》、ISO 7526：2020《镍铁中硫含量的测定　感应炉燃烧红外吸收法》。

（4）认真完成国际标准投票工作。本年度积极组织国内相关企业参与国际标准化工作，总计完成国际标准投票44次（其中DIS、FDIS投票11次），投票率为100%，在更多领域中表达中国意见，发出中国声音。

（5）持续推动中国标准外文版工作。围绕《标准联通"一带一路"行动计划（2018~2020年）》提出的要求，2020年共翻译9项行业标准英文版，还有51项国家标准、行业标准正在翻译。

3. 启动动态复审工作，开展有色金属行业标准的复审

根据工信部科技司及原材料工业司的有关部署，有色标委会对2016年（含2016年）以前发布的全部行业标准进行了复审，经过对行业标准第一

负责起草单位征求复审意见和秘书处初核，形成了复审初步结论，并在网上公示。在 2020 年 11 月举行的标委会年会上，全体委员对行业标准复审初步结论逐项进行了审议，形成最终复审结论如下：有色金属原材料领域行业标准共1369 项，继续有效 1088 项，修订 245 项，直接废止 34 项，视情况废止 2 项。上报工信部时同时建议，在复审结论正式公告发布后，直接废止项目设置 6 个月过渡期，视情况废止项目设置 12 个月过渡期。

4. 注重人才培养，举办了多次多主题的培训会和宣贯会

（1）举办了标准编写培训会。2020 年 9 月 "有色金属标准编写培训会"在西安市成功举办，来自全国百余家企业代表及相关标准化工作人员共 600 余人参加。由中国有色金属工业标准计量质量研究所联合全国有色标委会、全国稀土标委会、全国半导体材料标准分会、全国有色标样分会共同主办。培训期间，多位资深专家围绕 "标准申报和立项评估程序及要求" "标准报批质量控制与提升" "国家标准、行业标准、协会标准制修订程序要求" "产品标准编写要求和示例" "方法标准编写要求和示例" "国际标准化知识简介及国际标准制修订程序分析" "标准与知识产权交叉问题解析" 等方面内容为参会代表授课答疑。会议还为参会代表提供了多本培训资料，并为参培人员颁发了培训证书。

（2）举办再生铜、再生铝原料国家标准宣贯会和标准研讨会。《再生黄铜原料》《再生铜原料》《再生铸造铝合金原料》三项标准于 2020 年 7 月 1 日正式实施。7 月 15 日，有色标委会举办了《再生铜原料》《再生黄铜原料》《再生铸造铝合金原料》三项国家标准宣贯网络宣贯会。国家市场监管总局标准技术司材料处、工信部原材料司有色处及协会科技部相关主管领导出席会议。来自国内外铜铝回收生产使用及贸易的 150 余家企业 210 余人参加了宣贯会。12月 22 日，再生铜、铝原料标准研讨会议在海口市顺利召开，来自全国 43 家单位的 58 名代表参加了会议，其中，广州、上海、宁波、南京、青岛、防城港等 6 地海关技术中心的代表出席会议。就《再生铜原料》《再生黄铜原料》《再生铸造铝合金原料》三项标准在实施过程中出现的问题，以及原料在进口通关检验过程中出现的情况，与来自再生铜、铝原料的生产、使用和贸易方代表进行认真研讨。

（3）举办有色金属行业绿色制造标准培训、宣贯和研讨会。"绿色发展、标准先行"。为推动行业高质量绿色可持续发展，充分发挥绿色制造标准化工作的引领和规范作用，有色标委会于 2020 年 6 月，在杭州市组织召开了有色金属行业绿色标准培训暨宣贯研讨会。会议邀请了工信部赛迪研究院、中国标

准化研究院、宝山钢铁公司、国际铜业协会、江铜股份等单位的专家通过网络及现场方式进行培训，来自全国的近50家单位参加了会议。12月有色标委会在昆明市再次组织召开了有色金属绿色制造标准研讨会，邀请了来自有色标准所、国际铜业协会、北京工业大学、昆明理工大学以及有研科技集团有限公司等单位的多位专家就绿色制造多个议题进行研讨。两次会议全面梳理了有色金属绿色制造标准体系，促进企业熟悉绿色制造标准体系建设和评价要求，并通过典型案例介绍，进一步培养企业的绿色管理理念，为加快企业绿色管理体系建设，完善有色金属行业绿色制造标准化体系奠定了坚实基础。

（4）研制并宣贯了两项镁领域的协会标准，服务于镁工业的高质量发展。T/CNIA 0069—2020《镁冶炼用低阶煤高温热解煤气》和T/CNIA 0070—2020《镁冶炼用低阶煤高温热解煤气副产洁净炭》两项协会标准正式发布并于2020年10月1日起开始实施。这两项标准的发布实施紧紧契合镁冶炼与煤炭热解煤气在工艺、能耗、成本等方面的优势，具有很强的操作性和科学性，填补了国内镁行业标准空白，对镁冶炼用低阶煤高温热解煤气工艺在镁产业标准化和规范化发展中起到引领示范作用。2020年9月23日，有色标委会联合中国镁协和府谷镁协在山西省组织召开了标准宣贯暨研讨会。为推动镁行业可持续发展提供了坚实的标准支撑和保证，在镁产业高质量发展的历程中具有里程碑意义。

（5）通过多种方式，就有色金属行业智能制造标准体系和有色金属行业绿色制造标准体系，在有色金属工业智能制造联盟成立大会、国家标准技术创新基地（有色金属）成立大会和中国有色金属工业环保大会上进行了介绍，此外，就标准立项、申报，标准化基本知识等在北矿检测技术有限公司和国合通用测试评价认证股份公司等单位进行了专题培训。

5. 全面启动了能耗限额系列强制性国家标准的修订

2016年，有色标委会在国家标准委（以下简称为国标委）、工信部统一部署的强制性标准整合精简工作中，能耗限额强制性国家标准及相关制修订计划的结论是分别整合，但此项工作由于各种原因一直未能真正开展。2020年，此项工作重新得到国标委的重视，并全面启动了整合修订工作，由全国能源管理标委会与全国有色标委会共同承担修订工作，具体标准技术内容由有色标委会组织完成，共将原25项能耗限额类强制性国家标准整合修订为以下8项：《电解铝和氧化铝单位产品能源消耗限额》《变形铝及铝合金单位产品能源消耗限额》《工业硅及镁冶炼单位产品能源消耗限额》《铝用炭素单位产品能源消耗限额》《有色重金属冶炼单位产品能源消耗限额》《铜及铜合金加工材单位产品能源消耗限额》《海绵钛和钛锭单位产品能源消耗限额》《钨精矿、钼精矿和焙烧钼精矿单位产品能源消耗限额》。相关整合修订计划于 2020 年 12 月 30 日正式下达，具体修订任务将在 2022 年底前全部完成。

6. 研发民机铝材用系列标准，加快国产大飞机使用国产铝材步伐。

7×××系、2×××系等航空航天用先进铝合金材料是大型客机等高端装备制造业不可或缺的核心基础材料，也是战略性新兴产业的重要组成部分。在 C919 大型客机中，铝合金材料约占材料总重量的 62%，涉及十余种牌号的几十种产品。经过国家大飞机专项支持、材料研制及民机应用单位的型号牵引和研制攻关，截至目前，已有多个牌号的铝材产品达到了装机状态，但距 C919 飞机用铝材全面国产化的目标还有明显的差距。有色标委会多年以来全面配合工信部"民机材料上下游合作机制"开展工作，2020 年更是积极组织协调各相关方，进行系统研究，逐步研发民机铝材用配套、好用的产品标准和测试评价方法标准，解决当前中国民机铝材产品标准和部分测试方法标准缺失、现有部分测试方法标准不适用的问题，建立健全民机铝材标准体系，解决飞机设计自主可控但选用材料的标准受限于国外的现状，从源头上提升国产民用飞机设计的自主可控程度，更好地规范和指导中国民机铝材的研制、生产和应用，引领民机铝材发展，推动民机铝材国产化进程，支撑中国民用飞机持续快速发展，加快国产大飞机使用高质量国产铝材的步伐。

7. 有色金属标准化科研工作迈向新台阶

2020 年，有色标委会有序推动了"先进有色金属结构材料领域关键技术标准研究""新材料领域先进功能材料关键技术标准研究""有色金属及稀土领域国际标准研究""冶金领域国际标准研究"及"民用飞机先进铝合金材料关键标准研究"五项科技部"国家质量基础共性技术研究与应用重点专项（NQI）"科研项目的标准研究工作。前四项均已完成各项考核指标，正处于验收前的准备工作阶段。"民用飞机先进铝合金材料关键标准研究"为 2020 年 12 月下达的 NQI 课题项目，将开展标准、计量等 27 项标准的研制工作，以支撑中国民用飞机等高端装备制造新兴产业的跨越式发展。工信部 2019 年、2020 年工业节能与绿色标准研究项目目前都已进入验收阶段。

标准项目作为科技成果的一种类型，不断得到行业和标准化主管部门的普遍重视。2020 年 9 月，ISO 16220：2017《镁及镁合金 镁合金铸锭和铸件》标准获中国标准创新贡献奖三等奖；2020 年 11 月，中国有色金属工业科学技术奖中共有《汽车轻量化用新型铝合金材料标准研究》等 2 个标准项目获一等奖、5 个标准项目获二等奖、7 个标准项目获三等奖。

8. 秘书处持续加强服务，助力有色金属行业企业复工复产

（1）加强服务，改版了微信公众号，加大了各种投入和服务力度。从四月份开始，有色标委会秘书处结合疫情防控需要，在线上进行了一系列重要标准的解读，比如通过录制讲解视频进行解读的标准有：有色金属靶材体系建设及 GB/T 20510—2017《氧化锡铟靶材》、GB/T 37201—2018 与 GB/T 37207—2018《镍钴锰酸锂电化学性能测试》系列、GB/T 2524—2019《海绵钛》、GB/T 20975《铝及铝合金化学分析方法》系列国家标准等；通过撰写系列文章进行解读的有：《锂辉石提锂技术发展现状》《中国氧化铝行业标准化概述》《中国铯标准现状简析》《石油焦在铝用炭素行业的应用及标准化情况》《液态金属材料产业现状及标准化》等。

（2）适时应对疫情影响，改变会议模式和举办形式。6月之前，有色标委会进行了一系列的网络会议，部署了大部分的标准编写任务，但由于标准化工作的特点，线上会议始终无法达到充分讨论的目的。6月中旬，在杭州市尝试召开了首次现场会议，但受到了北京新发地突发疫情影响，为完成标准制修订任务，果断改变了会议召开模式，采用各个分标委会分别在异地召开标准会议的形式。经过近半年时间的高强度工作，标准编制组齐心协力克服了各种困难，高效密集完成了本年度标准制修订任务。

三、有色金属工程建设标准化工作

（一）2020 年有色金属工程建设标准化重点工作

2020 年有色金属工程建设标准工作指导思想是：贯彻落实党的十九大和十九届二中、三中、四中、五中全会精神，提升标准化工作对国家治理体系和治理能力现代化的技术支撑作用，提高工程建设标准水平，完善标准体系，促进有色行业高质量发展。2020 年有色金属工程建设标准重点工作：落实住房和城乡建设部、工信部年度标准化工作安排。做好有色行业国家工程建设规范编制工作，落实在编国家标准、行业标准、团体标准的制修订工作，加强重要技术领域行业标准、团体标准立项申报工作。

1. 组织有色行业国家工程建设规范编制工作

工程建设标准是工程建设活动的技术依据，针对现行标准体系不尽合理、指标水平偏低、国际化程度不高等问题，住房和城乡建设部 2017 年 7 月发布了《工程建设标准体制改革方案》。2020 年 3 月，根据住房和城乡建设部标准定额司《关于抓紧开展国家工程建设规范制订工作的函》（建司局函标〔2020〕46号），标准处组织项目承担单位从研编阶段转向制订阶段，截至 2020 年 12 月，

11 项规范已进入征求意见阶段。同时，为促进矿山领域工程建设规范协调性，提出了有色行业矿山工程建设规范整合建议。有色标准处根据技术法规、国家标准、行业标准、团体标准的新定位，组织行业起草单位积极推进全文强制规范的征求意见稿编制，组织召开编制组长会、编制组线上会议。标准处将紧密围绕国家标准战略对有色行业标准的新要求，组织管理好国家工程建设规范的制订工作，为规范行业发展作出努力。

2. 开展国标复审暨整合精简工作

根据深化标准化改革要求，住建部近几年均开展了国家标准复审工作。2020年复审工作结合《关于进一步完善涉及危险化学品安全生产工程建设标准工作的通知》（建司局函标〔2020〕40 号）要求，同步开展危化品标准条文梳理工作。复审工作涉及标准共 69 项，其中强制性标准 56 项，推荐性标准 13 项，涉及主编单位共 18 家。审议结论为继续有效 59 项（含正在修订中 9 项），修订 10项（含 2019 年复审提出修订 6 项），废止 0 项。根据《关于进一步完善涉及危险化学品安全生产工程建设标准工作的通知》（建司局函标〔2020〕40 号）要求，标准处组织有关单位对现行及在编 81 项工程建设国家标准涉及危险化学品安全生产内容进行了全面梳理，并对相关技术内容进行评估分析。经梳理和评估分析，18 项国家标准条文涉及危险化学品安全生产内容，提出了《铜冶炼厂工艺设计规范》（GB 50616—2010）与《建筑设计防火规范》（GB 50616—2014）（2018 年版）协调问题；《氧化铝厂工艺设计规范》（GB 50530—2010）、《铜冶炼厂工艺设计规范》（GB 50616—2010）、《有色金属工业环境保护工程设计规范》（GB 50988—2014）等 3 项标准，对有关技术内容提出了完善措施和建议。81 项标准不存在需要住建部标准定额司协调的事项。

3. 积极引导团体标准的制订

国家标准化改革鼓励社会团体围绕实现产业高质量发展，自主制定发布技术水平全面优于国家标准和行业标准的先进团体标准，推动扩大先进团体标准的适用范围。标准处积极引导相关单位紧跟有色行业新技术、新工艺、新产品和新业态的发展趋势，自主制定具有创新性和国际性的团体标准，快速满足市场需求，在工程建设标准制修订工作经验的基础上，坚持以促进行业相关领域科技成果转化和行业高质量发展为宗旨，协调好主编、参编单位，加强与相关行业联系，积极开展工程建设团体标准制定工作。目前标准处工程建设标准领域在编团体标准 7 项。其中《有色冶炼厂绿色工厂评价标准》已召开审查会；《自然崩落采矿法技术规程》《有色金属矿山渗漏尾矿库治理工程技术标准》《金属非金属矿山地下水灾害危险性评估标准》《废线路板低温热解技术标准》

处于初稿编制阶段；《搭配砷物料铜熔池熔炼及烟气收砷技术标准》《矿山有轨运输无人驾驶控制系统技术标准》为 2020 年协会下达的团体标准制修订计划，目前处于准备阶段。

4. 国际标准方面的工作

国家《深化标准化工作改革方案》指出，要鼓励社会组织积极参与国际标准化活动，增强话语权，加大国际标准跟踪、评估和转化力度，加强中国标准外文版翻译出版工作，推动与主要贸易国之间的标准互认，推进优势、特色领域标准国际化，创建中国标准品牌，结合海外工程承包、重大装备出口和对外援建，推广中国标准，以中国标准走出去带动中国技术和服务走出去。

（1）国家标准外文版方面，目前已有《工业建筑供暖通风与空气调节设计规范》《有色金属选矿厂工艺设计规范》《尾矿设施设计规范》3 项国家标准英文版翻译项目报批，2020 年，《尾矿库在线安全监测系统工程技术规范》国家标准英文版翻译项目成功申报立项。上述标准外文版翻译基于"一带一路"建设中的国际业务需求，是以工程带动标准"走出去"的践行典型。

（2）国际标准制修订方面，有色行业积极参与国际标准化工作，加大国际先进标准跟踪、评估和转化力度，以形成与国际标准接轨的有色金属行业标准化体系。由中国恩菲工程技术有限公司与高校联合主导的《工业冷却水系统中再生水利用　第一部分：技术指南》和《再生水在工业冷却系统中的应用　第二部分：成本分析》两项标准已于 2020 年发布，《垃圾焚烧渗滤液处理及回用技术导则》（ISO 24297）已成功立项，成为有色行业实现国际标准领域从参与到主导的里程碑，目前该项标准研制正在有序进行。下一步，国际标准化制修订工作将从有色行业工程建设优势技术向国际标准转化角度出发，广泛开展国际标准提案研究，推动新工作项目实现国际立项，以标准为纽带，搭建双多边技术产业合作的平台。

（3）中国标准应用推广方面，有色行业结合海外工程承包、重大装备设备出口和对外援建，推广中国标准，以中国标准"走出去"带动中国产品、技术、装备、服务"走出去"。如中方投资建设的巴布亚新几内亚项目，涉及地质、采矿、选矿、冶炼、制酸、尾矿、给排水、电气、仪表、电信、通风、热工、设备、建筑、结构、机修、管道、总图、环保、概算共 20 个专业 268 项规范或标准和 190 多项标准图集，均采用中国标准；压力容器、环保、安全、消防采用巴布亚新几内亚推荐的约 73 项国外标准。在老挝东泰项目中地质、采矿、矿机、选矿、尾矿、给排水、电气、仪表等专业全部采用中国标准，约 200 项。

5. 推动国家标准技术标准创新基地建设

为推动国家标准化改革的实施，有色行业积极贯彻落实国家标准化战略，经国标委批准，国家技术标准创新基地（有色金属）由有色行业筹建（具体由中国恩菲工程技术有限公司组织实施）。2020年10月，国家技术标准创新基地（有色金属）工作推进会顺利召开，国标委、协会、中国冶金科工集团有限公司相关领导以及62家成员单位代表，共计150余人参加了此次会议。创新基地成为技术标准成果转化、标准化人才培养、标准化国际合作、标准试验验证等方面的重要平台。

（二）标准发布及在编项目制修订情况

1. 2020年标准发布

发布工程建设标准13项，其中国家标准7项（制订6项，修订1项），行业标准4项（制订1项，修订3项），团体标准2项（均为制订）（见附表7）。

2. 2020年标准报批

报批工程建设标准10项，其中国家标准5项（3项制订，1项修订，1项中译英），行业标准3项（均为制订），团体标准2项（均为制订）（见附表8）。

3. 2020年标准立项情况

有色行业根据住房和城乡建设部标准化改革精神，重点制修订国家工程建设规范，以及促进产业结构调整和优化升级的社会公益属性行业标准项目，积极引导制订紧跟全球新技术、新工艺和新业态的发展趋势，具有创新性和国际性的团体标准。2020年新获立项国家标准5项（4项修订，1项中译英），行业标准3项（均为制订），团体标准3项（均为制订）。

4. 在编标准情况

2020年在编工程建设标准23项（不含已报批），其中国家标准8项（制订1项，修订6项，中译英1项）、行业标准8项（制订4项，修订4项）、团体标准7项（均为制订）（见附表9）。

四、2020年有色金属专利工作

（一）有色金属行业专利申请情况

1. 中国专利申请保持上涨态势

近年来，有色金属行业中国专利申请量始终保持上涨态势（见图5），根据已公开专利数据统计❶，2020年有色金属行业公开的专利总量为138498件，

---

❶ 本报告专利数据统计自 incoPat 数据库，且与时间相关的数据均以公开日进行统计。

相比 2019 年增长 20.4%。其中，发明 58438 件，占比 42.2%；实用新型 69135 件，占比 49.9%；外观设计 10925 件，占比 7.9%。从创新主体来看（见图 6），企业占比 75.6%，大专院校占比 12.4%，个人占比 8.8%，科研单位占比 2.8%，机关团体占比 0.4%，说明企业是有色金属行业的创新主力军，大专院校也是创新的重要主体。

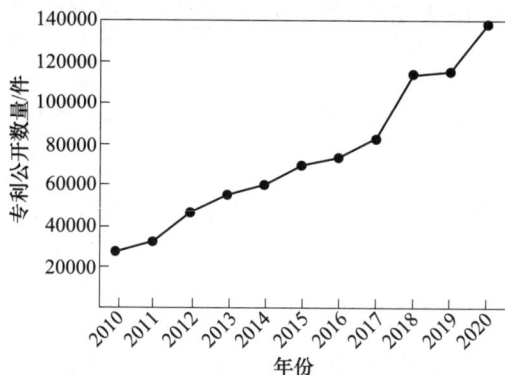

图 5　有色金属行业中国专利申请趋势图　　　图 6　创新主体占比情况

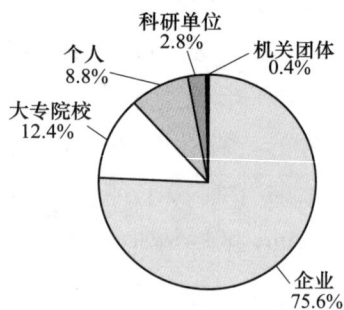

2. 发明专利授权率略高于全国平均值

2020 年有色金属行业专利授权总量为 106705 件，同比增长 32.7%，其中，含金量最高的发明专利授权量为 24392 件，同比增长 16.3%。与全国平均授权率相比，2013~2017 年有色金属行业发明专利授权率高出全国平均授权率约 3~4 个百分点。表 1 列出了 2013~2017 年发明专利授权情况。

表 1　2013~2017 年发明专利授权情况①

序号	申请年份	有色行业结案量/件	有色行业授权率/%	全国平均授权率/%
1	2013 年	33924	55.30	51.52
2	2014 年	37652	53.54	49.59
3	2015 年	39779	48.51	44.59
4	2016 年	45289	46.37	42.24
5	2017 年	36990	47.88	43.85

① 2017 年以前的绝大多数专利申请已结案，故选取 2017 年以前 5 年的数据进行分析。

3. 技术领域覆盖面较广

2020 年公开专利中排名前 3 的热点技术领域分别是有色金属合金（对应国际分类号 C22C），占比 5.8%，其次为有色金属加工（对应国际分类号 B21D）和表面处理（对应国际分类号 C23C），分别占比 4.0% 和 3.5%。此外，焊接技术、分析检测方法、分离技术、粉末冶金和加工设备等领域也有大量申请，表 2 列出了有色金属行业 2020 年专利技术构成前十位。

表 2　有色金属行业 2020 年专利技术构成前十位

序号	分类号	专利数量/件	分类号含义
1	C22C	8057	合金
2	B21D	5504	金属板或管、棒或型材的基本无切削加工或处理；冲压
3	C23C	4892	对金属材料的镀覆；用金属材料对材料的镀覆等
4	B23K	4855	钎焊或脱焊；焊接；用钎焊或焊接方法包覆或镀敷等
5	G01N	4806	借助于测定材料的化学或物理性质来测试或分析材料
6	B01D	4618	分离
7	B23Q	4590	机床的零件、部件或附件
8	B01J	4399	化学或物理方法；其有关设备
9	B24B	4387	用于磨削或抛光的机床、装置或工艺
10	B22F	4322	金属粉末的加工；由金属粉末制造制品；金属粉末的制造

4. 海外专利布局意识有所提升

有色金属企业通过 PCT 条约向海外申请专利整体呈上涨态势（见图 7），特别是 2016 年以后，增速较快，说明有色金属企业海外专利布局的意识有所提升。2020 年，有色金属行业公开的 PCT 国际专利申请达到 521 件，同比增长 3.6%。

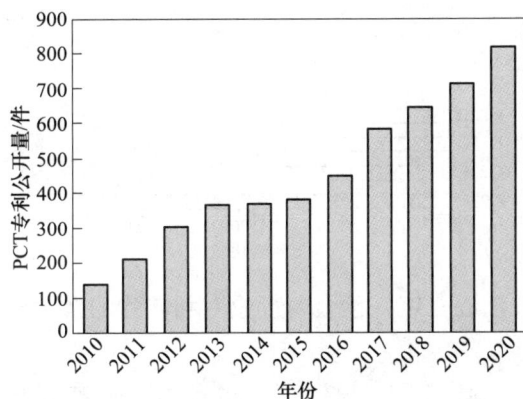

图 7　有色金属行业 PCT 国际申请趋势图

（二）有色金属行业专利转让、许可情况❶

1. 专利转让量不断攀升

近年来，有色金属行业专利转让件数不断攀升（见图8），2020年专利转让量达到10741件（含集团公司内部转让和对外转让），同比增长19.9%。从专利转让涉及的专利类型占比情况来看，发生转让的发明专利件数最多，占专利转让总量的71.8%，实用新型和外观设计占比分别为25.8%和2.3%。从图9可以看出，近三年来发生专利转让最活跃的技术领域除了传统有色金属冶炼、表面处理、合金化、金属铸造、加工等领域外（对应国际专利分类号分别为C22C、C23C、C22B、B21D），还有半导体材料等新兴领域。转让专利的价值度❷均在6分以上，其中价值度8分的专利占比40.4%，价值度9~10分高价值专利占比45.3%。

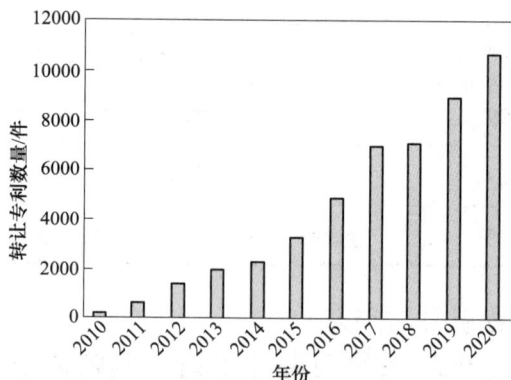

图8　有色金属行业专利转让趋势

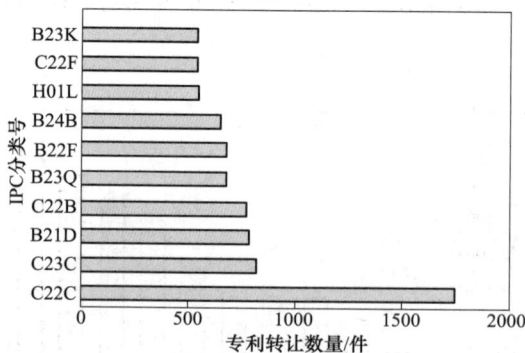

图9　近三年有色金属行业专利转让的技术构成

---

❶ 基于已在国家知识产权局备案的数据，未备案专利转让或许可未统计在内。

❷ 专利价值度评分是以 incoPat 系统中的专利"合享价值度"为依据，将专利分为 1~10 分，分数越高则专利价值越高，价值度为 9~10 分的专利为高价值专利。

2. 专利许可量呈波动态势

有色金属行业专利许可无明显单边趋势（见图10），但总体看，2014年达到顶峰后有所下滑，2018年起有所回升，2020年专利许可数量为237件（含集团公司内部许可和对外许可）。近三年来发生许可的专利主要集中在有色金属合金、冶炼、发光材料等领域（对应国际专利分类号为C22C、C22B、C09K）（见图11）。

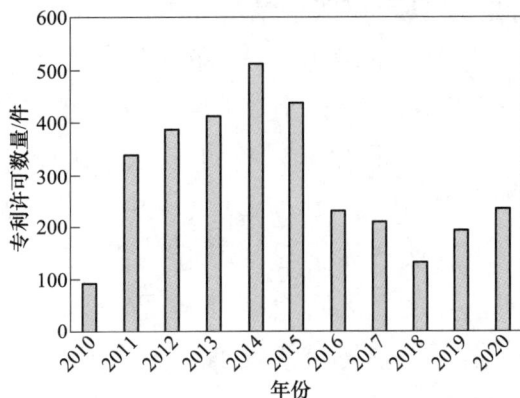

图10 有色金属行业专利许可趋势

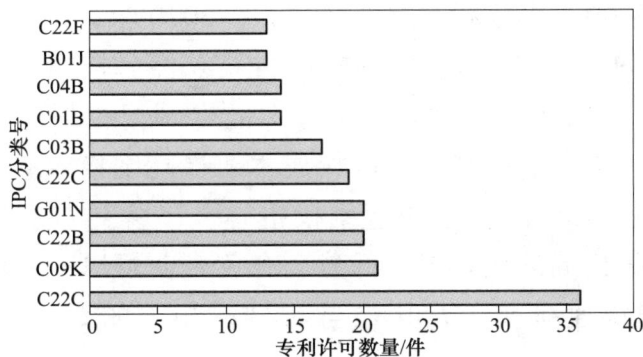

图11 近三年有色金属行业专利许可的技术构成

（三）有色金属行业荣获中国专利奖情况

"中国专利奖"是中国唯一对发明创造给予奖励的政府部门奖，且得到了联合国世界知识产权组织（WIPO）的认可。近年来，行业内的企业通过协会、地方政府等途径积极参评中国专利奖，取得不俗成绩，天齐锂业股份有限公司、阳谷祥光铜业有限公司、宝钛集团有限公司等单位曾荣获专利金奖。

2020年，行业共有27项专利获得中国专利奖（见附表10），其中中国专利银奖2项、专利优秀奖25项。获得中国专利银奖的专利分别是：中国恩菲工程技术有限公司"一种多晶硅还原炉"专利、北京科技大学与肇庆市大正铝业有限公司联合申请"一种由废杂铝再生目标成分铝合金的方法"专利。获奖的专利主要集中在锂离子电池、高性能铝合金、再生铜等领域，锂离子电池领域获奖专利有 4 项，高性能铝合金领域获奖专利有 5 项，再生铜领域有 3 项。专利奖的获得可激励企业加强关键前沿技术知识产权创造，形成更多高价值专利组合，更好支撑创新驱动发展。

（四）有色金属行业知识产权保护情况

党的十八大以来，党中央把知识产权保护工作摆在突出的位置，出台了《深入实施国家知识产权战略行动计划（2014~2020 年）》《国务院关于新形势下加快知识产权强国建设的若干意见》《"十三五"国家知识产权保护和运用规划》等系列决策部署。2020 年 11 月 30 日，中央政治局就加强中国知识产权保护工作举行了第二十五次集体学习，习近平总书记在主持学习时提出"保护知识产权就是保护创新"的重要理念，并强调知识产权保护工作关系国家治理体系和治理能力现代化，关系高质量发展，关系人民生活幸福，关系国家对外开放大局，关系国家安全。

近年来，有色金属行业的知识产权保护意识、维权意识不断增强，一部分企业开始拿起法律武器维护自身合法权益。2020 年，有色金属行业的知识产权诉讼案件近 60 余件❶，其中，侵权纠纷 36 件、合同纠纷 5 件、不正当竞争纠纷 14 件、权属纠纷 1 件。数量最多的专利侵权纠纷案件的结案周期一般为半年以上。为了进一步降低维权成本、提高维权效率，全国共建设了 41 家知识产权保护中心、25 家快速维权中心、76 家维权援助中心，成为多元化知识产权保护格局的重要组成部分。有色企业可以充分利用这些知识产权维权服务机构快速维权，尤其是与新材料相关的 5 家知识产权保护中心（见附表 11）。

（五）有色金属行业专利信息平台建设情况

为贯彻《关于新形势下加快建设知识产权信息公共服务体系的若干意见》，2020 年建设了两个专利信息公共服务平台——"铝行业专利检索和分析平台"（www. youseip. com）及"稀土永磁材料专利检索和分析平台"（http：//xt. youseip. com）。

铝行业专利检索和分析平台共收录了全球近百万件铝行业的专利数据，稀土永磁材料专利检索和分析平台共收录五万余件稀土永磁材料领域的专利，其

---

❶ 数据统计自知产宝（www. iphouse. cn）。

他专利数据正处于逐步完善的过程中。上述平台可为相关单位提供专利检索、分析功能及分类导航等功能，促进行业专利信息应用，降低企业利用专利信息的成本。

撰稿人：杨　鹏、马存真、朱瑞军、
赵永善、李子健、金丽君
审稿人：贾明星

附表
附表1　2019~2020年度有色金属行业优秀质量管理小组名单
附表2　2019~2020年度有色金属行业质量信得过班组名单
附表3　2019~2020年度有色金属行业质量管理小组活动优秀推进者名单
附表4　2019~2020年度有色金属行业质量信得过班组建设先进个人名单
附表5　2020年有色金属国家标准、行业标准发布情况
附表6　中国有色金属工业协会、中国有色金属学会联合发布的团体标准汇总
附表7　2020年发布的有色金属工程建设标准
附表8　2020年报批的有色金属工程建设标准
附表9　2020年在编的有色金属工程建设标准
附表10　2020年有色金属行业获中国专利奖名单
附表11　新材料领域知识产权保护中心

附表1　2019~2020 年度有色金属行业优秀质量管理小组名单

序号	企业名称	小组名称
1	青海中铝铝板带有限公司	技术质量部 QC 小组
2	中国铝业股份有限公司广西分公司	绿叶 QC 小组
3	中国铝业股份有限公司广西分公司	精益 QC 小组
4	中国铝业股份有限公司广西分公司	春华秋实 QC 小组
5	中国铝业股份有限公司广西分公司	火花闪闪 QC 小组
6	平果铝业有限公司	大黄蜂 QC 小组
7	广西中铝工业服务有限公司	电修 QC 小组
8	中国铝业股份有限公司贵州分公司	猫场铝矿提产达标攻关 QC 小组
9	中国铝业股份有限公司贵州分公司	矿业公司配矿中心 QC 小组
10	楚雄滇中有色金属有限责任公司	硫酸分厂工艺 QC 小组
11	楚雄滇中有色金属有限责任公司	污水处理工艺 QC 小组
12	楚雄滇中有色金属有限责任公司	精益 QC 小组
13	易门铜业有限公司	制氧 QC 小组
14	云南迪庆有色金属有限责任公司	高原火车头 QC 小组
15	玉溪矿业有限公司	度分秒 QC 小组
16	云南铜业股份有限公司西南铜业分公司	先锋 QC 小组
17	中国铝业股份有限公司青海分公司	电解厂净化生产部第一 QC 小组
18	中国铝业股份有限公司青海分公司	铸造厂第二 QC 小组
19	中国铝业股份有限公司青海分公司	炭素厂设备管理部生产技术 QC 小组
20	大冶有色金属集团控股有限公司	矿业分公司铜山口铜矿选矿车间铜斧 QC 小组
21	大冶有色金属集团控股有限公司	冶炼厂精碲班 QC 小组
22	大冶有色金属集团控股有限公司	冶炼厂电解车间飞跃 QC 小组
23	大冶有色金属集团控股有限公司	冶炼厂澳炉 QC 小组
24	大冶有色金属集团控股有限公司	冶炼厂硫酸车间守护蓝天 QC 小组
25	大冶有色金属集团控股有限公司	冶炼厂电解车间精点 QC 小组
26	白银有色集团股份有限公司西北铅锌冶炼厂	"奋进" QC 小组
27	白银有色集团股份有限公司西北铅锌冶炼厂	"锌动" QC 小组
28	铜陵有色金属集团铜冠建筑安装股份有限公司	钢构公司"蓝弧" QC 小组
29	铜陵有色金属集团控股有限公司金冠铜业分公司	"GE" QC 小组

续附表1

序号	企业名称	小组名称
30	铜陵有色金属集团股份有限公司安庆铜矿	工程工区快剑 QC 小组
31	西北稀有金属材料研究院宁夏有限公司	分析检测所金相检测 QC 小组
32	西北稀有金属材料研究院宁夏有限公司	分析检测所光谱 QC 小组
33	宁夏东方钽业股份有限公司	分析检测中心电性组 QC 小组
34	宁夏东方钽业股份有限公司	钽粉分厂电性 QC 小组
35	包头铝业有限公司	炉控 QC 小组
36	包头铝业有限公司	专研 QC 小组
37	包头铝业有限公司	电煤分析创效 QC 小组
38	包头铝业有限公司	设备技术克难研发 QC 小组
39	中铝山东有限公司	研究院"博迈特" QC 小组
40	中铝万成山东建设有限公司	广西华昇项目钢结构工程 QC 小组
41	中铝山东有限公司	氧化铝厂生产三区平盘工序 QC 小组
42	中铝山东新材料有限公司	原料三区 QC 小组
43	中铝山东有限公司	第二氧化铝厂溶出车间矿磨工序 QC 活动小组
44	中铝山东有限公司	热电厂南区 QC 小组
45	金川集团股份有限公司三矿区	石英石车间第一 QC 小组
46	金川集团股份有限公司镍冶炼厂	镍电解三车间 QC1 组
47	兰州金川新材料科技股份有限公司	材料一厂 4000t 萃取 QC 小组
48	金川集团铜业有限公司	金银精炼班"地表最强" QC 小组
49	广西金川有色金属有限公司	舞动的机器人 QC 小组
50	中铝中州铝业有限公司	步步高 QC 小组
51	中铝中州铝业有限公司	烟气脱硝 QC 小组
52	中铝中州铝业有限公司	蒸发丙班 QC 小组
53	甘肃蓝野建设监理有限公司	生活垃圾焚烧发电环保 QC 小组
54	云南金鼎锌业有限公司	全"锌"全力 QC 小组
55	云南金鼎锌业有限公司	质检化验 QC 小组
56	山东南山铝业股份有限公司	敬业 QC 小组
57	山东南山铝业股份有限公司	冲锋 QC 小组
58	山东南山铝业股份有限公司	熔古铸今 QC 小组
59	山东南山铝业股份有限公司	雷霆 QC 小组
60	山东南山铝业股份有限公司	征服者 QC 小组

序号	企业名称	小组名称
61	山东南山铝业股份有限公司	绿色挑战者 QC 小组
62	山东南山铝业股份有限公司	劲铝之师 QC 小组
63	河南豫光锌业有限公司	锌业三厂超越 QC 小组
64	河南豫光锌业有限公司	锌业四厂锌之火 QC 小组
65	河南豫光锌业有限公司	锌业五厂锌窗口 QC 小组
66	河南豫光锌业有限公司	锌业二厂聚宝盆 QC 小组
67	河南豫光金铅合金有限公司	扬帆 QC 小组
68	河南豫光金铅股份有限公司	再生铅厂再生之星 QC 小组
69	河南豫光金铅股份有限公司	金银闪亮 QC 小组
70	四川三星新材料科技股份有限公司	三星喷涂节能降耗 QC 小组
71	来宾华锡冶炼有限公司	综合分厂提升 QC 小组
72	来宾华锡冶炼有限公司	锡分厂野火 QC 小组
73	广西华锡集团股份有限公司车河选矿厂	二车间台浮系统 QC 小组
74	广西华锡集团股份有限公司车河选矿厂	二车间设备先锋 QC 小组
75	广西高峰矿业有限责任公司	坑口技改 QC 小组
76	广西佛子矿业有限公司	质量检测站精益 QC 小组
77	东北轻合金有限责任公司	熔铸厂机辅作业区 QC 小组
78	东北轻合金有限责任公司	中厚板厂制造部 QC 小组
79	云南云铜锌业股份有限公司	朝阳 QC 小组
80	云南云铜锌业股份有限公司	硫酸 QC 小组
81	云南永昌铅锌股份有限公司	提质降耗 QC 小组
82	云南驰宏资源综合利用有限公司	技术部工艺技术 QC 小组
83	云南驰宏锌锗股份有限公司会泽冶炼分公司	烟化炉 QC 小组
84	中铝山西新材料有限公司	第一氧化铝厂精制工区 QC 小组
85	中铝山西新材料有限公司	技术研发中心青鸟 QC 小组
86	中铝山西新材料有限公司	计控信息中心"焙烧" QC 小组
87	云南锡业股份有限公司冶炼分公司	设能部攻关 QC 小组
88	云南锡业股份有限公司冶炼分公司	综合车间回转窑 QC 小组
89	云南锡业股份有限公司锡材公司	焊料合金 QC 小组
90	云南锡业股份有限公司铜业分公司	铜业熔炼顶吹工序 QC 小组
91	云南锡业股份有限公司大屯锡矿	质监部化验管理 QC 小组

序号	企业名称	小组名称
92	云南锡业股份有限公司老厂分公司	选矿车间实验室 QC 小组
93	株洲冶炼集团股份有限公司	锌湿冶厂 QC 小组
94	株洲冶炼集团股份有限公司	锌成品厂 QC 小组
95	株洲冶炼集团股份有限公司	焙烧炉 QC 小组
96	株洲冶炼集团股份有限公司	氧化锌厂 QC 小组
97	株洲冶炼集团股份有限公司	原辅材分析站 QC 小组
98	株洲冶炼集团股份有限公司	株冶新材技术 QC 小组
99	云南文山铝业有限公司	沙漠风暴 QC 小组
100	云南云铝涌鑫铝业有限公司	奋进 QC 小组
101	金隆铜业有限公司	渣选课"磨浮"QC 小组
102	中铝矿业有限公司	分析检测室分析二组 QC 小组
103	中铝矿业有限公司	供水车间 QC 小组
104	中铝矿业有限公司	厂内循环水 QC 小组
105	中铝矿业有限公司	配料车间提高磨机产能 QC 小组
106	中铝山西铝业有限公司	山西中铝工业服务有限公司设备卫士 QC 小组
107	中铝山西铝业有限公司	晋铝冶炼结构厂全新 QC 小组
108	广西华银铝业有限公司	设备维护检修中心视网膜 QC 小组
109	广西华银铝业有限公司	生产运行中心探索 QC 小组
110	中铝郑州有色金属研究院有限公司	沁阳高温氧化铝材料厂"点"石成金 QC 小组
111	中铝郑州有色金属研究院有限公司	精细氧化铝材料厂"电工填料"QC 小组
112	中铝河南洛阳铝加工有限公司	瓶盖料 QC 小组
113	中铝河南洛阳铝加工有限公司	熔铸 QC 小组
114	中船重工黄冈贵金属有限公司	把握机遇 QC 小组
115	中船重工黄冈贵金属有限公司	勇攀高峰 QC 小组
116	铜陵有色金属集团股份有限公司铜冠冶化分公司	球团车间绿色 QC 小组
117	中国长城铝业有限公司	水泥厂飞跃 QC 小组
118	中国长城铝业有限公司	水泥厂木兰 QC 小组
119	中国长城铝业有限公司	长兴实业伏枥 QC 小组
120	中国长城铝业有限公司	长兴实业小蚂蚁 QC 小组

序号	企业名称	小组名称
121	安徽港口物流有限公司	金冠运输分公司拓进 QC 小组
122	北方铜业股份有限公司铜矿峪矿	电气自动化控制科 QC 小组
123	北方铜业股份有限公司垣曲冶炼厂	硫酸车间 QC 小组
124	赤峰金剑铜业有限责任公司	电解车间 QC 小组
125	西北铝业有限责任公司	创新、求实 QC 小组
126	西北铝业有限责任公司	小导管质量提升 QC 小组
127	中国铝业股份有限公司连城分公司	质量检验中心光谱分析 QC 小组
128	中国铝业股份有限公司连城分公司	电解厂设备信息区域 QC 小组
129	中国铝业股份有限公司连城分公司	工服公司机加工 QC 小组
130	中国铝业股份有限公司连城分公司	质量检验中心理化分析 QC 小组
131	中铝洛阳铜加工有限公司	"探索者" QC 小组
132	中铝西南铝冷连轧板带有限公司	硬骨头 QC 小组
133	中铝西南铝冷连轧板带有限公司	QC 优化小组
134	西南铝业（集团）有限责任公司	熔铸厂理化检验 QC 小组
135	西南铝业（集团）有限责任公司	涡探 QC 小组
136	山西华兴铝业有限公司	煤制气 QC 小组
137	山西华兴铝业有限公司	化验质量 QC 小组
138	山西中铝华润有限公司	中润化验 QC 小组
139	山西中铝华润有限公司	设备先锋号 QC 小组
140	广西南南铝加工有限公司	名震一方 QC 小组
141	青铜峡铝业股份有限公司铝合金材料分公司	生产技术（研发）部 QC 小组
142	江西铜业股份有限公司贵溪冶炼厂	电解车间 QC 小组
143	江西铜业股份有限公司贵溪冶炼厂	安全环保 QC 小组
144	江西铜业股份有限公司德兴铜矿	采矿场铲装工段 QC 小组
145	江西铜业股份有限公司德兴铜矿	精尾综合厂生产运营室 QC 小组
146	江西铜业股份有限公司加工事业部	漆包线分厂 QC 小组
147	江铜耶兹铜箔有限公司	铜箔一厂 B 区生产工段 QC 小组
148	四川江铜稀土有限责任公司	漫水湾稀土冶炼分离厂 QC 小组
149	四川江铜稀土有限责任公司	高新车间电解 QC 小组
150	厦门金鹭特种合金有限公司	完美无缺 QC 小组
151	厦门金鹭特种合金有限公司	心灵手巧 QC 小组

序号	企业名称	小组名称
152	厦门金鹭特种合金有限公司	治强不息 QC 小组
153	青铜峡铝业股份有限公司青铜峡铝业分公司	青铜峡焙烧一车间 QC 小组
154	青铜峡铝业股份有限公司青铜峡铝业分公司	青铜峡成型二车间 QC 小组
155	金堆城钼业股份有限公司	采矿人质量改进 QC 小组
156	金堆城钼业股份有限公司	钼精矿质量优化 QC 小组
157	白银有色集团股份有限公司	铜业公司烈焰 QC 小组

附表2 2019~2020年度有色金属行业质量信得过班组名单

序号	企业名称	班组名称
1	青海中铝铝板带有限公司	铸轧工区生产二班
2	中国铝业股份有限公司广西分公司	分解车间生产乙班
3	广西中铝工业服务有限公司	炉修车间3班
4	云南铜业股份有限公司西南铜业分公司	硫酸分厂制酸横一班
5	中国铝业股份有限公司青海分公司	阴极事业部焙烧工序生产运行班
6	铜陵有色金属集团铜冠建筑安装股份有限公司	新型环保建材公司砌块二班
7	宁夏东方钽业股份有限公司	分析检测中心电性组
8	中铝山东有限公司	功能材料厂化验室班组
9	中铝山东有限公司	第二氧化铝厂南线沉降车间乙班
10	中铝中州铝业有限公司	分析一室燃料班组
11	河南豫光金铅股份有限公司	再生铅厂塑料研发班组
12	河南豫光金铅股份有限公司	直炼厂硫酸班组
13	河南豫光金铅股份有限公司	玉川厂铜电解班组
14	广西华锡集团股份有限公司车河选矿厂	研究所取样班组
15	来宾华锡冶炼有限公司	质量技术监督站中心化验室班组
16	云南驰宏资源综合利用有限公司	技术部分析一组
17	云南驰宏锌锗股份有限公司	熔铸生产线班组
18	云南驰宏资源综合利用有限公司	熔炼厂烟化炉硫铵生产班组
19	云南云铜锌业股份有限公司	电解分厂熔铸工区班组
20	云南云铜锌业股份有限公司	质检中心化验二室班组
21	云南驰宏锌锗股份有限公司会泽冶炼分公司	技术监督部分析二班组
22	云南永昌铅锌股份有限公司	质检一班组
23	中铝山西新材料有限公司	计控信息中心自控二班
24	云南锡业股份有限公司铜业分公司	电解出装组
25	株洲冶炼集团股份有限公司	株冶有色氧化锌厂挥发窑一班
26	西部新锆核材料科技有限公司	管棒厂精整组
27	金隆铜业有限公司	精炼车间阳极炉班
28	矿冶科技集团有限公司	北矿化学科技（沧州）有限公司生产部
29	矿冶科技集团有限公司	北京安期生-制造部-生产科-总装四班
30	中国长城铝业有限公司	水泥厂分析班组

续附表 2

序号	企业名称	班组名称
31	中国长城铝业有限公司	长兴实业塑编园织班组
32	中国长城铝业有限公司	后勤中心幼儿园保教一组
33	中国长城铝业有限公司	保卫消防中心民警队办公楼岗班组
34	赤峰金剑铜业有限责任公司	硫酸车间制酸班组
35	中铝西南铝冷连轧板带有限公司	冷轧制造中心双机架乙班
36	山西华兴铝业有限公司	质量计量部取制样车间制样班组
37	广西南南铝加工有限公司	熔铸质检班
38	安徽港口物流有限公司	金铁物流分公司机务段 1028 机车包乘组
39	青铜峡铝业股份有限公司青铜峡铝业分公司	电解一车间生产二班
40	北方铜业股份有限公司	磨浮二段生产三班

附表3　2019~2020年度有色金属行业质量管理小组活动优秀推进者名单

序号	企业名称	优秀推进者名单
1	青海中铝铝板带有限公司	熊增彩
2	中国铝业股份有限公司广西分公司	李友元
3	广西中铝工业服务有限公司	雷智
4	中国铝业股份有限公司贵州分公司	王顺红
5	中国铝业股份有限公司青海分公司	王振丰
6	大冶有色金属集团控股有限公司	方庆
7	大冶有色金属集团控股有限公司	邓宁
8	大冶有色金属集团控股有限公司	成立勋
9	西北稀有金属材料研究院宁夏有限公司	李雪峰
10	宁夏东方钽业股份有限公司	吴瑞
11	中铝山东新材料有限公司	陈长昊
12	河南豫光金铅集团有限责任公司	杨海波
13	河南豫光锌业有限公司	常改竹
14	中铝山西新材料有限公司	马飞鸿
15	云南锡业股份有限公司老厂分公司	王明波
16	云南华联锌铟股份有限公司	白家源
17	株洲冶炼集团股份有限公司	冯平
18	兰州铝业有限公司	屈毅
19	中国长城铝业有限公司	段岩
20	广西南国铜业有限责任公司	吴小柏
21	西安欧中材料科技有限公司	李鑫
22	青铜峡铝业股份有限公司青铜峡分公司	保胜德
23	白银有色集团股份有限公司铜业公司	薛峰
24	北方铜业股份有限公司铜矿峪矿	孟飞
25	北方铜业股份有限公司铜矿峪矿	黄志友
26	北方铜业股份有限公司垣曲冶炼厂	柴胜利

附表4　2019~2020年度有色金属行业质量信得过班组建设先进个人名单

序号	企业名称	先进个人名单
1	中国铝业股份有限公司广西分公司	廖春霞
2	中国铝业股份有限公司青海分公司	刘文辉
3	中铝山东有限公司	刘潮滢
4	河南豫光金铅股份有限公司	高冬生
5	中铝山西新材料有限公司	毋宏波
6	中铝山西新材料有限公司	耿春革
7	株洲冶炼集团股份有限公司	陈勇军
8	中条山有色金属集团有限公司	李国琴
9	株洲硬质合金集团有限公司	范作辉

附表5　2020年有色金属国家标准、行业标准发布情况

序号	标准编号	标准名称
		有色金属国家标准
1	GB/T 728—2020	锡锭
2	GB/T 1531—2020	铜及铜合金毛细管
3	GB/T 2072—2020	镍及镍合金带、箔材
4	GB/T 3131—2020	锡铅钎料
5	GB/T 3137—2020	钽粉电性能试验方法
6	GB/T 3190—2020	变形铝及铝合金化学成分
7	GB/T 3198—2020	铝及铝合金箔
8	GB/T 4423—2020	铜及铜合金拉制棒
9	GB/T 4698.10—2020	海绵钛、钛及钛合金化学分析方法　第10部分：铬量的测定　硫酸亚铁铵滴定法和电感耦合等离子体原子发射光谱法（含钒）
10	GB/T 5168—2020	钛及钛合金高低倍组织检验方法
11	GB/T 5193—2020	钛及钛合金加工产品超声检验方法
12	GB/T 5230—2020	印制板用电解铜箔
13	GB/T 5243—2020	硬质合金制品的标志、包装、运输和贮存
14	GB/T 6885—2020	硬质合金　混合粉取样和试验方法
15	GB/T 7964—2020	烧结金属材料（不包括硬质合金）室温拉伸试验
16	GB/T 8151.22—2020	锌精矿化学分析方法　第22部分：锌、铜、铅、铁、铝、钙和镁含量的测定　波长色散X射线荧光光谱法
17	GB/T 8151.23—2020	锌精矿化学分析方法　第23部分：汞含量的测定　固体进样直接法
18	GB/T 8184—2020	硫酸铑
19	GB/T 8185—2020	二氯化钯
20	GB/T 8763—2020	非蒸散型吸气材料及制品吸气性能测试方法
21	GB/T 10573—2020	有色金属细丝拉伸试验方法
22	GB/T 11101—2020	硬质合金圆棒毛坯
23	GB/T 12967.1—2020	铝及铝合金阳极氧化膜及有机聚合物膜检测方法　第1部分：耐磨性的测定
24	GB/T 13587—2020	铜及铜合金废料
25	GB/T 13747.27—2020	锆及锆合金化学分析方法　第27部分：痕量杂质元素的测定　电感耦合等离子体质谱法
26	GB/T 13747.3—2020	锆及锆合金化学分析方法　第3部分：镍量的测定　丁二酮肟分光光度法和电感耦合等离子体原子发射光谱法

序号	标准编号	标准名称
27	GB/T 13747.4—2020	锆及锆合金化学分析方法　第 4 部分：铬量的测定　二苯卡巴肼分光光度法和电感耦合等离子体原子发射光谱法
28	GB/T 14849.1—2020	工业硅化学分析方法　第 1 部分：铁含量的测定
29	GB/T 14849.3—2020	工业硅化学分析方法　第 3 部分：钙含量的测定
30	GB/T 15076.11—2020	钽铌化学分析方法　第 11 部分：铌中砷、锑、铅、锡和铋量的测定　直流电弧原子发射光谱法
31	GB/T 15076.4—2020	钽铌化学分析方法　第 4 部分：铁量的测定　1，10-二氮杂菲分光光度法
32	GB/T 15076.6—2020	钽铌化学分析方法　第 6 部分：硅量的测定　电感耦合等离子体原子发射光谱法
33	GB/T 15076.7—2020	钽铌化学分析方法　第 7 部分：铌中磷量的测定　4-甲基-戊酮-[2] 萃取分离磷钼蓝分光光度法和电感耦合等离子体原子发射光谱法
34	GB/T 15159—2020	贵金属及其合金复合带材
35	GB/T 20928—2020	无缝内螺纹铜管
36	GB/T 20975.3—2020	铝及铝合金化学分析方法　第 3 部分：铜含量的测定
37	GB/T 20975.4—2020	铝及铝合金化学分析方法　第 4 部分：铁含量的测定
38	GB/T 20975.5—2020	铝及铝合金化学分析方法　第 5 部分：硅含量的测定
39	GB/T 20975.6—2020	铝及铝合金化学分析方法　第 6 部分：镉含量的测定
40	GB/T 20975.7—2020	铝及铝合金化学分析方法　第 7 部分：锰含量的测定
41	GB/T 20975.8—2020	铝及铝合金化学分析方法　第 8 部分：锌含量的测定
42	GB/T 20975.9—2020	铝及铝合金化学分析方法　第 9 部分：锂含量的测定　火焰原子吸收光谱法
43	GB/T 20975.10—2020	铝及铝合金化学分析方法　第 10 部分：锡含量的测定
44	GB/T 20975.12—2020	铝及铝合金化学分析方法　第 12 部分：钛含量的测定
45	GB/T 20975.13—2020	铝及铝合金化学分析方法　第 13 部分：钒含量的测定
46	GB/T 20975.14—2020	铝及铝合金化学分析方法　第 14 部分：镍含量的测定
47	GB/T 20975.15—2020	铝及铝合金化学分析方法　第 15 部分：硼含量的测定
48	GB/T 20975.16—2020	铝及铝合金化学分析方法　第 16 部分：镁含量的测定
49	GB/T 20975.17—2020	铝及铝合金化学分析方法　第 17 部分：锶含量的测定
50	GB/T 20975.18—2020	铝及铝合金化学分析方法　第 18 部分：铬含量的测定
51	GB/T 20975.19—2020	铝及铝合金化学分析方法　第 19 部分：锆含量的测定

序号	标准编号	标准名称
52	GB/T 20975.20—2020	铝及铝合金化学分析方法　第20部分：镓含量的测定　丁基罗丹明B分光光度法
53	GB/T 20975.21—2020	铝及铝合金化学分析方法　第21部分：钙含量的测定
54	GB/T 20975.22—2020	铝及铝合金化学分析方法　第22部分：铍含量的测定
55	GB/T 20975.23—2020	铝及铝合金化学分析方法　第23部分：锑含量的测定
56	GB/T 20975.24—2020	铝及铝合金化学分析方法　第24部分：稀土总含量的测定
57	GB/T 20975.25—2020	铝及铝合金化学分析方法　第25部分：元素含量的测定　电感耦合等离子体原子发射光谱法
58	GB/T 20975.32—2020	铝及铝合金化学分析方法　第32部分：铋含量的测定
59	GB/T 20975.33—2020	铝及铝合金化学分析方法　第33部分：钾含量的测定　火焰原子吸收光谱法
60	GB/T 20975.34—2020	铝及铝合金化学分析方法　第34部分：钠含量的测定　火焰原子吸收光谱法
61	GB/T 20975.35—2020	铝及铝合金化学分析方法　第35部分：钨含量的测定　硫氰酸盐分光光度法
62	GB/T 20975.36—2020	铝及铝合金化学分析方法　第36部分：银含量的测定　火焰原子吸收光谱法
63	GB/T 20975.37—2020	铝及铝合金化学分析方法　第37部分：铌含量的测定
64	GB/T 22641—2020	船用铝合金板材
65	GB/T 23514—2020	核级银-铟-镉合金化学分析方法
66	GB/T 23518—2020	钯炭
67	GB/T 23605—2020	钛合金β转变温度测定方法
68	GB/T 26008—2020	电池级单水氢氧化锂
69	GB/T 26017—2020	高纯铜
70	GB/T 26036—2020	汽车轮毂用铝合金模锻件
71	GB/T 26291—2020	舰船用铜镍合金无缝管
72	GB/T 26300—2020	镍钴锰三元素复合氢氧化物
73	GB/T 26302—2020	热管用铜及铜合金无缝管
74	GB/T 29503—2020	铝合金预拉伸板
75	GB/T 34609.2—2020	铑化合物化学分析方法　第2部分：银、金、铂、钯、铱、钌、铅、镍、铜、铁、锡、锌、镁、锰、铝、钙、钠、钾、铬、硅含量的测定　电感耦合等离子体原子发射光谱法

续附表5

序号	标准编号	标准名称
76	GB/T 38512—2020	压力容器用铝及铝合金管材
77	GB/T 38513—2020	铌铪合金化学分析方法 铪、钛、锆、钨、钽等元素的测定 电感耦合等离子体原子发射光谱法
78	GB/T 38516—2020	可渗透性烧结金属材料中流量平均孔径的测定
79	GB/T 38524—2020	铪棒和铪丝
80	GB/T 38526—2020	航天推进系统钛管材
81	GB/T 38714—2020	高导热镁合金型材
82	GB/T 38715—2020	高强度镁合金棒材
83	GB/T 38744—2020	机动车尾气净化器中助剂元素化学分析方法 铈、镧、镨、钕、钡、锆含量的测定 电感耦合等离子体原子发射光谱法
84	GB/T 38783—2020	贵金属复合材料覆层厚度的扫描电镜测定方法
85	GB/T 38786—2020	镁及镁合金铸锭纯净度检验方法
86	GB/T 38912—2020	锆管室温闭端爆破试验方法
87	GB/T 38913—2020	核级锆及锆合金管材氢化物取向因子检测方法
88	GB/T 38915—2020	航空航天用高温钛合金锻件
89	GB/T 38916—2020	航空航天用高温钛合金板材
90	GB/T 38917—2020	航空航天用高温钛合金棒材
91	GB/T 38970—2020	增材制造用钼及钼合金粉
92	GB/T 38971—2020	增材制造用球形钴铬合金粉
93	GB/T 38972—2020	增材制造用硼化钛颗粒增强铝合金粉
94	GB/T 38973—2020	增材制造制粉用钛及钛合金棒材
95	GB/T 38974—2020	增材制造用铌及铌合金粉
96	GB/T 38975—2020	增材制造用钽及钽合金粉
97	GB/T 38977—2020	纳米晶硬质合金棒材
98	GB/T 38980—2020	锆管探伤对比试样人工缺陷尺寸测量方法
99	GB/T 38981—2020	烧结金属注射成形材料 规范
100	GB/T 38982—2020	钛及钛合金加工产品外形尺寸检测方法
101	GB/T 38986—2020	锆及锆合金表面除鳞和清洁方法
102	GB/T 38987—2020	硬质合金螺旋孔棒材
103	GB/T 38988—2020	损伤容限型钛合金板材
104	GB/Z 39124—2020	铅精矿化学分析方法 锑含量的测定 硫酸铈滴定法

续附表5

序号	标准编号	标准名称
105	GB/T 39137—2020	难熔金属单晶晶向测定方法
106	GB/T 39138.1—2020	金镍铬铁硅硼合金化学分析方法　第1部分：金含量的测定　硫酸亚铁电位滴定法
107	GB/T 39138.2—2020	金镍铬铁硅硼合金化学分析方法　第2部分：镍含量的测定　丁二酮肟重量法
108	GB/T 39138.3—2020	金镍铬铁硅硼合金化学分析方法　第3部分：铬、铁、硅、硼含量的测定　电感耦合等离子体原子发射光谱法
109	GB/T 39143—2020	金砷合金化学分析方法　砷含量的测定　电感耦合等离子体原子发射光谱法
110	GB/T 39148—2020	回收铋原料
111	GB/T 39149—2020	回收碲原料
112	GB/T 39150—2020	回收硒原料
113	GB/T 39151—2020	高温弹性元件用镍铍钛合金带材
114	GB/T 39152—2020	铜及铜合金弯曲应力松弛试验方法
115	GB/T 39153—2020	亚稳分解强化铜-镍-锡合金棒材
116	GB/T 39158—2020	平面显示用高纯铜旋转管靶
117	GB/T 39159—2020	集成电路用高纯铜合金靶材
118	GB/T 39160—2020	薄膜太阳能电池用碲锌镉靶材
119	GB/T 39163—2020	靶材与背板结合强度测试方法
120	GB/T 39285—2020	钯化合物分析方法　氯含量的测定　离子色谱法
121	GB/T 39292—2020	废钯炭分析用取样和制样方法
有色金属行业标准		
1	YS/T 7—2020	铝电解多功能机组
2	YS/T 39—2020	氙灯钨阳极
3	YS/T 61—2020	高速线材轧制用硬质合金辊环
4	YS/T 81—2020	高纯海绵铂
5	YS/T 82—2020	光谱分析用铂基体
6	YS/T 83—2020	光谱分析用钯基体
7	YS/T 84—2020	光谱分析用铱基体
8	YS/T 85—2020	光谱分析用铑基体
9	YS/T 91—2020	瓶盖用铝及铝合金板、带、箔材

序号	标准编号	标准名称
10	YS/T 252.6—2020	高镍锍化学分析方法 第6部分：铅、锌和砷含量的测定 电感耦合等离子体原子发射光谱法
11	YS/T 252.7—2020	高镍锍化学分析方法 第7部分：银含量的测定 火焰原子吸收光谱法
12	YS/T 252.8—2020	高镍锍化学分析方法 第8部分：金、铂和钯含量的测定 火试金富集-电感耦合等离子体原子发射光谱法
13	YS/T 273.1—2020	冰晶石化学分析方法和物理性能测定方法 第1部分：湿存水含量的测定 重量法
14	YS/T 273.3—2020	冰晶石化学分析方法和物理性能测定方法 第3部分：氟含量的测定
15	YS/T 273.4—2020	冰晶石化学分析方法和物理性能测定方法 第4部分：铝含量的测定 EDTA滴定法
16	YS/T 273.8—2020	冰晶石化学分析方法和物理性能测定方法 第8部分：硫酸根含量的测定 硫酸钡重量法
17	YS/T 273.9—2020	冰晶石化学分析方法和物理性能测定方法 第9部分：五氧化二磷含量的测定 钼蓝分光光度法
18	YS/T 273.16—2020	冰晶石化学分析方法和物理性能测定方法 第16部分：锂含量的测定 火焰原子吸收光谱法
19	YS/T 273.17—2020	冰晶石化学分析方法和物理性能测定方法 第17部分：元素含量的测定 电感耦合等离子体原子发射光谱法
20	YS/T 341.5—2020	镍精矿化学分析方法 第5部分：铜、铅、锌、镁、镉和砷含量的测定 电感耦合等离子体原子发射光谱法
21	YS/T 347—2020	铜及铜合金平均晶粒度测定方法
22	YS/T 432—2020	铝塑复合板用铝及铝合金冷轧带、箔材
23	YS/T 445.16—2020	银精矿化学分析方法 第16部分：氟和氯含量的测定 离子色谱法
24	YS/T 491—2020	铝及铝合金用熔剂
25	YS/T 503—2020	硬质合金顶锤与压缸
26	YS/T 535.11—2020	氟化钠化学分析方法 第11部分：氟硅酸钠含量的测定 酸碱滴定法
27	YS/T 575.14—2020	铝土矿石化学分析方法 第14部分：稀土氧化物含量的测定
28	YS/T 575.21—2020	铝土矿石化学分析方法 第21部分：有机碳含量的测定
29	YS/T 575.26—2020	铝土矿石化学分析方法 第26部分：硫酸根含量的测定 硫酸钡重量法
30	YS/T 551—2020	数控车床用铜合金棒
31	YS/T 552—2020	硬质合金旋转锉毛坯
32	YS/T 614—2020	银钯厚膜导体浆料

序号	标准编号	标准名称
33	YS/T 632—2020	黑铜
34	YS/T 650—2020	医用气体和真空用无缝铜管
35	YS/T 658—2020	焊管用钛带
36	YS/T 668—2020	铜及铜合金理化检测取样方法
37	YS/T 708—2020	镍精矿单位产品能源消耗限额
38	YS/T 711—2020	手机及数码产品外壳用铝及铝合金板、带材
39	YS/T 714—2020	铝合金建筑型材有机聚合物喷涂工艺技术规范
40	YS/T 726—2020	易拉罐盖料及拉环料用铝合金板、带材
41	YS/T 738.5—2020	填料用氢氧化铝分析方法　第5部分：粒度的测定
42	YS/T 739.2—2020	铝电解质化学分析方法　第2部分：分子比的测定　三氯化铝滴定法
43	YS/T 739.3—2020	铝电解质化学分析方法　第3部分：钠、钙、镁、钾、锂元素含量的测定　电感耦合等离子体原子发射光谱法
44	YS/T 759—2020	铜及铜合金铸棒
45	YS/T 773—2020	太阳能电池框架用铝合金型材
46	YS/T 806—2020	铝及铝合金化学分析方法　元素含量的测定　X射线荧光光谱法
47	YS/T 832—2020	丁辛醇废催化剂化学分析方法　铑含量的测定　电感耦合等离子体原子发射光谱法
48	YS/T 833—2020	铼酸铵化学分析方法　铍、镁、铝、钾、钙、钛、铬、锰、铁、钴、铜、锌、钼、铅、钨、钠、锡、镍、硅量的测定　电感耦合等离子体原子发射光谱法
49	YS/T 870—2020	纯铝化学分析方法　痕量杂质元素含量的测定　电感耦合等离子体质谱法
50	YS/T 955.3—2020	粗银化学分析方法　第3部分：金含量的测定　火试金富集-电感耦合等离子体原子发射光谱法
51	YS/T 1047.12—2020	铜磁铁矿化学分析方法　第12部分：硫含量的测定　电感耦合等离子体原子发射光谱法
52	YS/T 1047.13—2020	铜磁铁矿化学分析方法　第13部分：汞含量的测定　固体进样直接测定法和冷原子吸收光谱法
53	YS/T 1057.2—2020	四氧化三钴化学分析方法　第2部分：氯离子含量的测定　离子选择性电极法
54	YS/T 1344.1—2020	掺锡氧化铟粉化学分析方法　第1部分：铁、铝、铅、镍、铜、镉、铬和铊含量的测定　电感耦合等离子体原子发射光谱法
55	YS/T 1344.2—2020	掺锡氧化铟粉化学分析方法　第2部分：硅含量的测定　钼蓝光度法

序号	标准编号	标准名称
56	YS/T 1344.3—2020	掺锡氧化铟粉化学分析方法　第3部分：物相分析　X射线衍射分析法
57	YS/T 1345.1—2020	高铋铅化学分析方法　第1部分：铅含量的测定　Na$_2$EDTA滴定法
58	YS/T 1345.2—2020	高铋铅化学分析方法　第2部分：铋含量的测定　Na$_2$EDTA滴定法
59	YS/T 1345.3—2020	高铋铅化学分析方法　第3部分：金和银含量的测定　火试金重量法
60	YS/T 1345.4—2020	高铋铅化学分析方法　第4部分：锑含量的测定　火焰原子吸收光谱法和硫酸铈滴定法
61	YS/T 1345.5—2020	高铋铅化学分析方法　第5部分：铜含量的测定　火焰原子吸收光谱法
62	YS/T 1345.6—2020	高铋铅化学分析方法　第6部分：锡含量的测定　碘酸钾滴定法
63	YS/T 1346—2020	铜砷滤饼化学分析方法　铼含量的测定　电感耦合等离子体原子发射光谱法
64	YS/T 1347—2020	高纯铪化学分析方法　痕量杂质元素含量的测定　辉光放电质谱法
65	YS/T 1348.1—2020	铅冶炼分银渣化学分析方法　第1部分：金和银含量的测定　火试金
66	YS/T 1348.2—2020	铅冶炼分银渣化学分析方法　第2部分：铅含量的测定　火焰原子吸收光谱法和Na$_2$EDTA滴定法
67	YS/T 1348.3—2020	铅冶炼分银渣化学分析方法　第3部分：铜含量的测定　火焰原子吸收光谱法和碘量法
68	YS/T 1348.4—2020	铅冶炼分银渣化学分析方法　第4部分：锑含量的测定　火焰原子吸收光谱法和硫酸铈滴定法
69	YS/T 1348.5—2020	铅冶炼分银渣化学分析方法　第5部分：铋含量的测定　火焰原子吸收光谱法和Na$_2$EDTA滴定法
70	YS/T 1348.6—2020	铅冶炼分银渣化学分析方法　第6部分：铅、铜、锑和铋含量的测定　电感耦合等离子体原子发射光谱法
71	YS/T 1349—2020	轴承用铜钢复合双金属板
72	YS/T 1350—2020	电机整流子用银无氧铜异型线坯
73	YS/T 1351—2020	锌及锌合金线材
74	YS/T 1352—2020	易切削铜合金异型材
75	YS/T 1353—2020	掺锡氧化铟粉
76	YS/T 1354—2020	硒粉
77	YS/T 1355—2020	雾化磷青铜粉末
78	YS/T 1356—2020	雾化铅青铜粉末
79	YS/T 1357—2020	磁记录用铬钽钛合金溅射靶材

序号	标准编号	标准名称
80	YS/T 1358—2020	磁记录用铁钴钽合金溅射靶材
81	YS/T 1359—2020	钽酸锂多晶粉
82	YS/T 1360—2020	铝锶合金线材
83	YS/T 1361—2020	原铝液用真空抬包
84	YS/T 1362—2020	平板式太阳能集热器板芯组件用铜管
85	YS/T 1363—2020	二氧化碲化学分析方法　铜、银、镁、镍、锌、钙、铁、铋、硒、铅、钠、锑和砷含量的测定　电感耦合等离子体原子发射光谱法
86	YS/T 1364—2020	冶炼用副产品硫酸铅
87	YS/T 1365—2020	海绵镉
88	YS/T 1366—2020	海绵铟
89	YS/T 1367—2020	航空用钛合金薄板拉伸蠕变试验方法
90	YS/T 1368—2020	钛-钢爆炸复合板界面硬度测试方法
91	YS/T 1369—2020	钛合金用镍钼中间合金
92	YS/T 1370—2020	钛合金用钛锡中间合金
93	YS/T 1371—2020	离子注入机用钨材
94	YS/T 1372—2020	钼钛锆（TZM）合金粉
95	YS/T 1373—2020	钼钛锆（TZM）合金坯
96	YS/T 1374—2020	超细钼粉
97	YS/T 1375—2020	粉末冶金铁基渗铜烧结件
98	YS/T 1376—2020	钴钼铬硅合金粉末
99	YS/T 1377—2020	镍钴铝三元素复合氧化物
100	YS/T 1378—2020	纯钯化学分析方法　铂、铑、铱、钌、金、银、铝、铋、铬、铜、铁、镍、铅、镁、锰、锡、锌、硅含量的测定　电感耦合等离子体原子发射光谱法
101	YS/T 1379—2020	纯铂化学分析方法　钯、铑、铱、钌、金、银、铝、铋、铬、铜、铁、镍、铅、镁、锰、锡、锌、硅含量的测定　电感耦合等离子体原子发射光谱法
102	YS/T 1380—2020	铑化合物化学分析方法　氯离子、硝酸根离子含量的测定　离子色谱法
103	YS/T 1381—2020	铑化合物化学分析方法　砷含量的测定　原子荧光光谱法
104	YS/T 1382—2020	银铜磷合金化学分析方法　磷含量的测定　磷钼黄分光光度法

续附表5

序号	标准编号	标准名称
105	YS/T 1383—2020	1，3-双（二苯基膦丙烷）二氯化钯
106	YS/T 1384—2020	［2，2'-双（二苯基膦)-1，1'-联萘］二氯化钌
107	YS/T 1385—2020	二碘（对伞花烃）钌（Ⅱ）
108	YS/T 1386—2020	二氯［1，1'-双（二叔丁基膦）二茂铁］钯
109	YS/T 1387—2020	二氯苯基钌
110	YS/T 1388—2020	二氯二叔丁基-(4-二甲基氨基苯基）膦钯
111	YS/T 1389—2020	双（1，5-环辛二烯）四氟硼酸铑
112	YS/T 1390—2020	双（二叔丁基苯基膦）二氯化钯
113	YS/T 1391—2020	新戊酸钯
114	YS/T 1392—2020	氯硅烷组分含量的测定　气相色谱法
115	YS/T 1393—2020	贵金属纪念章坯
116	YS/T 1394—2020	铅冶炼分银渣
117	YS/T 1395.1—2020	二氯二氨钯化学分析方法　第1部分：钯含量的测定　水合肼还原重量法
118	YS/T 1395.2—2020	二氯二氨钯化学分析方法　第2部分：银、金、铂、铑、铱、铅、镍、铜、铁、锡、铬含量的测定　电感耦合等离子体原子发射光谱法
119	YS/T 1396.1—2020	二氯四氨铂化学分析方法　第1部分：铂含量的测定　重量法
120	YS/T 1396.2—2020	二氯四氨铂化学分析方法　第2部分：镁、钙、铁、镍、铜、铑、钯、银、铱、金、铅含量的测定　电感耦合等离子体原子发射光谱法
121	YS/T 1397—2020	铜冶炼分银渣
122	YS/T 1398—2020	铝用炭素生产余热利用技术规范
123	YS/T 1399—2020	预焙阳极生产用石油焦煅烧烟气脱硫技术规范
124	YS/T 1400—2020	铝电解阳极炭渣资源化利用规范
125	YS/T 1401—2020	铜加工行业能源计量器具配备和管理要求
126	YS/T 1402—2020	铜及铜合金型材单位产品能源消耗限额
127	YS/T 1403—2020	有色金属冶炼业绿色工厂评价导则
128	YS/T 1404—2020	铅冶炼废水循环利用技术规范
129	YS/T 1405—2020	铅锌选矿废水处理与回用规范

附表6 中国有色金属工业协会、中国有色金属学会联合发布的团体标准汇总

序号	标准编号	标准名称	实施日期
1	T/CNIA 0001—2018	铝及铝合金热挤压模具	2018/7/1
2	T/CNIA 0002—2018	铝箔冲压容器	2018/7/1
3	T/CNIA 0003—2018	家用包装铝箔纸	2018/7/1
4	T/CNIA 0004—2018	绿色设计产品评价技术规范 锑锭	2018/7/1
5	T/CNIA 0005—2018	绿色设计产品评价技术规范 稀土湿法冶炼分离产品	2018/7/1
6	T/CNIA 0006—2019	冶炼副产品 硫酸镍	2019/6/1
7	T/CNIA 0007—2019	重金属精矿贸易仲裁处理规范	2019/6/1
8	T/CNIA 0008—2019	路面铣铇用硬质合金制品	2019/6/1
9	T/CNIA 0009—2019	银精矿冶炼成品率核算办法	2019/6/1
10	T/CNIA 0010—2019	贵金属精矿贸易仲裁处理规范	2019/6/1
11	T/CNIA 0011—2019	气相沉积法碳化硅涂层	2019/6/1
12	T/CNIA 0012—2019	硅粉中硼、磷、铁、铝、钙、钛含量的测定 电感耦合等离子体原子发射光谱法	2019/6/1
13	T/CNIA 0013—2019	多晶硅生产用石墨制品	2019/6/1
14	T/CNIA 0014—2019	多晶硅生产用瓷环	2019/6/1
15	T/CNIA 0015—2019	颗粒硅生产尾气中硅尘含量的测定	2019/6/1
16	T/CNIA 0016—2019	多晶硅用回收氢气中氯化氢、氮气、氧气、总碳含量的测定 气相色谱法	2019/6/1
17	T/CNIA 0017—2019	多晶硅用氯硅烷中杂质含量的测定 电感耦合等离子体质谱法	2019/6/1
18	T/CNIA 0018—2019	多晶硅厂动火受限安全检测作业规范	2019/6/1
19	T/CNIA 0019—2019	氯硅烷歧化反应用树脂催化剂	2019/6/1
20	T/CNIA 0020—2019	氯硅烷歧化反应用树脂催化剂中杂质含量的测定 电感耦合等离子体原子发射光谱法	2019/6/1
21	T/CNIA 0021—2019	绿色设计产品评价技术规范 多晶硅	2019/6/1
22	T/CNIA 0022—2019	绿色设计产品评价技术规范 气相二氧化硅	2019/6/1
23	T/CNIA 0023—2019	镁合金汽车座椅骨架坯料	2019/6/1
24	T/CNIA 0024—2019	铝表面喷涂用粉末选择指南	2019/6/1
25	T/CNIA 0025—2019	铝表面纹理转印用纸	2019/6/1
26	T/CNIA 0026—2019	铝电解槽燃气焙烧启动技术规范	2019/6/1
27	T/CNIA 0027—2019	炭素生产用除尘设备技术规范	2019/6/1
28	T/CNIA 0028—2019	炭素生产用电捕设备技术规范	2019/6/1

续附表6

序号	标准编号	标准名称	实施日期
29	T/CNIA 0029.1—2019	镁冶炼生产专用设备　第1部分：预热器	2019/6/1
30	T/CNIA 0029.2—2019	镁冶炼生产专用设备　第2部分：回转窑	2019/6/1
31	T/CNIA 0029.3—2019	镁冶炼生产专用设备　第3部分：冷却器	2019/6/1
32	T/CNIA 0030—2019	粗氢氧化镍钴	2020/1/1
33	T/CNIA 0031—2019	粗制碳酸锰	2020/1/1
34	T/CNIA 0032—2019	粗制碳酸镍	2020/1/1
35	T/CNIA 0033—2019	绿色设计产品评价技术规范　阴极铜	2020/1/1
36	T/CNIA 0034—2019	绿色设计产品评价技术规范　电工用铜线坯	2020/1/1
37	T/CNIA 0035—2019	绿色设计产品评价技术规范　铜精矿	2020/1/1
38	T/CNIA 0036—2020	便携式铝合金梯图样规格	2020/8/1
39	T/CNIA 0037—2020	铝表面纹理粉末涂料	2020/8/1
40	T/CNIA 0038—2020	铝及铝合金阳极氧化及有机聚合物涂装线废水、废气、废渣控制与利用规范	2020/8/1
41	T/CNIA 0039—2020	真空自耗电弧炉用铜坩埚	2020/8/1
42	T/CNIA 0040—2020	钛及钛合金精密铸造用氧化锆	2020/8/1
43	T/CNIA 0041—2020	真空凝壳炉用铜坩埚	2020/8/1
44	T/CNIA 0042—2020	小粒度钼铁压球	2020/8/1
45	T/CNIA 0043—2020	NCM 523型镍钴锰酸锂	2020/8/1
46	T/CNIA 0044—2020	NCM 622型镍钴锰酸锂	2020/8/1
47	T/CNIA 0045—2020	NCM 811型镍钴锰酸锂	2020/8/1
48	T/CNIA 0046—2020	绿色设计产品评价技术规范　镍钴锰氢氧化物	2020/8/1
49	T/CNIA 0047—2020	绿色设计产品评价技术规范　镍钴锰酸锂	2020/8/1
50	T/CNIA 0048—2020	绿色设计产品评价技术规范　铅锭	2020/8/1
51	T/CNIA 0049.1—2020	冶炼副产品硫酸镍化学分析方法　第1部分：镍含量的测定　丁二酮肟重量法和Na₂EDTA滴定法	2020/8/1
52	T/CNIA 0049.2—2020	冶炼副产品硫酸镍化学分析方法　第2部分：铜含量的测定 火焰原子吸收光谱法和碘量法	2020/8/1
53	T/CNIA 0049.3—2020	冶炼副产品硫酸镍化学分析方法　第3部分：砷、铅、锌和钴含量的测定　电感耦合等离子体原子发射光谱法	2020/8/1
54	T/CNIA 0050—2020	氧化铝负载钌催化剂	2020/8/1
55	T/CNIA 0051—2020	氧化铝负载钯催化剂	2020/8/1
56	T/CNIA 0052—2020	钌锌催化剂	2020/8/1

续附表6

序号	标准编号	标准名称	实施日期
57	T/CNIA 0053—2020	铂炭催化剂	2020/8/1
58	T/CNIA 0054—2020	铑炭催化剂	2020/8/1
59	T/CNIA 0055—2020	连续醋酐法生产高纯一氯乙酸用钯炭	2020/8/1
60	T/CNIA 0056—2020	硫酸钡负载钯催化剂	2020/8/1
61	T/CNIA 0057—2020	碳酸钙负载钯催化剂	2020/8/1
62	T/CNIA 0058—2020	炭负载氢氧化钯催化剂	2020/8/1
63	T/CNIA 0059—2020	有色金属行业金冶炼安全生产规范	2020/8/1
64	T/CNIA 0060—2020	多晶硅用氢气中磷化氢含量的测定　气相色谱法	2020/8/1
65	T/CNIA 0061—2020	硅外延用四氯化硅中杂质含量的测定　电感耦合等离子体质谱法	2020/8/1
66	T/CNIA 0062—2020	电子工业用高纯氢氟酸	2020/8/1
67	T/CNIA 0063—2020	电子工业用高纯硝酸	2020/8/1
68	T/CNIA 0064—2020	多晶硅行业用无尘擦拭布中杂质含量的测定　电感耦合等离子体原子发射光谱法	2020/8/1
69	T/CNIA 0065—2020	绿色设计产品评价技术规范　再生烧结钕铁硼永磁材料	2020/8/1
70	T/CNIA 0066—2020	绿色设计产品评价技术规范　各向同性钕铁硼快淬磁粉	2020/8/1
71	T/CNIA 0067—2020	再生铝厂工艺设计标准	2020/9/1
72	T/CNIA 0068—2020	拜耳法赤泥路基工程技术标准	2020/9/1
73	T/CNIA 0069—2020	镁冶炼用低阶煤高温热解煤气	2020/10/1
74	T/CNIA 0070—2020	镁冶炼用低阶煤高温热解煤气副产洁净炭	2020/10/1
75	T/CNIA 0071—2020	高铅渣	2021/5/1
76	T/CNIA 0072—2020	绿色设计产品评价技术规范　氧氯化锆	2021/5/1
77	T/CNIA 0073—2020	锗镓富集物	2021/5/1

附表7　2020年发布的有色金属工程建设标准

序号	标准编号	标准名称	主编单位
1	GB 51412—2020	锡冶炼厂工艺设计标准	中国有色工程有限公司、昆明有色冶金设计研究院股份公司
2	GB 50127—2020	架空索道工程技术标准	中国有色工程有限公司、昆明有色冶金设计研究院股份公司
3	GB 51415—2020	有色金属冶炼废气治理技术标准	中国有色工程有限公司、长沙有色冶金设计研究院有限公司
4	GB/T 51413—2020	有色金属工业余热利用设计标准	中国有色工程有限公司、长沙有色冶金设计研究院有限公司
5	GB 51414—2020	有色金属企业节水设计标准	中国有色工程有限公司、中国恩菲工程技术有限公司
6	GB 51388—2020	镍冶炼厂工艺设计标准	中国有色工程有限公司、中国恩菲工程技术有限公司
7	GB 51411—2020	金属矿山土地复垦工程设计标准	中国有色工程有限公司、昆明有色冶金设计研究院股份公司
8	YS/T 5206—2020	工程地质测绘规程	中国有色金属长沙勘察设计研究院有限公司
9	YS/T 5224—2020	旁压试验规程	中国有色金属长沙勘察设计研究院有限公司
10	YS/T 5216—2020	压水试验规程	中国有色金属长沙勘察设计研究院有限公司
11	YS/T 5435—2020	有色金属矿山井巷工程质量检验评定标准	有色金属工业建设工程质量监督总站
12	T/CNIA 0067—2020	再生铝厂工艺设计标准	中色科技股份有限公司
13	T/CNIA 0068—2020	拜耳法赤泥路基工程技术标准	中铝环保节能集团有限公司

附表 8 2020 年报批的有色金属工程建设标准

序号	标准名称	主编单位	标准层级
1	锑冶炼厂工艺设计标准	中国有色工程有限公司、长沙有色冶金设计研究院有限公司	国家标准
2	钼冶炼厂工艺设计标准	中国有色工程有限公司、中国恩菲工程技术有限公司	国家标准
3	铟冶炼回收工艺设计标准	中国有色工程有限公司、中国恩菲工程技术有限公司	国家标准
4	尾矿堆积坝岩土工程技术规范（局修）	中国有色金属工业西安勘察设计研究院有限公司	国家标准
5	尾矿设施设计规范（中译英）	中国恩菲工程技术有限公司	国家标准
6	抽水试验规程	中国有色金属长沙勘察设计研究院有限公司	行业标准
7	有色金属矿山井巷工程质量检验评定标准	有色金属工业建设工程质量监督总站	行业标准
8	注水试验规程	中国有色金属长沙勘察设计研究院有限公司	行业标准
9	自然崩落采矿法技术规程	中色科技股份有限公司	团体标准
10	再生铝厂工艺设计标准	中铝环保节能集团有限公司	团体标准

附表9 2020年在编的有色金属工程建设标准

序号	标准名称	主编单位	标准级别
1	有色金属企业总图规划及运输设计标准	中国有色工程有限公司、昆明有色冶金设计研究院股份公司	国家标准
2	氧化铝厂工艺设计规范（局修）	沈阳铝镁设计研究院有限公司	国家标准
3	有色金属工业工程术语标准	中国恩菲工程技术有限公司等	国家标准
4	有色金属冶炼厂电力设计规范（局修）	长沙有色冶金设计研究院有限公司	国家标准
5	有色金属冶炼厂自控设计规范（局修）	中国恩菲工程技术有限公司、昆明有色冶金设计研究院股份公司	国家标准
6	铅锌冶炼厂工艺设计规范（局修）	中国恩菲工程技术有限公司	国家标准
7	炭素厂工艺设计规范（局修）	贵阳铝镁设计研究院有限公司	国家标准
8	尾矿库安全监测技术规范（中译英）	中国有色金属长沙勘察设计研究院有限公司	国家标准
9	地面与楼面工程施工操作规程	甘肃土木工程科学研究院	行业标准
10	屋面工程施工操作规程	甘肃土木工程科学研究院	行业标准
11	门窗安装工程施工操作规程	甘肃土木工程科学研究院	行业标准
12	工程测量作业规程	中国有色金属工业西安勘察设计研究院	行业标准
13	有色金属工业建筑工程绿色施工评价标准	甘肃土木工程科学研究院	行业标准
14	有色金属矿山工程项目可行性研究报告编制标准	中国恩菲工程技术有限公司	行业标准
15	重有色金属冶炼工程防渗技术标准	中国恩菲工程技术有限公司	行业标准
16	有色金属冶炼污染场地稳定化后土壤再利用技术标准	中国瑞林工程技术股份有限公司	行业标准
17	有色冶炼厂绿色工厂评价标准	中国恩菲工程技术有限公司	团体标准
18	自然崩落采矿法技术规程	中国恩菲工程技术有限公司	团体标准
19	有色金属矿山渗漏尾矿库治理工程技术标准	华北有色工程勘察院有限公司	团体标准
20	金属非金属矿山地下水灾害危险性评估标准	华北有色工程勘察院有限公司	团体标准
21	搭配砷物料铜熔池熔炼及烟气收砷技术标准	中国恩菲工程技术有限公司	团体标准
22	废线路板低温热解技术标准	中国恩菲工程技术有限公司	团体标准
23	矿山有轨运输无人驾驶控制系统技术标准	中国恩菲工程技术有限公司	团体标准

附表10　2020年有色金属行业获中国专利奖名单

序号	专利号	专利名称	专利权人	获得奖项
1	ZL201110185383.0	一种多晶硅还原炉	中国恩菲工程技术有限公司	银奖
2	ZL20130018088.5	一种由废杂铝再生目标成分铝合金的方法	北京科技大学、肇庆市大正铝业有限公司	银奖
3	ZL200410021719.X	双阳极扭拔机构及打壳机构的连接方法及其装置	贵阳铝镁设计研究院有限公司	优秀奖
4	ZL200910110833.2	锂离子二次电池多元复合正极材料及其制备方法	厦门厦钨新能源材料有限公司	优秀奖
5	ZL201010604453.7	一种硅铝钾钼合金丝的制备方法	金堆城钼业有限公司	优秀奖
6	ZL201110024591.2	锂离子动力电池	银隆新能源股份有限公司、洛阳银隆新能源有限公司	优秀奖
7	ZL201110151016.9	一种铝箔预涂纳米导电碳底涂液的配置及其涂敷的方法	江苏乐能电池股份有限公司	优秀奖
8	ZL201110173880.9	钢索预应力玻璃幕墙	沈阳远大铝业工程有限公司	优秀奖
9	ZL201110221818.2	一种圆筒混料机现场制造安装一体化的方法	中国有色（沈阳）冶金机械有限公司	优秀奖
10	ZL201110262760.6	微晶挤压设备及其生产方法	佛山市承安铜业有限公司	优秀奖
11	ZL201210181922.8	一种收卷装置	金龙精密铜管集团股份有限公司	优秀奖
12	ZL201210189763.6	高强高导耐热铝合金导线及其制备方法	上海交通大学、上海中天铝线有限公司	优秀奖
13	ZL201210257890.5	压力烧结炉石墨内胆的修复方法	株洲硬质合金集团有限公司	优秀奖
14	ZL201210421198.1	一种由废旧动力电池定向循环制备镍钴锰酸锂的方法	广东邦普循环科技有限公司、湖南邦普循环科技有限公司	优秀奖
15	ZL201310077746.8	一种用再生铜生产无氧铜杆的方法	绵阳市铜鑫铜业有限公司	优秀奖
16	ZL201310699023.1	一种锂离子电池正极材料及其制备方法	惠州亿纬锂能股份有限公司	优秀奖
17	ZL201410065843.X	一种高导电率硬铝导线及其制备工艺	远东电缆有限公司、新远东电缆有限公司、远东复合技术有限公司	优秀奖
18	ZL201410118641.7	一种新能源汽车电机外壳模具	广东兴发铝业有限公司、兴发铝业（成都）有限公司	优秀奖

序号	专利号	专利名称	专利权人	获得奖项
19	ZL201410208636.5	一种航空用铝合金预拉伸板材的制造方法	东北轻合金有限责任公司	优秀奖
20	ZL201410377807.7	一种铝合金高筒薄壁环件的轧制成形方法	贵州航宇科技发展股份有限公司	优秀奖
21	ZL201410425999.4	氢氧化镍制品及其制备方法	中国恩菲工程技术有限公司	优秀奖
22	ZL201410441019.X	一种利用含铜污泥生产电解铜的方法	广东飞南资源利用股份有限公司	优秀奖
23	ZL201410796749.1	一种铅酸蓄电池中盖以及蓄电池的内化成工艺	天能电池集团股份有限公司	优秀奖
24	ZL201510021484.2	一种超粗硬质合金的制备方法和系统	江西江钨硬质合金有限公司	优秀奖
25	ZL201510034566.0	一种超大规格铝合金矩形环的锻造成型工艺	无锡派克新材料科技股份有限公司	优秀奖
26	ZL201510782019.0	一种蓄电池极板两天固化工艺	天能电池（芜湖）有限公司	优秀奖
27	ZL201611253791.4	一种细小晶粒中等强度铝合金及其制备方法与应用	广东和胜工业铝材股份有限公司	优秀奖

附表 11　新材料领域知识产权保护中心

序号	中心名称	领域	所在地（详细地址）	联系电话
1	中国（中关村）知识产权保护中心	新材料、生物医药	北京市海淀区成府路 45 号中关村智造大街 A 座	010-83454118
2	中国（天津）知识产权保护中心	新一代信息技术、新材料	天津市滨海新区高新区华苑产业区开华道 22 号普天创新园 2 号楼	022-23768809
3	中国（苏州）知识产权保护中心	新材料、生物制品制造	江苏省苏州市工业园区金鸡湖大道 1355 号国际科技园 3 期 8 楼	0512-88182714
4	中国（广州）知识产权保护中心	高端装备制造、新材料产业	广东省广州市天河区天河北路 892 号 12 楼	020-38217376
5	中国（克拉玛依）知识产权保护中心	石油开采加工、新材料产业	新疆维吾尔自治区克拉玛依市银河路 51 号	19909909119、0990-6260812

2020 年有色金属工业节能减排发展报告

党的十九大提出，建设生态文明是中华民族永续发展的千年大计，把坚持人与自然和谐共生作为新时代坚持和发展中国特色社会主义基本方略的重要内容，把建设美丽中国作为全面建设社会主义现代化强国的重大目标，把生态文明建设和生态环境保护提升到前所未有的战略高度。有色金属工业是重要的基础原材料工业，也是污染物排放重点行业之一，因此，有色金属工业是生态环境治理工作的重点领域之一，做好有色金属行业生态环境保护工作，意义重大。

一、有色金属工业节能取得了新进展

（一）主要产品能耗稳中有降

2020 年，中国十种有色金属产量首次突破 6000 万吨大关，达到 6168 万吨，同比增长 5.5%。2020 年，规模以上有色金属工业企业（包括独立黄金企业）实现营业收入 58268.2 亿元，同比增长 3.8%；实现利润总额 1833.2 亿元，同比增长 19.2%。有色金属行业主要产品能耗水平进一步提升，接近或达到了世界先进水平。2020 年，电解铝综合交流电耗为 13543 千瓦时/吨，同比增加 6.1 千瓦时/吨。铜冶炼综合能耗（以标煤计）为 213.6 千克/吨，同比减少 60.4 千克/吨；铅冶炼综合能耗（以标煤计）为 317.6 千克/吨，同比增加 4.47 千克/吨；电解锌冶炼综合能耗（以标煤计）为 811.5 千克/吨，同比减少 0.72 千克/吨，有色金属行业主要产品的技术经济指标接近或达到世界先进水平，2015~2020 年主要有色金属产品能耗指标见表 1。

表 1　2015~2020 年主要有色金属产品能耗指标

指　标	单位	2015 年	2016 年	2017 年	2018 年	2019 年	2020 年
铜冶炼综合能耗	千克/吨	297.6	269.4	299.1	285.8	286.4	213.6
氧化铝综合能耗	千克/吨	435.4	406.6	410	415.34	388.9	352.3

指　　标	单位	2015 年	2016 年	2017 年	2018 年	2019 年	2020 年
电解铝综合交流电耗	千瓦时/吨	13562	13600	13579	13532.7	13524.9	13543.3
铅冶炼综合能耗	千克/吨	400.07	386.4	367.2	335.9	331.75	317.63
电解锌综合能耗	千克/吨	882.3	839.7	875.98	872.4	804.4	811.5
锡冶炼综合能耗	千克/吨	1586.9	1531.7	1371.9	1324	1410	1285.6
铜加工材综合能耗	千克/吨	211.2	199.0	228.5	193.15	179.5	—
铝加工材综合能耗	千克/吨	297.5	307.3	298.61	268.41	246.8	—

数据来源：中国有色金属工业协会；2020 年能耗数据为初步统计数，同比数据为同期初步统计数相比。

（二）部分技术经济指标进一步提升

2020 年，有色金属工业主要技术经济指标进一步提升，部分关键指标再创最好水平，铜选矿回收率等技术经济指标已接近或达到世界先进水平，大大提高了有色金属工业的国际竞争力。2015~2020 年有色金属工业主要技术经济指标见表2。

表 2　2015~2020 年有色金属工业主要技术经济指标

技术经济指标		单位	2015 年	2016 年	2017 年	2018 年	2019 年	2020 年
1. 选矿回收率	铜选矿回收率	%	85.2	85.2	86.4	86.1	86.0	86.3
	铅选矿回收率	%	86.0	86.7	86.1	86.0	86.1	87.0
	锌选矿回收率	%	89.6	89.7	91.0	91.5	91.8	91.0
	镍选矿回收率	%	80.9	84.6	85.1	84.1	83.5	83.9
	锡选矿回收率	%	66.4	67.6	68.1	69.5	70.0	69.0
	锑选矿回收率	%	86.4	87.0	86.8	87.3	86.9	84.5
	钨选矿回收率	%	78.2	79.3	78.6	78.9	79.1	78.3
	钼选矿回收率	%	85.8	85.9	86.1	84.0	85.2	86.2
2. 铜冶炼回收率		%	98.3	98.2	98.4	98.5	98.9	98.7
3. 铝冶炼	氧化铝碱耗	千克/吨	145.6	137.7	162.9	172.3	158.9	142.0
	氧化铝总回收率	%	79.99	81.8	79.4	78.3	79.4	80.0
	原铝氧化铝单耗	千克/吨	1910.2	1912.8	1913.1	1911.8	1911.9	1913.0
	原铝消耗炭阳极（毛耗）	千克/吨	480.6	480.9	479.5	477.6	476.9	—
	原铝氟化盐单耗	千克/吨	18.2	17.7	18.0	18.4	18.4	—
4. 铅冶炼总回收率		%	96.7	96.7	97.2	97.0	97.1	97.2

技术经济指标	单位	2015 年	2016 年	2017 年	2018 年	2019 年	2020 年
5. 电锌冶炼总回收率	%	97.2	95.0	95.5	96.2	96.1	96.4
6. 镍冶炼总回收率	%	94.5	94.3	94.1	94.1	94.4	94.3
7. 锡冶炼总回收率	%	97.5	97.6	97.5	97.7	97.6	98.2
8. 铜材综合成品率	%	78.6	77.2	73.0	77.2	78.2	81.0
9. 铝材综合成品率	%	72.4	70.8	74.6	73.4	75.9	67.0

数据来源：中国有色金属工业协会；2020 年数据为初步统计数。

二、大气主要污染物控制水平显著提升

（一）主要金属品种工艺技术装备大幅提升

通过技术升级与改造，目前国内大型骨干冶炼企业均采用国际先进的冶炼技术，闪速熔炼技术、氧气底（侧）吹熔炼连续炼铜技术等先进工艺的铜冶炼产能已占全部产能的95%以上。铅冶炼技术改造步伐加快，铅冶炼企业均采用了液态高铅渣底吹炉直接还原工艺等，彻底淘汰了鼓风炉铅冶炼工艺。电解铝行业已经建立起拥有完整自主知识产权的技术装备体系，低温低电压铝电解技术、新型结构铝电解槽、新型阴极钢棒、电解槽大型化等一批节能降耗技术投入运行，能耗高的落后产能已全部退出市场。电解槽大型化的步伐越来越快，240 千安及以上占比达到 53.8%，500 千安及以上占比为 37.1%，600 千安及以上占比为 7%。

（二）大气常规污染物治理成效明显

自《打赢蓝天保卫战三年行动计划》实施后，大气污染防控重点区域的有色金属企业积极响应国家号召，对污染治理设施进行了更新换代。特别是2020 年，在《打赢蓝天保卫战三年行动计划》收官之年，有色金属企业大幅度提升了污染治理设施水平，削减了污染物的排放，成效显著。

1. 颗粒物排放情况

铜、铅、锌冶炼有组织废气主要污染物为冶炼炉窑产生的颗粒物（含重金属）、二氧化硫、氮氧化物、硫酸雾等。非重点区域，铜、铅、锌冶炼烟气经袋式或静电除尘，颗粒物浓度能够达到 20~50 毫克/米^3，能够稳定达到 50 毫克/米^3（铜冶炼）和 80 毫克/米^3 标准限值。重点区域城市，环境集烟将普通袋式除尘更换为脉冲覆膜袋式除尘，冶炼制酸尾气、环境集烟脱硫后增加烧结板、湿法电除尘等二次除尘，颗粒物浓度可控制在 10 毫克/米^3 的特别排放限

值。电解铝废气污染物主要是颗粒物、二氧化硫和氟化物。目前氧化铝干法吸附+布袋除尘工艺技术相对比较成熟，企业能达到标准排放限值要求。

2. 二氧化硫排放情况

在非重点区域，铜、铅、锌冶炼烟气制酸、环境集烟配备了脱硫设施。采用的脱硫技术主要包括石灰/石灰石-石膏法、钠碱法、有机溶剂循环吸收法、活性焦法、氧化锌法等，脱硫效率可达 90%~95%。在加强管理的前提下，二氧化硫基本可达标排放。重点区域铜、铅、锌冶炼烟气制酸尾气增设了脱硫设施，新增了湿式电除尘器除硫酸雾等，二氧化硫浓度可控制在 100 毫克/米³ 的特别排放限值。非重点区域的电解铝企业，二氧化硫的控制主要以控制阳极炭素的含硫量，在没有脱硫设施的情况下，二氧化硫浓度控制在 200 毫克/米³ 以下。重点区域企业采用干法、半干法、湿法等方法脱硫，实现了电解铝脱硫"从无到有"的重大转变，二氧化硫排放浓度稳定控制在 35 毫克/米³ 以下。

3. 氮氧化物和硫酸雾排放情况

非重点区域，氮氧化物执行工业炉窑 200 毫克/米³ 的排放标准，普遍不设置脱硝设施。重点区域，部分企业实施了 SNCR、臭氧脱硝等，氮氧化物浓度可达到 100 毫克/米³，但波动较大，不稳定。火法冶炼烟气制酸尾气硫酸雾，通常采用尾气脱硫协同处理，难以稳定达到 40 毫克/米³（铜冶炼）或 20 毫克/米³（铅、锌冶炼）的限值要求。湿法冶炼产生的硫酸雾、氯化氢、氯气等通常采用填料吸收塔、湍流洗涤塔等协同净化处理。重点区域，部分企业制酸尾气硫酸雾采用湿式静电脱除，基本可达到 20 毫克/米³ 的排放限值要求。

三、重金属冶炼工艺废水深度治理成效显著

2020 年，生态环境部等部门加大了对含重金属废水的管控力度，修订了《铅锌工业污染物排放标准》（GB 25466—2010）、《锡锑汞工业污染物排放标准》（GB 30770—2014），修改单增加了对废水中总铊的控制要求，全行业积极响应，增加了含铊废水治理设施，确保总铊排放稳定。含重金属废水深度处理后大部分回用，部分用于冲渣，难以消纳的废水间歇式排放，总体上含重金属废水排放趋于"零"，重金属排放量大幅度下降。

目前，常见的重金属废水处理技术，如化学沉淀、萃取、离子交换等技术已广泛应用于重金属废水的常规处理，但处理水质往往达不到重金属废水排放标准及发达地区的地方标准，且废水处理深度较低，回用率不高，一般在 50% 以下；膜分离、蒸发浓缩等深度处理技术虽然处理效果较为理想，但投资较大，操作成本偏高，推广应用存在较大难度。中南大学针对多金属复杂废水传

统中和沉淀法深度净化难、出水硬度高、水力停留时间较长等问题，研究了基于微生物特异性的重金属废水深度净化新工艺。深度净化重金属废水的多基团复合配位体生物制剂、含汞污酸生物制剂深度处理技术、高浓度重金属废水生物制剂"多基团配合—水解—脱钙—分离一体化"新工艺和装备已成功应用于株洲冶炼集团、河南豫光金铅股份有限公司等十多个企业的废水处理工程。矿冶科技集团有限公司等单位开发的"高浓度泥浆法处理重金属废水技术"，采用高浓度泥浆法（HDS），向重金属废水中加入石灰浆调整 pH 值，然后加入絮凝剂，在浓密池中进行固液分离，清水回用或排放，部分底浆返回反应池，污泥不需浓缩直接压滤。与常规石灰法（LDS）处理重金属污水相比，该技术处理能力提高 1~2 倍，排泥体积减小，运行费用减少 10% 以上，管道结垢现象明显改善。该技术有效解决了中国在酸性重金属废水处理过程中污泥处理难、易结垢、操作维护不便、运行费用高、水回用率低等一系列共性问题，实现有色金属废水中有价金属的回收，废水全部回用，并在部分铜矿山酸性废水以及锌厂冶炼废水处理中成功应用。

以纳米复合材料为核心的重金属废水深度处理与回用集成技术，解决了传统纳米复合材料扩散性能差、稳定性机制缺失等关键技术难题，为重金属废水的深度处理提供了基础。该材料对铅、铬、镉、铜、镍、砷、氟等重金属污染物具有吸附容量大、吸附选择性高、吸附速度快、再生性能优良等优点。高分子螯合剂处理重金属废水是一种新型的水处理技术。它既有化学配位反应，也有物理吸附过程，可以有效解决多种金属共存的废水处理过程中同一 pH 值点的重金属返溶问题。良好的高分子螯合剂不仅具有较宽的 pH 值应用范围，而且可以形成良好的絮凝，有利于污泥沉降分离。结合传统的碱中和沉淀法，采用二次沉淀的方式进行处理，不仅可以使出水重金属离子含量降低至很低的程度，使企业排污总量大幅削减，还可以利用第一段的碱沉淀环节，大幅提高系统抗冲击能力。而且，由于出水的重金属离子含量比传统方法低得多，同时为后续的膜处理回用系统减轻了压力，使得污堵频率有所降低，效果明显。

四、固废综合利用水平取得新进展

2020 年有色金属行业危险废物产生量为 612 万吨，约占工业危废产生总量的 10%。有色金属行业危险废物可分为两类：一是有利用价值危废，二是无利用价值危废。有利用价值危废一般转移到具备危废处理资质的企业或本厂内实现资源化利用，提取有价元素，环境风险相对可控，但产生的次生危废，环境风险大。无利用价值危废一般在企业内部堆存或填埋，部分危废转移至当地危废处理中心焚烧或填埋，或非法倾倒，环境风险比较大。有色金属行业危险废物主要有：电解铝大修渣，铜冶炼硫酸净化系统产生的砷滤饼、铅滤饼，铅、锌冶炼制酸系统烟气洗涤产生的酸泥，锌冶炼浸出渣等。

（一）铝冶炼危险固废利用情况

铝冶炼危险废物产生环节主要是电解槽失效后大修、冰晶石-氧化铝融盐电解、铝液熔融状态下除渣及铝渣回收金属铝等环节，主要有三类固废：大修渣、炭渣和铝灰。

1. 炭渣

铝电解槽所用电极都是由炭素材料制作的，由于炭素材料的不均质性，在电解生产金属铝过程中，炭渣的产生是不可避免的。炭渣产生的原因主要有：炭阳极的不均匀燃烧和选择性氧化导致炭粒脱落；炭阴极在铝液和电解质的侵蚀和冲刷下产生炭粒剥落；电解过程中的二次反应生成游离的固态炭。2020年，炭渣处置利用率约100%，主要采用火法或湿法工艺处理，其中湿法工艺是通过浮选，生产炭粉和氟化盐，氟化盐返回电解槽使用。

2. 大修渣

铝电解槽经过一段时间的运行后（一般为5~8年）由于电解质等杂质的侵蚀渗入，使得其必须停槽大修。大修渣即铝电解槽大修时产生的固体废弃物的俗称，是对电解槽大修时清除的废阴极以及其他废旧内衬材料的统称，主要包括炭素材料和耐火（保温）材料两大类。大修渣产生量与槽龄长短关系密切，通常吨铝产生量约为30千克。单个电解槽大修时大修渣的产生量与电流强度密切相关，电流强度越大，通常单槽大修渣量越多，反之则越少。目前，大修渣处置利用仍然是困扰行业的重大难题。中铝环保节能集团有限公司、山东魏桥铝电有限公司、信发集团有限公司、中南大学、杭州锦江集团有限公司、矿冶科技集团有限公司等企业、高校和科研院所研发了一批无害化、资源化技术，建设了若干条示范线。主要方向有两类，一是无害化处置工艺。铝电解大修渣中的可溶氟化物通过固化进行去除。除氟过程加入固化剂，固化剂将可溶氟化物固化为难溶无害的氟化钙沉淀，达到无害化的目的；铝电解大修渣中的可溶氰化物通过氧化去除。除氰过程加入氧化剂，氧化剂分两步对可溶氰化物进行氧化，第一步将氰化物氧化为氰酸盐，第二步继续将氰酸盐氧化为二氧化碳和氮气。大修渣经湿法除氰固氟实现无害化后，达到《危险废物填埋污染控制标准》（GB 18598—2019）要求，直接填埋。二是资源综合利用工艺。包括：（1）大修渣火法资源综合利用技术。大修渣配料后经工业锅炉或者水泥窑协同处置高温煅烧，充分利用大修渣中炭素部分热值及其他可利用成分，氰化物被氧化分解，尾气达标排放，焙烧后产品达到建材标准要求。（2）生产高值氟化盐技术。大修渣除去氰化物后，提取其中的氟生产氟化盐，并达到相应产品标准要求，尾渣按照《固体废物鉴别通则》和《危险废物鉴别标准通则》鉴别后，按相应的属性进行管理。（3）大修渣中耐火（保温）材料制备建材技术。耐火（保温）材料经除氰固（提）氟等无害化处理后，尾渣制备砖、瓦、水泥等建筑材料。（4）大修渣中炭素材料热值利用技术。炭素材料进入锅炉燃烧，利用其热值，尾气通过脱硫固氟后达标排放，脱硫石膏、粉煤灰及炉渣等按照《固体废物鉴别通则》和《危险废物鉴别标准通则》鉴别，按相应的属性进行管理。炭素材料进入氧化铝熟料窑燃烧，利用其热值，废气达标排放。（5）炭素材料生产炭制产品技术。炭素材料经高温煅烧，氰化物高温热解，氟化物等杂质成分挥发并回收，产出炭制产品，达到石墨质产品或增碳剂等相关标准，满足资源化利用要求。（6）大修渣中耐火（保温）材料制备高硅铝液或高硅铝锭技术。耐火（保温）材料经还原后制备高硅铝液或高硅铝锭，氰化物高温热解，氟化物资源化利用。

3. 铝灰

铝灰又称铝渣，是在原铝生产、铝制品铸造和再生铝生产中产生的一种浮渣。电解铝和再生铝行业的铝灰在产废强度和物质组分上有一定差异，且危害特性上也存在一定差异，电解铝铝灰表现在毒性和反应性，再生铝铝灰则仅表现在反应性。一般生产情况下，1 吨电解铝原铝铝锭要产生 10~15 千克铝灰；而对于再生铝行业来讲，根据生产合金品种不同所产生的铝灰量也不同，通常产生铝灰量为 50~100 千克。一次铝灰利用率达 100%，二次铝灰利用相对难度较大。云南铝业股份有限公司、中铝环保节能集团有限公司等一批公司在二次铝灰利用方向上积极探索，建设了一批铝灰资源化利用的生产线，效果显著。云南铝业股份有限公司将铝灰返回氧化铝生产流程利用。该技术依托氧化铝已有部分公辅设施，将二次铝灰加入铝酸钠溶液，生产砂状氧化铝。中铝环保节能集团有限公司将铝灰添加适量添加剂均化，在 1093~1193℃下高温焙烧脱氮脱盐后，得到炼钢用预熔型铝酸钙（俗称：炼钢精炼剂，符合 YB/T 4265—2011 标准），其可用于脱除高质量钢中的有害元素硫。

（二）铜、铅、锌冶炼固废利用情况

在铜冶炼火法冶炼过程中，危险废物主要在烟气制酸、熔炼炉和吹炼炉电除尘器收尘、电解液净化、废水处理等环节中产生，产生的危险废物包括砷滤饼、铅滤饼、白烟尘、黑铜粉、废触媒等。湿法冶炼过程中，危险废物主要为电积工序产生的铅泥。其中，产生量最大，利用处置困难且易发生非法转移、

倾倒、处置案件的重点危险废物为砷滤饼和白烟尘，均为高砷物料，其产生量占铜冶炼企业危险废物产生量的80%以上。锌冶炼生产过程中产生的废渣成分差异较大，物理、化学性质也不相同，合并处理困难；不同冶炼工艺过程不同阶段的冶炼废渣，处理工艺很相近，但由于厂别、地域分布等问题，不能实现合并处理；锌精矿中伴生的稀散、稀贵金属在冶炼过程得到不同程度的富集，需要采用不同的工艺技术实现有价金属的综合回收。锌冶炼产生的危险废物主要有铅银渣、铁矾渣、铜镉渣、酸泥等，铅冶炼产生的主要是砷渣和酸泥。

铜、铅、锌冶炼所产生的危险废物利用处置相对比较成熟。2020年，铜镉渣、酸泥、铅银渣等有利用价值的危废通过不同的形式基本全部得到利用；砷滤饼、白烟尘等含砷废物由于利用价值不大，因此主要是在企业暂存或填埋为主。未来发展方向主要是：一是含砷废物主要为固化稳定化后进行填埋，为以后开发砷的利用作储备资源，同时也减少了环境风险。二是含砷固废的资源化利用，少量的含砷固废措施分为火法和湿法，由于火法对环境污染严重，因此含砷废渣的资源化利用技术以湿法或半湿法为主，产生金属砷或三氧化二砷，满足光伏或半导体行业的需求。三是对于含汞酸泥，可通过火法或湿法工艺从铅滤饼中提取汞，生产粗汞或精汞。《水俣公约》要求15年后暂停原生汞矿开采，含汞酸泥通过资源化回收，减少原生汞矿的开采，满足化工行业需求，同时又减少了环境风险。四是危险废物管理思想核心是减量化，减量化是资源化和无害化的前提，它既能体现在环境保护中对危险废物的减量化要求，又能体现在企业运行控制中对无效物料的减量化要求，以减少危险废物产生量为出发点，推行企业清洁生产，通过适宜的手段从源头对危险废物产生量进行控制，从而减少危险废物可能产生的环境风险。

撰稿人：邵朱强、李　丹
审稿人：贾明星

2020 年再生有色金属工业发展报告

2020 年，全球突发新冠肺炎疫情和整体经济形势低迷给中国再生有色金属工业带来了较大影响，中国再生有色金属工业经历了严峻考验。修订后的《中华人民共和国固体废物污染环境防治法》、再生铜铝原料标准、《国家危废名录（2021 年版）》等一系列政策法规及标准发布实施，推动了再生有色金属工业向高质量发展，整体形势稳中向好，亮点突出。因此，2020 年是中国再生有色金属工业趁势而上、升级发展的一年。

一、2020 年中国再生有色金属工业运行情况

一是产量平稳增长。据初步估算，2020 年再生有色金属产量为 1450 万吨，同比增长 1%。其中再生铜 325 万吨，同比下降 1.5%；再生铝 740 万吨，同比增长 2.1%；再生铅 240 万吨，同比增长 1.3%；再生锌 145 万吨，同比持平。

二是项目投资快速增长。2020 年，环评公示及新建投产项目多达 60 项，覆盖区域广。据不完全统计，再生铜领域新增项目主要集中在江西地区；再生铝领域新增项目分布在河南、江西、广西、广东、江苏等多个地区；再生铅领域新增项目分布在安徽、湖北、内蒙古、江西、贵州等地；再生锌领域新增项目分布在广东和广西。

三是再生金属原料进口明显下降。据海关总署统计，中国进口铜废碎料、铝废碎料、锌废碎料实物量共计 198.65 万吨，同比下降 32.39%。尽管再生铜铝原料于 11 月 1 日开始进口，但由于时间较短，进口量有限。

其中，铜废碎料进口量为 94.38 万吨，同比下降 36.66%；铝废碎料进口量为 82.5 万吨，同比下降 40.65%；锌废碎料进口量为 21.77 万吨，是上年同期的 3.77 倍。各主要原料来源国相比上一年度变化不大，在铜废碎料进口方面，马来西亚仍为中国最大的铜废碎料来源国，其占比略有增长。在铝废碎料进口方面，最大来源国和地区仍为美国，其次为中国香港，马来西亚则成为第三大进口国家。

2020 年共发布十三批铜、铝废碎料进口批文，浙江、广东是主要进口省份，二者铜废碎料批文合计占到全国的 73.30%，铝废碎料批文合计占到全国的 92.31%。

四是国内回收量稳步增加。据初步估算，2020 年国内再生有色金属回收量同比增长，在原料结构中的比重持续提高。其中再生铜原料和再生铝原料回收量分别为 235 万吨（金属量）和 610 万吨（金属量），分别占再生铜和再生铝原料供应量的 72.3% 和 82.4%；废铅蓄电池的回收量达到 369 万吨。

二、2020 年中国再生有色金属工业经济运行状况

（一）经营形势分析

1. 市场与价格

2020 年，再生有色金属原料价格在年初下降明显，在二季度开始随着行业复苏，价格快速增长，全年整体呈现上涨态势。再生铜原料价格的变化，以江浙沪地区为例，光亮铜的 12 月均价为 52674 元/吨，同比增长 19.44%；1 号铜的 12 月均价为 52074 元/吨，同比增长 19.71%。再生铝原料价格的变化，以江苏地区为例，破碎熟铝（90%～92%）的 12 月均价为 12665 元/吨，同比增长 23.56%；破碎生铝（91%～93%）的 12 月均价为 13070 元/吨，同比上涨 18.28%。废铅蓄电池的价格变化，以安徽、浙江为例，废铅蓄电池 12 月均价分别为 7891 元/吨、7624 元/吨，整体持平。再生锌原料的价格变化，以浙江为例，5 号锌合金的年均价为 19457 元/吨，同比增长 15.23%；破碎锌（85%～86%）年均价为 15970 元/吨，同比增长 17.12%。具体价格变化如图 1 所示。

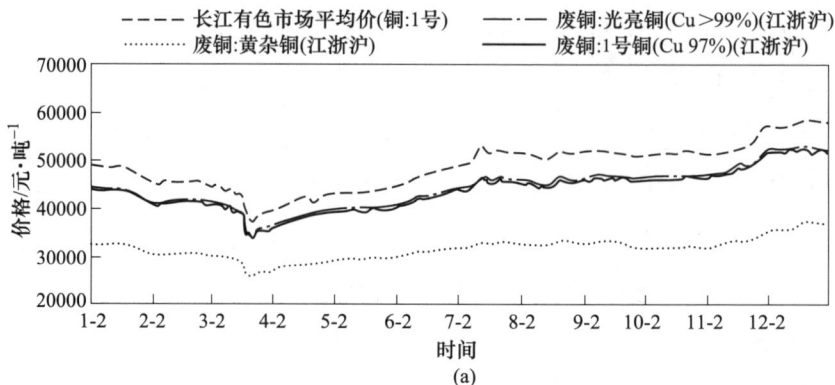

（a）

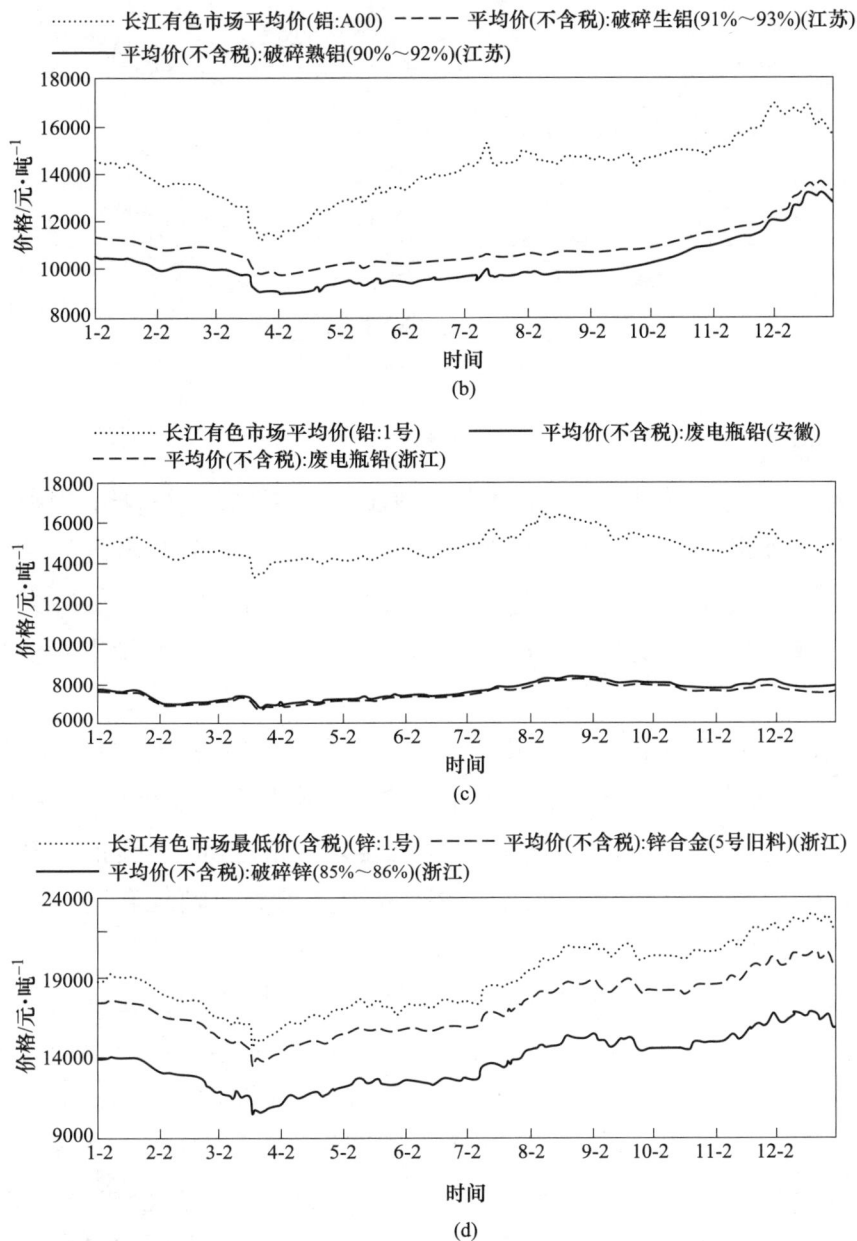

图 1　2020 年铜、铝、铅、锌及其再生原料价格走势

（a）铜及再生铜；（b）铝及再生铝；（c）铅及废铅蓄电池；（d）锌及再生锌

数据来源：Wind

对于废杂铜精废价差，2020 年整体呈现先抑后扬的趋势。第一季度整体趋势向下，在 4 月初逐步上升，至 7 月中旬达到高点，直至年末呈现整体震荡，具体如图 2 所示。

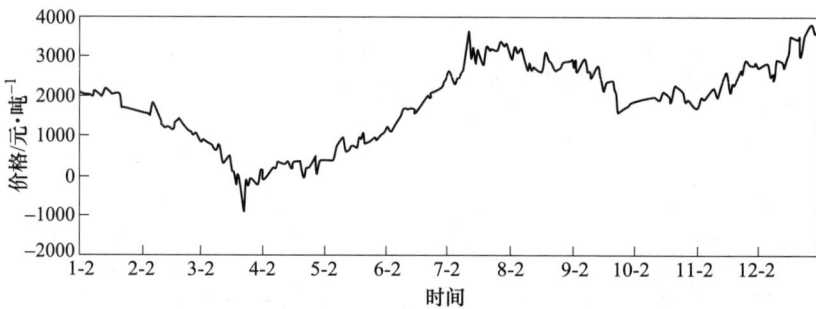

图 2   2020 年废杂铜精废价差变化

数据来源：Wind

2. 企业情况

2020 年一季度，再生有色金属工业受到疫情冲击，回收环节和流通环节停滞，分会持续跟进 74 家再生有色金属企业，大部分企业出现停工停产，仅有极个别企业保持正常生产，产量同比大幅下降。随着国内原料交易逐步恢复，企业普遍加快复工复产，二季度末基本恢复正常，大型骨干企业依然保持了较好的经营水平。

使用废杂铜为原料的宁波金田铜业（集团）股份有限公司（简称"金田铜业"），于 2020 年 4 月 22 日在上海证券交易所挂牌上市。据 3 月 20 日《人民日报》关于金田铜业"智能化助力复工复产"的报道，该企业充分利用智能化和自动化设备，使智慧车间以最少的人力实现满负荷运转，以最快速度实现了产能的全面恢复。

2020 年 8 月 28 日，以再生铝合金锭的生产和销售为主营业务的重庆顺博铝合金股份有限公司（简称"重庆顺博"）在深圳证券交易所上市。重庆顺博2020 年度业绩快报显示：报告期内，实现营业收入同比增长 10.09%，实现利润同比增长 20.10%，归属于上市公司股东的净利润同比增长 10.37%。

具备废旧铅蓄电池回收处理业务的骆驼集团股份有限公司的《2020 年年度业绩预增公告》显示，预计 2020 年度实现归属于上市公司股东的净利润，同比增加 18.11%到 28.19%。

云南文山铝业有限公司建成一条年产 3 万吨的铝灰资源化利用生产线，实现了铝灰的无害化处置和资源化利用。

（二）政策汇总

1. 宏观政策

宏观政策方面包括：

（1）《中华人民共和国固体废物污染环境防治法》（2020 年修订）。4 月
29 日，《中华人民共和国固体废物污染环境防治法》修订通过，自 2020 年 9
月 1 日起施行。其中：第二十四条规定，"国家逐步实现固体废物零进口，由
国务院生态环境主管部门会同国务院商务、发展改革、海关等主管部门组织实
施"。第七十六条规定，"省、自治区、直辖市人民政府应当……合理布局危
险废物集中处置设施、场所……相邻省、自治区、直辖市之间可以开展区域合
作，统筹建设区域性危险废物集中处置设施、场所"。第一百一十五条规定，
"违反本法规定，将境外固体废物输入境内的，由海关责令退运该固体废物，
处五十万元以上五百万元以下的罚款。承运人对前款规定的固体废物的退运、
处置，与进口者承担连带责任"。

（2）《关于构建现代环境治理体系的指导意见》。3 月 3 日，中共中央办公
厅、国务院办公厅印发了《关于构建现代环境治理体系的指导意见》，提出：
"……，落实生产者责任延伸制度，……推动环保首台（套）重大技术装备示
范应用，……制定出台有利于推进产业结构、能源结构、运输结构和用地结构
调整优化的相关政策……"。

（3）《关于加快建立绿色生产和消费法规政策体系的意见》。3 月 11 日，
国家发展改革委、司法部联合印发《关于加快建立绿色生产和消费法规政策体
系的意见》，提出："完善重点行业清洁生产评价指标体系，……加快落实生
产者责任延伸制度，……全面推行污染物排放许可制度，……落实好支持资源
综合利用产业的税收优惠政策"。

2. 环保政策

环保政策方面包括：

（1）《国家危险废物名录（2021 年版）》。11 月 5 日，生态环境部发布
《国家危险废物名录（2021 年版）》。废铅蓄电池的归属分类发生变化，从
2016 版的"HW49 其他废物"划分至 2021 版的"HW31 含铅废物"，废铅蓄
电池加入危险废物豁免管理清单，在特定条件下，废铅蓄电池的收集与运输可
不按危险废物管理。在"HW48 有色金属采选和冶炼废物"中加入了铝灰渣、
盐渣和二次铝灰。同时在危险废物豁免管理清单中列出，使用铝灰渣和二次铝
灰回收金属铝时，利用过程中不按危废管理。

（2）《关于推进危险废物环境管理信息化有关工作的通知（征求意见
稿）》。11 月 23 日，生态环境部办公厅发布关于征求《关于推进危险废物环境
管理信息化有关工作的通知（征求意见稿）》意见的通知，指出自 2021 年起，
上一年度实际产生 10 吨及以上危险废物的单位，应于每年 1 月 31 日前依法通

过国家信息系统申报。

（3）《危险废物转移环境管理办法（修订草案）》（征求意见稿）。10月23日，生态环境部办公厅发布关于征求《危险废物转移环境管理办法（修订草案）》（征求意见稿）意见的通知，鼓励危险废物移出地和相邻移入地开展危险废物利用处置区域合作。除针对全国统筹布局的特殊类别危险废物处置设施，省、自治区、直辖市之间开展区域合作的危险废物处置设施，以及企业集团内部共享的危险废物处置设施外，原则上不鼓励跨省转移处置危险废物。

3. 产业政策

产业政策方面包括：

（1）《铝行业规范条件》。2月28日，工业和信息化部发布《铝行业规范条件》，自3月30日起实施。该规范提出"再生铝企业应采用先进的熔炼炉型，并配套建设铝灰渣综合回收……设备设施。再生铝企业综合能耗应低于130千克标准煤/吨铝"。

（2）《铅锌行业规范条件》。2月28日，工业和信息化部发布《铅锌行业规范条件》，自2020年3月30日起施行。

该规范条件规定："铅冶炼企业，粗铅工艺综合能耗须低于250千克标准煤/吨""含锌二次资源企业，火法富集工序综合能耗须低于1200千克标准煤/吨金属锌，湿法锌冶炼工序电锌锌锭工艺综合能耗须低于900千克标准煤/吨。

（3）《重污染天气重点行业应急减排措施制定技术指南（2020年修订版）》。6月29日，生态环境部发布《重污染天气重点行业应急减排措施制定技术指南（2020年修订版）》，供北京、天津、河北、山西、上海、浙江、江苏、安徽、山东、河南、陕西等省（市）开展重点行业绩效分级、制定差异化重污染天气应急减排措施参考。其中包括再生铜、铝、铅、锌，并且根据品种分别提出适用范围、生产工艺、主要污染物产排环节、绩效分级指标、减排措施和核查方法。

（4）《铅蓄电池回收利用管理暂行办法（征求意见稿）》二次征求意见。6月2日，国家发展和改革委员会对《铅蓄电池回收利用管理暂行办法（征求意见稿）》进行第二次征求意见，其中指出国家实行铅蓄电池回收目标责任制，到2025年底，铅蓄电池回收率要达到70%以上。

（5）《关于继续开展铅蓄电池生产企业集中收集和跨区域转运制度试点工作的通知》。12月25日，生态环境部、交通运输部发布《关于继续开展铅蓄电池生产企业集中收集和跨区域转运制度试点工作的通知》。推进区域合作，探索以"白名单"方式对废铅蓄电池跨省转移审批实行简化许可。废铅蓄电池运输豁免管理按照《国家危险废物名录（2021年版）》有关规定执行。

（6）《工业和信息化部办公厅关于开展第五批绿色制造名单推荐及前两批名单复核工作的通知》。2月24日，工业和信息化部发布关于组织开展第五批绿色制造名单推荐及已发布名单复核工作的通知，第五批绿色制造名单于9月11日公示。

兰溪市博远金属有限公司、湖北新金洋资源股份公司、云南驰宏资源综合利用有限公司等企业被列入绿色工厂公示名单内。

（7）《新能源汽车动力蓄电池梯次利用管理办法（征求意见稿）》。10月10日，工业和信息化部节能与综合利用司发布本办法。内容包括对梯次利用企业要求、梯次产品要求、回收利用要求及监督管理。

（8）《京津冀及周边地区工业资源综合利用产业协同转型提升计划（2020—2022年）》。7月15日，工业和信息化部印发《京津冀及周边地区工业资源综合利用产业协同转型提升计划（2020—2022年）》通知，在重点任务中提出"以精细拆解、清洁提取、高效富集为导向，以智能化和数字化管理为手段，在区域内培育一批再生铜、再生铝高值化利用标杆企业""以现有产业园区和骨干企业为基础，在天津子牙、河北定州、山东临沂、河南许昌、内蒙古包头等地建设15个再生资源产业园区""支持动力电池资源化利用项目建设，全面提升区域退役动力电池回收处理能力"等，推进京津冀资源综合利用。

（9）《拟公告的废钢铁、废塑料、废旧轮胎、新能源汽车废旧动力蓄电池综合利用行业规范企业名单公示》。12月16日，工业和信息化部节能与综合利用司公示了新能源汽车废旧动力蓄电池综合利用行业规范企业名单（第二批），共有九家再生利用企业被列入名单中。

4. 进口政策

进口政策方面包括：

（1）《关于开展对美加征关税商品市场化采购排除工作的公告》。2月17日，国务院关税税则委员会发布《关于开展对美加征关税商品市场化采购排除工作的公告》。根据相关中国境内企业的申请，对符合条件、按市场化和商业化原则自美采购的进口商品，在一定期限内不再加征我对美301措施反制关税，其中包括铜废碎料。因此，2020年度中国自美国进口的铜废碎料量出现显著增长，其占比由6%提升至10.6%。但对于铝废碎料而言，2020年自美国进口的铝废碎料仍加征50%关税。

（2）《关于规范再生黄铜原料、再生铜原料和再生铸造铝合金原料进口管理有关事项的公告》。10月16日，生态环境部、海关总署、商务部和工信部联合发布公告，符合《再生黄铜原料》（GB/T 38470—2019）、《再生铜原料》（GB/T 38471—2019）、《再生铸造铝合金原料》（GB/T 38472—2019）标准的再生黄铜原料、再生铜原料和再生铸造铝合金原料，不属于固体废物，可自由进口。

（3）《关于全面禁止进口固体废物有关事项的公告》。11月25日，生态环境部、商务部、国家发展改革委、海关总署发布《关于全面禁止进口固体废物有关事项的公告》，禁止以任何方式进口固体废物。禁止中国境外的固体废物进境倾倒、堆放、处置。

（4）《国务院关税税则委员会关于2021年关税调整方案的通知》。12月21日，国务院关税税则委员会发布《国务院关税税则委员会关于2021年关税调整方案的通知》，对部分商品的进出口关税进行调整，2021年起，相应取消金属废料等固体废物进口暂定税率，恢复执行最惠国汇率。再生铜铝原料进口关税税率仍为0。

（三）发展趋势分析

根据《中国有色金属工业年鉴（2019年版）》，2016年全球再生铜、再生铝和再生精炼铅的总产量合计约2841.01万吨，2017年约3001.91万吨，2018年达到3052.89万吨，产量呈现逐年提高，预计全球再生有色金属产量仍将保持增长态势。中国自2003年以来一直是全球最大的有色金属消费国，自2013年累计消费量达1.3亿吨。目前已进入有色金属社会存量的快速积累期，近年来有色金属回收量也在稳定增长，对再生有色金属产量的进一步提升形成有力支撑。

在产量持续增长的同时，再生有色金属企业的设备自动化程度及生产车间智能化程度逐步提升，对智能化、信息化重视程度不断增长，产业向着高质量方向发展。

9月22日，国家主席习近平在第七十五届联合国大会一般性辩论上发表重要讲话，其中提出：中国将提高国家自主贡献力度，采取更加有力的政策和措施，二氧化碳排放力争于2030年前达到峰值，努力争取2060年前实现碳中和。

中国正在加速构建以国内大循环为主体、国内国际双循环相互促进的新发展格局，建立健全绿色低碳循环发展经济体系，持续深化一带一路国际合作。

《中共中央关于制定国民经济和社会发展第十四个五年规划和二〇三五年远景目标的建议》中提出："发展战略性新兴产业，加快壮大……绿色环保……等产业。加快推动绿色低碳发展，……推进清洁生产，发展环保产业……。全面提高资源利用效率，……加快构建废旧物资循环利用体系。"

基于对上述影响因素的判断，预计再生有色金属工业发展空间会进一步扩大。

三、中国再生有色金属工业面临的挑战

（一）回收体系薄弱

随着国内原料积蓄量增长及进口政策调整，国内原料比重逐年提升。2020年国内再生铜、铝原料在原料结构中已占据主导地位。但目前中国原料回收体系仍较为薄弱，缺乏规模性正规化回收企业，回收行业精细化分类缺乏，源头税票问题尚未解决，与规模化正规化的加工利用能力不匹配等问题，仍是制约中国再生有色金属工业的重要因素。

（二）工业体系不完整

随着中国有色金属工业供给侧结构性改革继续深化，以及全社会对再生金属利用重视程度的不断提升，电器电子、汽车等产品的消费更新和循环利用将导致上述产业中再生金属使用比例进一步提高，对产品质量也提出更高要求。但中国的再生金属工业，原料供应、产品开发、人员培训、科技研发、工程设计、装备制造、产业配套等各领域尚未形成体系，整体运行质量亟待提高。

在设备领域，技术装备的专业化程度偏低，也缺乏工业专用的污染物治理装备；在人才培养领域，缺乏专业培养再生金属工业人才的院校及培训课程，企业内的人才技能等级评价工作也需要提高重视。

（三）政策标准体系亟待完善

《中华人民共和国固体废物污染环境防治法》及《国家危险废物名录（2021年版）》的发布，使得铝灰渣和二次铝灰的利用受到行业内的广泛重视。但目前仍缺乏针对铝灰渣及铜灰渣的无害化、资源化处置的政策法规和技术体系支撑。

在污染物排放标准方面，原料的预处理仍未纳入标准管理体系，含铜污泥、含锌炼钢烟尘被纳入《排污许可证申请与核发技术规范 有色金属工业—再生金属》，却没有纳入《再生铜铝铅锌工业污染物排放标准》中；在污染防治技术政策方面，目前仅有《再生铅冶炼污染防治可行技术指南》正式发布，其他品种仍有待完善。

在税收政策方面，目前《资源综合利用产品和劳务增值税优惠目录》涵盖的再生有色金属原料品种较少，迫切需要进一步优化完善。

（四）研发能力有待提升

以再生铝为例，其原料种类繁多，合金牌号混杂，目前的预处理设备无法实现单一品类原料的富集，导致大量高档原料降级利用，保值利用率偏低，精细化分选能力有待提高。此外，再生铝产业整体研发能力偏低，产品多面向中端市场，高附加值产品占比偏低，无法完全满足汽车工业对高性能铝合金的需求，从而制约了再生铝产业的高质量发展。

撰稿人：王　欣、张　琳、李　波、
　　　　王念卫、张　华、刘　龙
审稿人：王吉位、张希忠

2020 年铜加工工业发展报告

一、2020 年中国铜加工发展现状

（一）经济运行情况概述

1. 铜加工材及各分品种产量增长情况

2020 年，我国全年实现铜加工材综合产量（包括铜排板、铜带、铜管、铜棒、铜箔、铜线、铸造铜合金、其他）1897 万吨，同比增长 4.46%。图 1 为 2006~2020 年中国铜加工材产量及增幅图，从图中可以看出，我国铜加工材产量每年稳步增长。2020 年改变过去三年低于 3% 的增长速度，达到 4.46% 的增长率。

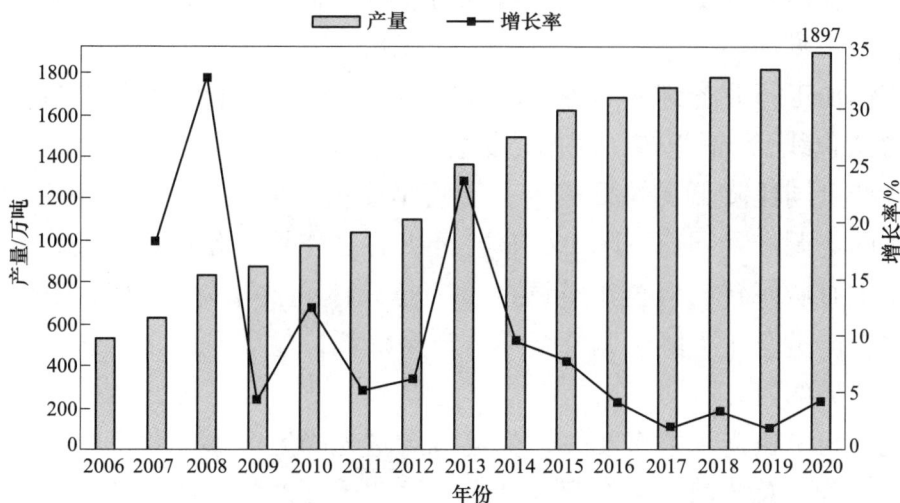

图 1 2006~2020 年中国铜加工材产量及增幅图

数据来源：中国有色金属工业协会、中国有色金属加工工业协会

表 1 为 2020 年中国铜加工材分品种产量。其中铜排板 120 万吨，同比增加 2%；铜带材 197 万吨，同比增加 5.3%；铜管材 205 万吨，同比减少 4.2%；铜棒材 200 万吨，同比增加 2%；铜箔材 47 万吨，同比增加 6.8%；铜线材 980 万吨，同比增加 7.1%；铸造铜合金 80 万吨，其他 68 万吨。各品种除了铜管

材产量下降，其余品种均保持增长。

表1　2020年中国铜加工材分品种产量

品种	铜排板	铜带材	铜管材	铜棒材	铜箔材	铜线材	其他	铸造铜合金	合计
产量/万吨	120	197	205	200	47	980	68	80	1897
增幅/%	2	5.3	−4.2	2	6.8	7.1			4.46

数据来源：中国有色金属加工工业协会。

2020年，中国铜加工材产量呈现前低后高走势。第一季度受疫情影响，几乎零增长，随着我国疫情的有效控制和国外疫情暴发，全球商品市场需求也随之迅速恢复和增加。从第二季度开始，我国铜加工材产量同比增加，许多企业生产情况达到历史最好水平。据中国有色金属加工工业协会了解，上半年铜加工行业产量增加、利润下降。主要原因为：2~3月受疫情影响，铜加工企业整体复工复产较晚，因担心下游市场需求不好，行业竞争又加剧，企业为抢夺订单保生产，主动降价，然而经济恢复很快，下游订单很饱满，加工费降低后难以恢复，利润下降，所以很多企业都是增量不增利。进入三、四季度，中国经济恢复到疫情前的水平，国外需求也回暖，下游需求开始增加，大型企业产量、利润进一步好转。

全年铜加工行业各细分品种运行情况为：铜管和铜合金线材产量微降，铜杆线（含漆包线）、铜板带、铜箔、铜棒、铜排等产量增加。

铜管产量同比降低，主要因为：受疫情影响，空调出口和国内需求减弱，上半年我国空调产量同比下降16.4%。6~8月，空调产量同比增长，铜管企业生产效益也有所好转。但全年空调产量还是总体同比下降8.3%，下游需求减弱导致铜管产量全年下降。铜合金线材产量降低，主要是受下游服装、饰品等需求减小造成的。

漆包线与电机需求紧密相关，受电机产量先降后升影响，漆包线产量呈现前低后高态势，总体前三季度产量持平，第四季度产量大幅增长，全年保持正增长。受新基建、消费电子需求增加影响，铜线、铜板带、铜箔、铜棒、铜排等均保持正增长。

中国铜加工业在统筹疫情防控和复工复产过程中，经受住了考验，总体情况远好于预期。

2. 铜加工产业资产、利润情况

据中国有色金属工业协会统计，2020年，中国铜加工行业规模以上企业主营业务收入为10726.8亿元，实现利润为188.6亿元，利润率仅为1.76%，比 2019 年的 1.98% 进一步降低；固定资产总额为 3658.6 亿元，负债总额为 2415.4 亿元，资产负债率为 66.0%，比 2019 年的 65.08% 增加 0.92 个百分点（见表 2）。

表 2　2015~2020 年中国铜加工规模以上企业资产、利润情况

项目	2015 年	2016 年	2017 年	2018 年	2019 年	2020 年
总资产/亿元	3875	3753	3730	3203	3626.5	3658.6
主营业务收入/亿元	9883	8201	9554	8548	10686.4	10726.8
利润/亿元	377	244	288	193	194.6	188.6
利润率/%	3.81	2.98	3.01	2.26	1.98	1.76
资产负债/亿元	2343	2306	2248	1986	2360.4	2415.4
资产负债率/%	60.46	61.44	60.27	62	65.08	66.0

数据来源：中国有色金属工业协会。

（二）产业结构

中国铜加工材生产主要以江西、浙江、江苏、安徽、广东等五个省为引领，自 2010 年以来五省产量一直占到全国铜加工材生产总量的 70% 以上，是中国铜加工材生产的主要供应基地，未来若干年还将继续主导中国铜加工材的生产格局。除此五个大省，山东、甘肃、河南、湖南、湖北、天津、重庆铜材产量在 30 万~70 万吨之间。图 2 为 2013~2020 年五个铜加工材大省产量的变

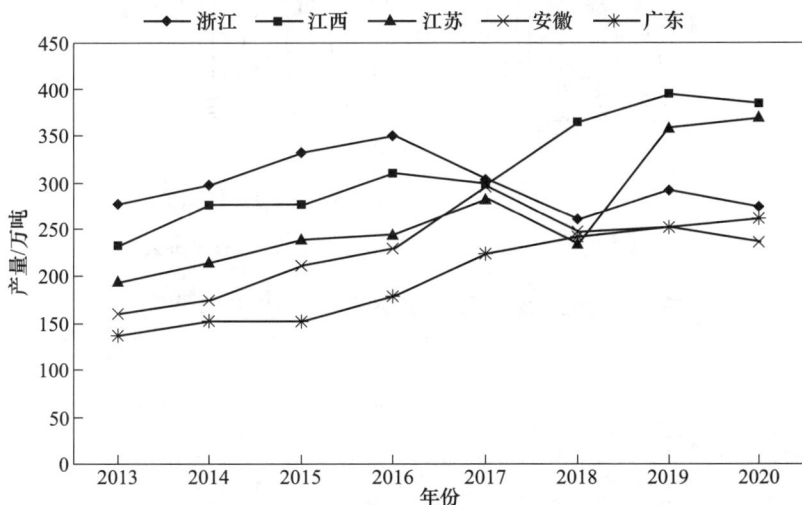

图 2　2013~2020 年中国主要五个铜加工材大省铜加工材产量对比

数据来源：中国有色金属工业协会、中国有色金属加工工业协会

化情况，从图中看出，江西铜加工材产量从 2017 年开始超过浙江成为全国第一，江苏省近 2 年铜材产量有较大增长，超过浙江成为全国第二，浙江铜材产量为全国第三。广东铜加工材产量一直稳步增长，安徽铜加工材产量 2020 年略降。

（三）进出口贸易

图 3 为 2006~2020 年中国铜材进出口情况，表 3 为 2020 年铜加工材各分品种进出口情况。2020 年，中国铜材（不含铜粉，因铜粉进口数据异常）进口 52.5 万吨，同比增加 8.3%，出口 53.5 万吨，同比增加 3.3%，净出口 1.0 万吨，继续保持净出口。从进口品种看，其中迫切需要提升质量的品种有铜板带、铜箔、铜丝（线），铜板带进口 11.5 万吨，同比增加 0.3%，铜箔（含覆铜板）进口 19.7 万吨，同比增加 3.9%，铜丝（线）进口 10.8 万吨，同比增加 9.9%。出口方面的亮点是：铜丝出口 6.7 万吨，同比增加 20.1%，铜板带出口 4.89 万吨，同比增加 22.3%，铜箔（含覆铜板）出口 12.8 万吨，同比增加 7.6%。铜板带和铜箔这两个我国存在弱项的产品出口增加，一定程度上表明我国铜加工材创新能力在逐步提高。

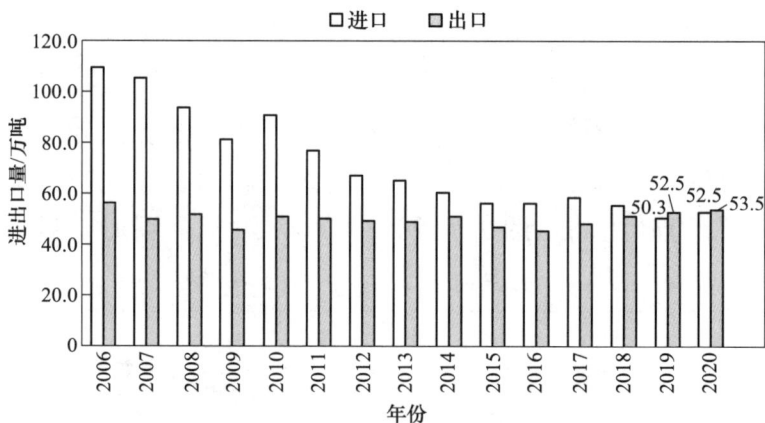

图 3 2006~2020 年中国铜材进出口情况

数据来源：海关总署、中国有色金属加工工业协会

表 3 2020 年铜加工材各分品种进出口情况

品种	进口/万吨	同比/%	出口/万吨	同比/%
铜粉	9.1	395.6	0.3	−19.9
铜条杆	7.49	44.3	1.08	−8.0
铜丝	10.8	9.9	6.7	20.1
铜板带	11.45	0.3	4.89	22.3
铜箔（含覆铜板）	19.7	3.9	12.8	7.6

品种	进口/万吨	同比/%	出口/万吨	同比/%
铜管	2.6	-0.5	18	-5.7
管子附件	0.4	-1.5	10.1	-2.8
合计（不含铜粉）	52.5	8.3	53.5	2.2

数据来源：海关总署、中国有色金属加工工业协会。

（四）投建项目情况

2020 年，国内铜加工领域投资热情不减，铜板带、铜箔、铜棒线、铜杆等品种均有许多的建设项目，而铜管建设项目锐减。铜加工领域投资以大企业为主导，小企业在资金、技术等方面与龙头企业差距越来越大，扩张能力不足。

2020 年铜板带行业投产的项目有：浙江惟精新材投产高精度铜板带年产能 6 万吨，金川镍都实业投产年产能 2 万吨高精铜合金带项目，江西科美格年产 6 万吨铜板带项目（锡磷青铜、微合金化高精铜板带）熔铸部分已投产，加工部分 2021 年投产。

2020 年铜板带项目在建的企业有：博威合金（5 万吨）、宁波金田铜业（集团）股份有限公司（4 万吨）、五星铜业（5 万吨）、紫金铜业（技改扩产 2 万吨）、山西北铜新材料（2 万吨）、广西鑫科（3 万吨）、江铜铜板带（技改扩产 1 万吨）、广州铜材厂（技改扩产 0.5 万吨）等。

随新能源汽车和 PCB 市场不断扩大，铜箔产能继续扩张。2020 年投产锂电铜箔生产线的企业有：超华科技、湖南龙智、铜陵华创、山东合盛、江西鑫铂瑞等，合计新增产能 1.7 万吨/年；2020 年投产电子电路铜箔生产线的企业有：超华科技、湖南龙智，合计新增产能 1.3 万吨/年。2020 年电子电路铜箔产能为 34.8 万吨，锂电铜箔产能为 21.56 万吨，合计 56.36 万吨，年增长率为 5.6%，为近五年增长率最低的年份。2020 年立项并公示将在国内投建新的电子铜箔生产线的企业有：超华科技、嘉元科技、圣达电气、青海诺德（二期）、惠州联合铜箔、华友控股、广东威华、龙电华鑫、南亚电子、赣州逸豪等。预计 2021 年有新电解铜箔生产线项目投产的企业有：江西瑞彩、铭丰电子、圣达电气、九江德福、青海诺德、惠州联合铜箔、超华科技、灵宝宝鑫、江铜耶兹、山东合盛、湖北中一等，新增锂电铜箔产能 10.05 万吨/年，电子电路铜箔产能 0.7 万吨/年。

铜棒方面的主要新项目有：海亮股份诸暨有色智造园一期 15 万吨/年铜棒

项目2020年全部达产；宁波金田铜业（集团）股份有限公司本部的5万吨高强高导铜合金棒线项目正在建设中；5月18日，江西贵溪力博有色智造工业园一期项目奠基；8月，宁波长振铜业有限公司年产20万吨再生环保型高精度铜材生产线技术改造项目完成环评和节能审查，正在建设中。

受铜管行业产能过剩、空调产量缩减、下游空调企业寡头化影响，2020年全国铜管产量下降，加工费也降低至成本线左右。铜管新建项目方面，除了润来科技新投产一条铜管生产线，2020年无其他新建连铸连轧铜管项目投产，行业建设热度锐减。

铜杆方面，江铜集团铜杆年产能突破200万吨。2020年9月，江铜华北年产能22万吨铜杆生产线投产；12月，江铜华北与天津大无缝签署混改项目协议，成为大无缝的控股股东。江铜集团铜杆年产能合计201万吨，具体如下：江铜华北铜杆年产能44万吨，天津大无缝铜杆年产能30万吨，江西铜业铜材铜杆年产能37万吨，江铜华东铜杆年产能15万吨，广州江铜铜杆年产能75万吨。

2020年投产的主要其他铜杆项目还有：4月，河南新昌铜业年产22万吨生产线投产；5月，江西金品铜科年产18万吨生产线投产，金叶大铜年产22万吨生产线投产；7月，宁波金田铜业（集团）股份有限公司年产35万吨高导高韧铜杆线项目投产。

2020年已经开工建设的主要铜杆项目有：安徽天大铜业25万吨铜杆生产线，湖州久立电气年产18万吨电磁线用铜杆及1万吨特种铜杆生产线，宝胜精密导体年产能22万吨铜杆生产线，宁波金田铜业（集团）股份有限公司两条35万吨铜杆生产线。

我国铜杆、铜管产能已经严重过剩，加工费再创历史新低，已经跌破行业平均成本线，部分企业经营陷入困境，行业自律有待加强，唯产值和GDP论亟须得到纠正。

（五）下游消费市场

1. 全国电源投资、电力电缆、电机对铜排、铜线拉动幅度较大

据中国电力企业联合会统计数据显示，2020年1~11月，全国主要发电企业电源工程完成投资4157亿元，同比增长43.5%。水电、风电投资继续保持高增长，火电、核电下降。其中，水电为894亿元，同比增长23.2%；火电为448亿元，同比下降28.8%；核电为285亿元，同比下降11.0%；风电为2151亿元，同比增长109.9%。水电、核电、风电等清洁能源完成投资占电源完成投资的92.1%，比上年同期提高10.3个百分点。1~11月，全国电网工程完成投资3942亿元，同比下降4.2%。这表明，与电源工程建设相关的铜排、发电

机用铜线等需求大幅增加，与电网建设相关的铜需求减少，如变压器铜带、低压输电线等。

据国家统计局数据显示：2020年1~11月，中国电力电缆累计产量为4694.3万千米，同比增长3.4%，增幅有所扩大；2020年1~11月中国交流电动机累计产量为28527.7万千瓦，累计增长8.2%。电力电缆主要采用铜线，交流电动机也对铜线需求较大，带动今年铜线产量增长。

2. 电子信息、家用电器领域对铜材产品需求增大

表4为电子信息领域及细分品种对铜材的主要需求变量，表5为下游细分品种2020年的产量和出口量。从表中可以看出，因3C电子产品产量增多，与之相配套的铜基引线框架材料、接插件材料、电磁屏蔽、散热材料需求增多，其中海外和国内需求均增长。因家用电器产量和出口量增多（空调除外），与之相关的电机用铜线、接插件、铜棒需求增多。通信领域，因手机产量、通信基站建设下降，与之相关的铜材需求下降。

表4 电子信息领域及细分品种对铜材的主要需求变量

材料分类	细分品种	代表性用材	需求变量
框架材料	LED框架	黄铜，C194	增加（海外）
	半导体分立器件	C192	增加
	IC框架	C194	增加（内需）
		铜镍硅（如7025）	
		铜铬锆（如18150）	
接插件（连接器）	家用电器	黄铜、紫铜、青铜、高铜（C194、C7025、C18150）、铍铜、铜镍锡、铜钛合金等	增加（海外）
	通信、3C电子产品（手机、电脑，各种USB口、U盘等）片式		部分增加，部分减少（内需）
	汽车连接器带材		减少
	其他（工业，轨道交通）		
传输	射频带		减少
其他导电	冲压铜板带（继电器，手机，电脑，电子元器件）	紫铜、高强高导铜合金	增加
	PCB，CCL	压延铜箔、电解铜箔	
	铜铝复合材料（电缆包覆）		
	其他（新能源汽车汇流排）		
其他功能	电磁屏蔽	锌白铜	增加
	散热（VC均热板）	CuSnP｜C5191｜CuNiP｜CuNiSn	增加

表5 电子信息、电器领域主要产品的产量和出口量

类别		2020年产量	同比/%	2020年出口量	出口同比/%	出口占产量/%	其他说明
LED光源		约176亿块		71.59亿块	20.55	超过41	
集成电路		2613亿块	15.5	2657.6亿块	19.6	严重依赖进口	净进口，2020年IC进口5449.5亿块，对外依存度为68.7%
家电	电冰箱	9014.7万台	8.4	6954万台	35.6	77	2020年家电表现抢眼，出口值增长22.2%。而家电品类中，又当属小家电表现最为抢眼。电炒锅、面包机、榨汁机，以及空气净化器、空气炸锅、面部护理小家电需求量暴增
	空调	21064.6万台	-8.3	4721万台	13.9	22.4	
	洗衣机	8041.9万台	3.9	2154万台	-2.2	26.8	
	彩电	19626.2万台	4.7	液晶电视出口9994万台	6.8	大于51	
电子计算机		40509.2台	16		7.1		计算机集成制造技术出口金额为198亿美元，同比增长7.1%
移动通信设备基站		893.7万射频模块	-14.3				
手机		约14.4亿部	约-3.7	9.66亿部	-2.8	67.1	国内手机市场出货量为3.08亿部，同比下降20.8%
汽车		2522.5万辆	-1.19	108.2万辆	-13.2	3.80	新能源汽车（1~11月）产量为108.2万辆，同比增长7.5%
变压器		17.36亿千伏安	-1.1	28.6亿个	0.3		
电力电缆		（1~9月）3723万千米	2.13	电线电缆出口167万吨	-5.60		
太阳能电池		（1~11月）1.34亿千瓦	24.8	（1~11月）25亿个	12.8		

数据来源：国家统计局。

3. 新能源汽车产量增长，拉动铜材消费增长

据中国汽车工业协会数据，2020年，我国汽车产销分别完成2522.5万辆和2531.1万辆，同比分别下降2%和1.9%。其中，乘用车产销分别完成1999.4万辆和2017.8万辆，同比分别下降6.5%和6%；新能源汽车产销分别完成136.6万辆和136.7万辆，同比分别增长7.5%和10.9%。据业内专家分析，混合动力乘用车用铜量约为40千克/辆，纯电动汽车用铜量约为100千克/辆，是原有燃油车的 2~3 倍，是铜需求新的增长点。受新能源汽车产销量增长影响，对下游电解铜箔的需求也在增加，电池厂家也在不断扩大产能。

2020 年 11 月 2 日，工业和信息化部发布《新能源汽车产业发展规划（2021~2035 年)》，为新能源汽车的发展制定了强有力的支持动力，将带动我国新能源汽车相关铜材需求增长。

4. 房地产对铜材产业拉动不容乐观

表 6 为 2020 年房地产行业投资和施工、新开和竣工面积。2020 年，全国房地产开发投资为 141443 亿元，同比增长 7.0%。其中，住宅投资为 104446 亿元，增长 7.6%，2020 年，房地产开发企业房屋施工面积为 926759 万平方米，比上年增长 3.7%，2020 年，房地产开发企业土地购置面积为 25536 万平方米，比上年下降 1.1%，2020 年，商品房销售面积为 176086 万平方米，比上年增长 2.6%。新开工面积和竣工面积均同比下降，而它们最能够体现对电线、家电的消费需求，未来房地产对铜材的拉动力不容乐观。

表 6　2020 年中国房地产行业投资和施工、新开和竣工面积

分类	投资		房屋施工面积		房屋新开工面积		房屋竣工面积	
	投资/亿元	同比/%	施工面积/万平方米	同比/%	新开工面积/万平方米	同比/%	竣工面积/万平方米	同比/%
合计	141443	7.0	926759	3.7	224433	−1.2	91218	−4.9
其中：住宅	104446	7.6	655558	4.4	164329	−1.9	65910	−3.1
办公楼	6494	5.4	37084	−0.5	6604	−6.8	3042	−22.5
商业营业用房	13076	−1.1	93198	−7.2	18012	−4.9	8621	−20.3

数据来源：国家统计局。

二、2020 年中国铜加工工业经济运行情况分析

(一) 政策环境分析

1. 疫情以来，国家推出了减免税、社保减免、降利率、电价优惠等一系列优惠措施

为减轻新冠肺炎对中小型企业的大力冲击，国家实施社保阶段性减免政策，2020 年 2~6 月社保减免，所有企业公积金 2~6 月可以延时缴纳，除湖北省以外的全国中小型企业，2~6 月全部减免社保。2~6 月，对国内中小型企业的三险（养老、失业、工伤）可以减免，住房公积金可以延迟缴纳。国家发展改革委发布了《关于阶段性降低企业用电成本支持企业复工复产的通知》，

降电价范围为除高耗能行业用户外，执行一般工商业及其他电价、大工业电价的电力用户。自2020年2月1日起至6月30日止，电网企业在计收上述电力用户电费时，统一按原到户电价水平的95%结算。经中国有色金属加工工业协会调查，江苏、安徽等部分地区的铜加工企业享受了电价优惠。

2. 铜加工环保分级积极推动

中国有色金属工业协会和中国有色金属加工工业协会组织了相关排放标准制定工作。京津冀2+26城市、汾渭平原和长三角企业原来环保一刀切，环保分级后，达到A级企业要求的，即使在红色预警期间，企业都可正常生产，达到B、C级要求的，橙色以上预警期间，停产30%～50%不等。2020年9月28日，生态环境部印发了《京津冀及周边地区、汾渭平原2020～2021年秋冬季大气污染综合治理攻坚行动方案（征求意见稿）》，将有色金属压延列入了环保分级目录。

3. 《再生黄铜原料》《再生铜原料》标准于2020年7月1日实施，有望解决高品质废铜原料进口问题

2018年铜废碎料被调入《限制进口类可用作原料的固体废物目录》，影响了部分企业再生铜原料来源。在生态环境部、海关总署等部委及环科院、固管中心的指导下，由国家市场监督管理总局、国家标准化管理委员会组织全国有色金属标准化技术委员会起草的《再生黄铜原料》《再生铜原料》标准已于2019年12月31日批准发布，于2020年7月1日执行。符合新标准的再生黄铜、再生铜原料将不被视为固体废物，可以当作原料进行一般贸易进口。2020年10月16日，生态环境部、海关总署、商务部、工业和信息化部四部委联合发布《关于规范再生黄铜原料、再生铜原料和再生铸造铝合金原料进口管理有关事项的公告》（2020年第43号），从2020年11月1日起实施。

4. 工信部开展"推广铜应用"课题

2020年4月24日，工信部原材料工业司启动"扩大有色金属高端材料消费策略研究"课题，中国有色金属加工工业协会具体负责"扩大铜基高端材料消费部分策略研究"课题报告撰写、行业调研、产品推广等工作。项目共包括铜铁合金新材料、建筑用铜水管、重金属低析出铜合金、充电桩基站等新基建铜材的推广应用。

5. 铜加工遭遇反倾销调查

铜加工2020年遭遇了2次贸易壁垒：4月20日，印度商工部应印度阿格拉瓦金属制品公司的申请，对原产于或进口自中国、韩国、马来西亚、尼泊尔、斯里兰卡和泰国的进口铜和铜合金板卷产品发起反倾销调查。7月13日，

澳大利亚反倾销委员会对进口自中国的铜管启动反倾销和反补贴立案调查，同时对进口自韩国的铜管启动反倾销立案调查。国家商务部组织对此进行了应诉，中国有色金属工业协会和中国有色金属加工工业协会进行了相关协助。

（二）产业结构调整情况和经营形势分析

1. 高端产品比例增大，低端产品比例减少

2020 年随着疫情暴发，国内外服装服饰辅料需求减少，带动相应普通黄铜带等产量下降，而疫情催生医疗器械、居家办公需求增多，电子电器产品如笔记本电脑、游戏机、测温枪、冰箱、洗衣机、彩电、电池、印刷线路板等产量增加，带动相应高端铜材需求增多。产量统计结果也表明，铜板带中高端的白铜、高铜、青铜产量增加，铜箔中的高性能铜箔比例增加。

2. 科技创新继续发力

（1）铜铁合金取得世界领先。

铜铁合金（铁含量为 5%～50%）具有优良的导热性、抗弯折性能，铁含量大于 30% 时具有非常优良的磁性、电磁屏蔽性能，另外还有良好的低热膨胀系数、耐磨性和抑菌性等特性。铜铁合金是我国铜基材料领域为数不多的自主研发、全球领先的铜合金，已在国外高端的 OLED 屏、5G 手机上得到应用，但由于我国高端电子信息领域下游研发能力相对较弱，在我国的应用还未展开。除了电子信息领域，铜铁合金也有望在国防军事、航空航天、通信、智能城市、电力等各行各业得到广泛应用。

铜铁合金在熔炼技术、轧制成型技术、拉拔技术、制粉技术等方面有了明显的进步。在理论研究方面，陕西斯瑞新材料股份有限公司与西安交通大学、中南大学、深圳大学签订了合作协议，共同研究铜铁合金的各种特性机理；在市场推广方面，陕西斯瑞新材料股份有限公司与国内各类企业共同开发铜铁合金制品，进行装机测试，与日本、韩国几家企业也进行了打样工作；在铜铁合金材料的行业标准方面，陕西斯瑞新材料股份有限公司与中南大学、宁波金田铜业（集团）股份有限公司、中色奥博特铜铝业有限公司等共同申请了铜铁合金精炼铸锭、铜铁合金板带、铜铁合金棒线的行业标准立项；在铜铁合金知识产权保护方面，陕西斯瑞新材料股份有限公司累计申报发明专利 30 项，其中受理 21 项，授权 6 项。目前铜铁合金已世界首创成功制备出厚 20 微米、16 微米、12 微米的箔材及其他各规格板带材，直径 15 微米的丝材及其他各规格棒线材，各种粒径球形粉、片状粉，各规格管材等，为铜铁合金以各种形态应用于国民经济各领域，发挥其屏蔽、散热、导电、高强高导高弹性能做好充分准备。

由中国有色金属加工工业协会主办，陕西斯瑞新材料股份有限公司、中南大学共同承办的第一届"铜铁合金加工成型技术及创新应用研讨会"，宁波金田铜业（集团）股份有限公司、中南大学、陕西斯瑞新材料股份有限公司共同承办的第二届"铜铁合金新材料推广应用研讨会"分别于4月25日在陕西西安和12月26日在浙江宁波召开。铜铁合金研发推广开创了用产学研政合作的新模式，中色奥博特铜铝业有限公司、中铜华中铜业、大连理工、晋西春雷、亨通光电等企业和高校也积极加入，铜铁合金在国内的应用有望尽快展开。

（2）7项铜加工行业项目获2020年度中国有色金属工业科学技术奖。

2020年度中国有色金属工业科学技术奖中铜加工行业项目有一等奖5项："高速轨道交通电动机转子用特种铜合金零组件制备及产业化"（陕西斯瑞新材料股份有限公司、中南大学、西安理工大学）、"高性能铜合金带材短流程加工关键技术与应用"（北京科技大学、中色（宁夏）东方）、"电解铜箔生产自动化关键技术及应用"（安徽铜冠铜箔、中南大学、湖南科技大学）、"锂离子电池用高品质电解铜箔关键技术研发及产业化"（灵宝华鑫、浙江工业大学、昆明贵金属研究所、瑞浦能源）、"5G通信基站用高频覆铜板与高速多层电路板精密制造技术及应用"（重庆科技学院、重庆方正高密、重庆德凯实业）；二等奖2项："PD环状导带用铜及铜合金管材的研制"（中铝洛阳铜加工）、"纳米相增强铜基合金粉末关键制备技术及应用"（广东省科学院材料与加工研究所、有研粉末新材料等6家）。

3. 产业集中度不断提高

2020年铜板带、铜杆、铜管、铜棒等细分品种行业前四家和前8家企业市场占有率进一步提升，龙头企业的头雁作用和引领作用更加明显，在国际上竞争力进一步增强。

4. 绿色制造、智能制造成果丰硕

宁波金田铜业（集团）股份有限公司高性能铜合金棒材于2020年入选工信部第五批单项冠军产品。

10家铜加工企业获工信部2020年第五批绿色制造绿色工厂称号：浙江海亮股份有限公司、上海龙阳精密复合铜管有限公司、重庆平湖金龙精密铜管有限公司、陕西斯瑞新材料股份有限公司、天津精达里亚特种漆包线有限公司、福建紫金铜业有限公司、江西江铜龙昌精密铜管有限公司、江西铜业集团铜材有限公司、江西铜业铜材有限公司、金川集团电线电缆有限公司。

海亮股份、金田铜业、博威合金等企业智能制造示范生产线初具雏形，生产效率进一步提升，铜加工行业智能制造模式正在形成，为行业高质量发展注入新活力。

三、当前中国铜加工工业发展中存在的突出问题和对策建议

（一）存在的突出问题

1. 行业内外环境急需改善

一方面遭受国际贸易摩擦、新冠疫情影响、国内需求不强的多重挤压，另一方面中低端产能相对过剩、无序竞争依然存在，急需调整和自律。无序竞争中，铜管、铜杆最为恶劣，铜板带、铜棒稍好，无序竞争的突出问题是单纯价格竞争和放账期打开市场，消耗了企业资金和技术积累。

2. 行业高端产品仍然受制于人

部分产品仍然存在短板，如超大规模集成电路用高性能引线框架铜合金带材、高端压延铜箔、高频高速电解铜箔、高档汽车用高性能电子束线、浸涂法生产氧含量 $3×10^{-4}\%$ 以下的铜杆（用来制作上引扁线）、$\phi0.003$ 毫米微细铜线的母线（要求拉 3000 米不断丝）、高端热管及其铜粉材料、9 微米及以下附载体铜箔、二层法挠性覆铜板用电解（压延）铜箔、HDI 板用高档高性能电解铜箔。

同时，新产品研发仍然停留在跟踪模仿阶段，基础研究和自主创新能力不足。我国自主创新存在的问题为：（1）我们的发展一直是以模仿追赶模式为主，且取得了很好的发展成就，但创新意识缺乏；（2）发展一直在追求规模和速度，关注的是产业本身发展的问题，来不及关注创新；（3）产学研没有完全融合，需要建立共享平台，争取国家政策；（4）中国下游与国外有差距，太关注价格。中国铜加工上下游的协同创新能力差，下游对上游铜加工材产品提不出建设性的要求。而西方下游用户一般会积极面对新材料，会主动提要求，愿意跟材料供应商共同搞研发。而我国下游高端用户对进口原料惯性依赖，不轻易更改供货商。

3. 行业国际生态圈尚未形成

目前高端市场的供应链主要被欧洲、美国、日本、韩国把控，我国产品难以进入其供应链系统。这些问题已经成为我国铜加工产业实现优质优价，高质量发展的主要障碍。

目前欧洲、美国、日本、韩国高端市场的供应链上下游协同机制完整。我们是后进者、追赶者、模仿者，质量有时候也不稳定，很难进入其供应链系统，而且西方对供应链设置了门槛和壁垒，所以让我们觉得高端市场被他们垄

断。只有我们能生产过硬产品的时候，才能进入高端市场。而像华为这样具有国际影响力的本土企业相对较少，铜加工材高端需求生态圈尚未形成。

4. 行业整体负债率偏高，利润率偏低

2020 年中国铜加工产业规模以上企业整体利润率仅为 1.76%，利润率低的原因主要有：（1）产能过剩、产品同质化。存在一定的恶性竞争现象，如低价竞争、低品质竞争、延长放款周期等。（2）处于产业链弱势地位。上游要求现款，下游给付承兑汇票拖欠账期。（3）不能很好地适应市场需求变化。

5. 集约化程度仍有待提高

2020 年我国规模以上铜加工企业数量为 1260 多家，铜材产量为 1897 万吨，企业年均产量 1.5 万吨。且大多企业产品没有特色，同质化现象严重。高质量发展需要持续的投入和持续的创新，目前的集约化水平无法保证企业持续有效的投入，以及开展持续性、富有成果的创新活动，也无法保证企业持续改进环保治理水平、持续提高职工福利等。

（二）对策建议

1. 坚定信心，稳中求进

坚定信心，国内外疫情终将控制。新冠疫苗已经研制出来并投入使用，我们有习近平新时代中国特色社会主义思想的指导，有中国共产党的坚强领导，可以充分发挥社会主义制度的优越性。

需要构建国内为主，国内国际双循环相互促进的双格局。我国是全球最大的商品消费市场。发展仍处于重要战略机遇期，人民群众追求美好生活的愿望十分强烈。我国铜材消费还是主要以国内为主，高质量发展有保障。我国铜加工材产业链优势明显，有利于提高国际竞争力和扩大应用。我国铜加工产业不仅产能大，占全球的 65% 左右，而且产业链十分完整，有利于疫情结束后进一步开拓国际市场。

中国人很勤奋，中华民族历史上经历过许多磨难，但从来没有被压垮过，而是越挫越勇，不断在磨难中成长和奋起。

稳中求进中的"稳"是：（1）谨慎投资。铜加工主要细分品种存在不同程度过剩现象，如铜杆、铜管、铜板带、铜棒、铜线，同质化竞争激烈，所以各企业除填平补齐、装备改造升级之外，原则上要避免新增产能。可以升级改造，延伸产业链，做深加工。（2）做好企业定位，有所为有所不为。（3）做好业务减法，提高主营业务竞争力。

稳中求进中的"进"是：（1）结构优化。优化市场客户，调整产品结构，变革供应链。（2）细分市场的创新。基于符合优质优价，提高市场占有率，提高性价比。（3）渠道变革。保持产业链供应链安全稳定，增加话语权。（4）研究消费市场，创造适应不同场景的产品，扩应用、挖潜力。

2. 主动融入国家战略，开创铜加工行业国内国际双循环的新局面

面向未来，深刻理解新变局，发挥我国作为世界最大市场的潜力和作用，逐步形成以国内大循环为主体、国内国际双循环相互促进的新发展格局。各级干部、各位企业家要胸怀两个大局：一个是中华民族伟大复兴的战略全局，一个是世界百年未有之大变局，这是我们谋划工作的基本出发点。

主要从以下几个方面着手：（1）扩应用。特别要抓住"新基建"为高端铜基材料带来的新需求，充分满足新能源汽车及充电桩、5G 基站、工业互联网、大数据中心、人工智能等会增加高端铜板带、箔、棒、线的需求。（2）替代进口。如电解铜箔、高端铜板带等。（3）保出口基本面，继续往没有贸易摩擦的国家出口，以及扩大间接出口。（4）沿"一带一路"走出去建企业，也可以到认可我们的发达国家建制造基地。（5）要将新需求转化为自主创新的新动力，加大科技投入，加快高端产品、个性化产品的研发，促进行业的高质量发展。

3. 有效创新

有效创新首先是自主创新，打破高端产品受制于人的局面。如聚焦国家战略（5G、大飞机、军工产品等），有针对性地创新；还有与下游客户共同研发，满足其需求，实现优质优价，高质量发展。其次是管理和营销模式创新。如深化企业机制改革（采取混合所有制）；以市场为导向，以奋斗者为本；加强营销模式等。

4. 防范风险

防范风险主要有：（1）高标准严要求地处理好铜加工产业发展与生态环境的关系。长三角、珠三角、长江经济带是发展铜加工的集聚地，不仅要在经济发展上走在前列，也要在生态保护和建设上带好头。（2）特别防范企业家道德风险，企业传承风险。（3）注意安全生产与新冠疫情防控风险。（4）控制金融风险。债务不是最大的风险，投资陌生领域才是最大的风险；可考虑配置一定的金融资产。在资金链风险上，一要控制担保、互保风险，对于相互担保风险，很多企业缺少警觉性；二要控制负债风险，一些企业负债率高达70%以上，要特别注意；三要控制货款回收风险，有些企业回款期高达数月甚至数年；四要注意铜价波动风险，利用套期保值操作，可以一定程度上规避铜原材料价格波动风险。

5. 智能制造

智能制造不是一朝一夕的事情，还要经过自动化，信息化，智能化逐步发

展的过程，久久为功。智能化是下一步铜加工升级改造的方向，要循序渐进，找到应用场景。目前铜加工行业朝智能化方向努力正当其时，可以解决招工难、用工贵的问题，同时提高生产效率。

6. 积极扩大铜应用，激活新型的铜消费

首先是铜要发挥自身优势，不能轻易被其他金属替代，稳定现在基本市场，巩固现有市场。其次是铜可代替一部分贵金属市场，如银、金等。再次是积极开发新产品，拓展铜产品应用领域。

今年工信部委托中国有色金属工业协会开展扩大铜高端材料消费策略研究，中国有色金属加工工业协会承担具体工作，已经组织有关企业、院所、高校召开了多次研讨会，选择以铜铁合金和铜水管为切入点，打造典型示范应用，挖掘铜合金消费潜力，包括疫情期间的医疗用铜材。扩大铜应用是全行业的事，需要大家共同参与，久久为功。

7. 要加强同行间的沟通与合作，打造产业链命运共同体

要加强同行之间的交流与合作，共促发展；加强自律，避免恶性竞争；形成高端铜材料上下游协同创新发展机制，打造产业链命运共同体；行业内外多交流多合作，产业链可相互衔接、相互利用。

撰稿人：靳海明、吴　琼、胡　亮
审稿人：范顺科、章吉林

2020年铝加工工业发展报告

2020年是极不平凡的一年，受全球疫情冲击，世界经济严重衰退，产业链供应链循环受阻，国际贸易投资萎缩，大宗商品市场动荡。面对巨大挑战与困难，中国铝加工工业坚持以习近平新时代中国特色社会主义思想为指导，众志成城、共克时艰，努力统筹疫情防控与产业发展，取得了产量和利润双增长的超预期成绩。

一、2020年中国铝加工工业发展现状

2020年中国铝材产量继续保持增长态势，行业效益显著提高、创新能力持续增强、发展质量不断提升，但受贸易保护影响，贸易救济案件频发，数量创历年之最，铝材出口连续两年下降。

（一）铝材产量继续保持增长

2020年中国铝材产量为5779万吨（初步统计数），比上年增长8.62%，如图1所示。

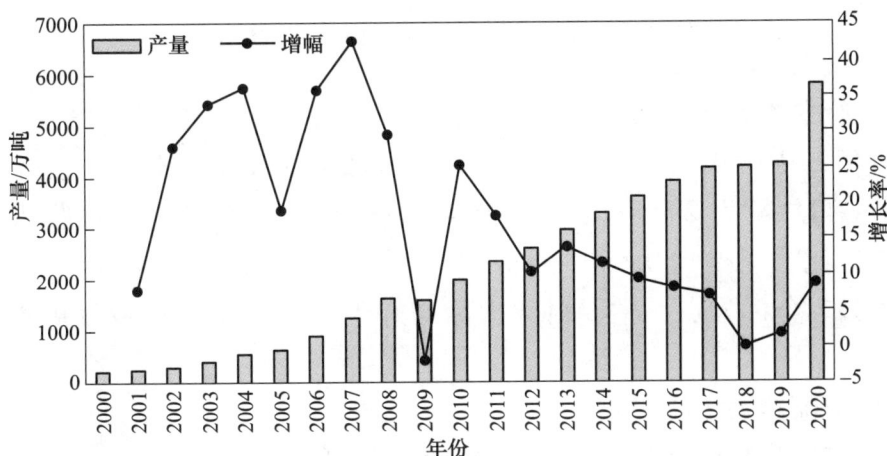

图1　2000~2020年中国铝材产量

数据来源：中国有色金属工业协会、国家统计局

从图1可以看出，自2000年以来，除2009年受金融危机影响，产量小幅

回落之外，二十年来铝材产量总体保持了正增长发展态势，但自 2016 年以来增幅明显放缓。

2020 年铝材产量超过 100 万吨的省区市有 17 个，合计产量为 5288 万吨，占全国铝材产量的 91.50%，比上年提高 2.3 个百分点，产业分布集中度进一步提高。2020 年铝材产量排名前十位的省份依次是山东、河南、广东、江苏、内蒙古、浙江、重庆、广西、福建和四川，合计产量为 4368 万吨，占全国铝材产量的 75.58%，如图 2 所示。

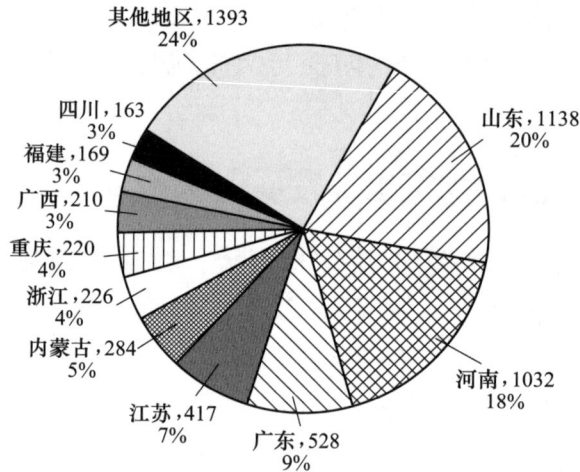

图 2　2020 年中国铝材产量分布（单位：万吨）

数据来源：中国有色金属工业协会、国家统计局

（二）行业效益显著提高

2020 年，中国铝压延加工行业实现营业收入为 10882 亿元，比上年增长 8.52%；利润总额为 294 亿元，比上年大幅增长 53.53%；销售收入利润率为 2.60%，比上年提高 0.69 个百分点，如图 3 所示；负债率为 59.09%，比上年下降 1.7 个百分点，主要财务指标均好于上年水平，行业发展效益显著提高。

（三）创新能力持续增强

1. 十个项目获 2020 年度中国有色金属工业科学技术奖

2020 年 12 月 27 日，中国有色金属工业协会、中国有色金属学会公布了 2020 年度中国有色金属工业科学技术奖获奖名单，铝加工行业共有 5 个项目获一等奖，另有 5 个项目分获二、三等奖（见表 1）。

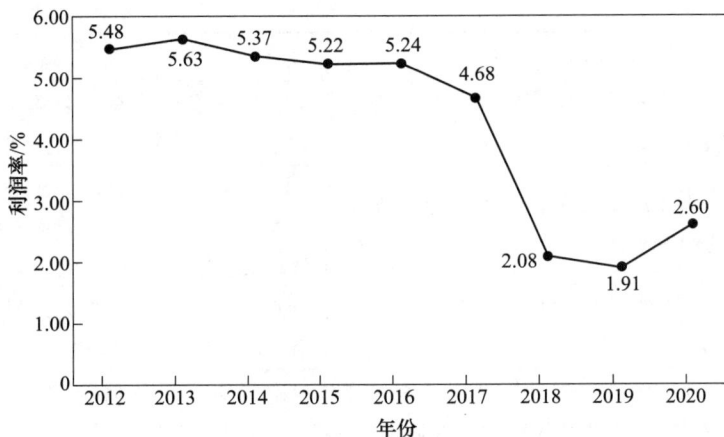

图3   2012~2020 年中国铝加工行业利润率

数据来源：国家统计局，中国有色金属加工工业协会整理

表1   2020 年度中国有色金属工业科学技术奖获奖项目

奖项等级	序号	项目名称	完成单位
一等奖	1	汽车轻量化高性能铝合金材料与部件制造关键技术与应用项目	东北大学、辽宁忠旺集团有限公司
	2	高纯微细改性球形铝粉智能制造产业化项目	河南省远洋粉体科技股份有限公司、新疆远洋金属材料科技有限公司
	3	大飞机用新型超高强 7055（7A55）-T7751 铝合金大规格预拉伸板材工业化成套制备技术项目	东北轻合金有限责任公司、有研科技集团有限公司、中国航发北京航空材料研究院
	4	大规格铝合金铸锭超声波协同铸造技术（发明）	中南大学
	5	汽车轻量化新型铝合金材料标准研究项目	有色金属经济技术研究院、中国汽车技术研究中心有限公司、西南铝业（集团）有限责任公司、中铝材料应用研究院有限公司、广东省科学院分析检测中心、国际（北京）检测认证有限公司、东北轻合金有限责任公司
二等奖	6	汽车轻量化关键构件铝型材制造技术开发与应用项目	丛林铝业科技（山东）有限责任公司、中南大学、有研工程技术研究院有限公司、中国汽车工程研究院股份有限公司、龙口市丛林铝材有限公司、山东诺维科轻量化装备有限公司、芜湖丛林轻量化汽车有限公司、山东丛林福禄好富汽车有限公司

奖项等级	序号	项目名称	完成单位
三等奖	7	全铝厢式运输车铝材开发与应用技术研究项目	广东兴发铝业有限公司、华南理工大学、广东省科学院材料与加工研究所
	8	新能源动力电池外壳用铝合金板带材关键技术开发及产业化项目	中铝瑞闽股份有限公司、中铝材料应用研究院有限公司、中铝东南材料院（福建）科技有限公司
	9	高纯深拉瓶盖用铝材开发及应用项目	西南大学、重庆博奥铝材制造有限公司、重庆市科学技术研究院
	10	工业铝型材高性能低能耗有效摩擦挤压新工艺及其数控装备项目	中国重型机械研究院股份公司、西南铝业（集团）有限公司

数据来源：中国有色金属工业协会、中国有色金属学会。

2. 四项国家标准样品填补国内空白

2020年8月7日，国家市场监督管理总局、国家标准化管理委员会发布《中华人民共和国国家标准批准发布公告》（2020年第19号），批准了新一批国家标准样品，其中西南铝业（集团）有限责任公司有4个标准样品入围。这4项国家标准样品填补了国内空白，使铝合金国家标准样品品种得到进一步补充。

3. 国家重点项目保障能力不断提高

2020年，一大批国家重点项目都有中国铝材的身影。"中国天眼"500米口径球面射电望远镜通过验收正式运行、长征五号B运载火箭成功发射、中国首次火星探测任务"天问一号"探测器成功发射升空、中国自主研制的首款大型多用途运输机"鲲鹏"运-20正式列装……

西南铝业（集团）有限责任公司、东北轻合金有限责任公司、西北铝业有限责任公司等铝加工企业攻克了铸锭成型、强变形轧制、板形控制、疲劳裂纹扩展速率工艺控制等关键技术，突破了制约材料自主保障能力的瓶颈，陆续研制出高端铝合金材料，填补多项国内技术空白，为大批国家重点项目提供了高端材料保障。

（四）六家铝加工企业获批国家绿色工厂

2020年10月16日，工业和信息化部办公厅发布《关于公布第五批绿色制造名单的通知》（工信厅节函〔2020〕246号），天津忠旺铝业有限公司、中铝瑞闽股份有限公司、山东铝业有限公司、南南铝业股份有限公司、西南铝业（集团）有限责任公司、厦门厦顺铝箔有限公司共6家铝加工企业获得绿色工厂称号；浙江米皇新材股份有限公司和河南奋安铝业有限公司获得国家绿色供应链管理企业称号。截至2020年12月31日，全行业共有24家铝加工企业获得国家绿色工厂称号。

（五）五个品种铝材获单项冠军产品称号

2020 年 12 月 21 日，工业和信息化部、中国工业经济联合会发布《关于印发第五批制造业单项冠军及通过复核的第二批制造业单项冠军企业（产品）名单的通知》（工信部联政法函〔2020〕351 号），江苏中天科技股份有限公司高性能铝（合金）导线系列、广东坚美铝型材厂（集团）有限公司电泳涂漆铝合金型材、西南铝业（集团）有限责任公司航天用铝合金锻环、山东南山铝业股份有限公司铝合金板带材、宁波科诺精工科技股份有限公司汽车天窗导轨用铝合金精密型材共 5 个铝材产品获得第五批制造业单项冠军产品称号。

（六）多个重点项目投产或开工

据初步统计，2020 年有近 20 个铝加工重点项目开工或投产，合计新增产能超过 350 万吨，项目范围涉及铝型材、铝板带、铝箔等，其中，重点铝挤压项目超过 12 个，计划新增各类挤压生产线超过 200 条；重点板带箔项目超过 6 个，计划新增热连轧生产线超过 2 条、冷轧机超过 7 台、箔轧机超过 14 台；主要产品包括汽车、轨道交通、通信电子、建筑领域用高端铝材。铝加工产业投资热度不减，产能将进一步过剩，行业竞争也将进一步加剧。

（七）两家铝加工企业成功上市

资本市场方面，2020 年共有两家铝加工企业成功上市，5 月 18 日广东豪美新材股份有限公司在深圳证券交易所中小企业板成功上市；9 月 7 日上海华峰铝业股份有限公司在上海证券交易所主板成功上市。据初步统计，目前铝加工行业共有 25 家上市公司，通过上市借助资本平台有利于铝加工企业拓宽融资渠道，降低融资成本。

（八）2020 年铝材进口回升，出口连续两年下降

1. 铝材进口回升

2020 年，中国进口铝材 41 万吨，比上年增加 14.72%；其中，铝挤压材进口 3.87 万吨，占 9.51%，比上年减少 10.61%；铝板带进口 27.69 万吨，占 68.07%，比上年增加 23.69%；铝箔进口 7.71 万吨，占 18.95%，比上年增加 5.49%，如图 4 和图 5 所示。

从图 4 可以看出，中国铝材进口数量自 2007 年后，总体呈现出下降趋势，2019 年进口量达到最低值，2020 年出现回升。根据此前工业和信息化部对全国 30 多家大型企业 130 多种关键基础材料调研结果显示，目前中国铝材进口主要集中于高端铝材，尤其是航空铝材、乘用车车身板、动力电池铝箔等高端铝材领域。

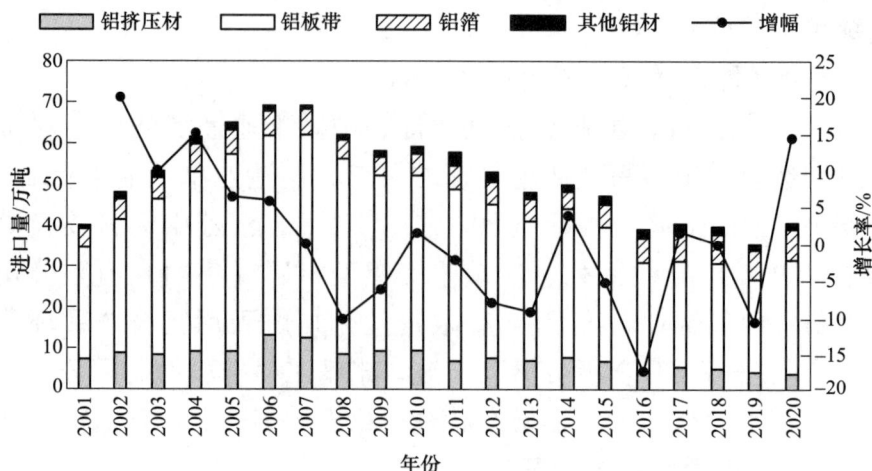

图4 2001~2020年中国铝材进口量

数据来源：海关总署，中国有色金属加工工业协会整理

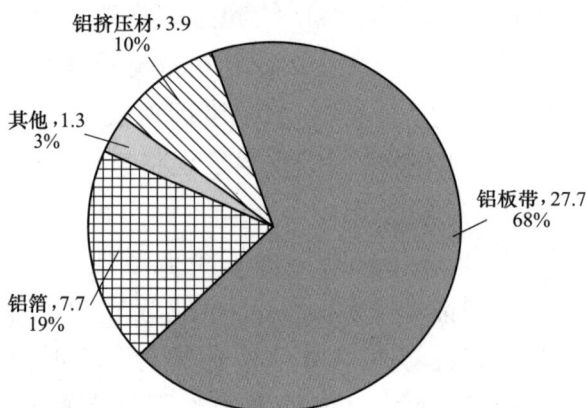

图5 2020年中国进口铝材产品结构（单位：万吨）

数据来源：海关总署，中国有色金属加工工业协会整理

从进口来源来看，2020年中国铝材进口来源地共有57个，其中韩国、日本、美国、德国和中国台湾分列前五位；前10个国家铝材进口量合计为38万吨，占铝材进口总量的92.27%；自韩国和日本进口量双双超过10万吨，遥遥领先其他国家，具体数据见表2。

表2 2020年中国铝材进口重点国家和地区

排名	国家和地区	2020年进口量/万吨	2019年进口量/万吨	同比增减量/万吨	同比增幅/%
1	韩国	14.3	9.1	5.2	57.1
2	日本	13.1	12.6	0.5	4.0

续表2

排名	国家和地区	2020年进口量/万吨	2019年进口量/万吨	同比增减量/万吨	同比增幅/%
3	美国	2.3	3.4	-1.1	-32.4
4	德国	2.1	2.1	0	0
5	中国台湾	1.9	2.3	-0.4	-17.4
6	比利时	1.3	1	0.3	30.0
7	法国	0.8	0.7	0.1	14.3
8	俄罗斯联邦	0.7	0.6	0.1	16.7
9	奥地利	0.6	0.5	0.1	20.0
10	瑞士	0.4	0.1	0.3	300.0
11	其他国家和地区	3.1	3.1	0	0

数据来源：海关总署，中国有色金属加工工业协会整理。

2. 铝材出口连续两年下降

2020年中国铝材出口464万吨，连续第二年下降，下降幅度为9.95%，其中，铝挤压材出口100.49万吨，占21.68%，比上年下降14.00%；铝板带出口233.67万吨，占50.40%，比上年下降10.68%；铝箔出口123.36万吨，占26.61%，比上年下降4.74%，如图6和图7所示。

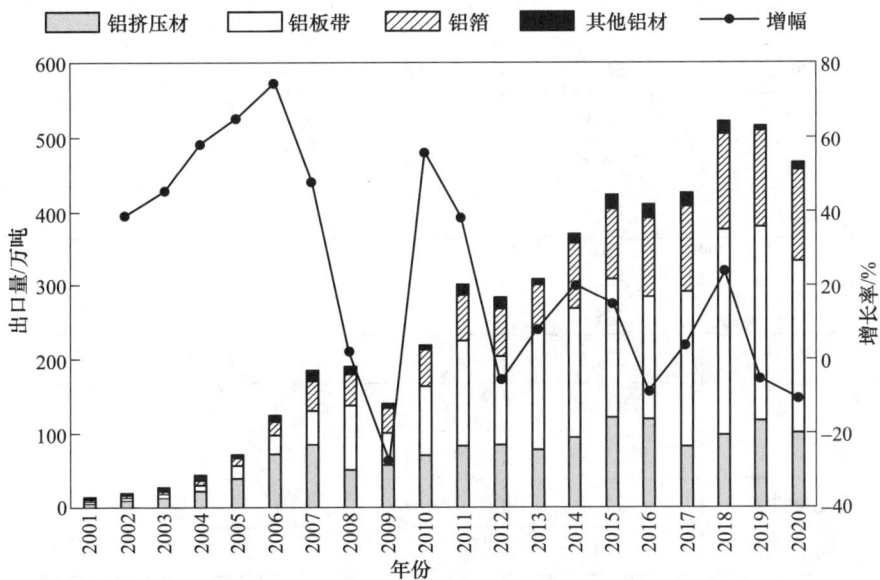

图6　2001~2020年中国铝材出口量

数据来源：海关总署，中国有色金属加工工业协会整理

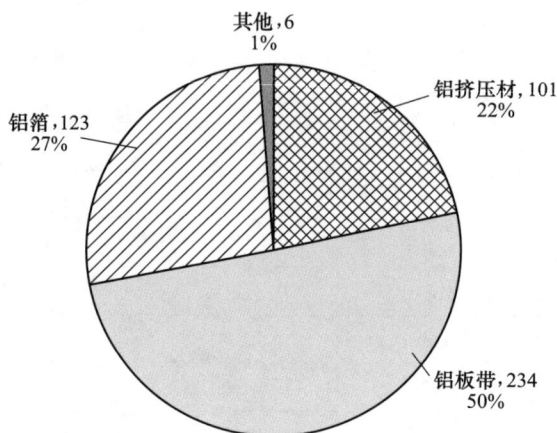

图 7　2020 年中国铝材出口产品结构（单位：万吨）

数据来源：海关总署，中国有色金属加工工业协会整理

　　从出口分布来看，2020 年中国铝材出口目的地国家和地区达 217 个。墨西哥、韩国、越南等国家和地区分列出口前 20 位（见表 3）。前 20 个国家出口量合计为 320 万吨，占铝材出口总量的 69.15%。2020 年中国出口至墨西哥的铝材比上年增长 95%，墨西哥一跃成为中国铝材出口最大的目的地国家。

表 3　2020 年中国铝材出口重点国家和地区

排名	国家和地区	2020 年出口量/万吨	2019 年出口量/万吨	同比增减量/万吨	同比增幅/%
1	墨西哥	36.5	18.7	17.8	95
2	韩国	31.6	32.9	-1.3	-4
3	越南	25.5	29.7	-4.2	-14
4	泰国	24.9	26.3	-1.4	-5
5	美国	20.8	23.1	-2.3	-10
6	尼日利亚	18.9	18.2	0.7	4
7	加拿大	17.4	14	3.4	24
8	印度	17	27.9	-10.9	-39
9	澳大利亚	15.4	14.4	1	7
10	印度尼西亚	15.4	19.5	-4.1	-21
11	阿联酋	14	13.8	0.2	1
12	马来西亚	13.4	17.7	-4.3	-24
13	日本	12.6	13.9	-1.3	-9
14	沙特	9.5	9.7	-0.2	-2

续表3

排名	国家和地区	2020年出口量/万吨	2019年出口量/万吨	同比增减量/万吨	同比增幅
15	巴西	9.4	12.9	-3.5	-27
16	德国	8.5	11.8	-3.3	-28
17	菲律宾	7.9	9.5	-1.6	-17
18	波兰	7.6	6.2	1.4	23
19	意大利	7.4	9.6	-2.2	-23
20	英国	6.7	10.1	-3.4	-34
21	其他国家和地区	143	157.3	-14.3	-9

数据来源：海关总署，中国有色金属加工工业协会整理。

2020年中国铝材出口均价为17979元/吨，比上年下降4.96%，其中，铝挤压材、铝板带、铝箔分别为19793元/吨、15344元/吨和20428元/吨。而中国铝材进口均价为39789元/吨，铝挤压材、铝板带和铝箔平均进口价格分别为48571元/吨、23166元/吨和91489元/吨，如图8所示。

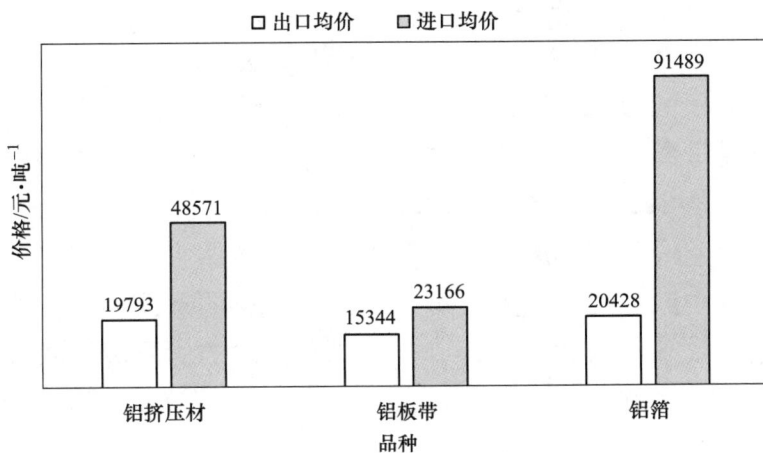

图8　2020年中国铝材进出口均价对比

数据来源：海关总署，中国有色金属加工工业协会整理

二、2020年中国铝加工工业运行状况分析

（一）政策环境分析

1.《国家危险废物名录（2021年版）》发布

2020年11月25日，生态环境部等五部委联合发布《国家危险废物名录（2021年版）》。自2018年9月以来，中国有色金属加工工业协会（以下简

称为加工协会）在有关各方的支持下，一直致力于推动行业危险废物和一般固废资源化利用和无害化处理，以及《国家危险废物名录（2016年版）》修订工作。历时两年多，工作取得积极进展，在新版危险废物名录中，加工协会的修改建议获得完全采纳，即"铝材（板）表面酸（碱）洗、粗化、硫酸阳极处理、磷酸化学抛光废水处理污泥，铝电解电容器用铝电极箔化学腐蚀、非硼酸系化成液化成废水处理污泥，铝材挤压加工模具碱洗（煲模）废水处理污泥"不再列为危险废物，一定程度上解决了困扰行业多年的危废处置成本高，甚至无处处理的难题。

2. 铝加工行业纳入环保分级管控体系

2020年1月17日，加工协会组织召开"中国有色金属加工行业环保分级管理征求意见会"，并随后制定了铝加工行业环保分级管控方案；3月23日，又组织相关部门领导和企业代表召开视频会议，对方案进一步修改完善，方案由生态环境部采用于《重污染天气重点行业应急减排措施制定技术指南（2020年修订版）》。实行环保分级管控，有利于政府精准施策、分类管理，使得环境保护和行业平稳生产运行在最大程度上得以兼顾。

3. 固体废物全面禁止进口

2020年11月25日，生态环境部等四部委联合印发《关于全面禁止进口固体废物有关事项的公告》，《公告》提出禁止以任何方式进口固体废物，生态环境部停止受理和审批限制进口类可用作原料的固体废物进口许可证的申请等相关规定，并从2021年1月1日起施行。

此前，在禁止进口固体废物政策发布之前，铝加工企业出口的铝材，在国外制成成品过程中产生的边角料，可以以工艺废料的形式回流国内再利用，固体废物禁止进口政策实施后，这部分合金成分明确的优质废铝将无法再回流到国内。

4. 三部委编制智能工厂建设指南

2020年4月28日，按照《国家智能制造标准体系建设指南》总体要求，工业和信息化部、国家发展改革委、自然资源部联合发布《有色金属行业智能加工工厂建设指南（试行）》，对加快5G、人工智能、工业互联网等新一代信息通信技术与有色金属行业融合创新发展，切实引导有色金属加工企业智能升级起到积极作用。

（二）经营形势分析

1. 订单波动幅度加大

2020年年初新冠肺炎疫情全面暴发，本应在春节后复工的企业不得不延期复工，全行业一时面临物流不畅、复工困难、出口受阻、成本增加、需求不旺等诸多困难，2 月绝大多数企业生产一度陷于停滞。面对前所未有的困难，铝加工行业坚决响应党和政府号召，全力做好自身疫情防控；积极参与防疫抗灾，捐款捐物累计达数亿元；想方设法克服困难，努力推进复工复产，到 4 月中旬，行业生产逐步恢复到同期正常水平。

4 月下旬至 6 月下旬，铝加工行业订单量同比出现激增，尤以建筑铝型材、光伏铝型材、易拉罐罐料、家用箔、空调箔、3C 电子产品材料等细分品种最为明显。第三季度，开始消化第二季度激增的"预支订单"，铝材订单量有所回落，10 月后下游需求较旺，四季度订单较三季度明显回升，产量较上年同期增长 18.98%。从表 4 可以看出，全年四个季度铝材产量及同比增减情况。

表 4   2020 年中国铝材季度产量及同比增幅情况

季度	产量/万吨	同比增长/%
一季度	1052.39	-6.29
二季度	1593.42	31.23
三季度	1367.51	-4.58
四季度	1763	18.98

数据来源：海关总署，中国有色金属加工工业协会整理。

4~6 月订单出现激增主要有以下几个方面原因：（1）受疫情影响，一季度铝加工企业复工复产延缓，且普遍无法满产，春节前订单和生产任务被迫在复工后加班加点赶工完成；（2）一季度各下游领域的生产同样受到很大影响，复工后为抢回被耽误的生产进度需要迅速补充铝材；（3）受疫情影响铝价非理性跌破成本价，由疫情前的 14000 元/吨左右最低降至 11225 元/吨。下游用户（包括部分经销商、门窗厂，甚至房地产商）根据过往经验判断铝价处于相对低位，加上货币政策宽松，银行贷款利率较低，企业自有资金和现金流较为充裕，于是提前下单订货囤积，意在博取差价；（4）2020 年 2 月，欧盟对中国出口的铝挤压材进行反倾销调查，一旦裁定将对自裁定之日起前两个月内到达欧盟的铝挤压材追加惩罚性关税，为了在裁定结果公布之前有效避税，进出口商及国外用户要求铝型材生产企业 24 小时加班，将春节前签订的全年订单赶在 7 月前执行完毕；（5）疫情造成全国大中小学无法如期开学，各种会议无法现场召开，一时间网络教学、在线办公、远程会议等需求暴增，笔记本、平板电脑销量大幅上涨，带动 3C 电子材料市场消费旺盛。

2. 行业竞争更加激烈

面对海外疫情蔓延和复杂严峻的出口形势，铝材出口量出现下降，部分企业加大了内销比重，使国内铝材市场竞争更为加剧，导致相互压价、延长账期、垫付资金等恶性竞争进一步抬头。从图9可以看出，与2015年左右相比，易拉罐罐体料、罐盖料（涂层）、单零箔、双零箔、亲水箔、空调箔、钎焊箔等产品加工费均出现明显下降。

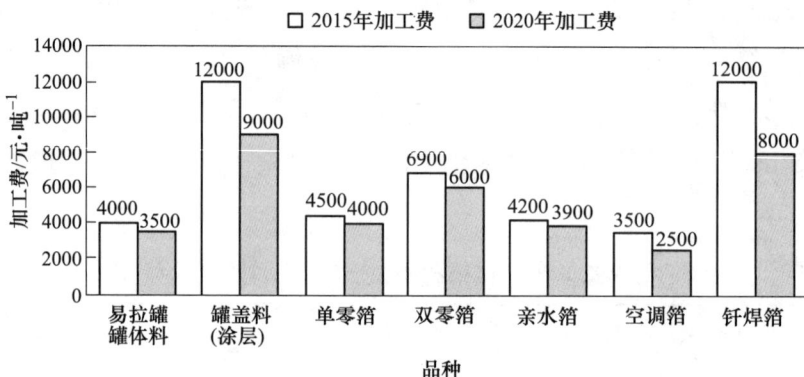

图9 2015年与2020年部分铝材产品加工费对比

数据来源：中国有色金属加工工业协会整理

3. 消费增长趋缓

据初步统计，目前中国铝的四大应用消费行业分别为建筑、交通运输、电力和包装行业，消费量占比分别为32%、22%、12%和11%左右。根据国家统计局等有关单位统计，2020年中国完成房屋竣工面积为91218万平方米，比上年下降4.9%；完成汽车产销量分别为2522.5万辆和2531.1万辆，分别比上年下降2.0%和1.9%；全国电网基本建设投资完成额为4699亿元，比上年下降6.2%，均呈现发展放缓趋势（见表5）。

表5 2020年中国重点铝消费行业主要指标完成情况

指标名称	单位	指标值	增幅/%
房屋竣工面积	万平方米	91218	-4.9
电网基本建设投资完成额	亿元	4699	-6.2
汽车产量	万辆	2522.5	-2.0
汽车销量	万辆	2531.1	-1.9

数据来源：国家统计局、国家能源局、中国汽车工业协会。

除上述传统铝消费行业，近年来在国家政策及行业推动下，中国铝应用领域的覆盖面越来越广，铝合金在汽车、家具、人行天桥等行业中应用比率逐渐提升，但总体来看，新兴消费仍有待提高。

目前，在中国铝消费行业中，交通运输排在第二位，而美国、日本最大铝消费领域已经由建筑行业转向交通运输业，美国在交通运输业用铝量甚至可以达到铝消费总量的40%左右，中国交通运输用铝量还有很大提升空间。另外，从单车平均用铝量来看，中国乘用车单车用铝量也与美国、日本等发达国家存在一定差距。

在家具行业，木质家具仍占主导地位，其销售收入占家具行业总销售收入的60%左右，金属家具占20%左右，金属家具的材质主要有钢材、铝合金等，铝家具因其诸多优势虽越来越受到人们青睐，但总体而言，尚处于起步阶段，据初步统计，铝家具在家具行业市场份额仅在3%左右。

整体来看，传统铝应用消费行业增长放缓，新兴消费尚未形成有力支撑。

4. 贸易保护加剧

近年来，贸易保护、单边主义抬头，经济全球化遭遇逆流。据初步统计，2020年全行业新增贸易救济案件多达12起，创历年之最（见表6），发起主体包括欧盟、欧亚经济联盟、海湾合作委员会、澳大利亚、埃及、印度、巴西、泰国等，涉及范围包括铝挤压材、铝板、铝箔等主要产品。此外，欧盟等国家或经济组织还对原有贸易救济案件发布肯定性裁决或发起日落复审调查共10余起。

表6　2020年中国铝加工行业新增贸易救济案件

序号	日期	发起主体	案件概要
1	2020-2-14	欧盟	对华铝型材进行反倾销立案调查
2	2020-2-17	澳大利亚	对华铝挤压件启动反倾销立案调查
3	2020-4-23	埃及	对进口铝材启动保障措施立案调查
4	2020-4-29	海湾合作委员会	对自中国进口的铝合金产品发起反倾销调查
5	2020-6-20	印度	对涉华铝箔启动反倾销立案调查
6	2020-7-29	巴西	对原产于中国的铝板和铝箔启动反倾销立案调查
7	2020-8-14	欧盟	对原产于中国的平轧铝材产品启动反倾销立案调查
8	2020-9-8	印度	对原产于或进口自中国的铝压延产品启动反倾销立案调查
9	2020-9-18	泰国	对进口铝箔启动保障措施立案调查
10	2020-10-22	欧盟	对中国铝转换箔产品发起反倾销立案调查
11	2020-12-04	欧盟	对中国铝转换箔产品发起反补贴立案调查
12	2020-12-22	欧盟	对华成卷铝箔进行反规避立案调查

数据来源：国家商务部。

当前，贸易救济呈现由发达国家向发展中国家扩散、由铝材向铝制品蔓延、由单一品种向多品种扩大之势，中国铝材出口形势更加严峻。

三、当前中国铝加工工业发展中需要关注的问题

（一）产能过剩严重

1. 产能利用率偏低

根据国家统计局数据，中国铝加工行业产能利用率仅为80%左右，考虑到铝挤压圆铸锭、铸轧带坯、扁锭等部分加工坯料在统计时被计算为加工材，所以实际利用率估计只有70%左右。

2. 全领域产能过剩

从建筑铝型材、一般工业铝型材到航空铝材、轨道交通型材、乘用车车身板、易拉罐罐料，从普通产品到高精尖产品，中国铝加工行业已经全领域产能过剩。

3. 加工费和利润率低

目前，很多铝材的加工费在过去五年左右时间内都出现了大幅下降，行业平均销售利润率已经由2016年前始终保持在5%以上快速下跌至2020年的2.6%。产能过剩日益严重，导致同质化、恶性竞争不断加剧。

（二）自主创新不足

中国铝加工产业无论是产量，还是装备水平都已经世界领先，但自主创新和引领世界铝加工产业发展的能力还明显不足，主要表现在：一是基础理论与工艺研究等基础性研究相对滞后，对技术瓶颈背后的共性科学问题的研究不足。例如，中国注册的铝合金牌号严重落后美国等发达国家，在合金化基础理论、合金的强化机理、热处理理论、位错理论、塑性变形理论、断裂机理、腐蚀理论、组织与性能的关系等基础理论的诸多方面，无论广度和深度都和发达国家有很大差距。二是在部分关键技术领域中还存在"卡脖子"难题与短板，如复杂截面型材的精密挤压技术、高性能铝合金新材料的设计与制备技术研究等难题还未得到根本解决。三是铝加工研究项目获得国家级奖项不仅数量少，而且缺乏重大颠覆性创新成果。

（三）应用开发有待加强

近年来，中国扩大铝应用工作取得了积极进展，建筑铝模板、铝制天桥、铝制家具等获得快速推广，但当前经济下行压力加大，建筑结构、交通运输、电力电子、耐用消费、包装容器、机械装备等铝消费行业均呈现不同程度的增速放缓，甚至下降，如2015～2020年中国建筑业房屋竣工面积增幅分别为

−0.6%、0.4%、−0.8%、−1.3%、−2.7%和−4.9%，而新兴消费还没有形成一定规模，同时铝还面临其他材料的替代竞争，面对巨大压力，新产品应用开发还有待加强。

四、对中国铝加工工业发展的建议

（一）谨慎投资扩产，探索新发展模式

面对全行业产能过剩和更加激烈的市场竞争，铝加工企业要谨慎投资扩产，对于确有扩产需要的企业，要优先消化行业现有过剩产能，根据自身情况，选择适合自己的并购重组方案，避免产能过剩进一步加剧，提升产业集中度，发挥规模效应。同时，鼓励有实力的企业与国际先进企业开展整体并购或部分并购，实现弯道超车。

（二）树立创新发展理念，加快科技创新步伐

从国家层面看，建议国家加大支持新材料基础研究与新产品开发，设立新材料推广应用政策性专项资金，促进新材料研究开发及产业化。

从企业层面看，铝加工企业一要按照"使用一代、储备一代、研发一代、构思一代"的策略，加强技术开发研究与积累；二要瞄准关键领域，补齐产业短板；三要提升量大面广类铝材产品的生产技术，提高生产效率和产品质量；四要加强技术人才和技工人才队伍培养，切实做到以科技创新推动产业高质量发展。

（三）坚持扩大铝应用，开辟新应用蓝海

（1）加强消费引导。引导消费者提高对铝的绿色环保、性能优势、循环利用等方面的消费认知。

（2）积极开发新产品。一是扩大量大面广领域的应用，二是在个性化、高端化、差异化应用领域下功夫。今后重点在铝制家具、铝合金桥梁、建筑铝模板、铝制餐盒、铝箔抽纸等领域进行重点突破。

（3）推动政府牵头。积极推动政府将铝制品纳入政府采购目录，引导政府机关、国企、学校、医院、体育馆等企事业单位优先选用铝制品，全面推进在老旧小区改造中优先选用铝制品。

撰稿人：章吉林、卢　建、李谦锋、吕　莉
审稿人：范顺科

品种篇

PINZHONG PIAN

2020 年铜工业发展报告

2020 年，面对突如其来的新冠肺炎疫情，在以习近平同志为核心的党中央坚强领导下，铜行业企业在做好自身疫情防控的同时，积极有序推进复工复产。铜工业在一季度探底后，从二季度起走出恢复性向好的态势。总体看，2020 年全年运行情况明显好于预期，且铜工业生产、效益及价格均好于上年水平。

一、2020 年世界铜工业发展概述

2020 年世界铜产品生产基本保持平稳，精炼铜产量和消费量均有小幅增长。

根据国际铜研究组（以下简称为 ICSG）统计，2020 年 1~11 月世界铜矿产能为 2273.2 万吨，较 2019 年同期增长 2.5%，2020 年 1~11 月世界铜矿产量为 1866.5 万吨，较 2019 年同期下降 0.1%（见表 1），其中铜精矿产量增长 0.4%，湿法铜产量下降 2.2%。产能利用率为 82.1%，较 2019 年同期下降了 2.2 个百分点。

表 1   2020 年 1~11 月世界铜矿分国别产量统计   （万吨）

序号	国别	2018 年	2019 年	2019 年 1~11 月	2020 年 1~11 月
1	智利	583.2	578.7	523.6	523.3
2	秘鲁	243.7	245.5	223.0	192.7
3	中国	162.5	168.4	152.5	156.7
4	刚果（金）	120.8	128.3	116.7	123.2
5	美国	124.8	128.5	118.3	112.5
6	澳大利亚	91.1	93.4	85.4	82.1
7	俄罗斯	77.3	79.3	72.4	79.7

续表1

序号	国别	2018 年	2019 年	2019 年	2020 年
				1~11 月	
8	赞比亚	85.4	79.7	73.1	77.1
9	墨西哥	75.1	76.9	70.4	68.5
10	哈萨克斯坦	69.5	70.1	64.1	64.4
世界总计		2056.5	2052.8	1869.1	1866.5

数据来源：ICSG。

根据 ICSG 统计，2020 年 1~11 月世界精炼铜产能 2712.1 万吨，较 2019 年增长 2.9%，2020 年 1~11 月世界精炼铜产量为 2239.2 万吨，较 2019 年增长 1.8%（见表 2），其中矿产精炼铜增长 2.9%，再生精炼铜下降 3.1%。产能利用率为 82.6%，较 2019 年下降 0.8%。2020 年 1~11 月世界精炼铜表观消费 2298.1 万吨，较 2019 年增长 2.5%。

表 2　2020 年 1~11 月世界精炼铜分国别产量统计　（万吨）

序号	国别	2018 年	2019 年	2019 年	2020 年
				1~11 月	
1	中国	929.1	978.3	894.4	9251.8
2	智利	246.1	226.9	205.0	2121.7
3	日本	159.5	149.5	136.7	1448.3
4	刚果（金）	88.9	101.9	92.7	97.5
5	俄罗斯	102.0	102.8	94.2	94.4
6	美国	111.1	102.9	94.9	82.8
7	韩国	67.5	66.3	60.6	61.8
8	德国	67.2	60.3	55.4	59.3
9	波兰	50.2	56.6	51.9	50.9
10	墨西哥	42.4	42.8	39.2	38.8
全球总计		2405.8	2404.5	2198.6	2239.2

数据来源：ICSG。

二、2020 年中国铜工业发展现状

（一）经济运行情况

1. 产量与经济效益

2020 年中国铜产品产量和经济效益保持增长，但增幅略有下降。根据国家统计局初步统计数据显示，2020 年中国铜工业规模以上企业实现营业收入

2.0 万亿元，同比增长 6.4%，占中国有色金属规模以上企业（不含黄金，下同）营业总收入的 37%；实现利润 408.4 亿元，同比增长 7.6%，占中国有色金属规模以上企业总利润的 25%。

从产业链来看，采选、冶炼、加工各环节产品产量、实现营业收入和利润均有不同程度增长。根据国家统计局初步统计数据显示，2020 年中国铜精矿含铜产量 167.3 万吨，同比增长 3.9%；独立铜矿山规模以上企业实现营业收入 476.7 亿元，同比增长 7.6%，实现利润 73.0 亿元，同比增长 29.6%。2020 年中国精炼铜产量达 1002.5 万吨，同比增长 7.4%；铜冶炼业规模以上企业实现营业收入 8731.4 亿元，同比增长 5.3%，实现利润 146.8 亿元，同比增长 0.7%。2020 年中国铜材产量 2045.5 万吨，同比增长 2.7%；铜压延加工业实现营业收入 10726.8 亿元，同比增长 6.7%，实现利润 188.6 亿元，同比增长 6.4%。

2. 主要技术经济指标

随着中国铜矿资源开发利用的深入，优质资源正逐步减少，近五年来，铜矿出矿品位呈明显下降趋势，2020 年铜矿出矿品位为 0.67%，较 2019 年下降 0.04%。与此同时，虽然选矿技术、装备不断进步，但铜矿品质的下降导致选矿回收率和精矿品位等指标没有明显提升（见表 3）。

表 3　2016~2020 年中国铜矿采选主要技术经济指标变化

指标	单位	2016 年	2017 年	2018 年	2019 年	2020 年
出矿品位	%	0.79	0.74	0.74	0.71	0.67
精矿品位	%	21.84	21.93	21.88	22.08	21.92
选矿回收率	%	87.02	86.77	86.1	86.22	86.34

数据来源：中国有色金属工业协会。

随着中国铜冶炼技术、装备不断升级，铜冶炼相关技术指标不断提升，2020 年铜冶炼总回收率为 98.72%，较 2019 年增长 0.17%，铜冶炼综合能耗（以标煤计）为 213.61 千克/吨，较 2019 年下降 12.44 千克/吨（见表 4）。

表 4　2019~2020 年中国铜冶炼主要技术经济指标变化

指标名称	单位	2019 年	2020 年
铜冶炼总回收率	%	98.55	98.72
精炼铜回收率	%	99.63	99.65
粗铜回收率	%	98.98	99.09
电铜直流电耗	千瓦时/吨	322.18	322.15

续表4

指标名称	单位	2019 年	2020 年
粗铜电耗	千瓦时/吨	723.90	715.02
粗铜煤耗	千克/吨	166.63	151.89
铜冶炼综合能耗（以标煤计）	千克/吨	226.05	213.61

数据来源：中国有色金属工业协会。

（二）产业结构

根据国家统计局初步统计数据，2020 年中国铜精矿含铜产量排名前十的省份合计产量为 146.2 万吨，占总产量的 87.4%，其中江西、云南和黑龙江产量合计占总产量的 47.3%（见表 5）。精炼铜产量排名前十的省份合计产量为 827.1 万吨，占总产量的 82.5%，其中江西、山东和安徽产量均超过 100 万吨，合计产量占总产量的 36.6%，除上述三个传统的铜冶炼大省外，广西、福建和内蒙古也已成为新的铜冶炼重要产区，产量合计占比达到 21.8%（见表 6）。铜加工材产量排名前十的省份合计产量为 1839.9 万吨，占总产量的 89.9%，其中江西、江苏、浙江、广东和安徽五个省份仍然保持着龙头地位，合计产量占总产量的 74.7%（见表 7）。

表 5 2020 年中国铜精矿含铜产量统计

序号	地区名称	铜精矿含铜/万吨	同比/%	占比/%
1	江西	33.1	-5.8	19.8
2	云南	26.1	10.9	15.6
3	黑龙江	20.0	36.2	11.9
4	甘肃	13.2	-0.1	7.9
5	西藏	11.1	24.8	6.6
6	新疆	10.8	-3.1	6.5
7	内蒙古	10.4	-5.0	6.2
8	安徽	8.1	-4.2	4.9
9	湖北	6.8	-12.4	4.0
10	福建	6.7	19.8	4.0
11	其他	21.1		12.6
合　计		167.3	3.9	100.0

数据来源：国家统计局。

表6　2020年中国精炼铜产量统计

序号	地区名称	精炼铜产量/万吨	同比/%	占比/%
1	江西	150.7	3.7	15.0
2	山东	110.3	4.9	11.0
3	安徽	105.8	8.3	10.6
4	广西	96.3	39.1	9.6
5	云南	69.9	4.9	7.0
6	福建	66.8	2.9	6.7
7	甘肃	66.3	14.3	6.6
8	内蒙古	55.5	33.1	5.5
9	河南	54.2	-4.1	5.4
10	湖北	51.2	-4.5	5.1
11	其他	175.4		17.5
合　计		1002.5	7.4	100.0

数据来源：国家统计局。

表7　2020年中国铜加工材产量统计

序号	地区名称	铜材产量/万吨	同比/%	占比/%
1	江西	384.8	4.7	18.8
2	江苏	369.8	6.5	18.1
3	浙江	274.2	-7.7	13.4
4	广东	262.1	6.3	12.8
5	安徽	236.3	-6.4	11.6
6	山东	78.4	-7.3	3.8
7	甘肃	73.3	-16.2	3.6
8	河南	67.7	26.0	3.3
9	湖南	51.7	123.2	2.5
10	湖北	41.7	16.6	2.0
11	其他	205.6		10.1
合　计		2045.5	2.7	100.0

数据来源：国家统计局。

（三）市场与价格

2020年铜价呈现先抑后扬趋势，2~3月受全球范围内新冠肺炎疫情暴发的影响，铜价急跌，3月19日跌至年内最低点4371美元/吨后开始一路稳步攀升，12月18日达到年内最高点8028美元/吨。纵观全年，全球铜精矿供应偏紧，铜精矿加工费持续下滑，原料端对铜价起到较强的支撑作用，全球流动性宽松、美元走势低迷也推动了铜价的强劲走势，如图1所示。

图1　2016~2020年LME铜价走势

数据来源：LME

2020年LME当月期铜和三个月期铜平均价分别为6168美元/吨和6180美元/吨，同比均增长2.7%；SHFE当月期铜和三个月期铜平均价分别为48742元/吨和48699元/吨，同比分别增长2.2%和2.0%（见表8）。

表8　2016~2020年LME和SHFE铜价统计

年份	LME/美元·吨$^{-1}$		SHFE/元·吨$^{-1}$	
	当月期铜	三个月期铜	当月期铜	三个月期铜
2016年	4863	4867	38152	38203
2017年	6162	6190	49361	49309
2018年	6525	6544	50531	50760
2019年	6005	6019	47701	47735
2020年	6168	6180	48742	48699

数据来源：LME、SHFE。

（四）市场消费

2020年中国精炼铜表观消费达到1469.5万吨，好于预期。从铜消费结构看，电力行业仍是主要消费领域，其次是电子通信和日用消费领域。根据中国电力企业联合会初步数据，2020年中国电力行业投资9944亿元，同比增长9.6%。根据国家统计局初步数据，中国空调制冷行业2020年空调产量

21064.6 万台，同比下降 3.8%；交通运输行业 2020 年汽车产量 2462.5 万辆，同比下降 1.4%；建筑业 2020 年房地产开发投资 14.1 万亿元，同比增长 7.0%。

（五）进出口贸易

2020 年中国铜产品进出口贸易额 889.4 亿美元，同比增长 9.1%。其中，进口贸易额 826.8 亿美元，同比增长 10.7%；出口贸易额 62.6 亿美元，同比下降 7.7%，贸易逆差 764.3 亿美元。

1. 进口情况

2020 年，中国铜产品进口整体呈增长态势，进口未锻轧铜、铜材、粗铜均有大幅增长，而受海外新冠肺炎疫情和国内相关政策等因素影响，进口铜矿及废铜均有所下降。根据海关总署统计数据，2020 年中国进口未锻轧铜 501.5 万吨，同比增长 34.8%；进口粗铜 103.0 万吨，同比增长 35.9%；进口铜材 60.9 万吨，同比增长 21.1%；进口铜矿 2176.5 万吨，同比下降 1.2%；进口铜废碎料 94.4 万吨，同比下降 36.5%（见表 9）。

2. 出口情况

2020 年，中国铜产品出口整体呈下降态势，主要表现为未锻轧铜出口下降明显，铜加工材出口继续保持增长。根据海关总署统计数据，2020 年中国出口未锻轧铜 21.2 万吨，同比下降 32.9%；出口铜材 53.2 万吨，同比增长 1.4%（见表 9）。

表 9　2020 年中国铜产品进出口情况变化

品种	进口量/吨	同比/%	出口量/吨	同比/%
未锻轧铜	5015129	34.8	212311	-32.9
其中：精炼铜	4669825	31.5	212296	-32.9
铜合金	345304	103.7	15	-51.6
铜材	609465	21.1	531909	1.4
其中：铜粉	90526	395.4	2643	-21.2
铜条杆型材	74851	44.3	10826	-8.3
铜丝	108444	9.9	66959	20.1
铜板带	113791	-0.5	48373	20.9
铜箔	191733	1.0	122484	2.7
铜管	26011	-0.6	179816	-5.7
铜制管子附件	4110	-1.5	100809	-2.9

品种	进口量/吨	同比/%	出口量/吨	同比/%
粗铜	1029937	35.9	66	725.0
铜矿	21765236	−1.2	899	−45.4
铜废碎料	943789	−36.5	164	45.1

数据来源：海关总署。

（六）投资情况

根据国家统计局初步统计数据，2020年中国有色金属工业固定资产投资同比下降1.0%，但其中铜工业固定资产投资整体有较大增幅，采选、冶炼、加工各环节均有不同程度的增长。2020年，中国铜矿采选业固定资产投资增长23%，铜冶炼业增长39.7%，铜压延加工业增长11%，增长点一方面来自环保要求下的项目技改或环保设施的投入，另一方面来自新建和扩建项目。从铜矿采选方面来看，主要有西藏玉龙铜业股份有限公司玉龙铜矿二期扩能工程、江西铜业股份有限公司城门山铜矿三期扩能工程、黑龙江多宝山铜业股份有限公司多宝山铜矿二期扩能工程、西藏巨龙铜业有限公司驱龙铜矿基建工程等；从铜冶炼方面来看，主要有赤峰金剑铜业有限责任公司搬迁改造项目、新疆五鑫铜业有限责任公司电解二期项目以及中条山有色金属集团有限公司侯马冶炼厂改扩建项目、大冶有色金属集团控股有限公司阴极铜新建项目、烟台国兴铜业有限公司搬迁改造项目等；从铜加工方面来看，主要有宁波博威合金材料股份有限公司特殊合金带材新建项目、上海五星铜业股份有限公司高精铜板带新建项目以及中条山有色金属集团有限公司高性能压延铜带、高精度压延铜箔、覆铜板项目等。

三、2020年中国铜工业经济运行状况分析

（一）政策环境分析

1. 再生原料国家标准发布实施

2020年10月16日，生态环境部、海关总署、商务部、工业和信息化部四部委联合发布了《关于规范再生黄铜原料、再生铜原料和再生铸造铝合金原料进口管理有关事项的公告》（2020年第43号）（以下简称《公告》），规定符合《再生黄铜原料》（GB/T 38470—2019）、《再生铜原料》（GB/T 38471—2019）标准的再生黄铜原料、再生铜原料不属于固体废物，可自由进口，该公告自2020年11月1日起实施。《公告》的发布体现了中国对再生铜产业的高

度重视，《公告》实施后，企业不再执行限制进口类可用作原料固体废物进口许可证制度，符合标准的铜原料均可进口。同时，《再生黄铜原料》和《再生铜原料》标准不仅适用于进口铜原料，同时也适用于国内铜原料回收，在推动中国铜工业绿色高质量发展中发挥巨大作用。

2. 工业和信息化部（以下简称"工信部"）开展新一轮企业规范公告申报工作

2019 年 9 月 4 日工信部发布了《铜冶炼行业规范条件（2019）》，并于2020 年 3 月 30 日起开始新一轮铜企业规范公告申报工作。经企业申报、专家评审、现场核查等工作流程，工信部于 2020 年 11 月 27 日对第一批符合《铜冶炼行业规范条件（2019 年）》企业名单进行了公示，并于 2021 年 1 月 4 日进行了正式公告，最终共 18 家铜企业进入符合《铜冶炼行业规范条件（2019年）》企业名单（第一批）。新一轮企业规范条件申报工作的开展，促进了铜冶炼行业技术进步，大力推动了铜冶炼行业高质量发展。

3. 国际铜期货上市

经中国证券监督管理委员会批准，2020 年 11 月 19 日国际铜期货合约在上海期货交易所子公司上海国际能源交易中心正式挂牌交易。国际铜期货是中国期货市场上首次以"双合约"模式实现国际化的期货品种，也是继原油期货、20 号胶期货和低硫燃料油期货之后，上海国际能源交易中心上市的第四个境内特定品种，采用"国际平台、净价交易、保税交割、人民币计价"的模式，全面引入境外交易者参与。国际铜期货上市为中国乃至全球的铜产业链实体企业提供了全新的风险管理工具，进一步满足了多元化的风险管理需求，为中国有色金属行业高质量发展作出了贡献。

（二）产业结构调整情况分析

1. 原料供应结构

中国铜冶炼企业生产原料主要为原生铜矿和废杂铜，两种原料生产的电解铜占比分别为 76.3% 和 23.7%，随着中国近年来以铜矿为原料的冶炼产能迅速增长，矿产电解铜产量占比进一步提高。矿产电解铜原料主要来源为国产铜矿、进口铜矿和进口粗铜，其中中国国产铜矿产量一直未有大的增长，原料中占比仅为 21.9%，主要还是依靠进口铜矿和粗铜。再生铜原料来源为进口废杂铜和国产废杂铜，2018 年以来由于政策性原因，进口废杂铜量明显下降，与此同时，国产废杂铜产量逐年增长，但随着 2020 年再生铜原料政策的实施，进口废杂铜将逐步恢复增长（见表 10）。

表10 2016~2020年中国铜冶炼原料供应结构 （万吨）

年　份	2016年	2017年	2018年	2019年	2020年
铜精矿含铜产量	185	166	151	163	167
进口铜矿含铜量	426	433	493	550	544
进口粗铜	70	80	90	76	103
国产废杂铜含铜量	93	81	92	112	164
进口废杂铜含铜量	128	149	143	124	74

数据来源：中国有色金属工业协会、国家统计局、海关总署。

2. 产业布局结构

在区位优势的驱动下，中国铜冶炼产业分布更趋于分散，江西、山东、安徽3大冶炼基地产量仍排在全国前三，广西已超过云南、甘肃等传统冶炼省份，产量跃居全国第四，增幅达39.1%，另外内蒙古产量增长迅速，排名由2019年的第十一上升到第八，产量增幅33.1%，逐步成为新的铜冶炼重要省区。与铜冶炼产业相反，铜加工产业地区集群化发展的特点更突出，江西、江苏、浙江、广东和安徽五个省份近10年一直保持着龙头地位，合计产量占比呈逐年上升态势，同时在保持了原有规模优势的前提下逐步向高端发展。

（三）经营形势分析

2020年，中国铜行业企业生产经营困难重重，除了老生常谈的环保压力和铜精矿冶炼加工费持续走低等问题外，因疫情引发的硫酸销售困难加剧、原辅材料运输和融资难等问题尤为突出。在这样的环境下，中国铜行业企业积极稳步复工复产，齐心协力解决问题，加之年内铜价节节攀升，铜行业整体经营情况表现良好，根据国家统计局初步统计数据，中国铜工业规模以上企业实现营业收入和利润分别增长了6.4%和7.6%。

从各生产环节利润来看，铜矿采选环节受各方面影响较小，利润增幅达到29.6%，利润率高达15.3%；而铜冶炼环节企业受到加工费持续下降、硫酸销售问题和环保要求等多重挤压，利润仅与2019年持平；铜加工环节则由于企业同质化竞争不断加剧，开工率低，利润增幅仅为6.4%；铜冶炼和加工环节利润率分别为1.7%和1.8%，低于有色金属行业利润率超过1个百分点，冶炼和加工环节盈利能力有待提升（见表11）。

表 11　2020 年中国铜工业经营情况统计

项目	营业收入/亿元	同比/%	营业成本/亿元	同比/%	利润总额/亿元	同比/%
铜矿采选	476.7	7.6	317.1	2.1	73.0	29.6
铜冶炼	8731.4	5.3	8347.4	5.1	146.8	0.7
铜压延加工	10726.8	6.7	10318.3	6.8	188.6	6.4

数据来源：国家统计局。

四、当前中国铜工业发展中需要关注的问题

（一）冶炼产能增长依旧较快，供给侧结构性改革任重道远

根据统计显示，2020 年铜冶炼固定资产投资增幅达到 39.7%，增幅创近年来新高。初步测算截至 2020 年底，国内粗炼产能和精炼产能将分别达到 834.8 万吨/年和 1207 万吨/年。预计 2021 年粗炼及精炼产能还将分别新增 90 万吨/年、100 万吨/年，届时国内总产能将分别达到 925 万吨/年和 1307 万吨/年。冶炼产能的快速扩张将进一步加剧铜矿原料供应压力，供给侧结构性改革任重道远。

（二）加工费持续下滑，冶炼企业经济效益进一步被挤压

2020 年铜冶炼企业与铜精矿供应商签订的长单加工费为 62 美元/吨，6.2 美分/磅❶（TC/RC）。但受全球新冠肺炎公共卫生事件影响，尤其是 2020 年下半年，国内冶炼企业冶炼产能释放速度明显高于全球矿山复工复产的速度，铜精矿供应持续紧张，加工费下滑。据悉，2020 年底新签订的 2021 年度铜精矿长单加工费为 59.5 美元/吨、5.95 美分/磅，创近 10 年的新低，而铜精矿现货加工费则一度下滑至 40 美元/吨左右。

（三）硫酸行业消费进入平台期，硫酸供需矛盾日益突出

根据中国硫酸工业协会统计，目前中国硫酸产能约为 1.2 亿吨，其中硫黄制酸产能约占 44%，冶炼制酸产能约占 36%，其他行业制酸产能约占 20%，由于近两年铜冶炼产能的快速增长，冶炼制酸产能占比在逐年提高。供需方面，根据中国硫酸工业协会统计，2020 年中国硫酸（折 100%）产量 9859 万吨，同比增长 0.3%；表观消费量为 9750 万吨，同比增长了 0.9%，硫酸市场总体呈供大于求态势。考虑到目前中国硫酸消费已步入平台期，未来硫酸市场竞争将愈发激烈，硫酸销售问题已成为铜冶炼企业必须解决的关键问题。

---

❶　1 磅=453.592 克。

五、中国铜工业下一步发展建议

当今世界正经历百年未有之大变局，新一轮科技革命和产业变革深入发展，同时国际环境日趋复杂，不稳定性、不确定性明显增加，加之新冠肺炎疫情广泛深远的影响，中国铜工业的发展充满了挑战和变数。因此，铜行业企业要深刻认识中国社会主要矛盾变化带来的新特征、新要求，深刻认识错综复杂的国际环境带来的新矛盾、新挑战，紧扣新发展阶段、新发展理念、新发展格局，以推进高质量发展为主题，以深化供给侧结构性改革为主线，以满足人民日益增长的美好生活需要为根本目的，开创铜工业发展的新格局。

（一）多渠道提升资源保障能力，夯实产业发展基础

一是要继续加大对铜等战略性矿产资源勘查力度。鼓励社会对风险勘查的投入，积极开展现有矿山深边部找矿，延长矿山服务年限，增加资源储量。二是以围绕建立境外稳定供应渠道为重点开发境外资源。加快在"一带一路"沿线地区资源开发布局，与沿线国家开展实质性地质调查合作，科学谋划双边矿业领域合作蓝图，建立长效合作机制，构筑互利共赢的全球产业链供应链利益共同体。三是加快构建废旧物资循环利用体系，制定完善再生回收利用领域相关规范和制度，建立实施再生回收行业规范条件制度及标准，培育再生资源行业骨干企业。

（二）推动铜产业链优化升级，构建与发展阶段相适应的产业体系

一是以深化供给侧结构性改革为主线，进一步优化产业布局。加强传统产业改造提升，建立市场化法治化化解过剩产能长效机制，研究制修订产业发展规划、产业调整指导目录、产业转移目录等产业政策，强化能耗、环境等指标约束，严控铜冶炼产能无序扩张。二是全面推进产业数字化，促进新一代信息技术与铜产业融合发展，推进智能矿山、数字工厂重点工程。三是强化《铜冶炼行业规范条件》引领作用，引导生产要素向工艺技术先进、环保好的企业转移。四是引导产业上下游协同发展，注重利用技术创新和规模效应形成新的竞争优势，提升产业链水平。五是培育和发展新的产业集群。鼓励国内骨干企业开展跨地区、跨所有制兼并重组，逐步形成一批具有国际影响力、竞争力、创新引领的龙头企业。

（三）深入实施创新驱动发展战略，强化制造强国的战略支撑

当今时代，科技创新已经成为产业核心竞争力，也是决定发展质量的决定因素。虽然中国铜工业近年来创新能力显著提升，重大创新成果不断涌现，部分领域技术进入并跑和领跑阶段，但也要清醒看到，铜加工产业基础材料科学研究薄弱，创新能力不适应高质量发展要求。因此要着力加强重点领域重点材料的研发与公关，完善共性基础技术平台建设，加大基础材料科学研究支持力度，补齐短板，推进高端铜基材料实现自主可控。

（四）加快绿色化发展，提升产业与自然和谐共生能力

建立健全矿业节约集约技术规范标准体系，完善绿色勘查和绿色矿山建设强制性标准。加快建立健全充分反映市场供求和资源稀缺程度，体现生态价值和环境损害成本的资源价格机制。加快绿色化改造，鼓励冶炼企业采用连续吹炼技术改造传统转炉，减少铜冶炼烟气无组织排放。

撰稿人：张　楠
审稿人：尚福山、段绍甫

2020 年铝工业发展报告

2020 年，中国铝工业经受了新冠肺炎疫情肆虐和逆全球化冲击的双重考验，积极践行"以国内大循环为主体、国内国际双循环相互促进"的新经济发展战略，电解铝供需均实现正增长，其中需求增速高于供应，成为疫情中铝消费量唯一正增长的主要经济体；电解铝成本维持低位，铝价探底回升后持续高位震荡，电解铝行业利润攀升；中国铝产业布局调整持续推进，电解铝向云南、四川等水电资源丰富、电价优势明显地区转移，行业能源结构得到优化；环保政策进一步完善，差异化、精准化要求提升；在新修订的《铝行业规范条件》的引导下，中国铝工业在高质量发展的道路上进而有为，行稳致远。

一、2020 年世界铝工业发展概述

根据国际铝业协会（IAI）初步统计数据显示，2020 年全球氧化铝产能为16018 万吨，比上年增加 1.3%；产量为 13443 万吨，增长 1.9%。2020 年全球电解铝产能为 7562 万吨，比上年增长 1.6%；产量为 6530 万吨，增长 2.6%。受中国以外经济下滑拖累，全球电解铝消费量下降 2.8%，为 6347 万吨。2015~2020 年全球氧化铝产能和产量如图 1 所示。2016~2020 年全球电解铝产能和产量如图 2 所示。

二、2020 年中国铝工业发展现状

2020 年中国铝工业总体运行良好，氧化铝和电解铝产能和产量均有所增长，尤其是水电铝发展较快，电解铝企业利润大幅提升；铝土矿、氧化铝、未锻轧铝及铝合金进口大幅增加，铝加工材出口有所下降。

（一）铝工业运行情况概述

1. 主要产品产能增加，产量实现正增长

2020 年，中国铝行业持续深化供给侧结构性改革，严控电解铝新增产能，严格落实产能置换政策，行业运行态势良好，产量实现正增长，效益明显改善。

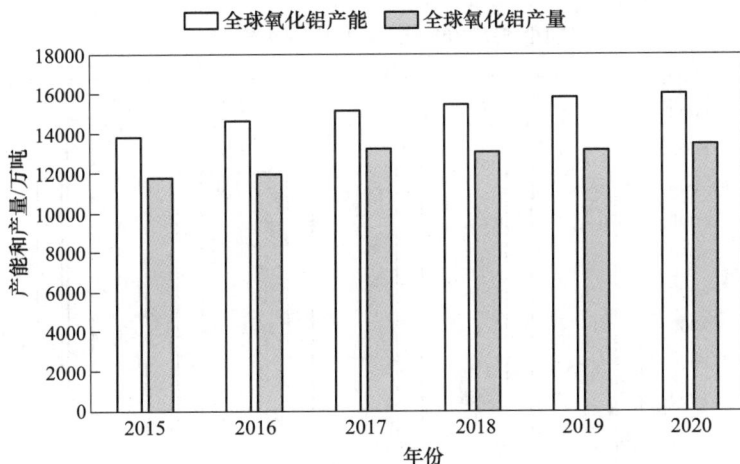

图 1　2015～2020 年全球氧化铝产能和产量

数据来源：国际铝业协会、北京安泰科信息股份有限公司

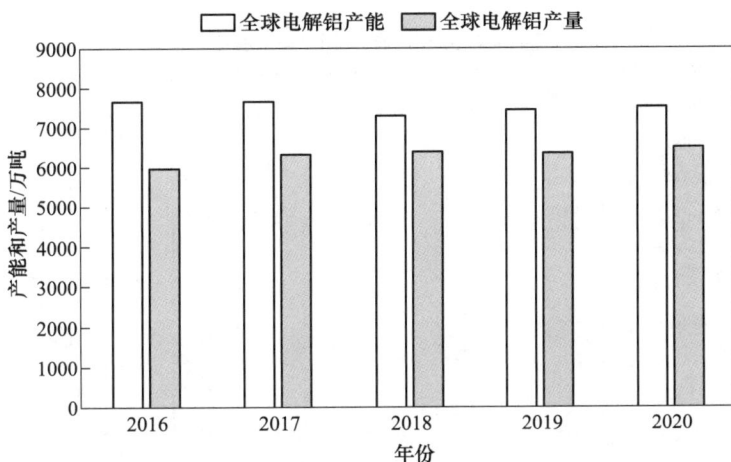

图 2　2016～2020 年全球电解铝产能和产量

数据来源：国际铝业协会、北京安泰科信息股份有限公司

根据北京安泰科信息股份有限公司统计，截至 2020 年底，中国氧化铝和电解铝产能分别为 8915 万吨/年和 4232 万吨/年，分别比 2019 年增长 2.3% 和 2.4%；中国有色金属工业协会的统计显示，2020 年中国氧化铝和电解铝产量分别为 7313 万吨和 3708 万吨，分别比 2019 年增长 0.3% 和 4.9%。2015～2020 年中国氧化铝产能和产量如图 3 所示，2016～2020 年中国电解铝产能和产量如图 4 所示。

2. 采矿业利润下降，冶炼业利润大幅增长

根据中国有色金属工业协会的统计，2020 年，铝矿采选营业收入为 103.8

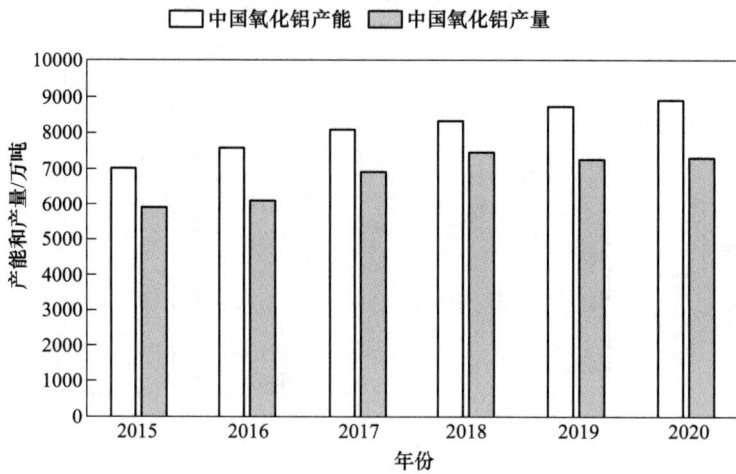

图 3　2015~2020 年中国氧化铝产能和产量

数据来源：中国有色金属工业协会

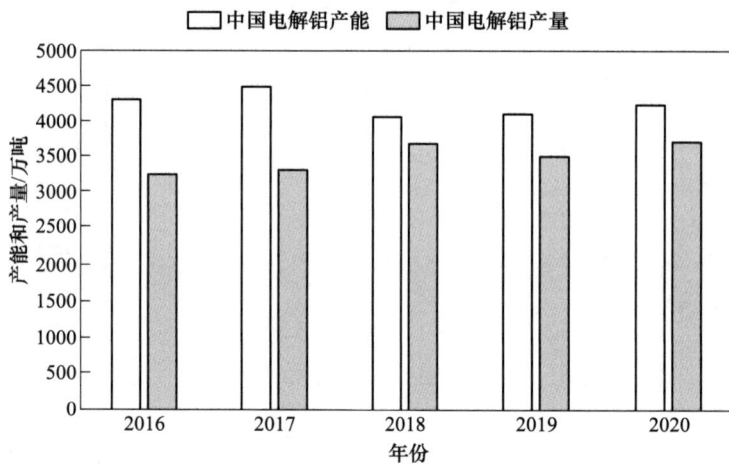

图 4　2016~2020 年中国电解铝产能和产量

数据来源：中国有色金属工业协会

亿元，比 2019 年下降 25.1%；营业成本为 84.3 亿元，下降 22.2%；实现利润 0.6 亿元，下降 65.9%。铝冶炼业营业收入为 6868.9 亿元，下降 6.9%；营业成本为 6109.6 亿元，下降 9.9%；实现利润 334.6 亿元，增长 63.6%。2016~2020 年中国铝矿采选和铝冶炼盈利情况如图 5 和图 6 所示。

3. 能耗总体稳中有降

2020 年，全国铝锭综合交流电耗为 13543 千瓦时/吨，较 2019 年增加 18 千瓦时/吨；原铝直流电耗为 12837 千瓦时/吨，较 2019 年下降 43 千瓦时/吨，

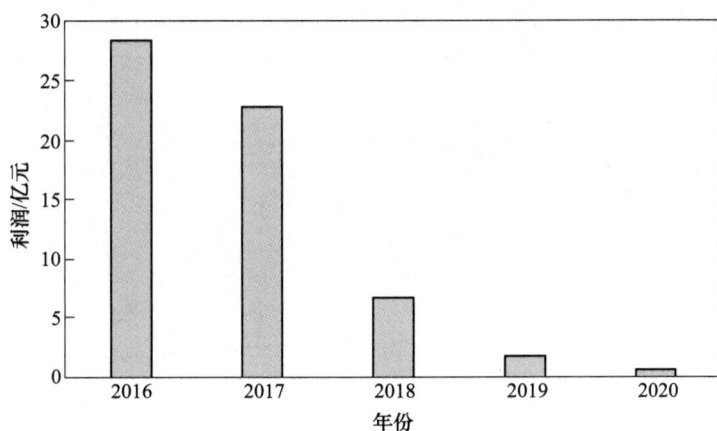

图 5 2016~2020 年中国铝矿采选行业盈利情况

数据来源：中国有色金属工业协会

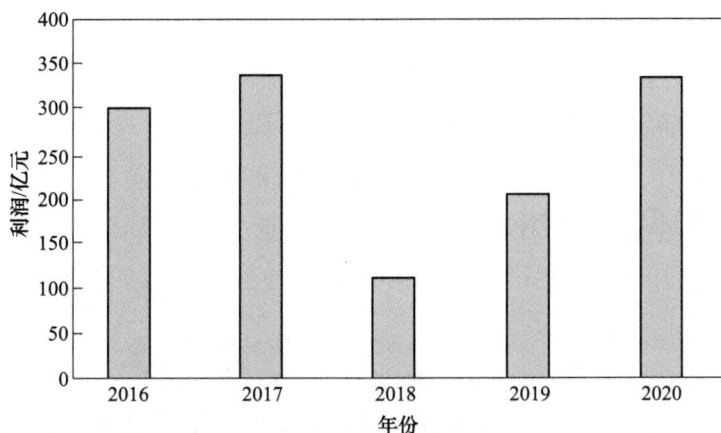

图 6 2016~2020 年中国铝冶炼行业盈利情况

数据来源：中国有色金属工业协会

铝锭综合交流电耗上升的原因主要是因增加电解铝烟气脱硫造成的。氧化铝综合能耗（以标煤计）为 353 千克/吨，较 2019 年下降 36 千克/吨。总体来看，铝冶炼工艺能耗仍然保持小幅下降趋势。2016~2020 年铝锭和氧化铝主要技术经济指标变化如图 7 所示。

（二）产业结构

1. 以进口铝土矿为原料的氧化铝产量大幅增加

为适应中国内陆铝土矿供应短缺、禀赋不佳的状况，位于中国山西省和河南省的部分氧化铝企业进行了生产线改造，把使用国产矿的生产线改造成使用进口矿的生产线，如国家电力投资集团山西铝业有限公司、中铝中州铝业有限

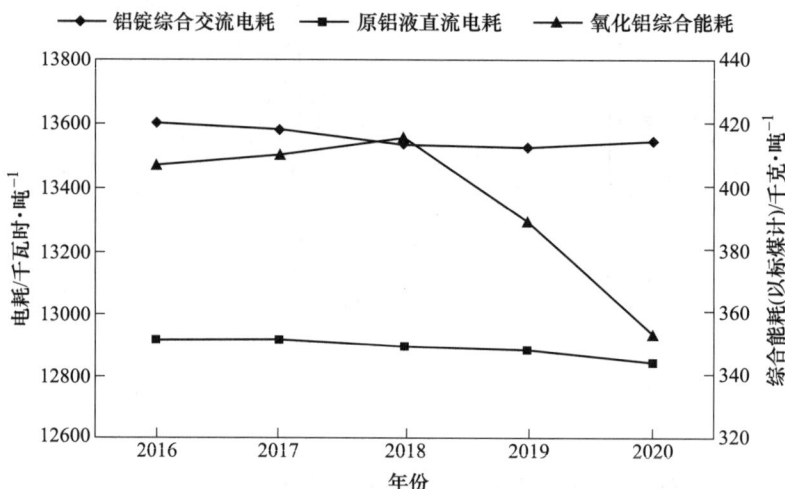

图 7　2016~2020 年铝冶炼产品能耗指标

数据来源：中国有色金属工业协会

公司、山西华兴铝业有限公司、东方希望（三门峡）铝业有限公司和洛阳香江万基铝业公司等企业都进行了生产线改造，以利用进口铝土矿，合计改造产能达到 795 万吨/年。同时，中国氧化铝产业布局逐步向西南转移，2020 年新投产 380 万吨/年产能中使用进口铝土矿的产能占比达到 79%。2020 年中国以进口矿为原料生产的氧化铝产量达到 3542 万吨，比 2019 年增加 21.7%，远远高于氧化铝总产量的增速。

2. 电解铝向西部清洁能源富集地区的转移快速推进

随着电解铝行业供给侧结构性改革持续推进，中国电解铝产能呈现了向水电丰富地区转移的趋势。2020 年是水电铝产能增长最快的一年，云南宏泰新型材料有限公司、云南神火铝业有限公司、云南其亚金属有限公司、广元中孚高精铝材有限公司等新建产能置换项目开始陆续投入生产，2020 年中国电解铝行业的用电结构中，使用水电的产能占比达到 15% 左右，比 2019 年增加 7 个百分点。

3. 产业集中度进一步提升

截至 2020 年底，中国氧化铝生产企业共 48 家，平均单厂生产规模为 186 万吨/年，较 2019 年增加 0.3 万吨/年。其中，中国铝业股份有限公司、杭州锦江集团有限公司、信发集团有限公司等前五大氧化铝企业集团产能在全国占比 74.4%，平均生产规模为 1325 万吨/年，较 2019 年提高 1.6 个百分点。

截至 2020 年底，中国电解铝集团数量为 47 个，企业数量为 85 家（以生产厂计），企业平均产能规模为 49.8 万吨/年。其中，年产能力在 20 万吨及以上的有 63 家，占总能力的 94.9%；年产能力在 30 万吨及以上的有 50 家，占总能力的 87.7%；年产能力在 40 万吨及以上的有 42 家，占总能力的 81.6%；年产能 50 万吨及以上的有 30 家企业，占总能力的 69.5%。中国百万吨以上铝业集团电解铝产能合计为 2957.5 万吨，占总产能的 69.9%。

无论是氧化铝还是电解铝，产业集中度都处于较高水平。

（三）市场价格

2020 年受疫情的影响中国国内氧化铝价格大幅下滑，铝土矿价格跟随下行。中国国产铝土矿均价为 319 元/吨，较上年下降 10%。随着中国进口铝土矿供应量的增加，进口铝土矿的价格持续下行，全年均价为 45.4 美元/吨，比 2019 年均价下降 10.8%，2020 年中国铝土矿价格及进口铝土矿价格走势如图 8 所示。

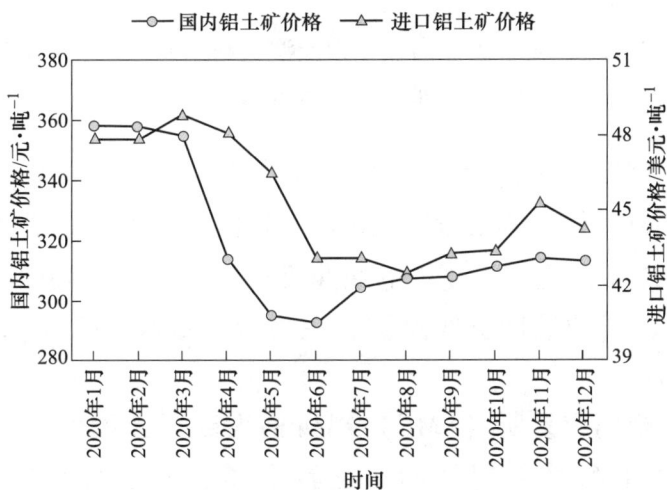

图 8　中国铝土矿及进口铝土矿价格走势
数据来源：海关总署、北京安泰科信息股份有限公司

2020 年中国国内氧化铝现货价格重心继续下移，年内最低价格为 2072 元/吨，最高价格至 2569 元/吨，波幅为 497 元/吨。全年均价为 2335 元/吨，比 2019 年均价下降 13.3%。国外氧化铝价格在 4 月上旬下降至年内最低点 224.5 美元/吨，此后随着伦敦金属交易所（LME）铝价的走高，国外氧化铝价格在四季度表现相对较强，年末氧化铝价格升至 304.5 美元/吨，较年初上涨 10.7%。2020 年国外氧化铝年均价为 2343 元/吨，比 2019 年均价下降 17.4%。2020 年中国国内氧化铝及澳大利亚氧化铝价格走势如图 9 所示。

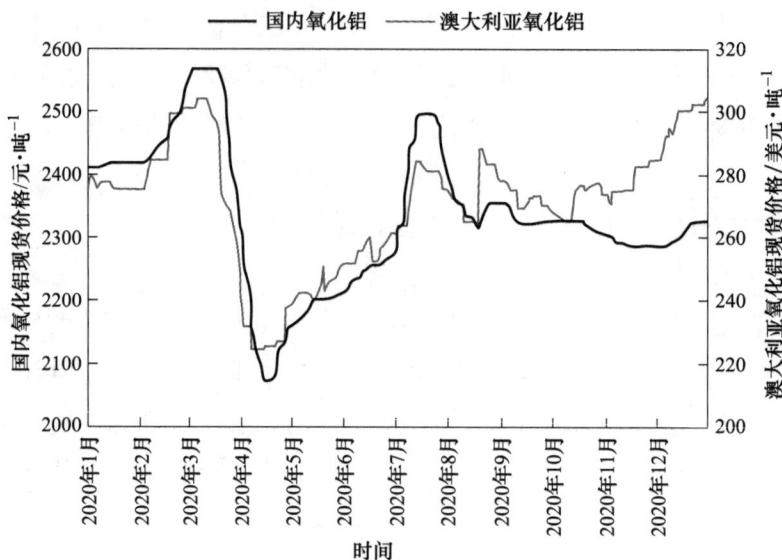

图9 2020年中国国内氧化铝及澳大利亚氧化铝价格走势
数据来源：北京安泰科信息股份有限公司

2020年，中国国内铝价在年初因新冠肺炎疫情影响而受到重挫，沪铝主力合约最低降至11225元/吨，创2016年4月以来新低。随着中国疫情得到有效控制、下游及终端行业复工复产的快速推进、铝需求大幅回升以及史无前例的货币宽松政策，带动铝价触底反弹，主力合约最高冲至16925元/吨，接近2017年的价格高位。

2020年伦敦金属交易所（LME）铝价格大跌后持续低位运行，反弹时间明显滞后。2020年5月下旬开始，伦敦金属交易所铝价在上海期货交易所（SHFE）铝价的强势带动下触底反弹，开启上扬走势，收回前期跌幅并不断上涨。但海外疫情不断蔓延导致国际宏观环境动荡不安，同时贸易摩擦仍在加剧，进而影响伦敦金属交易所铝价整体上涨强度，总体来看，中国国内铝价增幅大于中国境外地区铝价增幅。

2020年上海期货交易所当月和三个月期货的平均价分别为14127元/吨和13760元/吨，较2019年分别上涨1.5%和下跌0.8%。2020年伦敦金属交易所现货和三个月期货铝平均价分别为1702美元/吨和1728美元/吨，较2019年分别下跌5%和4.7%。

上海期货交易所、伦敦金属交易所2020年三个月期货铝价走势如图10所示。

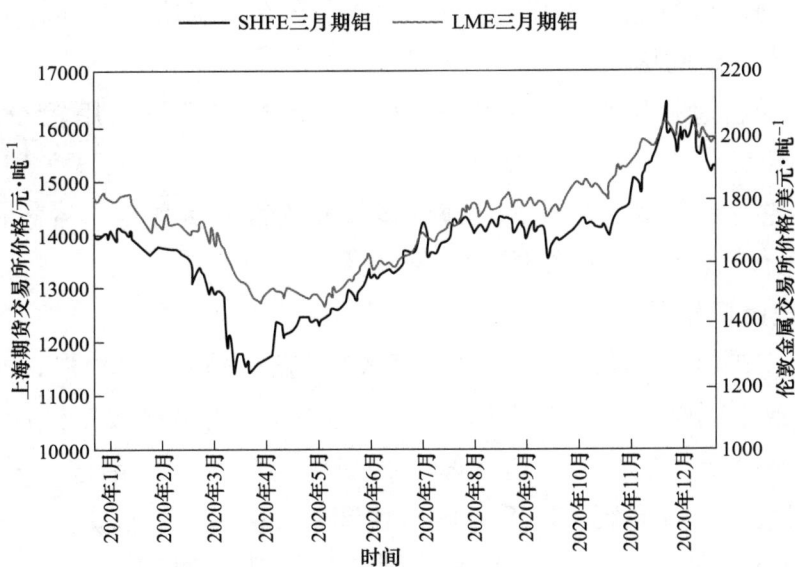

图10　上海期货交易所、伦敦金属交易所2020年三个月期货铝价走势
数据来源：上海期货交易所、伦敦金属交易所

（四）市场消费

2020年中国原铝表观消费量达到3814万吨，比2019年中国原铝消费量上升8.6%，占全球原铝消费量的60%，是2020年全球唯一一个原铝需求正增长的主要经济体。

2020年，疫情影响下的中国国内房地产市场整体表现尚可，行业投资额依旧保持了正增长，商品房销售面积和销售额同样维持了正增长。国家统计局公布的数据显示，2020年，全国房地产开发投资141443亿元，较上年增长7.0%。房地产开发企业房屋施工面积为926759万平方米，较上年增长3.7%；商品房销售面积为176086万平方米，比上年增长2.6%。另外建筑模板用铝仍延续增长态势。2020年建筑和结构领域原铝消费量呈小幅增长。

2020年电子3C产业用铝增加。国家统计局数据显示，2020年电子3C产业相关各类产品的产量有增有减，其中微型计算机设备产量较上年增加10.6%；移动通信手持机产量较上年下降13.3%，总体用铝量有所增加。

2020年中国汽车行业表现优于预期，汽车产销情况全年呈现先抑后扬的态势，一季度受疫情影响大幅下滑，从二季度开始则持续向好，全年汽车销量继续保持全球第一。中国汽车工业协会的数据显示，2020年中国汽车产销分别完成2522.5万辆和2531.1万辆，较上年分别下降2.0%和1.9%。尽管产量下降，但轻量化持续推进，汽车行业用铝量还是有所增加的。

2020年耐用消费品在家用电冰箱、自行车等消费增长的带动下，这一领域的用铝量有一定的增长。

2020年受新冠肺炎疫情影响，铝罐、铝制餐具等包装用铝量大幅增加，增速显著上升。

除了上述主要消费领域外，其他许多领域的铝消费量也不容忽视，如电解铝新建项目所消耗铝水及母线等。

（五）进出口贸易

2020年中国国内铝价在疫情得到有效控制后反弹力度较强，而海外疫情持续扩散导致中国以外铝价走势相对较弱，内强外弱格局致使沪伦比值❶持续走高，最高达到8.7的高位，进口套利窗口随之打开，原铝进口量显著增加。2020年中国累计进口原铝106.5万吨，比2019年增长1312%，其中8月进口原铝24.8万吨，是2009年7月以来月度进口原铝数量的最高值。2020年出口原铝0.97万吨，较上年下降87.3%。

2020年中国铝土矿进口量仍然保持增长的趋势，疫情对各国铝土矿的生产和出口影响有限。2020年中国进口铝土矿11158.7万吨，比上年增长10.9%，7月单月铝土矿进口量达到1100万吨，创月度进口新高。

2020年中国进口氧化铝380.6万吨，比2019年增长131%，主要进口国为澳大利亚、越南、哈萨克斯坦、印度尼西亚和印度等；2020年出口氧化铝15.5万吨，较上年下降47.7%。

2020年，中国未锻轧铝合金进口明显增长，出口显著下降。2020年，中国进口未锻轧铝合金123.3万吨，较上年增加471.6%；出口21.4万吨，较上年下降57.3%。

2020年，受疫情以及贸易摩擦影响，中国铝材进口增加，出口量显著下降。2020年，中国铝材进口40.6万吨，较上年增加14.8%；出口461.4万吨，较上年下降10.0%。

2020年中国主要铝产品进出口情况见表1。

表1　2020年中国主要铝产品进出口情况

产品	进口量/万吨	进口量增幅/%	出口量/万吨	出口量增幅/%	净进口量/万吨
铝材	40.6	14.8	461.4	−10.0	420.8
未锻轧铝合金	123.3	471.6	21.4	−57.3	101.9

❶ 沪伦比值为上海期货商品交易所铝价与伦敦金属交易所铝价的比值。

续表1

产品	进口量/万吨	进口量增幅/%	出口量/万吨	出口量增幅/%	净进口量/万吨
未锻轧铝	106.5	1312	0.97	-97.3	106
氧化铝	380.6	131.3	15.5	-43.8	365
铝土矿	11158.7	10.9	3.5	-47.7	11155

数据来源：海关总署。

三、2020年中国铝工业经济运行情况分析

2020年中国铝工业继续落实供给侧结构性改革政策，严格控制电解铝新增产能，经济运行形势得以优化。中国铝工业以《铝行业规范条件》为引领，深入实施高质量发展，不断强化清洁再生能源利用，产业结构持续优化。

（一）政策环境分析

1. 电解铝供给侧改革政策持续推进

针对电解铝产能盲目扩张屡禁不止，中华人民共和国国务院及各有关部门自2013年起相继出台了《国务院关于化解产能严重过剩矛盾的指导意见》《政府核准的投资项目目录》《国家发展改革委 工业和信息化部关于印发对钢铁、电解铝、船舶行业违规项目清理意见的通知》等一系列政策，责令杜绝以任何名义、任何方式新增电解铝产能，新项目建设需严格实施产能置换。特别是自2017年中华人民共和国国家发展改革委、工业和信息化部等四部委联合开展清理整顿电解铝行业违法违规项目专项行动以来，电解铝产能无序扩张状况得到有效遏制，形成了产能天花板（4500万吨/年）。电解铝供给侧改革政策持续推进，引导电解铝产能向优势企业和更具比较优势的地区集中。截至2020年底，累计置换电解铝产能指标1031.6万吨/年。产能指标主要向内蒙古自治区和云南省等具备能源优势的地区转移。通过产能转移，电解铝生产要素进一步优化，产业经济效益明显改善，供给侧改革政策成效显著。

2. 2020年版《铝行业规范条件》发布

2020年2月28日，中华人民共和国工业和信息化部发布了修订的《铝行业规范条件》。2020年版《铝行业规范条件》总体上更加突出引导铝行业高质量发展。从政策定位来看，旨在"推进铝行业供给侧结构性改革，促进行业技术进步，推动行业高质量发展"，规范条件的修订顺应时代的变化，符合当今产业发展的现实需求。从政策范围看，2020年版《铝行业规范条件》是针对建成稳定运行一年以上企业对标的引导性文件，不再把新建企业纳入规范的范

围，更加强调其促进技术进步和规范行业发展的引导性作用，不具有行政审批的前置性和强制性。2020 年版《铝行业规范条件》相关内容及要求既保持了延续性，又体现了先进性，更加突出创新、绿色的发展理念；另外，2020 年版《铝行业规范条件》进一步强调了市场化手段的运用，在质量、能源、环保、安全等环节都提出了管理体系建设的要求。

2020 年 11 月 27 日中华人民共和国工业和信息化部在其网站对符合《铝行业规范条件》的第一批 29 家铝企业进行了公示，其中 2 家铝土矿企业、10 家氧化铝生产企业和 17 家电解铝企业。

（二）产业结构调整情况分析

1. 电解铝产能布局进一步调整，西南地区成为布局重点

随着中国环保要求的不断提升，中国西南地区凭借丰富的绿色清洁能源优势吸引了大批投资者前往，成为承接电解铝产能转移的主要区域。

截至 2020 年底，云南省共形成电解铝产能 372 万吨/年，较 2018 年底增长 196 万吨/年，占中国电解铝总产能的比重也由 2018 年底的 4.4% 提高至 9.5%，成为产能排名第四的省份；四川省共形成电解铝产能 108 万吨/年，较 2018 年底增长 50 万吨/年，两省都实现了产能翻倍增长。

随着中国国内电解铝产能逐步向西南地区转移，广西壮族自治区、重庆等地的氧化铝新项目也在布局。

2. 铝行业用电结构发生变化，自备电产能比重下降

自 2018 年开始，以山东、河南为主的电解铝产能开始向云南、四川等清洁能源地区转移，部分企业的用电方式由燃煤自备电厂改为网购电。截至 2020 年底，中国电解铝运行产能中自备电产能比重由 2019 年的 67% 下降至 65% 左右。

2015~2020 年中国电解铝行业自备电产能比重变化趋势如图 11 所示。

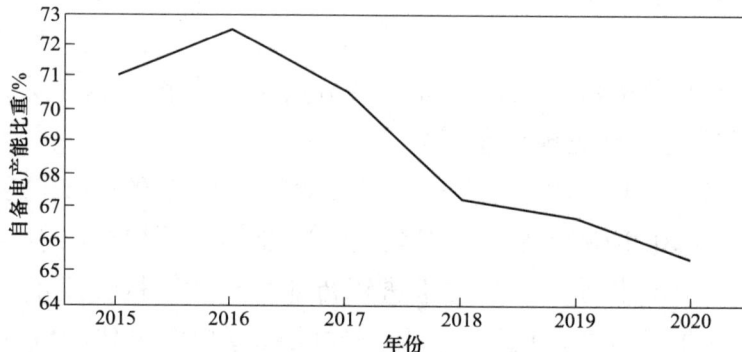

图 11　中国电解铝行业自备电产能比重变化趋势

数据来源：北京安泰科信息股份有限公司

（三）经营形势分析

2020 年铝价呈现强势"V"形反弹走势，与此同时，生产成本自 2020 年初下降之后始终保持低位运行，行业利润快速修复并且不断攀升（见图 12）。

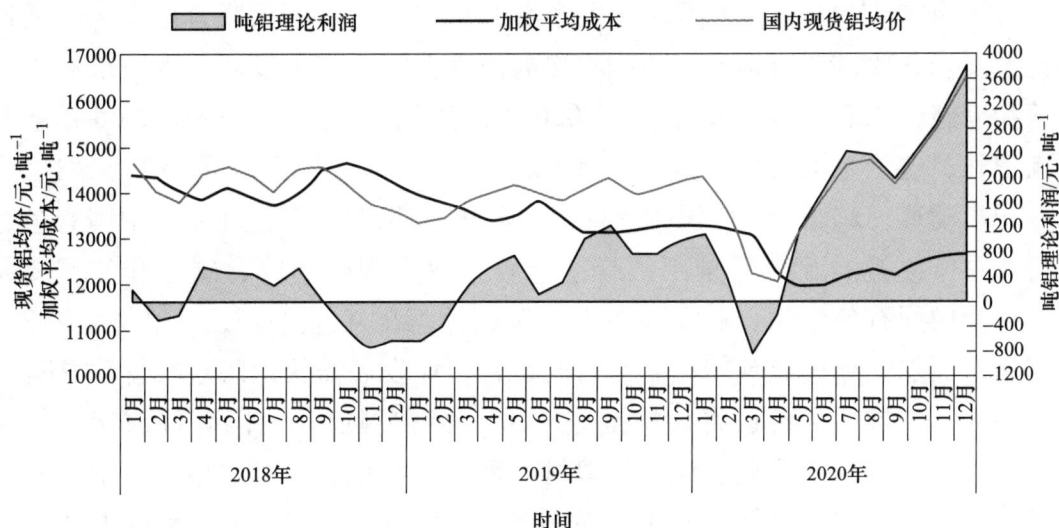

图 12　2018～2020 年中国电解铝成本与理论盈亏走势

数据来源：北京安泰科信息股份有限公司

2020 年中国电解铝产业年度平均成本较 2019 年下降 7%，而铝价上涨 1.5%。2020 年中国电解铝产业仅在 3 月、4 月因铝价暴跌而出现短暂的理论亏损，其他 10 个月均为盈利。2020 年底电解铝行业开工率高达 92.4%。

电解铝原材料价格持续低位运行，其中：氧化铝市场延续 2019 年以来的供应宽松格局，价格重心下移，2020 年平均价格比 2019 年下跌 13.3%；另外，预焙阳极及电力成本较 2019 年分别下降 7.4% 和 2.7%。

四、当前中国铝工业发展中需要关注的问题

面对全球复杂的经济局势，中国铝工业进入"十四五"重要发展时期，要高度重视中国国内铝消费以及中国政府"碳达峰和碳减排"的总体要求，推进铝工业高质量发展。

（一）中国铝消费进入低速增长期

随着中国经济由高速增长向中低速增长的转变，铝需求也转入缓慢增长阶段。从 2015 年开始，中国电解铝消费增速从多年的两位数降至一位数。北京安泰科信息股份有限公司通过大量研究认为，中国电解铝消费将于 2024 年达到峰值，峰值区间为 3708 万～4532 万吨，中值为 4120 万吨。2024 年后，随着

再生铝产量持续增长，将不断增加对电解铝的替代，电解铝需求将趋于下降。

（二）碳排放、环保、能源消费等方面硬约束将带来铝工业发展方式的重大转变

2020年9月22日，中国国家主席习近平在第七十五届联合国大会一般性辩论上发表重要讲话时指出，中国将提高国家自主贡献力度，采取更加有力的政策和措施，二氧化碳排放力争于2030年前达到峰值，努力争取2060年前实现碳中和，这是中国对全球做出的重大承诺。

初步测算，2020年中国电解铝行业 CO_2 排放量约4.2亿吨，占中国有色金属行业总排放量的65%，是中国有色金属行业实现碳达峰、碳中和的重要领域。作为中国有色金属行业需要率先实现碳达峰的工业领域之一，"十四五"期间将全面加快绿色低碳转型，制订出符合行业发展需要的碳达峰行动方案。

另外，碳排放交易也将加快推进。2017年中国启动全国碳排放交易体系建设，第一阶段涵盖石化、化工、建材、钢铁、有色、造纸、电力、航空等重点排放企业，其中，电解铝行业列入碳排放交易试点；2019年制订出《电解铝行业碳排放交易技术指南》（审定稿），2021年电解铝行业的碳排放交易有望实施。

（三）贸易摩擦频发，对铝材出口有一定的影响

中国铝行业遭遇的贸易摩擦最初始于2008年加拿大对中国铝挤压材的双反，之后密集发生，品种不但覆盖了主要铝材品种而且扩大到铝制品领域，发起国包括加拿大、澳大利亚、美国、哥伦比亚、土耳其、墨西哥和印度等。其中，美国是向中国发起贸易调查和制裁最多的国家，此外，美国对中国的制裁还引来其同盟国的纷纷效仿，中国铝产品所遭受的贸易摩擦表现出"大面积、非常规；经济问题政治化，双边问题多边化"的特点。2020年，新冠肺炎疫情在全球的暴发更是激发了单边主义情绪，贸易摩擦集中爆发，新发起的针对中国铝产品的贸易调查就有12起。贸易摩擦叠加新冠肺炎疫情，中国铝材的出口形势愈发严峻，不确定性增加。2020年中国铝材出口461.4万吨，比2019年下降10.0%。

五、中国铝工业下一步发展重点

要实现中国铝工业高质量发展，在确保中国铝工业平稳运行的前提下，要继续挖掘铝的优异性能，坚定不移扩大铝的应用；不断创新，降低碳排放，力争提前实现碳达峰。

（一）高质量发展

中国铝工业经过半个世纪的发展，实现了从计划经济体制到社会主义市场经济体制的转变；从半封闭到全方位开放的转变；从产品短缺到总产量、消费量全球第一，人均消费量超过世界平均水平、直追发达国家的转变。建立了完整的铝工业体系，取得了世界瞩目的辉煌成就，成为拉动世界铝工业发展的主要力量，有力地支撑了中国现代化事业的发展，确保了中国战略安全的需要。但铝行业长期发展过程中形成的产业结构不合理、资源匮乏、科研薄弱等深层次矛盾依然存在，"十四五"是中国铝工业高质量转型的重要历史时期，铝行业要增强信心，坚持以供给侧结构性改革为主线，把质量和效益放在首位，把创新驱动摆在更突出的位置，更加重视生态环保和打造绿色产业，优化铝产业空间布局，实现铝工业高质量发展。

（二）降低碳排放，推动行业碳达峰

铝行业处于能源消费和碳排放重点领域，推动"碳达峰"、实现"碳中和"将是下一步重点工作之一。全行业需要在以下几个方面做出努力：

（1）控制电解铝产能总量。电解铝产量是决定行业碳排放的关键因素，要继续坚定推进供给侧结构性改革，严控电解铝产能4500万吨"天花板"不放松，严禁以任何形式的新增产能出现。

（2）优化产业布局，改善能源结构。统筹大气污染防治和碳排放控制，达到碳排放和大气污染物双控的目标。在考虑清洁能源富集地区生态承载力的前提下，鼓励电解铝产能向可再生电力富集地区转移，由自备电向网电转化，减少煤炭消耗，促进可再生能源消纳，从源头削减二氧化碳排放。

（3）推动技术创新，降低碳排放强度，节能降耗。推动电解槽余热回收等综合节能技术创新；优化产业模式，提升短流程比重；提高阳极质量，优化电解工艺过程控制，进一步降低阳极单耗。

（4）推动革命性技术示范应用。加强基础研究，积极开展惰性阳极等电解铝颠覆性技术的研发和推广，减少铝电解环节的炭阳极排放。

（5）提升再生铝产业水平，承接需求结构转化。提升我国再生铝产业的整体水平，加大保级回收，不仅在数量上，而且在品质上承接起需求结构的转化。

（三）坚定不移扩大铝应用

中国是全球最大的铝生产和消费国，而中国铝工业目前处于传统消费下降而新兴消费还没有形成规模的消费换挡期，积极推进需求侧改革、坚定不移扩大铝应用、保障中国铝工业可持续发展是下一步工作重点。铝应用推广将主要体现在全铝厢式商用车、新能源乘用车、铝制家具、铝合金脚手架、铝制天桥等领域。

撰写人：孟　杰、李德峰、熊　慧、
霍云波、申凌燕
审稿人：杨云博

2020 年铅锌工业发展报告

2020 年，全球经济活动在不同程度上受到新冠肺炎疫情影响，世界铅锌工业发展也阶段性地受到不同程度冲击，产量有所下降，消费普遍萎缩。

中国率先有效控制疫情，复工、复产、达产工作稳步推进，经济企稳回升，铅锌工业运行呈现恢复性向好局面。

一、2020 年世界铅锌工业发展概述

（一）世界铅工业发展概况

2020 年，世界铅精矿、精炼铅产量及消费量同比均有不同程度下降。全球范围内，铅精矿供应过剩量较 2019 年收窄，精炼铅供应过剩量较 2019 年扩大。

1. 受疫情影响世界铅精矿产量同比下降

根据国际铅锌研究小组（ILZSG）公布的数据：2020 年，世界铅精矿含铅产量 448.2 万吨，同比下降 5.0%。2020 年世界主要国家和地区铅精矿含铅产量情况见表 1。

表 1　2020 年世界主要国家和地区铅精矿含铅产量情况

国家和地区	产量/万吨	世界占比/%	同比/%	国家和地区	产量/万吨	世界占比/%	同比/%
世界合计	448.2	100.0	−5.0	俄罗斯	21.6	4.8	−6.1
中国	196.9	43.9	−1.8	印度	20.2	4.5	0.9
澳大利亚	49.4	11.0	0.7	土耳其	7.1	1.6	0.7
美国	28.8	6.4	6.6	瑞典	7.0	1.6	−3.3
秘鲁	24.1	5.4	−21.8	塔吉克斯坦	6.5	1.5	0.0
墨西哥	24.0	5.3	−7.4	其他	62.7	14.0	−16.4

数据来源：国际铅锌研究小组（ILZSG）。

世界铅精矿生产比较集中，产量前十国家和地区铅精矿含铅产量 385.6 万吨，占世界铅精矿总产量的 86.0%。

中国是世界第一大铅精矿生产国，2020 年铅精矿产量占世界铅精矿总产量的 43.9%。除中国外，世界主要国家和地区铅精矿含铅产量 251.3 万吨，同比下降 7.4%。秘鲁受新冠肺炎疫情影响较大，严格的疫情管控措施导致矿山生产受限，全年铅精矿含铅产量 24.1 万吨，同比大幅下降 21.8% 或 6.7 万吨。

2. 再生铅产量同比下降导致世界精炼铅产量下降

根据国际铅锌研究小组（ILZSG）公布的数据：2020 年，世界精炼铅产量 1175.0 万吨，同比下降 3.6%。除中国外，世界主要国家和地区精炼铅产量 678.4 万吨，同比下降 6.1%。2020 年世界主要国家和地区精炼铅产量情况见表 2。

表 2　2020 年世界主要国家和地区精炼铅产量情况

国家和地区	产量/万吨	世界占比/%	同比/%	国家和地区	产量/万吨	世界占比/%	同比/%
世界合计	1175.0	100.0	−3.6	德国	31.5	2.7	−5.1
中国	496.6	42.3	0.1	英国	29.8	2.5	−4.1
美国	114.9	9.8	−1.6	日本	23.7	2.0	−0.2
印度	85.6	7.3	−7.2	加拿大	18.7	1.6	−25.3
韩国	76.2	6.5	−4.8	俄罗斯	18.6	1.6	−4.5
墨西哥	40.5	3.5	−9.3	其他	238.9	20.3	−6.9

数据来源：国际铅锌研究小组（ILZSG）。

中国是世界第一大精炼铅生产国，2020 年中国精炼铅产量占世界精炼铅总产量的 42.3%；世界精炼铅产量前十国家和地区精炼铅产量 936.1 万吨，占世界精炼铅总产量的 79.7%。

铅的循环、再生性较强，随着精炼铅累积消费量的不断增加，再生铅产量占精炼铅产量的比例整体呈上升趋势。当前，除中国、韩国以外，世界主要精炼铅生产国以再生铅为主，部分国家和地区精炼铅产量已全部来自再生铅。

2020 年，受新冠肺炎疫情影响，废旧铅酸蓄电池等原料供应受阻导致再生铅产量下降。2020 年，世界再生铅产量 738.6 万吨，同比下降 6.5%。世界再生铅产量占精炼铅产量的比例达到 62.9%。

3. 世界精炼铅消费普遍萎缩

根据国际铅锌研究小组（ILZSG）公布的数据：2020 年，世界精炼铅消费量 1152.7 万吨，同比下降 5.3%。其中，中国精炼铅消费量 499.6 万吨，同比持平。除中国外，世界主要国家和地区精炼铅消费量 653.0 万吨，同比下降

9.2%。2020 年世界主要国家和地区精炼铅消费情况见表 3。

表 3　2020 年世界主要国家和地区精炼铅消费情况

国家和地区	产量/万吨	世界占比/%	世界占比/%	同比/%	国家和地区	产量/万吨	世界占比/%	世界占比/%	同比/%
世界合计	1152.7		100.0	−5.3	墨西哥	30.6		2.7	−4.4
中国	499.6		43.3	0.4	西班牙	26.6		2.3	−4.9
美国	151.5		13.1	−7.8	巴西	22.2		1.9	−8.5
印度	83.0		7.2	−6.4	日本	21.7		1.9	−13.9
韩国	60.2		5.2	−1.6	意大利	20.0		1.7	−7.6
德国	37.3		3.2	−4.4	其他	199.9		17.3	−14.8

数据来源：国际铅锌研究小组（ILZSG）。

世界精炼铅消费相对集中，消费量前十国家和地区总消费量为 952.8 万吨，占世界精炼铅总消费量的 82.7%。中国是世界第一大精炼铅消费国，2020 年精炼铅消费量占世界总消费量的 43.3%。

4. 世界铅精矿供应过剩量收窄，精炼铅供应过剩量扩大

2015～2019 年，世界铅精矿供应过剩量整体呈现上升趋势。2020 年，受疫情影响，世界铅精矿产量同比下降，铅精矿供应过剩量较 2019 年收窄 31.3 万吨，至 11.9 万吨。世界铅精矿供需平衡情况如图 1 所示。

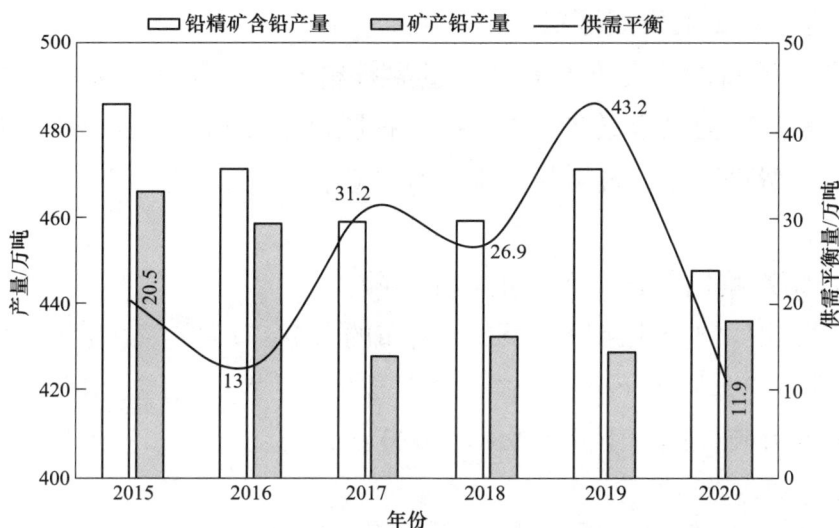

图 1　2015～2020 年世界铅精矿供需平衡情况

数据来源：国际铅锌研究小组（ILZSG）

2020 年，受全球疫情影响，世界范围内精炼铅消费普遍萎缩，精炼铅供应过剩量较 2019 年进一步扩大，达 22.3 万吨。2015～2020 年世界精炼铅供需平衡情况如图 2 所示。

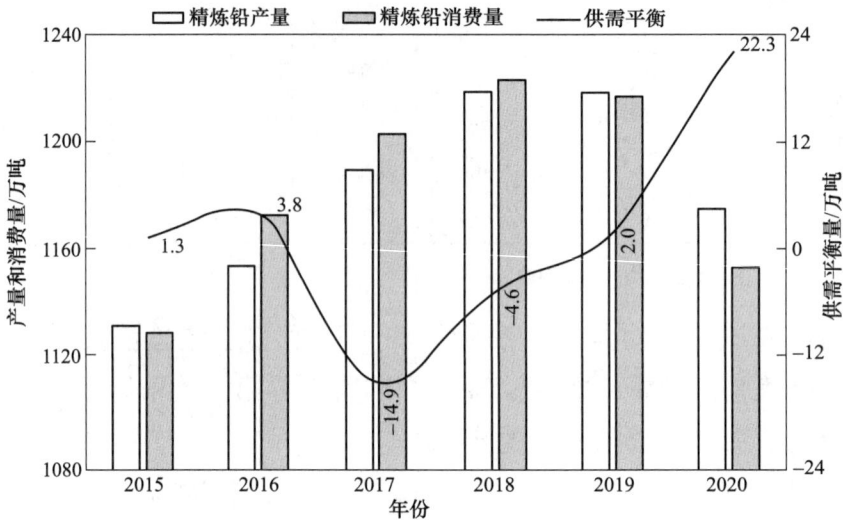

图 2　2015～2020 年世界精炼铅供需平衡情况

数据来源：国际铅锌研究小组（ILZSG）

（二）世界锌工业发展概况

2020 年，受新冠肺炎疫情影响，世界锌精矿产量同比下降，锌精矿由近年供应宽松格局转为供应紧张。中国率先摆脱疫情影响，经济恢复性向好，精炼锌产量、消费量同比实现增长。世界锌产业在中国锌产业带动下，表现强于铅产业。

1. 受疫情影响世界锌精矿产量同比下降

根据国际铅锌研究小组（ILZSG）公布的数据：2020 年，世界锌精矿含锌产量 1213.6 万吨，同比下降 5.9%。除中国外，世界主要国家和地区锌精矿含锌产量 799.9 万吨，同比下降 6.9%。2020 年世界主要国家和地区锌精矿含锌产量情况见表 4。

中国是世界第一大锌精矿生产国，2020 年锌精矿产量占世界锌精矿总产量的 34.1%。世界锌精矿生产比较集中，产量前十国家和地区锌精矿含锌产量 999.2 万吨，占世界总产量的 82.3%。

表4 2020年世界主要国家和地区锌精矿含锌产量情况

国家和地区	产量/万吨	世界占比/%		同比/%	国家和地区	产量/万吨	世界占比/%		同比/%
世界合计	1213.6		100.0	−5.9	墨西哥	63.5		5.2	−6.1
中国	413.7		34.1	−3.7	玻利维亚	36.4		3.0	−31.0
秘鲁	132.9		11.0	−5.3	俄罗斯	27.7		2.3	−2.8
澳大利亚	131.7		10.9	−1.5	哈萨克斯坦	26.4		2.2	−8.3
印度	73.1		6.0	2.6	瑞典	23.7		2.0	−5.0
美国	70.0		5.8	−7.0	其他	214.4		17.7	−9.2

数据来源：国际铅锌研究小组（ILZSG）。

2. 世界精炼锌产量受中国带动同比增长

根据国际铅锌研究小组（ILZSG）公布的数据：2020年，世界精炼锌产量1364.1万吨，同比增长1.2%。除中国外，世界主要国家和地区精炼锌产量729.9万吨，同比下降0.3%。2020年世界主要国家和地区精炼锌产量情况见表5。

表5 2020年世界主要国家和地区精炼锌产量情况

国家和地区	产量/万吨	世界占比/%		同比/%	国家和地区	产量/万吨	世界占比/%		同比/%
世界合计	1364.1		100.0	1.2	日本	49.8		3.6	−5.5
中国	634.2		46.5	2.9	澳大利亚	46.4		3.4	7.5
韩国	86.0		6.3	0.2	墨西哥	36.1		2.6	−8.1
印度	71.4		5.2	0.2	哈萨克斯坦	31.9		2.3	0.1
加拿大	68.1		5.0	4.0	秘鲁	31.9		2.3	−7.4
西班牙	49.8		3.7	−2.5	其他	258.6		19.0	0.7

数据来源：国际铅锌研究小组（ILZSG）。

2020年，世界再生锌产量157.4万吨，同比增长8.8%。除中国外，世界主要国家和地区再生锌产量69.9万吨，同比增长6.4%。

再生锌原料主要来源于钢铁冶炼的含锌烟尘等，其循环再生流程相对较长，与再生铅行业相比，再生锌产量占精炼锌产量的比例处于较低水平。2020年世界再生锌产量占精炼锌产量的比例为11.5%。

3. 世界精炼锌消费普遍萎缩

根据国际铅锌研究小组（ILZSG）公布的数据：2020年，世界精炼锌消费量1310.8万吨，同比下降4.4%。其中，中国精炼锌消费量672.4万吨，同比增长1.3%。除中国外，世界主要国家和地区精炼锌消费量638.4万吨，同比下降 9.7%。2020 年世界主要国家和地区精炼锌消费情况见表 6。

表 6 2020 年世界主要国家和地区精炼锌消费情况

国家和地区	产量/万吨	世界占比/%		同比/%	国家和地区	产量/万吨	世界占比/%		同比/%
世界合计	1310.8		100.0	-4.4	德国	38.6		2.9	-1.6
中国	672.4		51.3	1.3	日本	38.3		2.9	-16.4
美国	85.3		6.5	-9.2	土耳其	26.7		2.0	5.9
印度	54.8		4.2	-17.1	俄罗斯	21.9		1.7	-2.9
比利时	39.1		3.0	-0.8	意大利	21.8		1.7	-1.9
韩国	38.8		3.0	-18.3	其他	273.3		20.8	-10.5

数据来源：国际铅锌研究小组（ILZSG）。

世界精炼锌消费量前十国家和地区总消费量 1037.5 万吨，占世界精炼锌总消费量的 79.2%。中国是世界第一大精炼锌消费国，2020 年消费量占世界总消费量的 51.3%。

4. 世界锌精矿供应过剩量收窄，精炼锌供应过剩量扩大

2017~2019 年，世界锌精矿经历增产周期，供应过剩量持续扩大。2020 年，受新冠肺炎疫情影响，世界锌精矿供应量同比下降，锌精矿供应过剩量较 2019 年大幅收窄 78.9 万吨，至 6.9 万吨。2015~2020 年世界锌精矿供需平衡情况如图 3 所示。

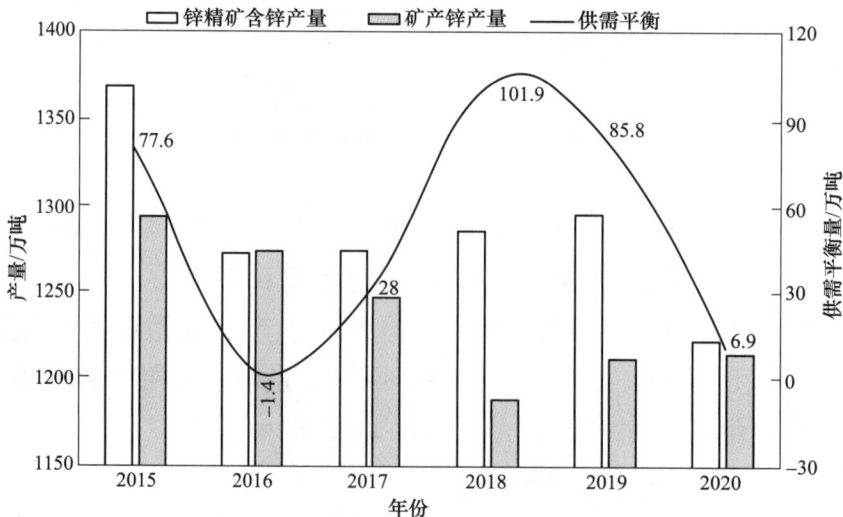

图 3 2015~2020 年世界锌精矿供需平衡情况

数据来源：国际铅锌研究小组（ILZSG）

2020 年，受全球疫情影响，世界范围内精炼锌消费普遍萎缩，同比降幅明显。精炼锌供应由短缺转为供应过剩 53.3 万吨。2015~2020 年世界精炼锌供需平衡情况如图 4 所示。

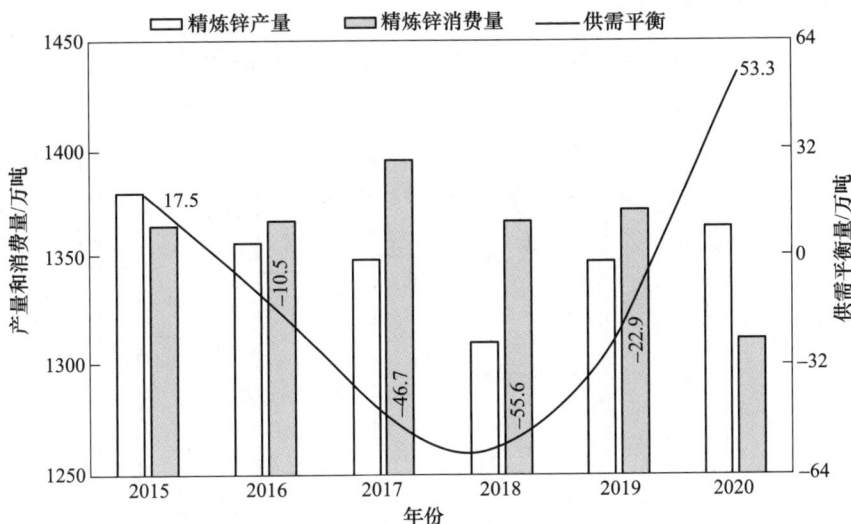

图 4　2015~2020 年世界精炼锌供需平衡情况

数据来源：国际铅锌研究小组（ILZSG）

二、2020 年中国铅锌工业发展现状

2020 年，中国铅锌工业在新冠肺炎疫情暴发初期，生产、消费均受到较大影响。疫情有效控制后，随复工、复产、达产工作稳步推进，铅锌产业生产率先恢复。铅锌消费随终端市场恢复性向好带动，逐步回暖。产业内，锌产业整体表现强于铅产业。

（一）2020 年中国铅工业发展现状

2020 年，中国铅工业运行情况与疫情发展紧密相关。全年产业运行呈现铅精矿供应紧而不缺，精炼铅产量同比增长，消费好于预期等几个特点。

1. 铅精矿供应紧而不缺

2020 年，中国铅精矿产量同比小幅增长，铅精矿进口量同比大幅下降。但在再生铅产业规模不断扩大的背景下，铅精矿供应紧而不缺，加工费小幅下降。

（1）铅精矿产量同比增长。2020 年中国铅精矿含铅产量 132.9 万吨，同比增长 6.2%。

"十三五"期间，按照党中央国务院关于打赢"污染防治"攻坚战的总要求，中国铅锌矿山深入开展违规产能清退、整治并取得阶段性成效。随着再生铅产业快速发展，铅冶炼企业对铅精矿的需求也在逐步减弱。近年中国铅精矿含铅产量情况如图5所示。

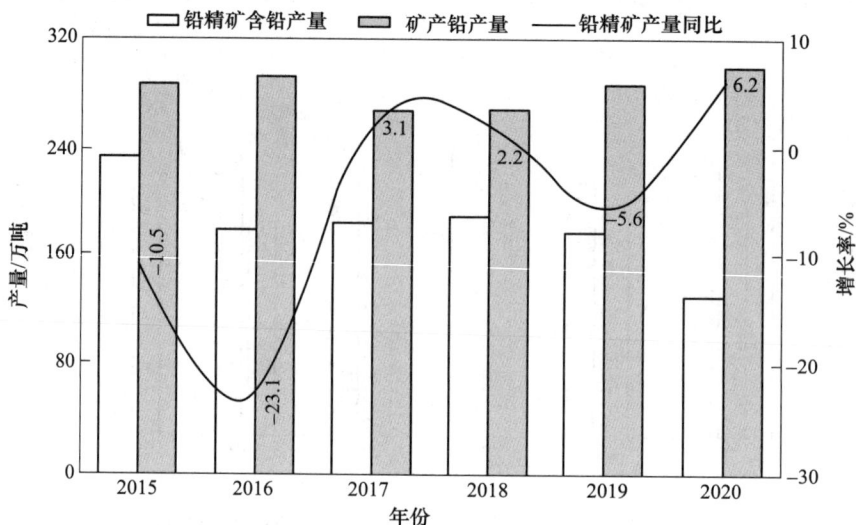

图5 近年中国铅精矿含铅产量情况

数据来源：中国有色金属工业协会（2020年数据均为初步统计数据）、国家统计局

（2）铅精矿进口量同比大幅下降。2020年，中国进口铅精矿实物量133.6万吨，同比下降17.1%。分月及全年进口情况如图6所示。

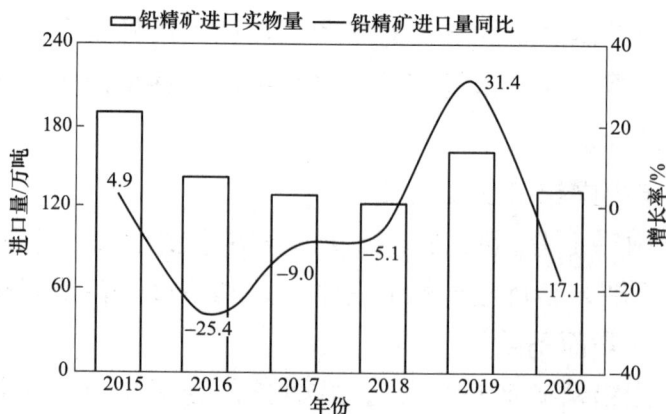

图6 近年中国铅精矿进口实物量变化情况

数据来源：海关总署

2020年，中国铅精矿进口量同比大幅下降，主要有三个原因：一是受全

球新冠肺炎疫情影响，世界铅精矿产量同比下降，精矿供应收紧；二是因金、银价格的显著上涨，刺激了银精矿（是一种银含量高的银铅精矿）的进口需求，2020 年中国进口银精矿实物量 86.2 万吨，同比大幅增长 31.4%，对普通铅精矿进口形成了部分替代；三是中国再生铅产业的快速发展，对铅精矿需求形成挤压。

2. 精炼铅产量同比增长

根据国家统计局数据：2020 年中国精炼铅产量 644.3 万吨，同比增长 9.4%。扣除重复统计数据后，2020 年中国精炼铅产量 545.0 万吨，同比增长 4.4%。近年中国精炼铅产量情况如图 7 所示。

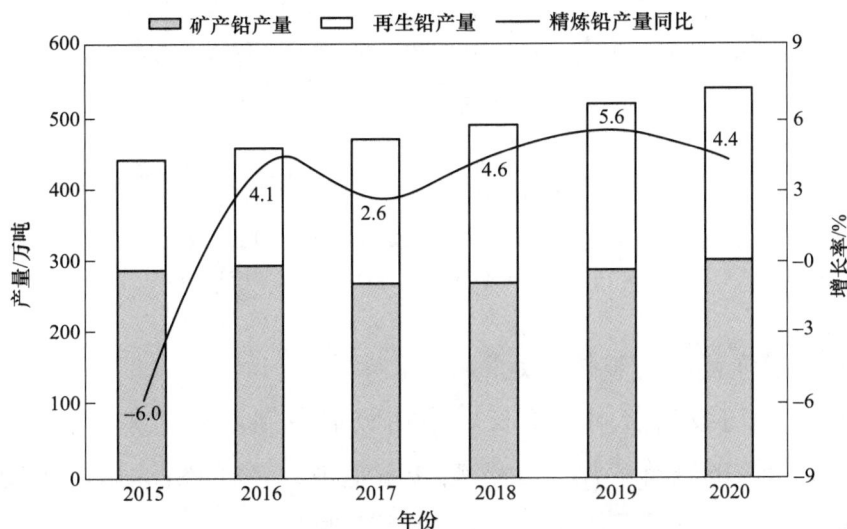

图 7　近年中国精炼铅产量变化情况

（图中 2020 年数据为扣除重复统计后的初步统计数据）

数据来源：中国有色金属工业协会、国家统计局

2020 年中国矿产铅产量为 300.0 万吨，同比增长 5.7%（扣除重复统计后的初步统计数据），与 2019 年中国矿产铅产量基本持平。再生铅产量为 245.0 万吨，同比增长 2.8%（扣除重复统计后的初步统计数据）。"十三五"期间，中国再生铅产量稳步增长，增速明显超过矿产铅。近年中国再生铅产量变化情况如图 8 所示。

3. 铅消费好于年初预期

2020 年，全球新冠肺炎疫情暴发之初，铅消费几近停滞。随中国疫情有效控制后，下游终端消费企业逐步复工达产，消费恢复，全年表现好于年初预

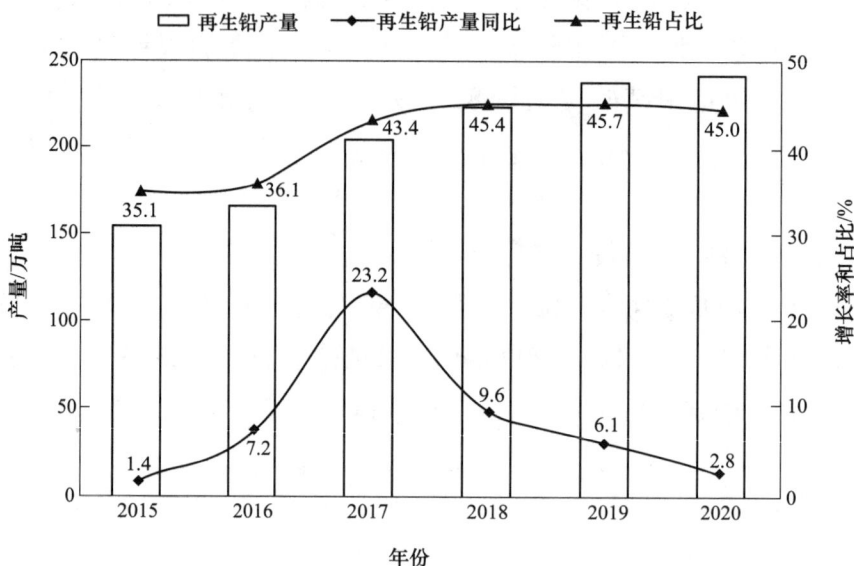

图 8　近年中国再生铅产量变化情况

（图中 2020 年数据为扣除重复统计后的初步统计数据）

数据来源：中国有色金属工业协会、国家统计局

期，但海外需求恢复动力整体不足。

（1）中国铅初级消费同比增长。铅初级消费领域极为集中，中国铅初级消费结构上，86%的精炼铅用于生产铅酸蓄电池；7%的精炼铅用于制造铅材；另有 7%的精炼铅分别用于氧化铅、铅盐等其他领域。

2020 年，中国铅酸蓄电池产量为 22735.6 万千伏安·时，同比增长16.1%。2020 年中国铅酸蓄电池分月产量情况如图 9 所示。

（2）中国铅终端消费恢复性向好。受铅酸蓄电池消费影响，中国铅终端消费主要集中在汽车、电动自行车、通信、储能、出口等几个领域。其中，汽车、电动自行车消费量占中国铅消费总量的比例超过 50%；出口消费占铅消费总量的比例接近 10%。中国铅终端消费占铅消费比例如图 10 所示。

2020 年中国生产电动自行车 2966.1 万辆，同比增长 24.3%。虽然电动自行车产量同比大幅增长，但《电动自行车安全技术规范》（GB 17761—2018）实施后，锂电池电动自行车产量占比逐渐提升，对使用铅酸蓄电池的电动自行车形成挤压。初步测算，使用锂电池的电动自行车占比已由 2017 年的不足10%，增长到 2020 年的 25%。

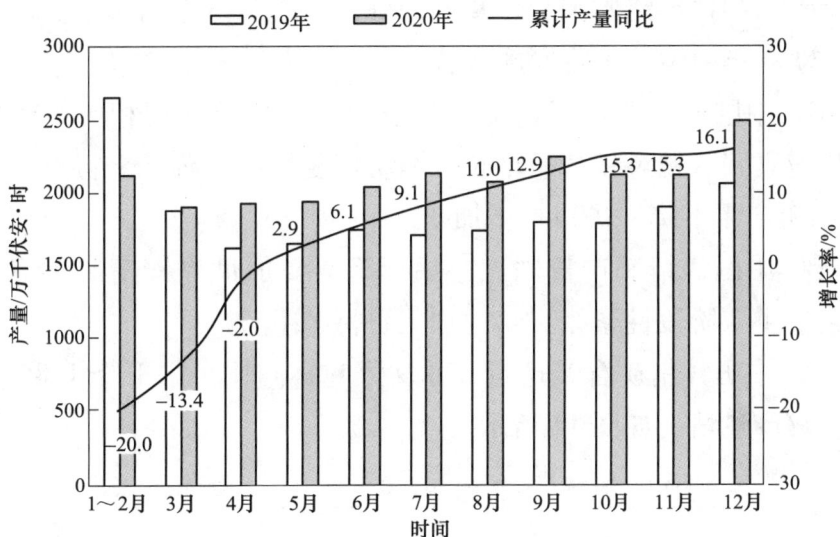

图9　2020年中国铅酸蓄电池月度产量变化情况

数据来源：中国有色金属工业协会、国家统计局

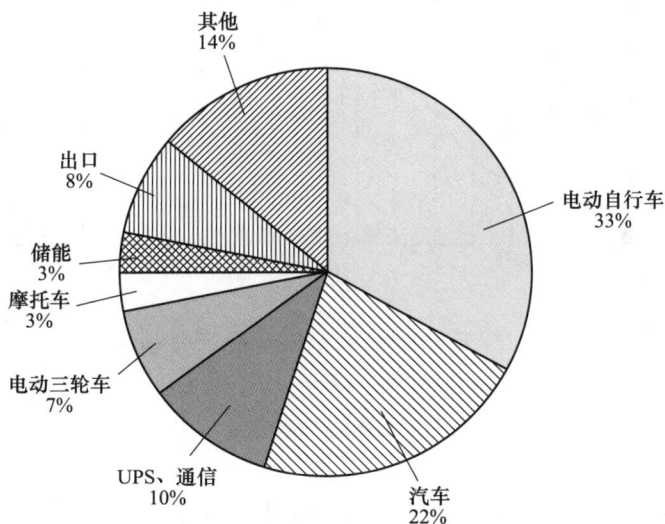

图10　中国铅终端消费结构

数据来源：中国有色金属工业协会

2020年中国汽车产销分别完成2522.5万辆和2531.1万辆，同比分别下降2.0%和1.9%，降幅较2019年分别收窄5.5个百分点和6.3个百分点。摩托车产销量分别为1702.4万辆和1706.7万辆，同比分别下降2.0%和0.4%。

2020年中国出口铅酸蓄电池17054.7万只，同比增长0.2%。

总体上看，中国铅终端消费恢复性向好，表现强于年初预期。

（二）2020年中国锌工业发展现状

2020年，中国锌工业运行情况也与疫情防控情况密切相关。产业运行呈现锌精矿供应紧张、精炼锌产量增长、消费恢复性向好等几个特点。

1. 锌精矿产量下降，进口量增加

2020年，中国锌精矿产量同比小幅下降，叠加世界锌精矿供应趋紧，导致中国锌精矿供应阶段性紧张，年内加工费持续下行。

2020年，中国锌精矿含锌产量276.9万吨，同比小幅下降1.8%。近年中国锌精矿含锌产量情况如图11所示。

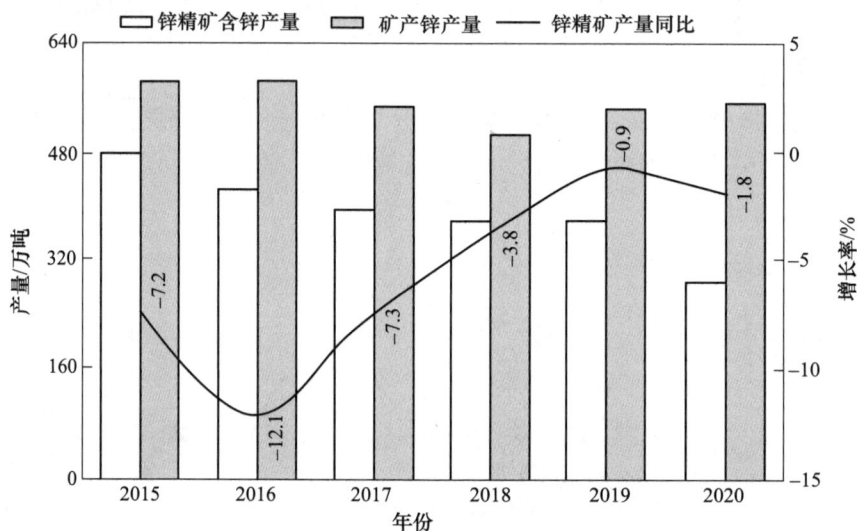

图11 近年中国锌精矿含锌产量情况

（2020年数据均为初步统计数据）

数据来源：中国有色金属工业协会、国家统计局

2020年世界锌精矿供应量下降，但国外锌冶炼需求下降，锌精矿流向中国。中国进口锌精矿实物量382.2万吨，同比大幅增长20.3%，进口金额约24.7亿美元。近年中国锌精矿进口情况如图12所示。

2. 精炼锌产量同比增长

2020年，中国精炼锌产量642.5万吨，同比增长2.7%，产量创出历史新高。其中，矿产锌产量564.3万吨，同比增长4.1%；再生锌产量80万吨，同比增长12.2%。近年中国精炼锌产量情况如图13所示。

再生锌与钢铁产业发展密切相关，原料主要来自钢厂含锌烟尘。"十三

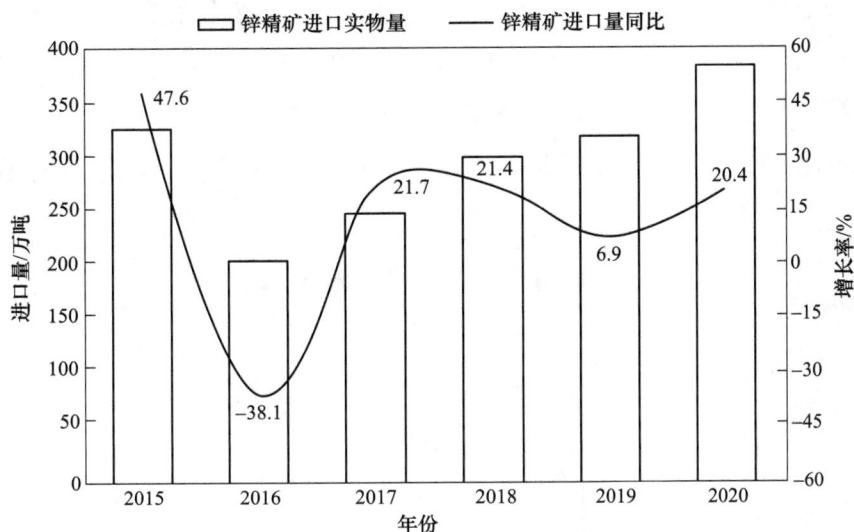

图 12　近年中国锌精矿进口实物量变化情况

数据来源：海关总署

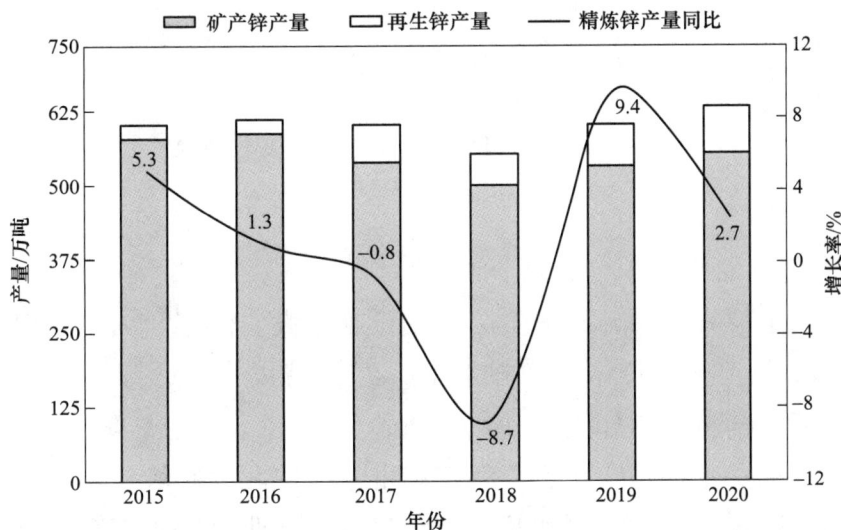

图 13　近年中国精炼锌产量变化情况

（图中 2020 年数据为初步统计数据）

数据来源：中国有色金属工业协会、国家统计局

五"以来，随着《锌冶炼用氧化锌混合物》等行业标准的实施，促进了再生锌工业循环发展。2020 年，中国再生锌产量占精炼锌产量的比例为 12.4%，达到世界平均水平，未来发展提升空间依然较大。

城镇化和制造业是推动中国经济发展的主要动力，拉动了中国精炼锌需求。中国从 2008 年成为精炼锌净进口国，年进口精炼锌始终保持在 40 万~75 万吨的较高水平，每年的精炼锌进出口贸易逆差超过 20 亿美元。2020 年，中国净进口精炼锌 54.1 万吨，同比下降 13.9%。

2020 年，中国精炼锌产量增长替代了部分精炼锌进口。近年中国精炼锌净进口情况如图 14 所示。

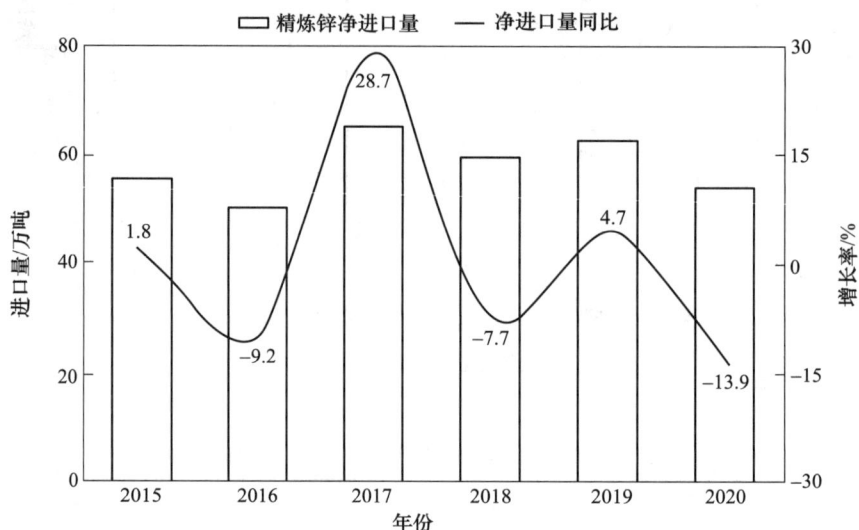

图 14 近年中国精炼锌净进口量变化情况

数据来源：海关总署

3. 锌消费恢复性向好

锌主要用于镀锌防腐，其消费与基础设施建设、汽车、白色家电等消费密切相关。2020 年，中国疫情有效控制后，经济持续恢复，锌消费需求稳步回升。中国锌初级消费结构如图 15 所示。

锌的镀锌消费主要集中在连续镀锌和批量镀锌两大领域，其终端消费与房地产、汽车、家用电器、电力和基础设施建设、工业厂房、市政设施建设等密切相关。2020 年，中国共生产镀层板（带）6138.4 万吨，同比增长 6.8%。中国镀层板（带）出口需求减弱，全年净出口镀层板（带）765.6 万吨，同比下降 15.6%。

2020 年，从中国锌终端消费领域表现情况看，中国锌终端消费需求稳步回升。根据国家统计局数据，2020 年，全国固定资产投资（不含农户）同比增长 2.9%。基础设施建设投资中，电力、热力、燃气及水生产和供应业投资同比增长 17.6%。全国房地产开发投资同比增长 7.0%。

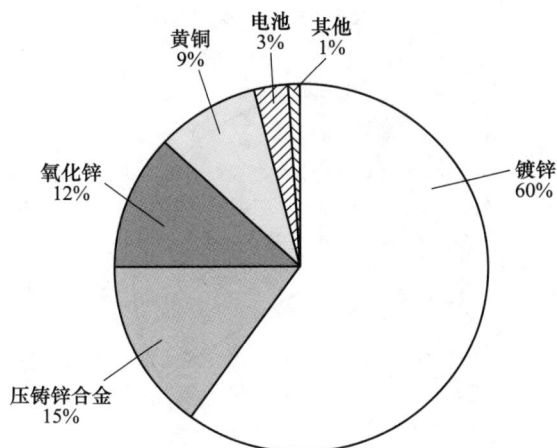

图 15 中国锌初级消费结构

数据来源：中国有色金属工业协会

2020 年，中国汽车产销分别完成 2522.5 万辆和 2531.1 万辆，同比分别下降 2.0%和 1.9%，降幅较 2019 年分别收窄 5.5 个百分点和 6.3 个百分点。白色家电产量方面，2020 年中国空调产量同比下降 3.7%；冰箱产量同比增长 8.4%；洗衣机产量同比增长 3.9%。

综合看，2020 年中国经济增长动力带动中国锌消费向好，中国锌终端消费领域表现好于预期。中国连续镀锌和批量镀锌消费结构如图 16 和图 17 所示。

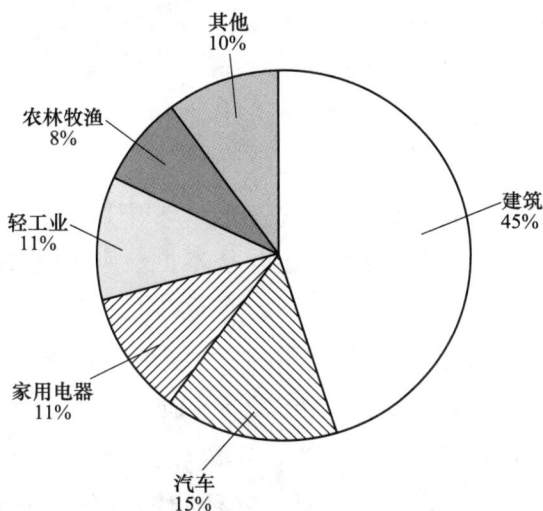

图 16 中国连续镀锌消费结构

数据来源：中国有色金属工业协会

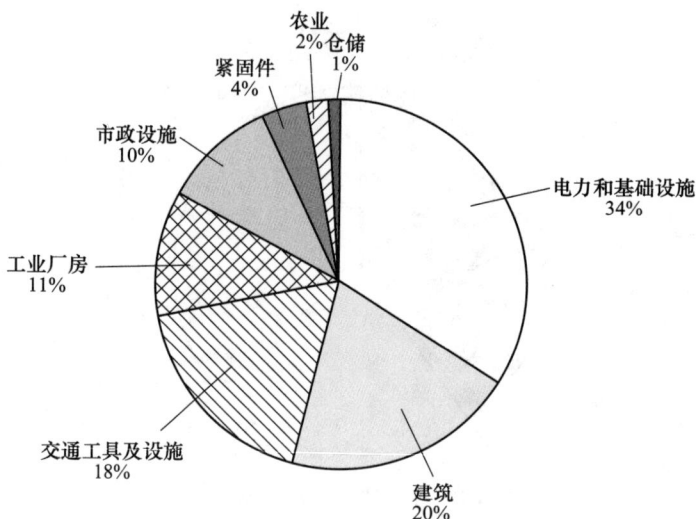

图 17 中国批量镀锌消费结构

数据来源：中国有色金属工业协会

（三）2020 年铅锌市场价格、经营形势和固定资产投资分析

2020 年，随着新冠肺炎疫情得到有效控制，中国经济快速恢复，铅锌产业整体表现好于年初预期，铅锌工业实现利润同比增长。

1. 铅锌市场价格触底回升

2020 年初，全球新冠肺炎疫情蔓延，全球产业停滞，铅、锌金属价格快速下挫，跌至近年低位。

此后，中国疫情有效控制，年内经济表现亮眼。年末，欧美主要国家疫情防控呈现向好趋势，市场消费复苏预期升温。此外，各国经济刺激政策导致市场流动性宽松。美元指数下行，流动性扩张，利好大宗商品金属价格。多重利好因素叠加作用下，铅锌金属价格触底反弹。

分品种看，铅金属由于消费领域较为单一，中国再生铅产业对原生铅产业冲击正逐年加大，铅金属价格走势更贴近基本面，年内整体宽幅波动。

2020 年，LME 三月期铅价收于 1989 美元/吨；2020 年均价 1836 美元/吨，同比下降 8.4%。现货铅均价 1825 美元/吨，同比下降 8.6%。

2020 年，国内主力合约铅均价 14672 元/吨，同比下降 11.4%；连续合约年均价 14713 元/吨，同比下降 11.3%。年内铅现货均价 14678 元/吨，同比下降 11.6%，近年 SHFE 主力合约及 LME 三月期铅均价走势如图 18 所示。

锌消费领域较广，且与基础设施建设、钢材、汽车、白色家电等产业密切相关。其价格除受基本面向好带动，受宏观经济和金融市场波动的影响强度高

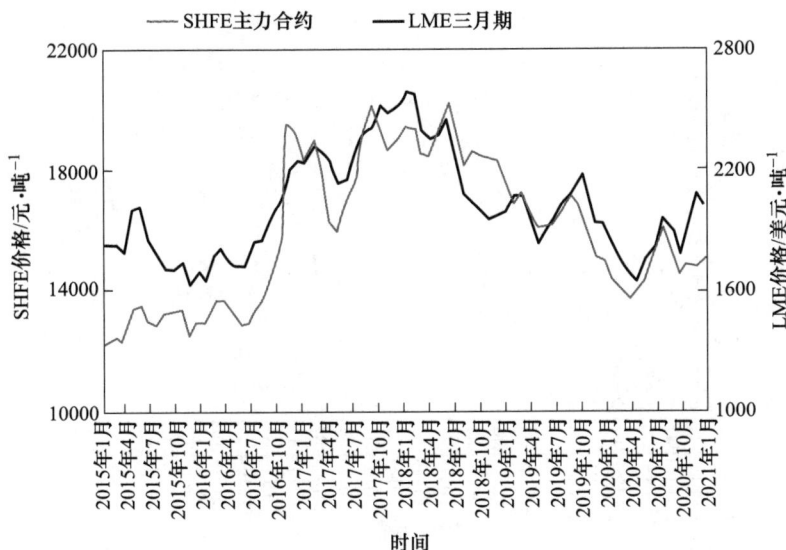

图 18　近年 SHFE 铅主力合约及 LME 三月期铅均价走势图

数据来源：上海期货交易所（SHFE）、伦敦商品期货交易所（LME）

于铅。

2020 年，LME 三月期锌开盘于 2277 美元/吨，收于 2749 美元/吨，年涨幅 474 美元/吨或 20.8%。2020 年，LME 三月期锌均价为 2276 美元/吨，同比下跌 9.2%；LME 现货锌均价为 2264 美元/吨，同比下跌 11.2%。

2020 年，沪锌主力合约锌开盘于 17900 元/吨，收于 20675 元/吨，年涨幅 2725 元/吨或 15.2%。2020 年，沪锌主力合约年均价为 18169 元/吨，同比下跌 9.1%；0 号锌现货年均价为 18276 元/吨，同比下跌 9.9%，近年 SHFE 铅主力合约及 LME 三月期锌均价走势如图 19 所示。

美国为刺激经济而采取的宽松财政和货币政策，引发金融市场推波助澜，全球通胀情绪蔓延，导致大宗商品金融属性被流动性宽松放大，影响力阶段性超越了供需基本因素，金融和商品市场大幅波动、震荡，加剧了实体企业经营风险。

2. 中国铅锌工业经营形势分析

2020 年，中国铅锌矿采选、铅锌冶炼实现利润同比增长，主要受疫情有效控制后，铅锌金属价格快速触底回升，以及副产贵金属金、银价格上涨带动。此外，中国铅锌冶炼骨干企业技术升级、挖潜增效成果显著，冶炼企业利润占铅锌工业总利润的 41.5%，处于近年较高水平。

2020 年，中国铅锌工业规模以上企业实现主营业务收入 3834.8 亿元，同

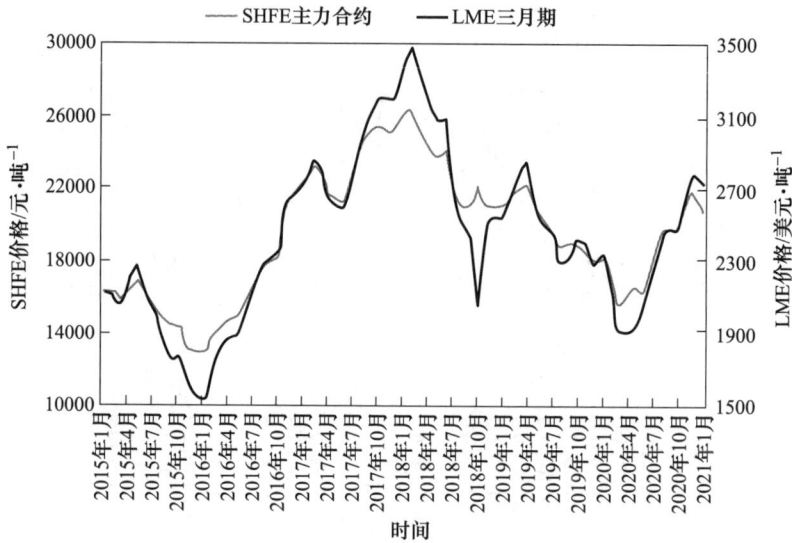

图 19 近年 SHFE 锌主力合约及 LME 三月期锌均价走势图
数据来源：上海期货交易所（SHFE）、伦敦商品期货交易所（LME）

比增长 3.7%，占全国规模以上有色金属企业（含黄金）主营业务收入的
6.6%。实现利润总额 184.1 亿元，同比增长 8.7%，占全国规模以上有色金属
企业（含黄金）实现利润总额的 10.0%。

分行业看，采选实现主营业务收入 660.7 亿元，同比下降 1.8%，占全国
规模以上有色金属矿采选企业（含黄金）主营业务收入的 24.8%；实现利润
总额 107.7 亿元，同比增长 11.2%，占全国规模以上有色金属矿采选企业（含
黄金）实现利润总额的 30.4%。冶炼实现主营业务收入 3174.1 亿元，同比增
长 4.9%，占全国规模以上有色金属冶炼企业（含黄金）主营业务收入的
11.3%；实现利润总额 76.4 亿元，同比增长 5.3%，占全国规模以上有色金属
冶炼企业（含黄金）主营业务收入的 9.7%。

近年中国铅锌工业实现利润情况如图 20 所示。

2020 年，中国铅锌工业实现利润同比虽有增长，但仍处近年较低水平。
中国铅锌工业主营业务利润率为 4.8%，略高于全国贷款基准利率。铅锌冶炼
企业经营受价格波动、精矿供应形势影响较大，抗市场风险能力有限，总体盈
利能力不强。

3. 中国铅锌工业完成固定资产投资有所下滑

2020 年，中国铅锌矿采选完成固定资产投资同比下降 5.6%，而 2019 年
同比增长 7.0%；2020 年，中国铅锌冶炼完成固定资产投资同比增长 8.9%，

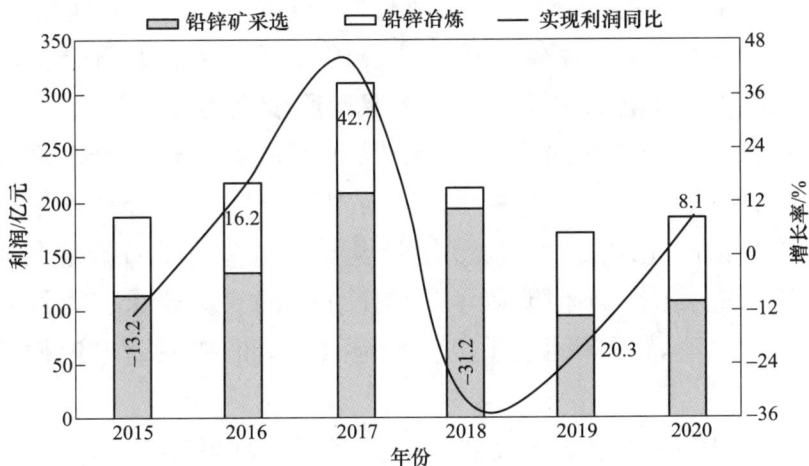

图 20　近年中国铅锌工业实现利润情况

数据来源：中国有色金属工业协会

增幅较 2019 年下降 22.2 个百分点。整体看，近年中国铅锌行业新增产能有限，完成投资主要集中在技术装备升级、再生产业发展和节能环保安全等领域。

三、2020 年中国铅锌工业政策环境和产业结构转型升级分析

2020 年，中国铅锌工业虽然受到新冠肺炎疫情冲击，但整体表现好于预期。有关行业政策、法规持续贯彻执行，对中国铅锌工业转型升级起到良好的规范、引领作用，供给侧结构性改革的成效得以显现。

（一）行业规范发展不断深入

2020 年 2 月 28 日，中华人民共和国工业和信息化部发布《铅锌行业规范条件》（2020 年第 7 号公告），规范自 2020 年 3 月 30 日起施行。

2020 版《铅锌行业规范条件》更加注重与现有政策法规的衔接，高度重视贯彻绿色发展理念，持续推进铅锌工业供给侧结构性改革，积极促进行业技术进步，推动行业高质量发展。要求湿法炼锌企业需配套相应的浸出渣处理系统；鼓励铅锌矿山通过绿色矿山认证；鼓励行业企业开展智慧矿山、智慧工厂建设；鼓励铜、铅、锌冶炼协同生产，提高资源综合利用效率；鼓励原生铅、再生铅、电池企业开展多层次全方位合作，实现产能合理配置。

中国铅锌工业企业积极对标相关要求，不断践行绿色、创新、智慧化、融合化高质量发展道路，积极申报，以高标准要求自身，引领产业发展。

2021 年 1 月 4 日，中华人民共和国工业和信息化部公告（2020 年第 55

号）发布《符合铜、铝、铅锌、镁行业规范条件的企业名单（第一批）》，中国铅锌工业有 5 座矿山、8 家铅冶炼企业、10 家锌冶炼企业符合要求。

（二）废旧铅酸蓄电池循环利用体系建设逐步完善

近年，随着再生铅产业的快速发展，废旧铅酸蓄电池安全、高效循环再生利用问题愈发突出。"十三五"期间，随着对不合法、不合规再生铅黑色产业链的打击，再生铅产业发展逐步规范化、规模化。有关废旧铅蓄电池循环利用政策、法规的相继实施，不但明确了具体工作中的有关要求，也针对行业呼吁较多的废旧铅蓄电池转运等问题予以精准施策，废旧铅酸蓄电池循环利用体系逐步完善。

2020 年 5 月 19 日，中华人民共和国生态环境部发布《关于发布国家环境保护标准<废铅蓄电池处理污染控制技术规范>的公告》（2020 年第 22 号），对《废铅蓄电池处理污染控制技术规范》（HJ 519—2020 代替 HJ 519—2009）进行了修订，以防治污染，保护生态环境，规范废铅蓄电池收集、贮存、运输、利用和处置过程的污染控制。

2020 年 5 月 20 日，生态环境部发布《关于发布<废铅蓄电池危险废物经营单位审查和许可指南（试行）>的公告》，对废铅蓄电池收集、贮存、运输、利用和处置等过程的污染控制提出明确要求。

2020 年 11 月 25 日，中华人民共和国生态环境部、国家发展和改革委员会、公安部、交通运输部、国家卫生健康委员会发布《国家危险废物名录（2021 年版）》，自 2021 年 1 月 1 日起施行。根据《国家危险废物名录（2021 年版）》，未破损的废铅蓄电池被列入《危险废物豁免管理清单》，可不按危险废物进行运输。

（三）供给侧结构性改革成效显著，产业结构调整迈向高质量发展新阶段

"十三五"期间，中国铅锌工业持续深化供给侧结构性改革，认真落实《关于营造良好市场环境 促进有色金属工业调结构促转型增效益的指导意见》（国办发〔2016〕42 号），不断深化供给侧结构性改革，在绿色环保，铜、铅、锌协同生产，资源综合利用，推动再生产业快速有序发展上取得显著成效。

加强环境保护、持续减废降排已成为中国铅锌工业乃至整个中国有色金属工业稳定健康发展的前提。"十三五"期间，中国铅锌工业企业不断提升环保红线意识，持续加大环保设施投入，积极配合环境管理部门落实有关要求，行业整体环境保护水平大幅提高。"绿色"成为五大发展理念的重中之重，环境保护成为行业可持续健康发展的前提。

以协同生产为方式，技术进步为抓手，持续推进资源综合利用，提高企业经营能力已成为中国铅锌工业高质量发展的必然途径。重视资源综合回收、尾渣综合利用，通过切实挖潜增效，实现企业稳健经营。这既是对资源的充分利用，也是中国铅锌工业企业发展的必然趋势。

未来，随着铅锌累积消费量的不断增加，再生铅、再生锌产业规模不断加大。中国在环境保护、生态治理等方面所做的工作，也将继续推进中国再生铅锌工业的发展。随着相关政策法规、物料标准的不断完善，中国再生铅、再生锌占比仍将稳步提升。

四、中国铅锌工业发展面临的主要问题

资源和环境的刚性约束，成本高企和扩大应用难度大的双重挤压，制约着中国铅锌工业的发展空间。中国铅锌产业在实现转型升级和高质量发展中依然面临着三大挑战：

一是生态文明建设和污染防治攻坚战已对我国铅锌工业发展环境产生重大影响。习近平总书记在全国生态环境保护大会上强调"坚决打好污染防治攻坚战，推动生态文明建设迈上新台阶"。全行业要认真学习习总书记的重要讲话，充分认识长江和黄河流域的生态环境保护和高质量发展问题已上升为国家战略，要坚定不移配合生态环境部开展京津冀及周边地区和汾渭平原2020~2021秋冬季大气污染综合治理。铅锌行业要扎实有效做好环境保护工作，坚决防范重大环境污染事件的发生。

二是铅锌行业矿山和冶炼发展不平衡不充分的产业结构矛盾依然存在，提高资源掌控力和科技创新驱动，是提升我国铅锌产业链、供应链的稳定性和竞争力的关键。新形势下面临的风险和挑战主要表现在：产业集中度提高缓慢、同质化竞争严重、创新动能欠缺、国际竞争力不强、容易受到市场风险的冲击、国际政治经济环境的不稳定性对我国铅锌精矿和下游产品的进出口贸易带来了不确定性风险和负面影响。

三是中国铅锌生产和消费已逐步接近平台期，再生铅产量将逐步超过原生铅。随着我国环保力度的加强和生产者延伸责任制度的有效实施，铅酸蓄电池回收和处置利用体系将得到严控，再生铅骨干企业的集中度和产能利用率将显著提高，对现有的铅产业链格局已产生较大的冲击。综合各种因素分析，我国铅消费已经逐渐进入了消费平台期，锌消费仅维持在年均1%~2%的低速增长。

五、中国铅锌工业未来发展的重要趋势和建议

中国虽已成为世界铅锌工业大国，但距离铅锌工业强国还存在一定差距。"十三五"期间，中国铅锌工业已从产能规模扩张逐步转型为向效益和质量升级发展，面对新时代、新格局，"十四五"期间的中国铅锌工业处于高质量发展的历史机遇期。

（一）构建国内国际双循环相互促进新发展格局

中国铅锌工业构建国内国际双循环相互促进的新发展格局，是对中国"一带一路"倡议的有力践行，也是构筑互利共赢的全球产业链、供应链利益共同体的有效举措。

中国铅锌工业以铅锌资源进口，铅酸蓄电池、镀锌层板（带）等产品出口为主要贸易形式，是世界铅锌工业产业链的重要环节。中国铅锌工业的发展，既与国民经济和自身产业发展密切相关，也与世界有色金属贸易和工业制造领域循环不可分割。优化和稳定中国铅锌工业产业链、供应链，是构建国内国际双循环，相互促进新发展格局的有力保障。

从国内循环看，中国再生铅锌产业的发展，将承接中国铅锌需求结构的转化。再生铅锌的循环利用，将有利缓解中国铅锌资源需求压力，从而保障供应链的稳定。此外，中国铅锌工业绿色、智能的发展方向，将内发引导优化产能配置；矿山的规模开发，冶炼的兼并重组，原生与再生与终端消费企业的深度融合，将有效降低中国铅锌企业的同质化竞争，这既能优化和稳定中国铅锌产业链、供应链，又能提升中国铅锌工业在全球的整体竞争力。

从国际循环看，"十三五"期间，中国铅锌工业企业持续践行"走出去"战略，海外项目稳步推进，国际产能合作持续突破。截至2020年，中资企业在海外持有的铅锌权益资源储量接近5000万吨，形成铅锌精矿权益产能超过85万吨。以中国五矿集团有限公司为代表的中资企业立足于国内国外两个市场，全球精矿贸易规模逐年增长。权益资源量的增加，对保障我国铅锌资源供应链起到了切实作用。此外，在国际产能合作方面，以中国恩菲工程技术有限公司为代表的工程设计、建设企业，积极推进技术输出，将中国铅锌工业高质量发展成果运用到海外项目开发建设，对促进我国铅锌工业国际循环起到带动作用，实现了"中国制造"由初级产品出口到工艺技术转让的转型升级。2020年9月，中国恩菲工程技术有限公司与Nystar签订澳大利亚霍巴特年产30万吨锌电解项目可行性研究合同，对中国铅锌工业技术进入国外冶炼技术

服务市场具有里程碑意义。2020 年 12 月，刚果（布）第一块锌板在中国黄金黑角索瑞米股份有限公司二期锌冶炼厂顺利下线，开创了刚果（布）既能产铜又能产锌的新篇章。

（二）严控冶炼总产能规模、节能降耗、循环再生是实现碳达峰、碳中和的必然选择

"碳达峰"和"碳中和"是生态文明建设整体布局的重要组成，是对中国铅锌工业实现高质量发展的鞭策和推动。"十四五"是碳达峰的关键期、窗口期，全行业要扎实践行以绿色为核心的五大发展理念，全面加快向绿色低碳循环转型。通过"严控冶炼总量、优化升级存量"，加强冶炼行业自律，改变冶炼行业同质化竞争局面。加强减污降碳技术创新，提升短流程绿色低碳工艺的行业占比，加强余热回收等综合节能循环技术应用，提高综合能源管理系统的智能化管理水平。

要优化产业模式，完善相关产业政策，合理谋划产业布局，提升再生铅锌行业企业规范化、规模化发展水平。再生铅锌产业具有全生命周期能源消耗低、污染物排放低、CO_2 排放量低的显著特点，当铅锌消费和社会积蓄量达到一定规模时，将对矿产铅、矿产锌形成替代。

与此同时，"碳达峰"和"碳中和"也是中国铅锌工业转型发展的历史机遇，提高水电、风电、光电等清洁能源供应占比，将拉动电网、铁塔、太阳能支架建设，从而带动储能铅蓄电池、镀锌钢材等铅锌消费需求。

（三）正视产业发展和技术进步，尽早破除"两高一资"政策瓶颈

铅锌工业作为原材料工业的重要组成部分之一，在国民经济建设中具有不可或缺的重要作用。有色金属的产业特性，决定其基础能源消耗与排放要高于其他产业，但"没有落后的产业，只有落后的产品。"2000 年以来，中国铅锌工业深入贯彻党中央的一系列工作要求，大力淘汰落后产能、大力加强技术创新，节能减排已经走在世界前列。2000~2019 年，中国铅、锌单位产品冶炼能耗分别下降 53.3% 和 65.8%。2020 年，能耗又比 2019 年分别下降 5.6% 和 2.6%。骨干企业普遍达到特别排放限制标准，排放水平位居世界领先水平。智能制造、碳达峰正成为中国铅锌工业发展的方向。

中国铅锌工业在高质量发展进程中，已通过技术、工艺、装备进步在清洁生产、节能降耗、资源综合利用等绿色低碳循环领域取得显著成效，中国铅锌工业也将继续以实际行动破除"两高一资"政策瓶颈，从而争取金融、财税、贸易等方面普惠性政策，促进行业可持续健康发展。

六、结语

2020 年，面对新冠肺炎疫情，在以习近平同志为核心的党中央坚强领导下，中国铅锌工业、企业在做好自身疫情防控的同时，积极有序推进企业复工复产。在一季度探底后，从二季度起走出恢复性向好的态势，2020 年中国铅锌工业运行情况明显好于预期。

"十四五"期间，在中国特色社会主义制度的强大优势下，通过国家有关部门、行业协会、企业的共同努力，中国铅锌工业将按照"五位一体"总体布局和"四个全面"战略布局，牢固树立和贯彻落实"创新、协调、绿色、开放、共享"五大发展理念，继续深化供给侧结构性改革，强化对世界经济和铅锌工业发展规律的认识，在"严控冶炼总量、优化升级存量"上狠下功夫；通过技术进步和产业链协同发展，把绿色低碳循环作为产业发展之本；在构建双循环新发展格局中，提升我国铅锌产业链、供应链的稳定性和竞争力，增强资源保障能力和定价话语权，抓住机遇，迎接挑战，为建设中国有色金属强国作出新的更大贡献。

撰稿人：马　骏、彭　涛
审稿人：尚福山

2020 年镁工业发展报告

2020 年，新冠肺炎疫情肆虐全球，各国经济遭受重创。经过艰苦努力，中国率先实现复工复产，经济恢复好于预期，全年国内生产总值增长 2.3%。受此影响，2020 年国内镁价出现大幅波动，供应基本稳定，出口大幅下降，国内需求稳定增长。

一、2020 年世界镁工业发展概述

美国地质勘探局（United States Geological Survey，USGS）统计数据显示，目前，除中国外生产原镁的国家有 7 个，分别是美国、俄罗斯、以色列、哈萨克斯坦、乌克兰、巴西、土耳其。

2020 年 5 月，韩国浦项制铁公司宣布停止生产原镁（该公司曾有意将镁冶炼产能从 1 万吨/年提高到 10 万吨/年）。马来西亚鼎和矿业控股有限公司镁冶炼厂（产能为 1.5 万吨/年）维持间歇性生产，2020 年暂无统计数据。

综合来看，中国有色金属工业协会镁业分会预计 2020 年全球原镁产能为 167 万吨，产量为 112 万吨，同比下降 3.44%；2020 年全球镁消费量在 110 万吨左右，较上年减少 4.35%。

二、2020 年中国镁工业发展现状

2020 年中国镁工业发展现状从镁工业经济运行情况、产业结构、市场价格、市场消费、进出口贸易以及投融资情况六个方面进行概述。

（一）经济运行情况

1. 2020 年原镁产量同比下降 0.77%

据中国有色金属工业协会镁业分会初步统计，2020 年中国原镁产能 137.23 万吨，原镁产量 96.10 万吨，镁合金产量 34.22 万吨，镁粉产量 11.15 万吨。2020 年国内原镁产能同比减少 10.95%；产能减少主要是对业内长期停产部分产能的删减（见表 1）。

表1 2019~2020年中国原镁、镁合金、镁粉产能产量统计情况（万吨）

年份	原镁产能	原镁产量	镁合金产量	镁粒（粉）产量
2019年	154.11	96.85	38.58	12.04
2020年	137.23	96.10	34.22	11.15
同比/%	-10.95	-0.77	-11.30	-7.39

数据来源：2019、2020年中国镁产能、产量相关数据均为中国有色金属工业协会镁业分会（以下简称"镁业分会"）初步统计数据。

从上述统计数据可以看出，2020年国内主要镁产品的产量均有所下降，其中镁合金下降幅度相对较大。

2. 2020年规模以上镁冶炼企业经济效益好转

据国家统计局初步统计数据：70家规模以上镁冶炼企业的产品销售收入为123.31亿元，同比缩减31.35%；利润总额为-29.25亿元，同比增长18.94%。

3. 主要生产技术经济指标基本稳定

2020年皮江法镁冶炼生产技术经济指标：还原周期为8~12小时，料镁比为6.2~7.0，劳动生产率为35~50吨/（人·年）。

（二）产业结构

2020年，中国镁产业仍以镁冶炼产品为主，加工产品为辅。国内镁冶炼已形成以陕西、山西地区为主，新疆、内蒙古等地区为辅的发展格局。镁深加工以山西、广东、重庆、江苏、安徽和上海为主要生产地区，加工产品应用以交通、3C等领域为主。

2020年，陕西省原镁产量继续保持国内首位，产量占比由2019年的59.29%上升至63.19%；新疆地区产量占比为5.37%，较2019年的4.23%略有上升。其他地区产量占比都出现了不同程度的下降，其中，山西省产量占比从2019年的22.23%下降到20.64%；内蒙古产量占比从2019年的4.61%下降到3.63%（见表2）。

表2 2020年部分省区镁冶炼产能、产量分布统计情况

地区	企业个数	生产能力		产量	
		合计/万吨	全国占比/%	合计/万吨	全国占比/%
陕西	35	73.01	53.20	60.72	63.19
山西	10	33.10	24.12	19.83	20.64

地区	企业个数	生 产 能 力		产 量	
		合计/万吨	全国占比/%	合计/万吨	全国占比/%
新疆	3	5.50	4.01	5.16	5.37
内蒙古	3	5.00	3.64	3.49	3.63

数据来源：镁业分会。

2020年，中国镁冶炼产能集中度有所提升。

据镁业分会统计，国内镁冶炼企业前十名产量合计为39.09万吨，相对2019年前十名的35.01万吨增长11.65%。产量在1.0万吨以上的镁冶炼企业有41家，较2019年的46家有所减少，产量合计为92万吨，同比缩减1.8%；年产3.0万吨以上企业有8家，较2019年增加两家，产量合计为33.49万吨，同比增加38.9%。

2020年，国内镁合金产量为34.22万吨，同比下降11.30%，前五名镁合金生产企业产量合计为30.86万吨，同比减少2.85%（见表3）。相较2019年前五名的31.97万吨，产量下降3.47%。

表3　2020年中国镁合金产量前五名企业（按会员单位）排序

名次	企业名称	产能/万吨	产量/万吨	产量同比/%
1	南京云海特种金属股份有限公司	18.00	16.70	-4.57
2	山西瑞格金属新材料有限公司	8.00	7.00	7.69
3	闻喜县振鑫镁业有限责任公司	6.00	4.15	2.52
4	闻喜县八达镁业有限公司	2.50	2.01	-9.40
5	西安海镁特镁业有限公司	5.00	1.00	-33.33
合　计		39.50	30.86	-2.85

数据来源：镁业分会。

（三）市场价格

1. 2020年国内原镁价格大幅波动

2020年，国内原镁年均价为13556.45元/吨，同比下跌15%。全年日均价波动范围在12350~15750元/吨，年最高价为12月的15900元/吨，最低价为10月12200元/吨（见图1）。

2020年，国内镁价呈现大幅波动走势。受全球疫情影响，众多发达国家制造业停滞，海外市场对镁的需求大幅减少，导致镁价从年初开始一路下跌，10月镁价一度跌破12500元/吨，为近年来的低位。进入11月，随着煤炭、硅

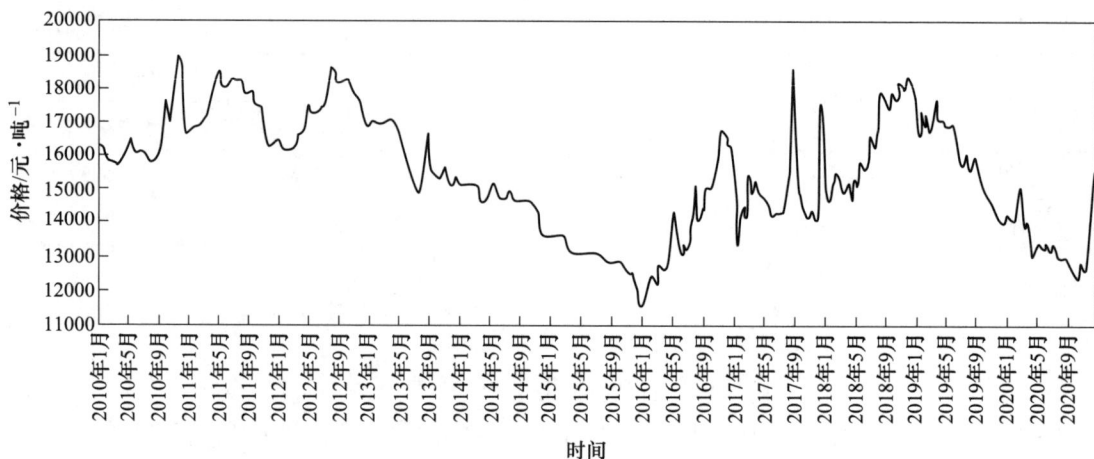

图1 2010~2020年中国原镁现货价格走势图

数据来源：镁业分会

铁等主要原材料价格大幅上涨，镁价呈现大幅反弹态势，截至2020年底山西地区厂商主流报价为15800~15900元/吨，宁夏地区报价基本在15600~15700元/吨，陕西地区报价为15600~15700元/吨。

2. 镁产品出口市场价格情况分析

2020年FOB镁年均价为2057.90美元/吨，同比下跌14.38%。全年日均价波动区间为1925~2505美元/吨，全年最高点在12月的2510美元/吨，最低点在10月的1920美元/吨。2020年FOB镁价跟随国内价格走出震荡回调走势，FOB镁价回调幅度小于国内价格，主要原因是美元指数加速贬值。截至2020年底部分厂商、贸易商出口报价在FOB 2500~2510美元/吨（见图2）。

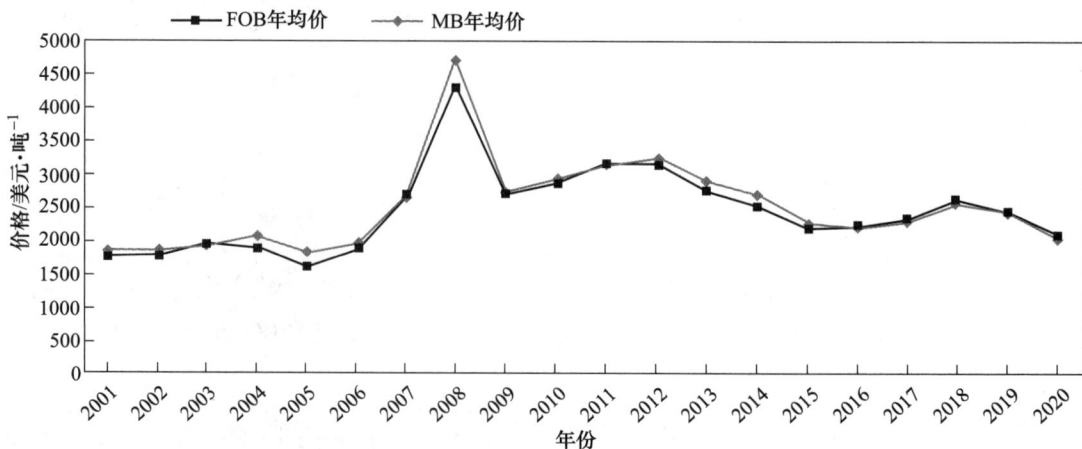

图2 2001~2020年中国原镁FOB年均价与MB年均价对比图

数据来源：MB、镁业分会

（四）市场消费

据镁业分会初步统计数据：2020 年，中国金属镁消费量为 54.13 万吨，同比增长 11.42%。其中用于冶金领域的为 37.26 万吨，占国内消费总量的 68.83%；用于加工领域的为 15.57 万吨，占国内消费总量的 28.76%（见表4）。

表4　2019~2020 年国内镁消费情况统计　　　　　（万吨）

年份	冶金					加工	其他	合计	同比/%
	铝合金添加	炼钢脱硫	球墨铸铁、球化剂	金属还原	稀土、镁合金	铸件、压铸件、型材			
2019 年	15.03	4.99	3.00	7.21	1.05	16.10	1.20	48.58	8.78
2020 年	15.91	5.31	3.00	11.94	1.10	15.57	1.30	54.13	11.42

数据来源：镁业分会。

2020 年镁消费量在冶金领域的比重加大，主要是来自铝合金添加及金属还原需求旺盛。但是，在消费增长前景最为看好的加工应用领域（铸件、压铸、型材等）用量出现了下降，据不完全统计，全年加工领域用量约 15.57 万吨，下降了 3.3%，这是近几年的首次下降。究其原因，因疫情影响，2020 年初下游企业大多延迟开工，已开工企业尚不能达到满负荷生产，致使需求下降。随着复工复产工作的进一步推进，需求快速回升，但是难以弥补年初下滑带来的减少。另外，海外需求下降也是重要原因之一。

（五）进出口贸易

据海关总署统计数据显示，2020 年中国共出口各类镁产品 39.38 万吨，同比减少 12.78%，累计金额为 9.62 亿美元，同比减少 16.20%。其中，原镁和镁粉的出口下降幅度最为明显，分别达到 15.35% 和 18.07%。

2020 年中国镁产品出口到 83 个国家和地区。其中，原镁主要出口地为荷兰鹿特丹，鹿特丹港口是欧洲用镁的集散地。

1. 2020 年镁产品出口量同比减少 12.78%

2020 年中国各类镁产品出口统计情况见表5。

表5　2020 年中国各类镁产品出口统计情况

名称	累计数量/万吨	累计同比/%	累计金额/万美元	累计同比/%
原镁	20.35	−15.35	48525	−16.38
镁合金	10.72	−4.96	27357	−11.89

续表 5

名称	累计数量/万吨	累计同比/%	累计金额/万美元	累计同比/%
镁废碎料	0.66	0	1406	1.59
镁粉等	6.89	−18.07	15473	−25.47
锻轧镁	0.26	4.00	1501	−9.47
镁制品	0.50	−3.85	1987	0.76
总值	39.38	−12.78	96249	−16.20

数据来源：海关总署。

2. 2020 年镁产品进口同比增加 2.38%。

2020 年中国各类镁产品进口统计情况见表 6。

表 6 2020 年中国各类镁产品进口统计情况

名称	累计数量/吨	累计同比/%	累计金额/万美元	累计同比/%
原镁	23.66	−75.71	7	−70.64
镁合金	140.14	6.90	76	93.28
镁废碎料	0	0	0	0
镁粉等	28.73	1400.19	39	25.57
锻轧镁	98.38	−20.64	187	−36.39
镁制品	99.29	75.33	377	20.13
总值	390.20	2.38	685	−2.38

数据来源：海关总署。

（六）投融资情况

随着国内镁应用的快速增长，近年来，国内镁冶炼产能趋于稳定并有所减少，而镁合金加工应用新增项目呈现不断增长趋势。

1. 宝钢金属巢湖轻量化项目开工

2020 年 12 月，宝钢金属巢湖轻量化项目在安徽合肥居巢经开区夏阁园区开工建设。宝钢金属巢湖轻量化项目建设用地为 1000 亩，总投资约 30 亿元，重点发展轻量化汽车零部件、辊压精密型材、镁铝合金制品等业务，其中一期项目计划投资 3.5 亿元。根据项目进度安排，第一批产线将于 2021 年 8 月投产。

2. 陕西鸿泰元和镁业有限公司新建年产 5 万吨镁合金铸件生产线

陕西鸿泰元和镁业公司已成功生产出镁合金安全头盔，标志着府谷县镁合金压铸产业实现"零"的突破。该公司计划 2020 年新建 5 万吨/年镁合金压铸件生产线，主要生产镁合金汽缸盖罩、镁合金安全头盔等镁合金下游终端产品，项目位于榆林市府谷县老高川镇石窑店村，总投资 8000 万元。

3. 捷安特在南通海安投建轻量化新材料生产基地

2020 年，捷安特轻合金科技（昆山）股份有限公司智能轻量化新材料生产、研发建设项目开工建设。该项目位于江苏南通海安经济技术开发区，建成达产后，可年产铝合金管型材 1 万吨、镁合金管型材 4500 吨、铝合金车圈 6.75 万吨、镁合金车圈 9600 吨、准晶 100 吨。

项目总投资为 10.01 亿元，拟分两期进行建设，其中，一期主要产品包括盘管、异型材、有缝管等铝合金、镁合金轻量化新材料产品；二期主要产品包括铝合金车圈大饼、铝合金汽车圈、镁合金车圈大饼、准晶等轻量化新材料产品。

4. 湖北麻城市海科镁业锻造镁合金汽车轮毂项目开工

2020 年 6 月，海科镁业（麻城）有限公司在湖北麻城市开工建设，该公司总投资 10 亿元主要生产锻造镁合金汽车轮毂，年产 100 万只。

5. 内蒙古多蒙德实业集团有限公司拟在福建宁德市建设 5 万吨镁合金项目

2020 年 10 月，内蒙古多蒙德实业集团有限公司和福建宁德市寿宁县人民政府签约，拟在寿宁县注册成立宁德大石新材料有限公司，投资 6 亿元建设年产 5 万吨镁合金项目。

三、2020 年镁工业经济运行状况分析

（一）政策环境分析

2020 年，国家发改委、工信部等政府部门继续关注并支持镁行业发展，配套出台了多项政策。国家有关部门表示，机动车等移动源已经成为中国大中城市 PM2.5 污染物的主要来源，且其对污染的贡献有不断增加的趋势。汽车污染减排将是"十四五"的重点，同时也是难点。轻量化是解决上述问题的有效方案之一，镁行业发展将进入新的机遇期。

1. 《镁行业规范条件》发布并实施

为进一步加快镁产业转型升级，促进镁行业技术进步，提升资源综合利用率和节能环保水平，推动镁行业高质量发展，根据国家有关法律法规和产业政策，2020 年 2 月 28 日，工业和信息化部发布《镁行业规范条件》（工业和信息化部公告 2020 年第 8 号），该规范条件自 2020 年 3 月 30 日起施行。《镁行

业规范条件》适用于已建成投产的镁矿山、采用硅热法冶炼工艺的镁冶炼企业，不包含电解法镁冶炼企业。

根据《镁行业规范条件》规定，经企业申报、省级工业和信息化主管部门核实（中央企业自审）、专家组审核及现场核查，第一批符合《镁行业规范条件》的企业名单通过公示正式公布。镁冶炼企业有巢湖云海镁业有限公司、五台云海镁业有限公司、山西新能源镁业有限公司，镁矿山企业有巢湖云海镁业有限公司。

2. 新版指导目录开始实施

由国家发展和改革委员会于 2019 年 10 月 30 日修订发布的《产业结构调整指导目录（2019 年本）》、工业和信息化部 2019 年 11 月 25 日发布的《重点新材料首批次应用示范指导目录（2019 年版）》均于 2020 年 1 月 1 日开始实施。

新版产业指导目录将"高性能镁合金及其制品"首次列入鼓励类有色金属项目下的新材料产业范围；将"镁合金"列入鼓励类汽车项目中轻量化材料应用领域；镁冶炼项目为限制类但不包含综合利用项目和先进节能环保工艺技术改造项目。

新版重点新材料指导目录将"镁合金轮毂"和"非稀土高性能镁合金挤压材（应用于汽车、轨道交通、航空航天，也包括镁合金棒材）"列为重要发展方向。

3. 《节能与新能源汽车技术路线图评估报告》出版发布

2020 年 4 月，中国汽车工程学会发布《节能与新能源汽车技术路线图年度评估报告 2019》（简称《评估报告 2019》）。自 2016 年《节能与新能源汽车技术路线图》（简称《技术路线图》）编制发布以来，中国汽车工程学会紧密跟踪国际汽车产业技术最新动向，开展年度动态评估已成为技术路线图持续深化研究的一项重要工作，已于 2017 年和 2018 年分别发布了两个年度评估报告。2019 年，在充分结合《节能与新能源汽车技术路线图 2.0》修订工作的基础上，编制完成了《评估报告 2019》。《节能与新能源汽车技术路线图年度评估报告 2019》显示，2020 年轻量化乘用车单车用镁量达到 15 千克。

4. 《新能源汽车产业发展规划（2021～2035 年）》正式发布

2020 年 11 月 2 日，国务院办公厅正式发布《新能源汽车产业发展规划（2021～2035 年）》。到 2025 年，纯电动乘用车新车平均百公里电耗降至 12.0 千瓦时，新能源汽车新车销售量达到汽车新车销售总量的 20% 左右。

新能源汽车轻量化可以使电池维持更久的续航里程，镁合金为实现这一目标提供了可能。镁的密度约为铝的三分之二，钢的四分之一，替代钢和铸铁可减重 60%~70%，替代铝可减重 25%~35%，再加上其良好的流动性、切削性和吸震性，镁合金可作为新能源汽车零部件材料，不仅可降低汽车电耗、增加行驶里程，同时易于回收利用，具有环保特性。

（二）产业结构调整情况分析

轻量化、可降解、高导热等特性助力镁合金材料应用到更多领域，镁已被包括新能源汽车、5G 等越来越多的行业和领域所认可，产业结构调整向纵横方向持续拓展，呈现良好态势。

1. 医用领域，镁合金应用进入新阶段

2020 年 5 月，东莞宜安科技股份有限公司研发的可降解镁骨内固定螺钉（以下简称镁骨钉）项目正式获得欧盟 CE 认证，意味着宜安科技公司可以开始在欧盟销售产品。同年 10 月，该公司和巴统共和国临床医院和格鲁吉亚国际创新医疗服务公司共同签署了《合作协议》，旨在促进镁骨钉产品在格鲁吉亚市场推广和销售。

2. 航空航天领域，镁合金应用进一步拓展

2020 年 5 月，中国在西昌卫星发射中心用长十一火箭成功将新技术试验卫星 G 星和 H 星送入预定轨道，实现了"一箭双星"发射的圆满成功。本次成功发射的新技术试验卫星的内部部分支架、框架结构均采用了由郑州轻研合金科技有限公司自主研发制造的超轻镁锂合金产品，使相关部件实现了高达 45% 的减重效果，提高了卫星有效载荷量和比冲。

2020 年 7 月，中国在海南岛东北海岸中国文昌航天发射场，用长征五号遥四运载火箭成功发射首次执行火星探测任务的天问一号探测器，成功将探测器送入预定轨道，开启火星探测之旅，迈出了中国行星探测第一步。"天问一号"火星探测器应用了由西安交通大学柴东朗教授及团队研制、与西安四方超轻材料有限公司历经十余年共同开发的目前世界上最轻的金属结构材料——新型镁锂合金。

2020 年 11 月，中国在太原卫星发射中心用长征六号运载火箭，成功将"北航空事卫星一号"送入预定轨道，卫星的内部支架、框架等结构部件均采用郑州轻研合金科技有限公司自主研发制造的轻质高强镁合金，大大提高了卫星自身的有效载荷量。

3. 交通运输和 3C 领域的应用向纵深发展

高铁应用有新突破。山西闻喜银光集团研发生产的镁合金精密挤压型材，已成功列装 160 余辆高铁车辆，对拓展镁合金在轨道交通领域的应用、推进轨

道交通轻量化技术进步具有重大意义。

3C 领域高端应用有进展。山东威海万丰镁业科技发展有限公司研发的 5G 基站用高强高导热镁合金材料,进入华为配套供应链体系,已批量供货。

4. 汽车应用有新突破,新能源汽车应用进展大

上海交大、东风汽车共同研发制造的镁合金副车架、镁合金减震塔进入新阶段,已经过多轮测试,如实现突破,镁合金在汽车中的应用有可能进入新阶段。镁合金锻造轮毂首次获得批量订单,有望进入规模化应用阶段。

浙江万丰镁瑞丁新材料科技有限公司大型薄壁镁合金件、仪表盘骨架等部件设计端与蔚来、小鹏合作,并实现批量供货。浙江万丰奥威汽轮股份有限公司镁合金及冲压件产品获得特斯拉一级供应商定点项目,进入特斯拉供应链。

(三)经营形势分析

1. 生产情况分析

2020 年一季度,中国原镁单月产量为 5 万吨左右,产能利用率仅为 60%。进入 4 月后,国内多数企业逐步恢复正常生产,单月产量在 8 万吨左右。

2. 市场供需平衡情况分析

2020 年,国内表观消费为 56.68 万吨,占国内总供给比重为 59%,较 2019 年的 53.41% 占比增加。出口依存度继续下降,约为 40%(见表 7)。

表 7 2016~2020 年国内镁市场供求平衡表 　　　　　　　(万吨)

年份	2016 年	2017 年	2018 年	2019 年	2020 年
产量	85.82	91.26	86.30	96.85	96.10
出口量	42.22	46.02	40.98	45.16	39.38
进口量	0.07	0.03	0.05	0.04	0.04
表观消费量	43.53	45.21	45.27	51.73	56.68

数据来源:中国有色金属工业协会、海关总署、镁业分会。

四、当前镁工业发展中需要关注的问题

(一)规模小、发展分散的局面阻碍镁产业持续健康发展

目前中国镁产业尚处于初级发展阶段,存在企业规模小、发展区域分散等问题。在镁冶炼方面,2020 年产量在 1.0 万吨以上的镁冶炼企业有 41 家,占全年产量的 95%,而年产 3.0 万吨以上企业仅 8 家,产量仅为总量的 35%,市场集中度低,规模效应不明显。在加工方面,2020 年镁业分会统计国内镁深

加工产量为 15.57 万吨，涉及几十家企业，位于广东、上海、山西、山东、重庆、河南、天津、江苏、浙江等近十个省市，单体规模小，而且非常分散，难以形成产业化、规模化发展，影响了镁行业的持续健康发展。

（二）市场价格大幅波动影响行业健康发展

2020 年国内镁价再现大幅波动，年最高价和最低价差距近 4000 元/吨。从价格走势图可以看出镁价在短时间内走出大"V"走势，价格的大幅波动带来市场的起伏不定，信息不对称导致的惜售抬价、低价抛货等投机行为屡现。由于镁价定价模式非常简单，很容易被各种因素所左右，多次出现非理性的大幅度波动，不仅损害了生产企业、贸易商以及下游加工应用企业的利益，对镁市场可持续发展也造成了负面影响。

（三）出口依赖仍然比较严重

从 2020 年镁行业的出口数据看，镁各类出口产品下降 13%，主要出口产品都出现了较大幅度的下降，但是出口依存度仍超过 40%。

（四）应用增长较为缓慢

镁作为 21 世纪的绿色金属，具有密度小、吸震性强、散热性能好等优异特性，除了作为添加剂应用在冶金领域，更是广泛应用于汽车、高铁等交通、航空航天、3C 以及医疗等领域，应用前景十分广阔。但经过多年的发展，目前镁加工方面应用增长仍是较为缓慢，镁加工起步基数较低，2000~2020 年年均增长约 20%，2020 年加工用镁 15.57 万吨，占总产量的 16.2%，占比不高，加工应用增长缓慢将直接阻碍行业的大力发展。

五、中国镁工业下一步发展重点

（一）发挥龙头企业带头作用，推动产业集群化发展

龙头企业在各行各业中都起到积极的带头作用。在有效开拓新市场、全力开发新产品以及创造新利润等方面龙头企业均走在行业前列，对引领行业产业化发展、加快产业结构调整、促进产业资源整合、增强行业竞争优势等等方面起到关键性作用。

建议在镁冶炼方面，鼓励企业间的兼并重组，强强联合，培育扶持龙头企业，促进镁冶炼产业化、规模化发展，提高市场集中度，降低生产成本，增强市场竞争力；在镁加工方面，以具备一定经济效益的较大规模加工企业为龙头分别组建不同加工领域的产业联盟，针对镁加工应用现存问题集中逐项突破，同时鼓励小微企业进行市场细分，在细分领域形成自己差异化优势，形成加工产业龙头引领、梯队协同、优势互补的集群化发展。

根据现有发展格局来看，建议建立以陕西榆林地区、山西运城地区为中心的镁冶炼产业集群；建议以上海（含长三角地区）、深圳（含珠三角地区）、重庆地区、沈阳（含东三省）、河南等中原地区为中心建立镁合金加工应用示范性基地或者产业集群。

（二）加快镁行业期货研究工作

国内镁价非理性的大幅频繁波动已严重影响中国镁行业的健康发展，加快推进建立较为完善的定价体系，已成为当前发展的迫切要求。引进期货交易，充分发挥期货发现价格功能，是对国内现货市场的有益补充，也是构建镁市场价格体系不可或缺的一部分。

我们要加快开展镁期货研究工作，争取早日实现镁期货上市。引进镁期货，不仅有利于规范市场、增加市场透明度、减少价格大幅波动，而且还可帮助生产企业和消费企业利用套期保值等工具规避价格波动风险，为企业稳定运营保驾护航，对镁行业持续健康发展意义重大。

（三）构建以国内大循环为主体、国内国际双循环的新发展格局

党的十九届五中全会通过的《中共中央关于制定国民经济和社会发展第十四个五年规划和二〇三五年远景目标的建议》提出，要加快构建以国内大循环为主体、国内国际双循环相互促进的新发展格局。

国内国际双循环发展，对镁产业来说同样意义重大。中国是镁生产大国，同时也是出口大国，每年镁产量近一半出口到世界各国，且出口产品集中在原材料领域，高附加值的精深加工产品出口较少，大量的出口并没有创造更多利润，同时让行业发展受制于人。因此，应更多地专注于国内市场，以国内市场为主体，构建较为完善的镁工业体系，着力冶炼技术的革新和应用的拓展，培育出庞大的国内消费市场，提高中国镁行业的竞争力和影响力。

构建国内大循环为主体的新发展格局，对镁行业来说，最为重要的是扩大应用。扩大应用并不简单是技术问题，消除"成见"也是不可忽视的重要工作。一方面，要聚焦阻滞镁应用扩展的关键问题，如低成本高性能镁合金制造技术、大型复杂薄壁压铸成型技术、汽车轮毂等较为成熟产品的性能改进和技术提升等方面，集中科研力量尽快突破，同时推动形成镁产业化应用上下游对接机制，将市场需求贯穿于加工产品的设计、原料采购、生产、销售以及相关标准建立等各环节，这样才能有助于快速实现扩大应用的目标。另一方面，还要继续加大行业宣传推广，让大家认识、了解和熟悉镁，减少对镁一些特性的误解，更好地发挥镁作为轻量化金属对人类社会发展带来的重大作用。

在努力构建国内大循环的同时，还必须要加强国际间的交流和合作，共同扩大镁应用消费领域，拓展镁应用的全球市场，形成国内国际双循环发展格局，推动镁产业的健康发展。

撰稿人： 孙　前、史晓梅、张晶扬、
范玉仙、曹佳音、周阿蒙
审稿人： 林如海

2020 年镍工业发展报告

一、2020 年世界镍工业发展概述

据国际镍研究小组（INSG）数据，2020 年全球镍矿产量约 235.2 万吨，同比下降 7.6%。新冠肺炎疫情突如其来，打乱了生产和物流的节奏，叠加印度尼西亚（以下简称印尼）禁止镍矿出口，2020 年印尼镍矿产量降至 73.7 万吨，同比回落 13.6%。2020 年全球原生镍产量约 249.7 万吨，同比增加 5.3%。分地区来看，全球原生镍的增长主要集中在亚洲地区，其中印尼已逐渐成为全球原生镍的生产中心，其占比从 2018 年的 13.3% 增至 2020 年的 24.6%。

全球镍供应的增量部分主要是镍生铁（二级镍），一级镍产量变化有限，镍盐产量在新能源汽车的带动下，也呈现增长的趋势，但因其基数小，且部分使用废料为原料，对原生镍产量贡献有限。

2020 年全球原生镍消费量为 237.4 万吨，同比下降 1.2%。受新冠肺炎疫情影响，除亚洲外，全球其他地区镍消费同比均出现下滑，亚洲地区受益于中国不锈钢产量维持高速增长，总体保持稳定。

2020 年有色金属价格呈现 V 形反转，镍市场在需求的拉动下，特别是新能源汽车长期需求强劲增长的预期带动下，价格表现突出。相关镍生产企业也取得了较好的业绩，全球最大的电解镍生产企业诺里尔斯克（Nornickel），2020 年全年综合镍产量为 23.6 万吨，同比增加 3%，2020 年的总营业收入为 155.5 亿美元，同比增长 15%，但是由于环境事故的恢复治理及赔偿，税息折旧及摊销前利润（EBITDA）却下滑 3%。淡水河谷（Vale）成品镍产量为 18.4 万吨，与 2019 年持平，净营业收入为 400.2 亿美元，同比增长 7%，调整后 EBITDA 为 165.9 亿美元，同比增长 57%，主要受益于铁矿石价格上涨的贡献。必和必拓的 Nickel West 的镍业务收益增长最为明显，EBITDA 从 2019 年的 5700 万美元，升至 2020 年的 8600 万美元。

二、2020 年中国镍工业发展现状

（一）经济运行情况概述

1. 2020 年中国原生镍产量同比回落

据北京安泰科信息股份有限公司统计数据，2020 年中国原生镍产量为 74.4 万吨，同比下降 10.4%。其中，电解镍和通用镍为 17.4 万吨，同比减少 5.5%；镍盐为 6.5 万吨，同比增加 27.5%；镍生铁为 50.5 万吨，同比减少 16.4%。镍生铁产量下降主要受印尼禁止镍矿出口政策影响。虽然镍矿供应紧张，但是企业扩产及新建产线的步伐并未停止，东北和华北地区成为国内新建镍生铁生产线的主要集中地。

2. 镍矿采选业利润同比上涨

据中国有色金属工业协会统计数据显示，2020 年 1~12 月中国镍钴矿采选业资产总计为 39.38 亿元，同比增长 0.98%；营业务收入为 20.53 亿元，同比下降 4.92%；营业成本为 17.02 亿元，同比下降 3.13%；利润总额为 2.85 亿元，同比大涨 134.48%。

2020 年 1~12 月中国镍钴冶炼企业资产总计为 1581.86 亿元，同比增长 1.13%；营业收入为 1846.42 亿元，同比增长 14.44%；营业成本为 1705.75 亿元，同比增长 15.24%；利润总额为 68.91 亿元，同比回落 37.27%（见表1）。

表 1　2020 年 1~12 月镍钴工业生产经营状况　　　（亿元）

项目	营业收入	营业成本	资产总计	利润总额
镍钴矿采选业	20.53	17.02	39.38	2.85
同比/%	-4.92	-3.13	0.98	134.48
镍钴冶炼业	1846.42	1705.75	1581.86	68.91
同比/%	14.44	15.24	1.13	-37.27

数据来源：中国有色金属工业协会。

2020 年中国镍矿出矿品位为 1.07%，呈现回落的趋势；镍精矿品位达到 6.82%，与 2019 年持平；镍矿选矿回收率为 83.90%，冶炼总回收率为 94.36%。

（二）产业结构

镍按生产原料不同分为原生镍和再生镍，原生镍的生产原料来自镍矿，再生镍的生产原料来自含镍废料。按照镍的含量，原生镍可以分为四大产品系列，分别是电解镍（镍含量不低于 99.8%）、含镍生铁（镍含量为 1.5%~

15%）、镍铁（镍含量为 15%~40%）、其他（镍盐、通用镍等）。

中国镍资源储量以硫化镍矿为主（主要分布在甘肃、新疆、吉林等地），红土镍矿储量少，是一个镍资源相对缺乏的国家。分省区来看，甘肃储量最多，占全国镍矿总储量的 57.8%，其次是内蒙古和新疆，分别占 19.4% 和 7.6%。

中国原生镍主要有电解镍、含镍生铁、通用镍以及镍盐。电解镍工厂主要分布在甘肃、新疆、吉林、天津、广西等地，其中甘肃和新疆是中国主要的电解镍产地，也是中国镍矿的主要分布地区。

中国镍生铁企业主要有两种产业集群模式，一是以山东、江苏、福建、广东和广西地区等为代表的沿海城市集群，主要依赖印尼和菲律宾的镍矿生产镍生铁，临近港口有明显的物流优势。二是以内蒙古地区企业为代表的电力优势集群。目前中国几乎所有的镍生铁都直接用于生产不锈钢，镍矿—镍生铁—不锈钢一体化工艺打破了镍和不锈钢分属两个行业的传统界限，也被业界证明是成本最低的生产模式。

镍盐尤其是硫酸镍是近年来市场上关注的焦点，中国硫酸镍企业主要分布在甘肃、吉林、浙江、湖北、广东、广西等省区。

（三）市场价格

2020 年镍价探底回升，LME 期镍价格走势呈现 V 形反转，2020 年 3 月触及 10865 美元/吨低点后，单边上涨，12 月达到高点 17880 美元/吨，年均价为 13863 美元/吨，基本与 2019 年持平。沪镍主力合约最高价为 13.4 万元/吨，最低为 8.95 万元/吨，全年均价为 10.94 万元/吨，同比持平。除了宏观因素影响之外，基本面也支持价格上涨，自 2020 年初印尼禁止镍矿出口之后，全球贸易镍矿供应紧张，菲律宾中品位镍矿 CIF 价格从年初的 39.5 美元/湿吨，最高冲至 76 美元/湿吨，涨幅超过 90%，抬升国内镍生铁生产成本，导致不锈钢厂镍生铁招标价格从 900 元/镍点的水平升至近 1200 元/镍点，涨幅近 33%。

（四）市场消费

2020 年中国原生镍消费总量为 134.8 万吨，同比增长 6.0%，其中不锈钢行业镍的消费量为 111.1 万吨，占比达 82.4%；电镀行业为 7 万吨，占比 5.2%；合金铸造领域为 6 万吨，占比 4.5%；电池领域为 9.7 万吨（含镍豆），占比 7.2%；其他行业 1 万吨（见图 1）。

2020 年中国原生镍消费超预期增长，主要有两方面的原因：一是国内消费持续向好，不锈钢消费继续实现正增长，不锈钢终端消费中，交通运输、石化装备以及管型材行业消费增长均达到 10% 以上，七大炼化基地和山东全面发

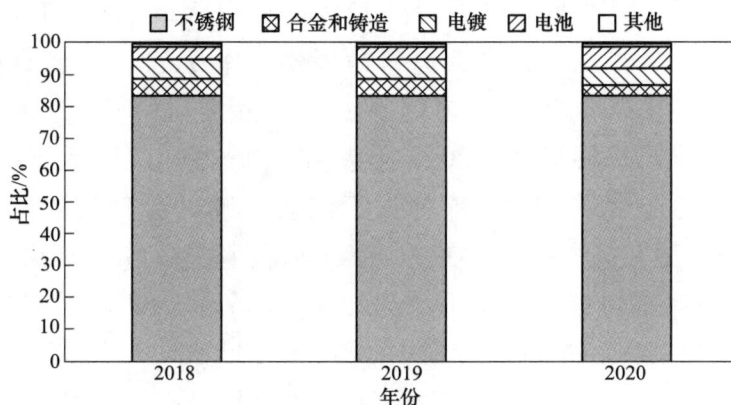

图 1　2018～2020 年中国原生镍消费结构

数据来源：北京安泰科信息股份有限公司

力，石化成为 2020 年拉动不锈钢消费的亮点；2020 年三元前驱体产量创新高，带动电池用镍消费的增长。二是由于中国疫情控制得力，海外疫情持续，海外订单向中国转移，拉动镍的消费，三季度以来，包括电镀、高温合金等传统领域需求创新高，四季度不锈钢材出口量达到 101.2 万吨，创年内新高，位居历年出口高位。

湖北及周边地区硫酸镍上下游工厂分布较多，2020 年上半年硫酸镍市场情况欠佳，工厂复产节奏缓慢，对硫酸镍的生产和消费都产生了负面影响。电镀行业需求量急剧下滑，导致部分电镀级硫酸镍厂商库存压力大，二季度初进行了减停产，下半年，海外新能源汽车在补贴的刺激下实现同环比增长，电池级硫酸镍需求增加，9 月以来现货供应紧缺，价格上涨至 2020 年以来最高位。

（五）进出口贸易

2020 年疫情暴发，国际贸易面临考验，尤其在 3 月全球疫情大暴发期间，港口隔离 14 天的防疫措施导致货品船期增加，严重影响了港口发运能力。中国进口的镍矿、镍锍、精炼镍、镍粉等产品大多出现同比下降，仅镍生铁在印尼新项目的投产达产下逆势增加。

2020 年中国镍矿进口 3849.2 万吨，同比下降 30.7%。2020 年 1 月 1 日起印尼正式执行禁矿政策，印尼是全球红土镍矿的主要供应国，其中 95% 以上出口到中国。

精炼镍（75021010、75021090、75089010）净进口 11.2 万吨，同比下降 28.2%，其中进口 13.1 万吨，同比下降 32.3%；出口 1.9 万吨，同比下降 49.2%。中国精炼镍主要来源国有日本、挪威和英国，分别同比增长 121.8%、

7.5%和7.2%，其余国家都呈现下降的趋势，其中从俄罗斯进口精炼镍5.2万吨，同比下降41.4%；从澳大利亚进口精炼镍3.0万吨，同比下降37.1%；从加拿大进口精炼镍1.4万吨，同比持平。分品种看，其他未锻轧非合金镍（75021090）进口降幅最大，2020年进口11.5万吨，同比下降38%，在海外货币宽松政策的推动下，外盘镍价强于内盘，进口窗口长期处于关闭状态，且不锈钢用精炼镍的占比进一步被进口镍铁和镍生铁挤占，导致需求减弱。

2020年中国镍铁进口实现翻倍增长，进口同比大幅增长76.7%，达到了344.4万吨，其中来自印尼的镍生铁同比增加108.9%，其他国家的镍铁同比增加18.1%。印尼在中国镍铁来源国中占比逐渐提高，2020年达到79.7%，以后所占比重还将进一步上升。

镍湿法冶炼中间品主要用于生产电池原料，进口量为31.6万吨，同比增加19.0%。

（六）投融资情况

受到印尼投资镍生铁项目建设周期短和回报高的吸引，镍生铁产能还有向印尼转移的趋势，印尼火法项目的投资热情仍然高涨，未来电池用镍需求增长空间巨大，印尼湿法项目正在加紧投资建设，除印尼之外的镍投资项目较为少见。

2020年印尼镍生铁的产量达到58万吨金属量，超越中国成为全球最大的镍生铁生产国，其中超90%为中资企业，2021年产量还将继续保持大幅增长，达到75万吨金属量。据盛屯矿业和华友钴业的上市公告，两家企业年产3.4万吨镍金属和4.5万吨金属的高冰镍项目，投资总额分别为40.68万美元和51.6万美元。预期的投资效益以及利润率都明显高于国内其他的镍相关项目，另外其他在印尼投资的上市公司，如洛阳钼业以及格林美的投融资主要发生在2019年，2020年主要是推进项目的建设，但是受到疫情影响有所推延，预计2021年投产。

2020年新增的投资项目，仍旧是分布在印尼原来的几个地区：苏拉威西岛、哈马黑拉岛和奥比岛。印尼最早的镍生铁工业园位于苏拉威西岛，是由青山集团投资的IMIP工业园，2020年新增四条产线，该产线由青山与其合作伙伴——台湾华新丽华不锈钢公司共同建设，该工业园还有一湿法项目变动了股权结构。洛阳钼业通过股权收购进入镍行业，对华越湿法项目间接持股30%，2020年3月1日，华越项目举行开工仪式，项目建设有序推进。由江苏德龙以及厦门象屿共同建设的镍生铁及不锈钢产业园也位于苏拉威西岛，镍生铁产线按计划建设投产，成为印尼第二大中资镍产业集团，值得一提的是250万吨不锈钢冶炼项目，在 2019 年底与国际银团签署了 68.8 亿元人民币贷款，获得了坚实、可靠的资金保障，一期已于 2020 年 2 月建成投产。

哈马黑拉岛项目更受瞩目，将成为供应主要增长点，青山投资的 IWIP 工业园，2020 年有三个项目接连投产，产量达到 5 万吨，完成从无到有的突破。5 月，青山与法国埃赫曼合作的项目，第一条生产线顺利出铁，接下来青山与振石投资的项目再度投产，9 月 5 日盛屯友山项目也顺利出产第一批镍生铁。5 月 23 日，华友钴业公布公告，拟以非公开发行股票的方式募集资金总额（含发行费用）高达 62.50 亿元，募集资金用于印尼 4.5 万吨镍金属量高冰镍项目、浙江衢州年产 5 万吨高镍型动力电池用三元前驱体材料项目，另外还有总部研究院建设项目以及补充流动资金。

奥比岛上力勤湿法项目于 2020 年 3 月 12 日正式开工，总投资 10.5 亿美元，主要产品为氢氧化镍钴中间产品，用于生产三元电池原料，项目分两期建设，一期项目计划年产能为 16 万吨硫酸镍与 2 万吨硫酸钴，预计 2021 年下半年投产。由于火法项目技术工艺成熟，力勤也将投资建设镍生铁项目。

在印尼的投资热度仍然没有减弱，未来镍生铁产量有望达到 100 万吨。湿法项目的可行性得到市场的验证后，也会吸引更多的投资进入。

三、2020 年中国镍工业经济运行状况分析

（一）政策环境分析

印尼禁矿政策的实施对 2020 年镍市场影响最大，印尼关于镍矿的政策从 2014 年到 2020 年反复多变，2020 年 1 月 1 日再度正式执行禁矿政策，中国镍矿供应量断崖式下跌，导致国内镍生铁产量下滑，不锈钢厂只能多进口印尼的镍生铁补充生产需求。

2020 年 9 月 1 日《中华人民共和国固体废物污染环境防治法》正式实施。规定生产者责任延伸制度，从事该行业要按国家有关规定申请取得许可证，进一步提高企业每卖一组电池就必须回收一组电池的要求，加强企业自主回收、委托回收、建立完整收回网络的能力，以后生产企业将直接参与废电池的回收。

2020 年 12 月 14 日，国家市场监督管理总局（国家标准化管理委员会）批准发布《再生钢铁原料》（GB/T 39733—2020）推荐性国家标准，该标准将于 2021 年 1 月 1 日起正式实施。《再生钢铁原料》国家标准的发布实施，将在提升优质再生钢铁原料的品质质量，促进钢铁行业节能减排、绿色发展、有效利用国外铁素资源等方面发挥积极作用，对行业高质量发展具有重要的战略意

义。废不锈钢也归属于再生钢铁原料，废不锈钢也称为二次镍原料，与原生镍一样，是不锈钢冶炼的原材料，与之不同的是，废不锈钢是环保产品，有利于减排，随着中国废不锈钢供应量的逐年增长，充分利用后将会替代一部分原生镍的需求，提高中国镍原材料的自给率。

2020年12月23日，财政部网站发布公告，国务院关税税则委员会发布通知，自2021年1月1日起，对部分商品的进口关税进行调整。涉及镍方面的有：其他非合金镍（750210900），2021年进口税率从2%下调到1%，非合金镍粉及片状粉末（75040010）从4%降为暂定税率1%。受此影响，来自俄罗斯电解镍的进口成本将会回落，有助于中国进口更多的镍资源，保障需求。

2020年11月商务部、海关总署联合发布公告，对加工贸易禁止类商品目录进行调整，自2020年12月1日起执行。禁止以加工贸易方式进出口相关商品，包括来料加工和进料加工两种方式，涉及镍的有：镍矿砂及其精矿（黄金价值部分）（2604000001）、镍矿砂及其精矿（非黄金价值部分）（2604000090）、氯化镍（2827350000）；镍的硫酸盐（2833240000）；非合金镍粉及片状粉末（7504001000），目录调整后，国内企业或将更多的进口镍原料（镍矿、镍的硫酸盐）用于加工硫酸镍及三元前驱体等产品，充分利用国内产能，满足国内外市场需求，同时践行以国内大循环为主体、国内国际双循环相互促进的新发展格局。

2020年11月15日，中国、日本、韩国、澳大利亚、新西兰和东盟十国，共15方签署了《区域全面经济伙伴关系协定》（RCEP）。RCEP签署后，商品、投资、技术等在成员国之间自由流通，超过90%商品将是零关税。在这15个国家中，涉及的镍生产国有印尼、澳大利亚和日本。来自印尼的镍原本就没有关税的限制，而澳大利亚享受自贸区以及最惠国的相关政策，也没有进口关税，主要的受益国是日本，日本住友的镍产品关税一直执行1%，RCEP实施后来自日本的镍产品将享受零关税，有利于对中国镍产品的供给。

11月2日，国务院办公厅印发《新能源汽车产业发展规划（2021~2035年）》，是未来15年新能源汽车产业的战略性方针指引，明确了发展规划与目标。在该规划中提出，到2025年，纯电动乘用车新车平均百公里电耗降至12千瓦时，新能源汽车销量占汽车新车销售总量的20%左右，力争经过15年的持续努力，中国新能源汽车核心技术达到国际先进水平，质量品牌具备较强国际竞争力。2020年中国电动汽车用镍2.5万吨，2025年将达到15万吨，需求前景十分乐观，新能源行业的兴起，给镍市场带来了更多的想象空间。

（二）产业结构调整情况分析

印尼镍矿资源丰富，镍冶炼综合成本优于国内，镍项目投资仍大量涌向印尼。印尼禁止镍矿出口后，中国进口镍矿供应不足，国内镍生铁产量被迫下滑，印尼替代中国成为全球原生镍产量最大的国家，中国消费端对镍的对外依存度还将再度上升。

中国钢铁产业政策严格控制新建产能，目前国内有两家企业在印尼投资建成不锈钢厂，带动 2020 年印尼成为全球前五大不锈钢生产国。不锈钢冶炼项目投资额大，加之欧美产业有回归之势，向欧美出口不锈钢导致贸易摩擦日渐增多，因此到印尼投资建设不锈钢冶炼项目的意向有所减少。2020 年太钢与宝武兼并重组，将成为中国不锈钢产业第一梯队的成员，提高其在原料市场的话语权。未来根据国内钢铁产业政策的指导，通过产能置换还将进一步加强不锈钢产业的集中度，形成几大不锈钢产业集团。

新能源汽车是全球汽车产业发展方向，是中国重要战略新兴产业，动力电池需求增长空间巨大，对实现碳达峰、碳中和"3060"目标也具有重要作用。镍是动力电池使用最多的金属材料，中国企业在印尼投资建设的湿法项目主要针对电池用镍市场。三元前驱体产线建设如火如荼，2020 年中国三元前驱体产能为 79 万吨，占据全球约 75% 的市场份额，尽管产能利用率仅四成，但是各企业为了争抢发展的跑道，依然争先恐后扩建。随着全球新能源汽车销量的增长，在汽车生产所在地就近建立电芯工厂的需求日益明显。欧洲本地化电芯产能布局正在加速，受此带动，供应链其他环节也将逐渐向欧洲转移。

（三）经营形势分析

1. 全球镍市场由短缺转为过剩

2020 年新冠疫情暴发，抑制了镍的部分下游需求，全球镍市场从连续四年供应短缺转为过剩，全年过剩 12.3 万吨。2020 年全球原生镍生产受疫情影响有限，印尼的新项目虽然有所推迟，但仍是贡献了绝对的增长量，而除中国及印尼之外的不锈钢主产国，产量全部回落，电池用镍虽然需求前景广阔，但是用量基数小，拉动的需求量有限。未来不锈钢仍是镍的主要消费领域，电池用镍在全球低碳经济的政策牵引下复合增速将超过 30%，成为增长最快的消费领域。表 2 为全球镍市场供需平衡表。

表 2　全球镍市场供需平衡表　　　　（万吨）

年份	2018 年	2019 年	2020 年	2021 年[①]
全球产量	218.3	237.1	249.7	270.2

续表 2

年份	2018 年	2019 年	2020 年	2021 年[①]
全球消费	232.7	240.2	237.4	251.8
全球平衡	-14.5	-3.1	12.3	18.4
中国产量	69.6	83	74.4	63.9
中国进口量	47.1	53.9	61.3	83
中国表观消费	109.2	133.1	141.1	145
中国消费	117.3	127.2	134.8	143
中国平衡	-8.1	5.9	6.3	2
LME 镍均价/美元·吨$^{-1}$	13180	13942	13863	16000

数据来源：国际镍研究小组（INSG），北京安泰科信息股份有限公司。

①2021 年为预测值。

2. 中国镍表观消费量继续保持增长

根据北京安泰科信息股份有限公司数据，2020 年中国原生镍表观消费量为 141.1 万吨，同比增加 6.0%。分季度来看，一季度受春节和疫情影响，表观消费量为 31.3 万吨；二季度随着国内疫情得到控制，复工复产有序推进，表观消费量逐渐趋于正常；三季度海外疫情持续恶化，部分订单由海外向中国转移，消费转好，印尼镍生铁投产产能释放，产品回流增多，表观消费量达到 36.8 万吨；四季度海外镍生铁进口量创年内新高，表观消费环比增长 5% 至 38.7 万吨。

3. 中国镍生铁企业成本抬升，利润空间缩减

2020 年 4 月 14 日印尼能矿部出台新规，为镍矿设置了底价，基准价格由政府公布，允许交易的最低价格比该底价低 3%。基准价调整主要参考 LME 镍价变化。据了解，11 月印尼 1.8% 镍矿（含水量为 30%）FOB 价格为 35.3 美元/湿吨，同期，菲律宾 1.8% 镍矿 FOB 价格约 81 美元/湿吨，两者差异仍然非常巨大。实际上，现阶段冶炼厂尚未很好的执行基准价交易，买方市场下，印尼国内同品级矿的实际成交价仅在 20~25 美元/湿吨。根据印尼官方消息，目前印尼有 89% 的企业执行了基准矿价，仍有 11% 的企业未遵守相关规定。即使按照基准价格，与中国企业相比，印尼镍生铁冶炼企业仍维持着较高的利润，而国内镍生铁生产企业的利润空间则不断被压缩。

从国内镍生铁生产成本来看，2020 年开始，处于高成本的内蒙古地区部分产线转产铬铁或锰铁；山东地区作为中国镍生铁成本较低的地区之一，2020年也面临着利润空间不断被压缩的困境。根据高镍铁市场价格，除山东地区

外，其他地区的镍生铁厂已处于亏损或者濒临成本线，导致年底国内企业开工率大幅降低。

四、当前中国镍工业发展中需要关注的问题

（一）中国镍对外依存度高

中国是贫镍国，同时也是镍的消费大国，从产量口径来统计，2020年中国镍资源对外依存度约为85.8%，2015年以来中国镍对外依存度均在80%以上；从消费的口径来计算，中国原生镍对外依存度在90%以上。

（二）海外投资过于集中在印尼

受中国镍资源的限制，近年来中国企业加大了海外投资的力度，在巴布亚新几内亚、缅甸和印尼都有项目投资。据初步统计，国内企业在海外投资镍项目金额达到163.8亿美元，截止到2020年底，已经形成67.4万吨镍金属量的冶炼产能，未来还有约14万吨镍金属量和1.18万吨钴金属量的冶炼产能，但是中国在境外投资的10个镍项目（园区），有8个位于印尼，无论从投资项目数、投资额还是形成的产能方面极不均衡。

五、中国镍工业下一步发展重点

（一）加大对外开发力度，增强与各资源国合作

中国镍资源面临的资源保障形势越来越严峻，积极利用境外资源、加大境外资源开发，是中国突破资源约束，实现可持续发展的重要战略措施；走出去进行国际产能合作也是中国镍行业进行国际化产业布局、深度参与国际市场竞争的必然趋势。东南亚、非洲以及澳大利亚等镍资源丰富的国家和地区，将是中国企业走出去开发镍资源的主要目的地。经过中国众多企业近十年的经营，印尼已经成为全球镍资源开发的热土，若其他国家存在镍项目开发的机会，一样会得到中国企业的关注。资源聚焦可以形成规模效应，提高抗风险的能力，但是对一国的资源过于依赖，也容易陷入被动，还是要加强与各资源国的合作，联合保障中国的镍资源供应安全。

（二）规范再生原料行业，提高再生原料用量

中国镍行业废料利用水平偏低，行业秩序较乱，政策刻板，相关政策在实施过程中，还有待进一步明确，做到有据可依。除中国外，其他国家不锈钢冶炼中平均废不锈钢比在60%~70%，而中国仅处在17%~18%，仍有较大差距，增加废不锈钢回收利用，是推动解决中国镍原材料保障不足的重要手段之一。中国300系不锈钢产品的生命周期为15年，2010年中国不锈钢产量升至1000

万吨以上水平，2025年后，来自生命周期废不锈钢的供应量将会明显增多，预计2025年中国废不锈钢的理论总供应量将达到1000万吨的水平，含镍量达到80万吨，可供不锈钢行业近一半的消费。废不锈钢是低碳环保材料，长流程不锈钢厂多利用废不锈钢可以减少碳排放，而以使用废不锈钢为主的短流程不锈钢厂则更加经济环保。

中国电池材料行业发展速度，需求将快速增长，应该多渠道获取原材料，以备不时之需，不妨参照《再生钢铁原料》的相关规定，与现在的《中华人民共和国固体废物污染环境防治法》有机结合，有条件地开放废电池进口。

（三）探索商业储备制度，加强国内资源开发

探索建立有色金属商业储备制度，健全政府储备与企业储备并举的储备机制。针对镍消费的特性，制定常规电解镍储备方案，避免集中建储引起市场价格的大幅波动。中国镍矿开发的经济性较低，尚有未完全开发的镍矿山，这部分资源还要加以重视，加强勘探，未雨绸缪。

（四）鼓励和引导企业积极参与碳达峰、碳中和行动

实现碳达峰、碳中和目标，时间紧、任务重。涉及产业升级、技术创新、制度创新等多个方面。统筹制定适合镍产业的可行动方案，引导企业积极参与，培训相关内容。如创建相关的数据标准，制定分阶段的小目标，打造样板企业，召开行业研讨会等，对于积极参与和取得预期成效的企业，给予相关的税收减免和融资贷款政策倾斜，推动镍行业高质量发展。

撰稿人：刘宇晶、陈瑞瑞、李　烁
审稿人：徐爱东、蒋永胜

2020 年钴工业发展报告

一、2020 年世界钴工业发展概述

（一）2020 年全球钴原料产量下降 6%

根据北京安泰科信息股份有限公司（以下简称为安泰科）统计，2020 年全球钴原料产量约 13.3 万吨，同比下降 6%。2020 年初，新冠肺炎疫情开始在全球扩散，疫情对钴矿企业的生产造成一系列影响，跨国人才流动以及生产物质流动不畅，影响了洛阳栾川钼业集团股份有限公司与万宝矿产有限公司等企业的一些扩产项目以及新项目的进展。虽然中国有色矿业集团有限公司和欧亚资源集团（ERG）等公司因 Deziwa 以及 RTR 新项目在 2020 年如期投产，然而难以弥补嘉能可 Mutanda 停产造成的减产。此外，民采矿的产量受到疫情以及刚果（金）国家控制民采矿的影响而降低。

（二）2020 年全球精炼钴产量同比增长 6.3%

2020 年全球精炼钴产量为 14.4 万吨，同比增长约 6.3%。受疫情影响，2020 年一些精炼钴生产商停产、减产，同时，也有一些生产商克服疫情困扰，继续增产，总体来说，疫情下全球精炼钴产量保持正增长。

全球精炼钴生产主要集中在中国、芬兰、加拿大、日本、比利时、俄罗斯、挪威、澳大利亚和摩洛哥等国。由于中国钴生产企业在生产成本、下游产业链配套方面存在优势，近年来精炼钴生产越来越向中国转移，2020 年中国精炼钴产量在全球占比将达到 69.4%，此外，芬兰精炼钴产量在全球的占比约为 9.7%，加拿大、比利时、挪威和日本的精炼钴产量在全球的比重分别为 4.2%、3.7%、3.0% 和 3.0%。

（三）2020 年全球精炼钴消费同比增长 5.3%

2020 年全球钴消费约为 14.1 万吨，同比增长 5.3%。受新冠疫情的影响，全球高温合金领域需求大幅减少，硬质合金等行业消费也受到负面影响，钴消费增速减缓；同期，在疫情特殊的情况下，居家办公以及学生网课促进了 3C 领域销量大幅增长，叠加欧洲新能源汽车行业的爆发，弥补了高温合金及其他

领域需求减少的缺口。

2020年锂电池依然是消费增长的主要动力，电池行业用钴量约为9.7万吨，占比约为68.8%，其次是高温合金，用钴量约为1.4万吨，占比约为10.2%。硬质合金和金刚石工具行业、硬面材料、陶瓷和催化剂行业分别占比约为5.1%、2.5%、3.6%和3.8%。

二、2020年中国钴工业发展现状

（一）经济运行情况概述

2020年钴矿产量维持在1600吨。中国是全球最大的精炼钴生产国，在国内疫情好转后生产迅速恢复，2020年中国精炼钴产量为10万吨（不含赣州逸豪优美科实业有限公司产量），同比增长11.1%。

据中国有色金属工业协会统计数据显示，2020年1~12月中国镍钴矿采选业资产总计为39.38亿元，同比增长0.98%；营业收入为20.53亿元，同比下降4.92%；营业成本为17.02亿元，同比降低3.13%；利润总额为2.85亿元，同比大涨134.48%。

2020年1~12月中国镍钴冶炼企业资产总计为1581.86亿元，同比增长1.13%；营业收入为1846.42亿元，同比增长14.44%；营业成本为1705.75亿元，同比增长15.24%；利润总额为68.91亿元，同比回落37.27%（见表1）。

据安泰科调研，2020年钴冶炼及加工企业总产值约为450亿元，平均毛利率约为12%。

表1　2020年1~12月镍钴工业生产经营状况　　　　　　　　　（亿元）

项目	营业收入	营业成本	资产总计	利润总额
镍钴矿采选业	20.53	17.02	39.38	2.85
同比/%	-4.92	-3.13	0.98	134.48
镍钴冶炼业	1846.42	1705.75	1581.86	68.91
同比/%	14.44	15.24	1.13	-37.27

数据来源：中国有色金属工业协会。

（二）产业结构

2020年中国精炼钴产量为10万吨（不含逸豪优美科产量），其中钴盐（主要指氯化钴、硫酸钴和碳酸钴等）产量占84%，金属钴占12%，钴粉占 5%。中国精炼钴的产能和产量主要集中在浙江、江苏、甘肃、广东和江西地区。

随着中国环保力度的逐步加大，特别是 2017 年以来国家对企业环保的核查越来越严，一些环保不达标的企业被迫退出市场。总体来看，钴企业的环保投入力度不断加大，也更重视环境、社会和公司治理（ESG），为钴行业的可持续发展奠定了坚实的基础，为中国新能源汽车、5G 智能手机和高温合金等关键领域的发展提供了产品保障。经过多轮的洗牌，目前国内的钴冶炼产能集中度提高，前十家产能占比为 78.5%。2020 年浙江新时代中能循环科技有限公司和浙江中金格派锂电产业股份有限公司扩产较大，产能均从 2019 年的 3000 吨扩大到 8000 吨。年产能在 1 万吨以上的精炼钴厂家有浙江华友钴业股份有限公司、格林美股份有限公司、金川集团有限公司和广东佳纳能源科技有限公司 4 家，其余 6 家的年产能在 5000~10000 吨之间。

（三）市场价格

2020 年中国金属钴均价为 25.9 万元/吨，同比下滑 1.2%。年初受疫情影响，下游高温合金、催化剂与磁性材料等行业企业开工率普遍降低，需求减弱，导致 1 月中旬金属钴价格开始急剧下滑，从年初的 28 万~29 万元/吨下降至 5 月中的 23.5 万~25 万元/吨。随着 3 月中国新冠肺炎疫情逐步得到控制，需求向好，叠加南非因疫情封港引发中国 5 月、6 月钴原料的进口锐减，推动钴价在 5 月中旬小幅反弹。然而，国外金属钴大量涌入中国，叠加中国金属钴出口减少，此次价格反弹短暂且幅度较小，年中钴价再次进入下滑通道。直到 7 月底、8 月初在国储储备金属钴消息面的助推下，金属钴价格急速上扬，再次冲上 28 万~29 万元/吨。但是由于供应充足，需求疲软，8 月中旬价格再次下滑，直到年底，在钴原料成本以及欧洲金属钴价格上扬的带动下，中国金属钴价格翘尾。

（四）市场消费

2020 年中国钴市场消费总量达到 7.8 万吨，同比增幅为 10%。国内钴消费主要分布在电池、硬质合金、高温合金、磁性材料和催化剂等领域，消费占比分别约为 84.3%、4.5%、2.9%、2.2% 和 2.1%。

（五）进出口贸易

2020 年中国进口各类钴产品总计为 42.8 万吨，累计进口金额为 405453 万美元（见表 2）。

表 2　2020 年钴产品进口数据汇总

商品名称	进口量/吨	进口金额/万美元
钴矿砂及其精矿	52755	11201
钴湿法冶炼中间产品	294934	218396
锂镍钴铝氧化物	5169	13594
锂镍钴锰氧化物	59618	129811
镍钴铝氢氧化物	93	40
镍钴锰氢氧化物	1650	2197
其他钴锍及冶炼钴时所得的中间产品，粉末	6376	6356
四氧化三钴	1617	5525
未锻轧钴（金属钴）	6192	18278
未列名钴的氧化物及氢氧化物，商品氧化钴	18	55
总　　计	428422	405453

数据来源：海关总署、安泰科。

根据海关总署统计数据，2020 年中国钴精矿、钴湿法冶炼中间产品、白合金和镍带入钴原料进口总量约为 8.6 万吨，同比约下降 2.4%。其中钴湿法冶炼中间产品在进口原料中所占比重约为 88.9%，进口镍产品带入钴比重约为 5.1%，钴精矿占比约为 4.3%，白合金所占比重约为 1.6%。

2020 年全年中国金属钴进口量约为 6192 吨，同比增长约 281.3%。从分国别进口情况来看，澳大利亚、加拿大、日本和赞比亚是中国金属钴主要的进口来源国，占比分别达到 29.6%、25.9%、15.8% 和 12.1%，其次为摩洛哥、俄国和马达加斯加，比重分别为 5.1%、2.9% 与 2.4%。

同期，中国镍钴锰酸锂（NCM）进口量接近 6.0 万吨（实物量），同比约增长 56.2%。中国 NCM 主要从韩国和日本进口，比重分别为 83.6% 和 15.7%。

2020 年中国 NCM 前驱体进口量为 1650 吨（实物量），同比约降低 67.6%。NCM 前驱体主要从日本和韩国进口，比重分别为 64.0% 和 23.8%。

同期，中国四氧化三钴进口量为 1617 吨（实物量），同比约增加 44.9%。中国主要从芬兰进口四氧化三钴，比重达到 74.8%。

2020 年中国出口各类钴产品总计 14.9 万吨，出口总额为 223980 万美元（见表 3）。

表3　2020年钴产品出口数据汇总

商品名称	出口量/吨	出口金额/万美元
锂镍钴锰氧化物	38710	77512
锂镍钴铝氧化物	12	38
氯化钴	206	161
镍钴铝氢氧化物	7338	8897
镍钴锰氢氧化物	92656	112505
其他钴锍及冶炼钴时所得的中间产品，粉末	777	2957
四氧化三钴	5079	13264
碳酸钴	1341	2140
未锻轧钴（金属钴）	860	3013
未列名钴的氧化物及氢氧化物，商品氧化钴	999	2251
草酸钴	572	1232
硝酸钴	9	10
总计	148559	223980

数据来源：海关总署、安泰科。

2020年中国金属钴出口量约为860吨，同比约下降60.3%。中国金属钴主要出口至荷兰、日本、英国、印度，占比分别为50.8%、12.7%、8.1%和7.9%。

同期，中国NCM出口量约为3.9万吨（实物量），同比约增长102.0%。从NCM分国别出口情况看，波兰是中国NCM最大的出口国，2020年超越了韩国成为第一大NCM出口国。

2020年中国出口NCM前驱体9.3万吨（实物量），同比约增长36.4%。中国的NCM前驱体几乎全部出口至韩国，占比高达99.9%。

同期，中国出口四氧化三钴5079吨（实物量），同比约增加22.0%，中国四氧化三钴主要出口至韩国，出口至韩国的比重约为73.6%。

（六）投融资情况

据不完全统计，2020年中国钴行业的投资额约为1432亿元，资金用途主要用于钴原料、镍钴锰酸锂三元前驱体、镍钴锰酸锂三元材料以及废旧电池回收项目（见表4和表5）。

表4   2020 年中国钴行业投资情况

时间	公司	投资额	投资项目简介
2020 年 12 月	洛阳栾川钼业集团股份有限公司	5.5 亿美元	2020 年 12 月 11 日购得刚果（金）Kisanfu 铜钴矿 95%的权益
2020 年 7 月	浙江华友钴业股份有限公司	1300 亿元	在广西玉林投资 70 万吨锂电新能源材料一体化产业基地项目

表5   2020 年中国钴行业融资情况

时间	公司	融资额	融资资金用途
2020 年 6 月	浙江华友钴业股份有限公司	30 亿元	印度尼西亚的年产 4.5 万吨镍金属量高冰镍项目
		13 亿元	年产 5 万吨高镍型动力电池用三元前驱体材料项目
		3 亿元	华友总部研究院建设项目
2020 年 10 月	宁波容百新能源科技股份有限公司	11.93 亿元	韩国年产 2 万吨高镍正极生产建设项目
2020 年 10 月	格林美股份有限公司	5.28 亿元	高值化循环利用 10 万辆/年新能源汽车、高值化循环利用 10 万套/年动力电池包的产业规模及打造一个高值化利用工程研究中心的研发平台
2020 年 4 月		4.34 亿元	绿色拆解循环再造车用动力电池包项目
		7.51 亿元	3 万吨/年三元动力电池材料前驱体生产项目
		9.73 亿元	动力电池三元正极材料项目（年产 5 万吨动力三元材料前驱体原料及 2 万吨三元正极材料）
2020 年 8 月	厦门厦钨新能源材料有限公司	9 亿元	年产 4 万吨锂离子电池材料产业化项目

数据来源：各公司公告。

三、2020 年中国钴工业经济运行状况分析

（一）政策环境分析

2020 年 4 月 22 日，财政部发布《关于新能源汽车免征车辆购置税有关政策的公告》，自 2021 年 1 月 1 日至 2022 年 12 月 31 日，对购置的新能源汽车免

征车辆购置税。免征车辆购置税的新能源汽车是指纯电动汽车、插电式混合动力（含增程式）汽车、燃料电池汽车。

2020年4月23日，财政部等四部委发布2020年新能源汽车补贴政策，主要内容如下：补贴期限延长至2022年。原则上2020~2022年补贴分别在上一年基础上退坡10%、20%、30%，每年补贴规模上限约200万辆；电池能量密度技术指标不做调整，续航的补贴仍然分两级，第一档的门槛从2019年的工况下由250千米提升至300千米，第二档仍为400千米，同时补贴金额有小幅下降；新能源乘用车补贴前售价须在30万元以下（含30万元），为鼓励"换电"新型商业模式发展，加快新能源汽车推广，"换电模式"车辆不受此规定。

2020年11月2日国务院办公厅正式印发《新能源汽车产业发展规划（2021~2035年)》，提出未来15年新能源汽车发展目标的同时，明确提出提高锂、镍、钴、铂等关键资源保障能力。中国政策环境充分表明中国发展新能源汽车行业的决心不动摇，更加坚定了中国钴工业的发展信心。

此外，2020年政府工作报告提出，要加强新型基础设施建设，发展新一代信息网络，拓展5G应用，建设充电桩，推广新能源汽车，激发新消费需求、助力产业升级。此举有利于5G智能手机的应用，从而拉动钴行业的消费。

（二）产业结构调整情况分析

1. 中国企业重视布局海外钴资源

为保障中国的钴原料供应，刚果（金）作为全球钴资源最为丰富且具有开发潜力的国家，吸引众多中国企业的目光。在政府鼓励企业"走出去"进行国际产能合作的背景下，洛阳栾川钼业集团股份有限公司、万宝矿产有限公司、中国有色矿业集团有限公司、金川集团有限公司、中铁资源集团有限公司、浙江华友钴业股份有限公司和盛屯矿业集团股份有限公司等均在刚果（金）投资铜钴矿山，南京寒锐钴业股份有限公司与赣州腾远钴业新材料股份有限公司等公司也在刚果（金）设立了铜钴湿法冶炼厂。

随着新能源汽车动力电池正极材料向高镍低钴化趋势发展，浙江华友钴业股份有限公司、格林美股份有限公司、广东邦普循环科技有限公司与宁波力勤资源科技有限公司等企业也积极到印度尼西亚投资，通过建立镍钴湿法中间品冶炼厂，在保障镍原料供应的基础上，同时可获得钴产品。

2. 中国钴新增产能从沿海地区向内陆转移

目前中国精炼钴的产能和产量主要集中在浙江、广东、江苏、甘肃和江西地区，企业新建钴冶炼产能向江西、贵州和安徽等人工以及环保成本具备优势的区域转移。比如南京寒锐钴业股份有限公司将主要的钴粉生产线从江苏转到安徽，并在赣州积极布局致力于动力电池回收和镍钴锰酸锂三元前驱体的生产。还有华友钴业在广西玉林建设70万吨锂电新能源材料一体化产业基地项目，中伟股份在广西钦州建设三元前驱体、四氧化三钴等前驱体开发以及金属镍钴及电池材料综合循环利用项目。

（三）经营形势分析

1. 生产情况分析

对于中国在刚果（金）等国家投资钴矿的企业来说，2020年疫情防控措施影响了项目用工需求和设备需求，从而影响了工程进度以及生产。随着疫情持续暴发，刚果（金）等国家加强了出入境管控，往返刚果（金）的航班选择性停航或熔断，给人员和设备流动进一步增加了难度，项目现场用工不能正常轮换，影响项目现场用工需求，导致新建以及扩产项目的进展迟缓。

国内精炼钴生产年初大幅减产，疫情好转后迅速恢复。大部分精炼钴企业响应国家号召于2020年2月初停产、减产，国内疫情得到控制后，2月下旬、3月初钴行业企业陆续复产，"抗疫情，保经营"两手抓，基本保证了企业的正常经营，下半年产量迅速增长。全年精炼钴产量实现正增长。

2. 供需情况分析

2020年中国钴表观消费量继续保持增长，精炼钴总产量为10.4万吨，进口量约为0.8万吨，出口量约为2万吨，表观消费量约为9.2万吨，同比约增长17.9%（见表6）。中国精炼钴表观消费量增长的主要原因在于全球精炼钴产能逐步向中国转移，所以中国精炼钴产量增幅较大。另一方面，2020年国内钴价高于国际带动精炼钴进口量增长，除了满足正常的消费外，还形成了一定量的库存。

表6 2018~2020年中国精炼钴表观消费量　　　　（万吨）

项目	2018	2019	2020
产量	8.6	9.4	10.4
进口量	0.3	0.4	0.8
出口量	2	2	2
表观消费量	6.9	7.8	9.2

数据来源：安泰科。

四、当前中国钴工业发展中需要关注的问题

（一）中国钴资源对外依存度非常高

中国钴资源严重缺乏，国内钴矿产量一直维持在低水平。但下游产业对钴资源的需求快速增长，导致供应缺口不断扩大，钴资源对外依存度高达 98% 左右。未来随着 5G 技术的兴起以及新能源汽车等行业的不断发展，中国对钴资源的需求仍将处于持续增长的势头。与此同时，中国钴资源开发潜力有限，预计未来钴资源的供应缺口仍将不断拉大。

（二）海外投资过于集中在刚果（金）

受中国钴资源极度贫乏的限制，近年来中国企业加大了海外投资的力度，在刚果（金）、巴布亚新几内亚和印度尼西亚都有项目投资。截至 2020 年年底在境外投资的接近 30 个涉及钴的项目，有 24 个位于刚果（金）；总投资额约为 193.2 亿美元，其中 146.8 亿美元投资在刚果（金）；钴年产能达到 8.6 万吨，其中 8.3 万吨产能分布在刚果（金）。印度尼西亚是中国钴资源第二大投资国，涉及钴项目的投资总额约为 28.4 亿美元，印度尼西亚的项目均为湿法冶炼项目，与拥有矿权的其他企业合作开发镍钴资源。目前在印度尼西亚投资的镍钴湿法冶炼项目均未投产，预计将于 2021 年和 2022 年陆续投产，全部达产后印度尼西亚钴年产能将达到 1.5 万吨。因此无论从投资项目数量、投资额还是形成的产能方面极不均衡，海外投资过于集中在刚果（金）。

（三）中国企业总体的研发投入较低，产品质量有待提高

2020 年中国钴行业企业的研发投入占营业收入的比重平均约为 2.5%，有些甚至低于 1%，高于 4% 的企业凤毛麟角。目前来看，中国钴盐产品质量已居于世界前列，但是镍钴锰酸锂三元材料（NCM 三元材料）和钴粉等产品的质量与国外领先企业还存在一定的差距。国内主流的三元材料为 NCM622，只有少数企业能量产能量密度更高的 NCM811，产品还不够成熟，材料的稳定性和一致性都有待提高。

撰稿人：孔占荣、刘　磊、张晓燕
审稿人：徐爱东

2020 年钨工业发展报告

2020 年，面对严峻复杂的国际形势、艰巨繁重的国内改革发展稳定任务特别是新冠肺炎疫情的严重冲击，在以习近平同志为核心的党中央坚强领导下，全国上下扎实做好"六稳"工作，全面落实"六保"任务，统筹疫情防控和经济社会发展取得重大成果。产业循环逐步畅通，市场需求持续改善，工业企业利润稳步提升。中国钨行业蹄疾步稳，效益、产量实现双增长，科技创新成果丰硕，高质量发展迈出坚实步伐。

一、国际钨工业发展概述

（一）钨资源储量小幅增长，钨精矿产量基本持平

据美国地质调查局（U. S. Geological Survey）数据，2020 年世界钨储量340 万吨（钨金属，下同），同比增长 6.25%，主要是俄罗斯储量增长所致。全球钨资源分布在中国、俄罗斯和越南等国家，其中，中国钨储量 190 万吨，占比 55.88%；俄罗斯钨储量 40 万吨，占比为 11.76%；越南钨储量 9.5 万吨，占比为 2.79%。中国钨资源储量优势明显（见表 1）。

表 1　全球钨资源储量分布

国家	2019 年		2020 年		
	储量（金属量）/万吨	占比/%	储量（金属量）/万吨	占比/%	占比增减/%
中国	190	59.38	190	55.88	-3.49
俄罗斯	24	7.50	40	11.76	4.26
越南	9.5	2.97	9.5	2.79	-0.17
西班牙	5.4	1.69	5.4	1.59	-0.10
朝鲜		0.91	2.9	0.85	-0.05
奥地利	1.0	0.31	1.0	0.29	-0.02

国家	2019 年		2020 年		
	储量（金属量）/万吨	占比/%	储量（金属量）/万吨	占比/%	占比增减/%
蒙古			0.43	0.13	0.13
葡萄牙	0.31	0.10	0.31	0.09	-0.01
英国	4.4	1.38		0.00	0.00
其他国家	82	25.63	88	25.88	-1.38
世界合计	320	100.00	340	100.00	0.0

数据来源：中国钨业协会、U.S. Geological Survey。

美国地质调查局数据显示，2020 年全球钨精矿产量为 84000 吨（钨金属量，下同），同比增长 0.24%，产量与上年度持平，总体保持平稳增长。钨精矿产量分布在中国、越南、俄罗斯等国，其中，中国钨精矿产量为 69000 吨（与中国核实数据有一定差别，详见下文），占比为 82.14%，越南钨精矿产量为 4300 吨，占比为 5.12%。中国钨精矿产量全球占比突出，钨资源消耗过快，与储量占比不匹配。全球各国产量情况见表 2。

表 2　全球钨精矿产量　　　　　　　　　（吨）

国家	2016 年	2017 年	2018 年	2019 年	2020 年[①]	2020 年同比/%	2020 年中国占比/%
中国	72000	67000	65000	69000	69000	0.00	82.14
越南	6500	6600	4800	4500	4300	-4.44	5.12
俄罗斯	3100	2090	1500	2200	2200	0.00	2.62
蒙古		753	1940	1900	1900	0.00	2.26
玻利维亚	1110	994	1370	1060	1400	32.08	1.67
卢旺达	820	720	920	900	1000	11.11	1.19
奥地利	954	975	936	892	890	-0.22	1.06
西班牙	650	564	750	603	800	32.67	0.95
葡萄牙	549	724	715	518	680	31.27	0.81
朝鲜			1410	1130	500	-55.75	0.60
英国	736	1090	900				0.00
其他国家	1681	590	859	1097	1330	21.24	1.58
世界合计	88100	82100	81100	83800	84000	0.24	100.00

数据来源：中国钨业协会、U.S. Geological Survey。

① 2020 年为预测值。

国外新建钨矿采选项目逐步推进，未来国际钨矿产量预期增长。英国 Hermerdon 钨矿 2015 年 9 月投产后一直未达产，2018 年 10 月停产至今，2019 年西钨公司（Tungsten West Ltd）将其收购，计划在 2021 年重启。2020 年 11 月，哈萨克斯坦巴库塔钨矿项目工程开工建设，该项目探明矿石储量为 12602 万吨、WO_3 平均品位为 0.226%，WO_3 储量为 28 万吨，计划建设期 2 年，拟建年处理矿石量 330 万吨生产线，年产钨精矿约 1.5 万吨。2020 年 12 月，加拿大多伦多《商业新闻简讯》报道，加拿大阿尔门特公司（Almonty Industries Inc.）所属的韩国桑东钨钼矿（Sangdong Tungsten Molybdenum Project）项目进入半工业试验阶段，预计 2022 年投产，该矿钨储量折合 WO_3 约 5.1 万吨，WO_3 品位为 0.41%。

（二）先进企业经营效益下降，降幅收窄

在高端硬质合金应用领域，欧美国际硬质合金知名品牌企业营收及利润等指标下降，四季度降幅收窄，预期向好。

二、2020 年中国钨工业发展现状

（一）经济运行情况概述

1. 生产能力平稳增长

主要钨产品生产能力增长总体平稳。据中国钨业协会统计，全国钨精矿、仲钨酸铵（APT）和硬质合金生产能力分别为 17.30 万吨、19.75 万吨和 5.5 万吨。由于部分矿山实施资源接替项目及技改扩能，产能小幅增长；部分 APT 产能逐步退出，同时技改扩能新增了部分产能；硬质合金产能有所增长。近 5 年全国主要钨产品生产能力如图 1 所示。

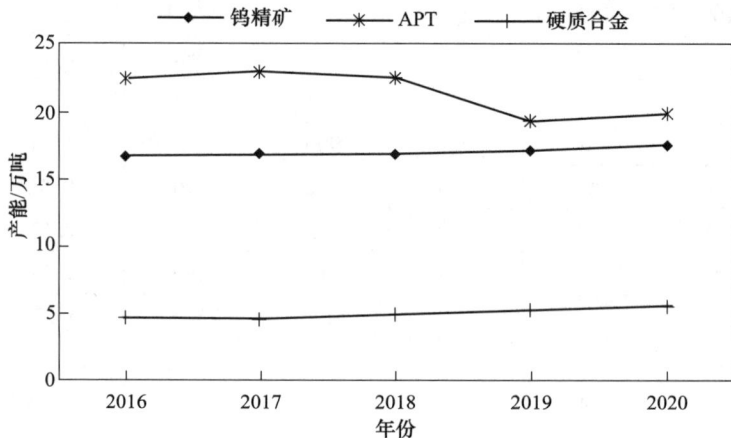

图 1　2016～2020 年全国主要钨产品生产能力
数据来源：中国钨业协会

2. 主要产品产量小幅增长

据中国钨业协会统计，2020 年全国钨精矿产量为 13.86 万吨（折 WO_3 65%），同比增长 3.81%；APT 产量为 10.5 万吨，同比增长 3.96%；硬质合金产量为 4.10 万吨，同比增长 12.33%。下半年特别是四季度国内经济形势好转，钨行业生产经营恢复性增长。近 5 年主要钨产品产量如图 2 所示。

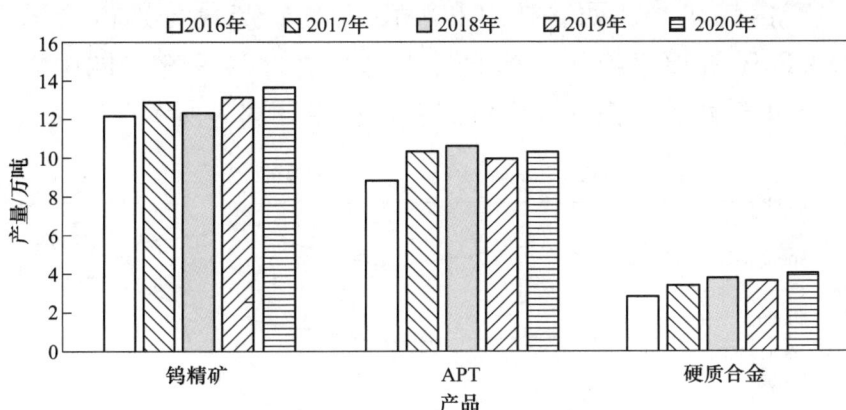

图 2　2016~2020 年中国主要钨产品产量

数据来源：中国钨业协会

3. 营业收入及利润由负转正，行业经营形势好转

2020 年下半年，随着疫情防控和复工复产取得阶段性成果，市场信心逐步恢复，各行各业生产恢复，带动钨行业恢复性增长，经营效益逐步好转。根据中国钨业协会统计，全国钨行业主营业务收入 745.0 亿元，同比增长 3.47%；实现利税总额 73.5 亿元，同比增长 5.00%；实现利润 35.0 亿元，同比增长 16.67%。

（二）产业结构

1. 产品结构逐步优化

产品结构调整、产业转型升级持续推进，高端产品产量上升。硬质合金产能保持增长态势，尤其是棒材和高端硬质合金数控刀片投资持续增长。2020年，APT 对硬质合金的转换率为 46.30%，相对上年度增长 3.45 个百分点，较2015 年（5 年前）增长 7.51 个百分点，比重逐年上涨。

2020 年出口钨原料级产品占出口总量的 59.65%，同比缩小 6.11 个百分点；出口钨材和硬质合金等占出口总量的 40.35%，出口深加工钨品比例上升6.11 个百分点；其中出口硬质合金 6800 吨（折钨金属），同比下降 10.53%，占硬质合金总产量的 19.98%，出口额为 4.3 亿美元，同比下降 15.52%，出口仍以钨初级冶炼产品为主，但比例逐步缩小。进口钨品以进口钨精矿为主，占进口总量的 43.06%，同比减少了 12.31 个百分点。中国消费的高端硬质合金刀具仍以进口为主。

2. 产业格局总体保持稳定

中国钨精矿主产区在江西、湖南和河南等省区，江西主产黑钨精矿，湖南、河南主产白钨矿。江西、湖南和河南钨精矿产量分别占全国总产量的 37.73%、33.84% 和 13.37%，三省合计占总产量的 84.94%，同比增加 0.52 个百分点。近 5 年江西、湖南和河南省钨精矿产量如图 3 所示。

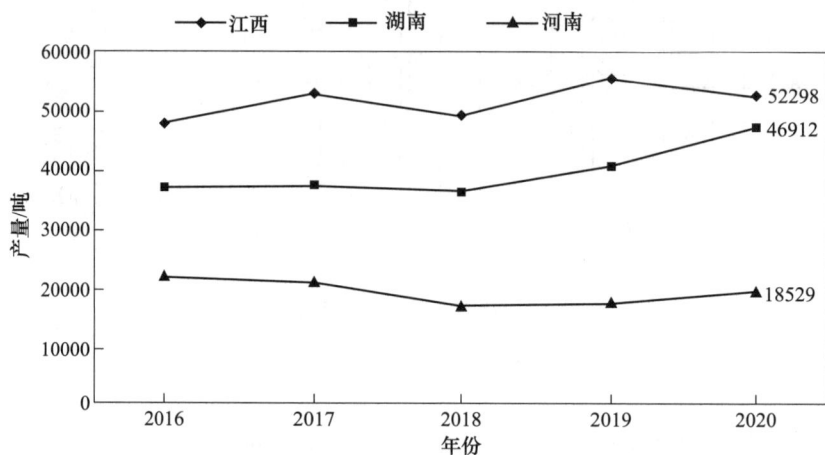

图 3　2016~2020 年江西、湖南、河南省钨精矿产量

数据来源：中国钨业协会

APT 产地主要分布在江西、湖南和福建，2020 年三省产量合计占全国的 76.23%，较上年度减少 2.65 个百分点，其中江西产量占全国的 43.34%，较上年度下降 5.30 个百分点。硬质合金产地主要分布在湖南、江西、福建和四川，2020 年四省总产量占全国产量的 70%，与上年度基本持平，其中湖南产量占全国的 35%，排第一位，四省中福建产量同比增长 23.17%，增长最快。

（三）市场价格

国内钨市场价格低位平稳运行。2020 年，钨精矿价格在 7.40 万~9.30 万元/吨区间运行，经 2~4 月的震荡调整后，持续在 8.3 万元左右的低价位区间徘徊。1 月，钨精矿价格在成本线附近盘整；2 月，新冠肺炎疫情导致一轮抢购原料上涨行情，钨精矿价格涨至 9.3 万元/吨；3 月，疫情导致国际需求锐减，钨精矿价格快速下跌至 7.4 万元/吨，跌至行业平均成本线以下；4 月底，国家力抓疫情防控和复工复产，市场信心重拾，价格触底回升，5~6月钨精矿逐步上涨至7.9万元/吨水平，三季度小幅上涨至8.7万元/吨后，由于需求支撑不足，逐步回落至8.3万元/吨；四季度，中国经济恢复势头良好，国际上尽管疫情防控形势严峻，但经济刺激力度加强，市场预期向好，钨精矿价格逐步回升至8.5万元/吨。四季度钨精矿均价为8.32万元/吨，同比下降5.37%，环比上涨0.59%；全年钨精矿均价为8.29万元/吨，同比下降5.07%。2019~2020年钨精矿价格走势及近3年国内钨精矿月平均价格走势如图4和图5所示。

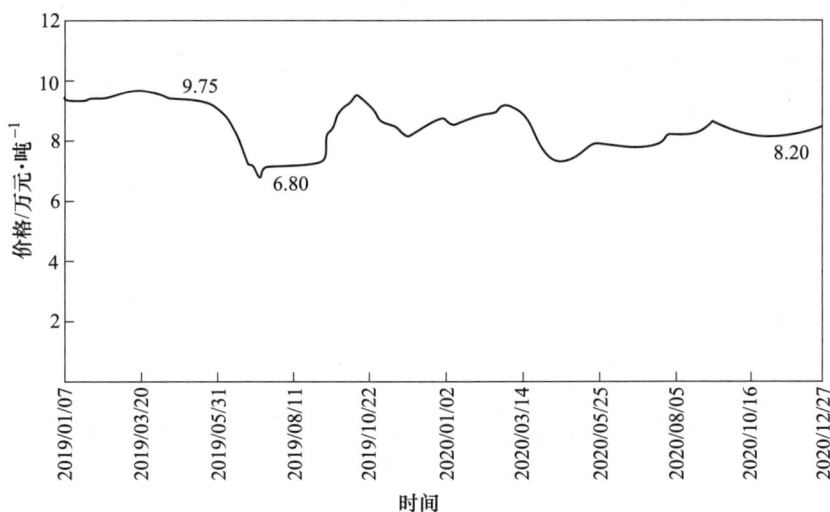

图4　2019~2020年钨精矿日均价格走势图

数据来源：《金属导报》

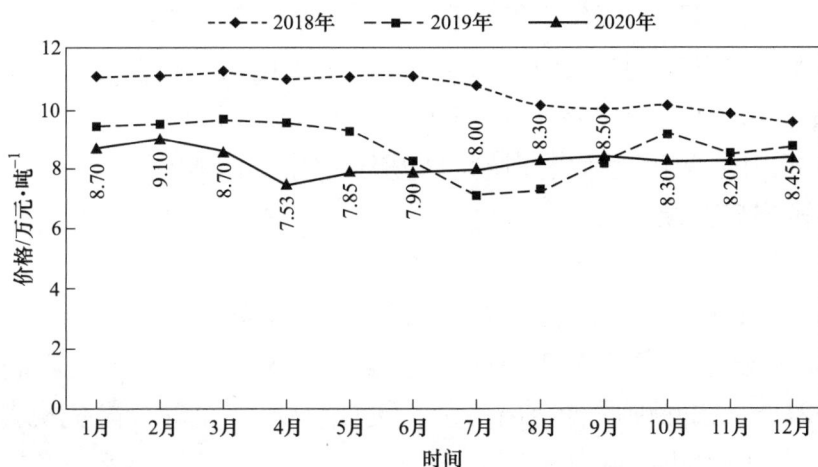

图5　2018年1月~2020年12月国内钨精矿月均价格

数据来源：中国钨业协会

2020 年，国内 APT 价格在 11.40 万~14.30 万元/吨区间运行，2 月，新冠肺炎疫情导致一轮抢购原料上涨行情，APT 月均价从 1 月的 13.60 万元/吨上涨至 14.30 万元/吨，3 月，疫情导致国际需求锐减，4 月中旬 APT 下跌至 11.40 万元/吨，之后随着国内需求逐步好转，APT 价格稳定在 12.3~13.0 万元/吨区间运行。三季度均价为 12.63 万元/吨，同比上涨 8.73%，环比上涨 5.04%；四季度均价为 12.72 万元/吨，同比下降 7.40%，环比上涨 0.66%；全年均价为 12.79 万元/吨，同比下降 6.00%。

2020 年，国际 APT 价格震荡下行后低位徘徊，英国《金属导报》APT 报价在 205~245 美元/吨度区间运行，四季度均价为 223.30 美元/吨度，同比下降 4.73%，环比上涨 4.98%；全年均价为 225.33 美元/吨度，同比下跌 8.33%。2019 年 1 月~2020 年 12 月国内钨精矿月均价格如图 6 所示。

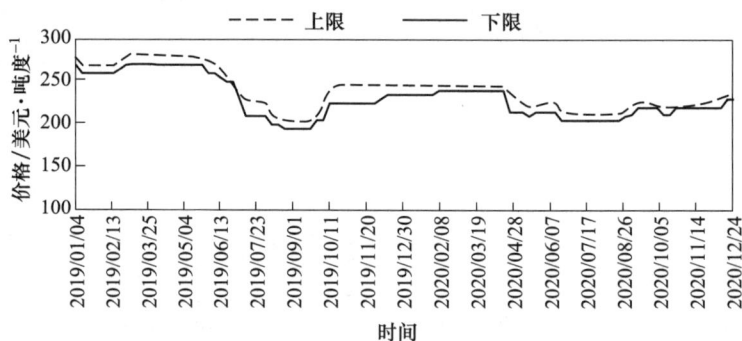

图 6　2019 年 1 月~2020 年 12 月国内钨精矿月均价格

数据来源：中国钨业协会

海关统计数据显示，2020 年中国出口钨品均价为 34145.42 美元/吨钨金属，同比下降 7.66%，主要出口钨品 APT、三氧化钨、钨粉和碳化钨的出口价格分别下降了 8.95%、9.86%、13.52% 和 10.86%，降幅比上年度收窄。价格下降的主要原因是受新冠肺炎疫情全球蔓延，需求下降所致。

（四）进出口贸易

1. 出口持续下滑，进口情况好转

2020 年，中国出口钨品 22636.17 吨（金属量，下同），同比下降 25.44%，降幅较上年度扩大 2.99 个百分点，相对 2018 年历史新高 39171.77 吨下降 42.21%，扣除硬质合金出口量，接近 2009 年全球金融危机背景下的出口量。2020 年出口钨品额为 9.71 亿美元，同比下降 28.15%，降幅较上年度收窄 8.59 个百分点。出口原配额钨品为 10309.08 吨，同比下降 37.09%，降幅较上年度扩大 6.0 个百分点；出口硬质合金约 6800 吨（折金属量），同比下降约 10%，出口下降幅度远小于原料级钨品，中国硬质合金产品在国际市场竞争力逐步提升。

2020 年进口钨品 3793.92 吨（折金属量，不含硬质合金，下同），同比增长 21.77%，进口增长由负转正，波动较大。其中进口钨精矿 1633.50 吨，同比增长 43.36%，占进口总量的 43.06%，占比较上年度减少 13.31 个百分点，延续下降趋势；进口钨酸钠 624.04 吨，同比增长 3.69%，持续增长；进口钨酸钙 704.45 吨，同比增长 50.19%；含钨废料禁止进口，国内企业到东南亚地区兴建废钨再生利用生产线，部分含钨废料转变成钨酸钠或钨酸钙进口到国内；进口混合料 180.34 吨，同比下降 7.75%，进口硬质合金 1500 吨，与上年度持平。

2020 年中国净出口钨品量为 1.73 万吨，同比下降 33.84%；增长由正转负；净出口额为 7.47 亿美元，同比下降 37.79%。

2. 四大出口目的地出口量大幅下降，占比总体小幅增长，各有增减

日本、韩国、欧洲和美国是中国出口钨品的四大目的地。2020 年，出口到日本、韩国、欧洲和美国的钨品量同比分别下降 38.65%、0.93%、27.07% 和 37.11%，除韩国外较上年度均大幅下降，全球经济低迷对中国出口钨品量产生了较大的负面影响。出口到上述 4 个国家和地区的钨品量占出口钨品总量的 87.50%，比上年度增加 3.30 个百分点。其中，出口到日本、韩国、欧洲和美国的钨品量分别占出口钨品总量的 23.37%、22.81%、26.45% 和 14.87%，同期比较，日本和美国占比分别减少 3.13 个百分点和 1.58 个百分点，韩国和欧洲占比分别增加 6.79 个百分点和 1.22 个百分点。

（五）投融资及新项目推进情况

投资技改蓄积动力，新项目有序实施，全面推动钨行业高质量发展。2020年，在国内外需求疲软的大环境下，钨行业骨干企业继续加大项目投资建设，为高质量发展积蓄动力，为跨越式发展打下坚实基础。针对自身产品的工艺现状，不同程度地开展技改工作，在工艺技术革新，生产装备自动化、数字化、智能化等方面迈出坚实的步伐，极大地增强中国钨行业竞争能力。主要项目有：厦门钨业和福建金鑫公司共同投资的 10000 吨 APT、2500 吨钨资源再生利用项目建成投产；赣州海盛钨钼集团有限公司年产 5000 吨 APT、4000 吨氧化钨、1000t 偏钨酸铵整体技改搬迁产业升级项目开工建设，项目总投资 2 亿元；株洲硬质合金集团有限公司 2000 吨高端硬质合金棒型材生产线竣工投产；株洲钻石切削刀具股份有限公司精密工具产业园项目建成投产；江西翔鹭精密制

造有限公司精密工具项目建成投产；厦门金鹭特种合金有限公司年产 1 万吨硬质合金棒材产业园项目加速建设；江西钨业控股集团有限公司启动赣州钨产业园规划，布局高性能硬质合金和硬面材料、数控涂层刀片、刀具以及钻具等应用领域；格林美股份有限公司规划建设 1 万吨数控刀片高性能碳化钨粉末制造基地。

11 月，哈萨克斯坦巴库塔钨矿项目工程开工仪式在矿山现场举行。该项目已列入哈萨克斯坦政府批准的中哈产能 55 个重点建设项目之一。巴库塔钨矿为哈萨克斯坦资源储量最大的钨矿，已探明矿石储量 12602 万吨、三氧化钨平均品位为 0.226%，三氧化钨储量为 28 万吨。江西铜业股份有限公司与香港佳鑫国际资源投资有限公司共同出资开发该矿，项目总投资约 27000 万美元，建设期 2 年。拟建年处理矿石量 330 万吨生产线，年产钨精矿约 1.5 万吨。该项目成功实施，标志着中国钨行业在布局国际钨资源市场上迈出坚实步伐。

三、2020 年中国钨工业经济运行状况分析

（一）产业政策保持延续性，并适度调整

钨矿开采继续实行总量控制，有利于钨行业持续发展的资源保障，国营贸易政策有利于维护国际钨市场平稳发展，2020 年全国钨精矿开采总量控制指标为 105000 吨，与上年持平；其中主采指标为 78150 吨，综合利用指标为 26850 吨。总量控制指标执行情况良好，总体未超指标运行，主采指标利用率逐步提高，综合利用超出指标 2.37%。

《产业结构调整指导目录（2019 年本）》（发改委第 29 号，自 2020 年 1 月 1 日起施行）鼓励有色金属现有矿山接替资源勘探开发，紧缺资源的深部及难采矿床开采；鼓励钨冶炼废渣的减量化、资源化和无害化利用处置；鼓励大规格高纯钨靶材、超高纯稀有金属及靶材，用于航空航天、核工业、医疗等领域高性能钨材料及钨基复合材料，高性能超细、超粗、复合结构硬质合金材料及深加工产品等项目投资，有利于钨行业转型升级、高质量发展。

发改委、商务部印发的《市场准入负面清单（2019 年版）》（发改经体〔2018〕1892 号）显示，新建、扩建钨金属储量小于 1 万吨、年开采规模小于 30 万吨矿石量的钨矿开采项目（现有钨矿山的深部和边部资源开采扩建项目除外）列入禁止准入项目。对钨矿开采"禁小放大"，将有利于老矿山资源接替，促进钨资源开发的规模化、集约化开采，保护生态环境，但也给钨矿开采总量控制带来压力，新政实施后，有 3 个钨矿山开发利用方案通过自然资源部评审。

商务部、海关总署继续对钨及钨制品实行许可证管理，出口钨及钨合金（颗粒小于 500 微米）可免于申领出口许可证，但需按规定申领《中华人民共和国两用物项和技术出口许可证》。商务部继续实行钨品出口国营贸易政策，钨出口国营贸易企业由 14 家增至 16 家。

《鼓励外商投资产业目录（2020 年版）》（商务部令 2020 年第 38 号）鼓励外商投资超细（纳米）碳化钨及超细（纳米）晶硬质合金，超硬复合材料；耐高温抗衰钨丝；钨及钼深加工产品；高端精密工具制造、纳米复合涂层及高端加工设备生产制造等钨深加工制品领域。

钨及硬质合金深加工制品出口退税率提高至上限值，鼓励产业链向后端延伸，优化产业结构，助力产业转型升级和高质量发展。

《国家危险废物名录（2021 年版）》（2020 年 11 月 5 日通过，自 2021 年 1 月 1 日起施行）继续将仲钨酸铵生产过程中碱分解产生的碱煮渣（钨渣）、除钼过程中产生的除钼渣和废水处理污泥列为危险固废，同时新增了处置环节豁免措施，满足《水泥窑协同处置固体废物污染控制标准》（GB 30485）和《水泥窑协同处置固体废物环境保护技术规范》（HJ 662）要求，进入水泥窑协同处置。处置过程不按危险废物管理。行业堵点得以疏通，生产经营回到正常轨道。

（二）产业结构持续优化、转型升级速度加快

工艺装备水平逐步提升到国际水平。钨矿山自动化、智能化建设逐步启动，冶炼工艺在绿色环保节能方面取得突破，全自动十五管还原炉、钼丝碳化炉、全自动液压机、多气氛硬质合金压力烧结炉等先进设备基本得到普及，硬质合金刀具制造装备、涂层装备水平达到国际先进水平。

高端产品从无到有，市场占有率逐步提高。纳米/超细硬质合金、细晶粒合金、中晶粒合金、粗晶及超粗晶合金、涂层硬质合金、网状结构合金、梯度结构合金等高端硬质合金实现产业化。数控刀片从无到有，2020 年数控刀片产量为 2.9 亿片，同比增长 20.88%，满足 30% 左右国内需求；PCB 用微钻产量超 4 亿支，处于国际先进水平。

产品结构得到持续改善，硬质合金等深加工产品比例增大，2020 年，APT 对硬质合金转化率为 46.30%，较上年度提高 3.45 个百分点。2020 年，深加工产品出口量比例达出口总量的 40.35%，上升 6.11 个百分点。

（三）经营形势风险尚存，预期向好

当今世界正经历百年未有之大变局，新一轮科技革命和产业变革深入发展，同时国际环境日趋复杂，不稳定性不确定性明显增加。尤其是，新冠肺炎疫情大流行，强化了经济全球化的逆流，加剧了各国间的战略博弈，全球产业链供应链面临深度重构。

1. 经济形势逐步好转

国际货币基金组织最新全球经济展望指出，多支疫苗获准上市，加上一些国家启动了疫苗接种，点燃了人们对疫情终将过去的希望。随着时间的推移，经济活动正在调整并逐步适应人员接触减少的局面，各国（特别是美国和日本）在2020年底宣布了更多政策措施，预计将为2021~2022年全球经济增长提供更多支持。这些新情况表明，2021~2022年全球展望的起点更高。

中央经济工作会议（2020年12月16~18日）指出，2021年宏观政策要保持连续性、稳定性、可持续性。要继续实施积极的财政政策和稳健的货币政策，保持对经济恢复的必要支持力度，政策操作上要更加精准有效，不急转弯，把握好政策时度效。要用好宝贵时间窗口，集中精力推进改革创新，以高质量发展为"十四五"开好局。积极的财政政策要提质增效、更可持续，保持适度支出强度，增强国家重大战略任务财力保障，在促进科技创新、加快经济结构调整、调节收入分配上主动作为，抓实化解地方政府隐性债务风险工作，党政机关要坚持过紧日子。稳健的货币政策要灵活精准、合理适度，保持货币供应量和社会融资规模增速同名义经济增速基本匹配，保持宏观杠杆率基本稳定，处理好恢复经济和防范风险关系，多渠道补充银行资本金，完善债券市场法制，加大对科技创新、小微企业、绿色发展的金融支持，深化利率汇率市场化改革，保持人民币汇率在合理均衡水平上的基本稳定。

2. 市场供需预期平稳增长

2020年出口钨品量下降22.49%，中国钨消费量为4.75万吨（金属量），同比增长0.42%，较上年度由负转正。钨原料供应基本保持平稳，出口下降幅度较大，消费逐步恢复。

从供应看，国外部分钨矿山因市场低迷而持续关停，在产矿山产量有增有减，总体产量保持平稳，在建钨矿山项目逐步推进，部分新增产能计划在2021年投产。国内部分矿山技改扩能，产量有所增长，部分矿山因品位下降而减产，钨精矿产量总体将保持小幅增长趋势。

从需求看，国际上，全球经济遭遇疫情冲击，各国应对力度参差不齐，加之全球战略博弈加剧，对钨的需求产生了较大的负面影响。国内各地区各部门以习近平新时代中国特色社会主义思想为指导，坚决贯彻落实党中央国务院决策部署，统筹疫情防控和经济社会发展积极成效持续显现，生产稳中有升，需求企稳回暖，就业继续改善，市场预期向好，国民经济运行延续稳定恢复态势。采矿业、制造业呈稳步复苏趋势；新能源汽车、工业机器人、挖掘、铲土运输机械、微型计算机设备、集成电路等产品产量增长良好，中国制造业采购经理指数连续 10 个月位于临界点以上，带动国内钨需求稳步回升。

中国是钨消费、出口大国，每年钨消费量约占全球的一半，净出口量占国际（除中国以外）钨消费量的一半以上。中国钨工业在满足国内需求作为发展的出发点和落脚点的基础上，加快了构建内需体系，产业布局逐步优化，钨产业链和区域的协同发展逐步推进，国际竞争新优势基本形成，产品营销服务体系和产业链上下游用户的战略合作机制逐步完善，产品配套服务质量和水平日益提高。在数控刀具等高端钨制品的进口替代、拓展钨的应用领域等方面，将逐步形成以国内大循环为主体、国内国际双循环相互促进的新发展格局。

四、当前中国钨工业发展中的突出问题和建议

（一）面临的突出问题

1. 钨资源消耗速度过快

中国钨资源占全球储量不到60%，开采量却达到全球的80%以上，资源优势正在逐渐减弱。中国储采比由 2008 年的 14.6 年下降到 2019 年的 10.8 年，远低于全球 27.1 年的水平，资源消耗速度过快。尽管查明的钨资源储量有所增长，但基础储量下降明显，且新勘探发现资源禀赋相对较差，开发利用经济效益预期下降。

2. 产业结构不均衡

近年来，中国在钨深加工领域发展进步较快，在数控刀片、PCB 微钻、高性能钨材等方面取得了巨大成就，但目前仍有 70%左右的高端钨制品从国外进口；而出口钨品中，60%还是原料级钨品。产业结构上，深加工比例相对较小，总体还处于全球供应链的上游；高端钨制品的市场占有率还比较低，整体解决方案服务体系处于起步阶段。

3. 对标国际先进，制造技术、装备配套及设计研发等仍存在一定差距

依托世界领先的冶炼技术和世界一流具有知识产权的钨粉末制备技术，国内硬质合金龙头企业近年在材料质量控制上不断突破，晶粒度从 0.8 微米的亚微晶合金到 0.4 微米的超细晶合金实现了大规模生产，0.2 微米的纳米晶合金产品也实现了产业化生产，材料性能接近国外先进水平，但在合金晶粒度的均匀程度和一致性、稳定性方面，存在一定差距。

中国企业也能够生产出较高性能的产品，但由于产品质量控制水平不足，产品稳定性难以保证，不同批次产品质量有波动，在要求较高的应用领域存在

使用风险。

中国各工具企业缺乏强大的切削数据库，难以给客户提供交钥匙工程，主流仍是模仿和复制国外产品设计。国际先进刀具企业有成熟的刀具管理数据库，能快速实现产销对接。

中国刀具产品的加工精度接近国际先进水平，得益于关键设备如机床、工装夹具、高端砂轮、高精度轮廓检测设备、各类涂层炉、微控喷砂机、表面钝化和清洗系统的进口，国产化任重而道远。中国对于涂层的系统研究还不足支撑行业进步需求。

4. 行业管理政策仍需继续完善

钨作为全球性的战略资源，再生利用是减缓中国钨资源消耗过快的重要途径，《资源综合利用产品和劳务增值税优惠目录》（财税〔2015〕78号）未将钨再生产品增值税列入即征即退范围；2019年起全面禁止含钨废料进口，不利于钨资源再生利用；《矿业权出让收益征收管理暂行办法》（〔2017〕35号）中，对权益金的提前征收、首次缴纳20%，以及资源税与权益金是否存在重复纳税等，对矿业企业构成较大的负担，不利于矿业发展。

（二）对策建议

1. 多管齐下，增强钨资源掌控能力

中国具有钨资源储量优势，但资源消耗过快，对中国钨行业持续健康发展和钨资源保障带来隐患，中国应多管齐下，增强钨资源掌控能力。一是严控钨矿采矿权发放；二是继续实施钨矿开采总量指标控制管理政策，在满足国民经济发展的前提下有序开发利用钨资源；三是推行钨资源矿产地战略储备，对资源品位较低、近期不宜开发利用的资源，优先列入资源矿产地战略储备，同时健全钨精矿国家战略储备机制；四是加快"走出去"步伐，统筹国际国内两个市场、两种资源，积极开展国际合作，鼓励国际化经营能力强的骨干企业勘查开采境外资源；五是加强废钨再生利用，减缓钨资源开发利用强度，提高钨资源长期保障能力；六是探索多元市场调控机制，建立钨精矿战略储备动态机制，支持市场低迷期的商业收储，研究上市钨期货的可行性和必要性。

2. 出台政策鼓励科技创新，淘汰落后产能，推进产业转型升级，促进钨行业高质量发展

中国应制定相应产业政策，鼓励钨行业以科技创新为驱动力，推进产业转型升级，提高产业盈利能力，改善产业结构，提升国际竞争力，推进钨行业供给侧改革，淘汰落后产能，促进钨行业高质量发展。一是完善钨业创新体系，以精深加工技术为重点，瞄准钨产业发展的科技前沿，强化基础研究，实现前

瞻性基础研究、引领性原创成果的重大突破；二是扩大钨终端应用，以钨精深加工产品研发为重点，加强共性技术研究，扩大钨在航空航天、国防军工、核能、微电子、轨道交通、高端装备、精密加工等领域的应用；三是推进高端硬质合金智能制造，支持关键设备国产化替代进口；四是各级政府加大扶持力度，支持企业科技投入、人才引进及培养，重奖原创性核心技术成果；五是推进钨行业供给侧改革，完善行业准入制度，研究制定配套监管措施，制止低水平重复建设，推进节能减排、防止污染，淘汰工艺落后、安全环保不达标的生产线。

3. 完善法律法规

完善钨矿资源开发管理机制、研究制定生态保护区内钨矿矿权的评估、补偿和收储的政策措施，以及矿权的退出程序和后续储备勘查规划等；完善矿业权管理政策，发挥市场调节作用和政府调控作用，调控好钨资源配置的"总闸"，促进钨矿资源保护和合理开发利用，确保钨市场供应的平稳；完善资源综合利用产品和劳务增值税优惠目录，适度放开合格钨资源再生原料的进口，支持废钨再生利用；加快资源综合利用立法进程。

4. 加快构建内需体系，逐步形成以国内大循环为主体、国内国际双循环相互促进的新发展格局

中国是钨消费、钨出口大国，每年钨消费量约占全球的一半，净出口量占国际（除中国以外）钨消费量的一半以上。中国钨工业应把满足国内需求作为发展的出发点和落脚点，加快构建内需体系，优化产业布局，实现钨产业链和区域的协同发展，培育国际竞争新优势，创新企业发展战略，完善产品营销服务体系和产业链上下游用户的战略合作机制，提高产品配套服务质量和水平。提高数控刀具等高端钨制品的进口替代，拓展钨的应用领域，逐步形成以国内大循环为主体、国内国际双循环相互促进的新发展格局。

撰稿人：余泽全
审稿人：苏　刚

2020 年钼工业发展报告

一、2020 年世界钼工业发展概述

（一）产品产量

2020 年全球钼精矿产量约为 28.49 万吨（金属量，下同）（见表1），同比增长 0.06%。亚洲同比下降 0.04%，至 10.12 万吨，产量减少主要来自中国，中国同比减少 0.14%，至 9.17 万吨；中美及南美同比增加 0.09%，至 9.1 万吨；欧洲同比增长 0.31%，至 2.38 万吨；北美同比增长 0.14%，至 6.89 万吨。

表1 2020 年全球钼产量

国家和地区	产量（金属量）/万吨			
	2018 年	2019 年	2020 年	同比/%
中国	9.13	10.04	9.17	−0.14
伊朗	0.49	0.07	0.24	2.43
哈萨克斯坦	0.2	0.05	0.09	0.80
越南	0	0.1	0.05	−0.50
蒙古	0.25	0.25	0.25	0.00
缅甸	—	—	0.03	—
朝鲜	0.04	0.06	0.06	0.00
亚洲合计	10.37	10.57	10.12	−0.04
智利	5.83	5.44	5.91	0.09
秘鲁	2.8	2.9	3.19	0.10
中美及南美合计	8.63	8.34	9.10	0.09
亚美尼亚	0.54	0.7	1.26	0.80
俄罗斯	0.36	1.08	1.08	0.00

续表 1

国家和地区	产量（金属量）/万吨			
	2018 年	2019 年	2020 年	同比/%
保加利亚	—	0.04	0.04	0.00
欧洲合计	0.9	1.82	2.38	0.31
加拿大	0.43	0.38	0.30	−0.21
墨西哥	1.43	1.63	1.70	0.04
美国	3.99	4.06	4.89	0.20
北美合计	5.86	6.07	6.89	0.14
合计	25.76	26.8	28.49	0.06

数据来源：安泰科金属报价网。

（二）消费量

2020 年全球钼消费量为 24.6 万吨，同比减少 5.89%，中国消费年均增长率为 3.44%（见图 1）。2020 年全球钼存在供应过剩，过剩量在 2.29 万吨左右。其中日本钼消费量为 2.34 万吨，同比增加 0.39%；西欧钼消费量为 5.53 万吨，同比下降 15.1%；美国为 2.6 万吨，同比下降 12.74%；中国钼消费量为 10.6 万吨，同比增长 13.06%。中国仍是全球最大的钼消费国，约占全球钼消费总量的 43%。

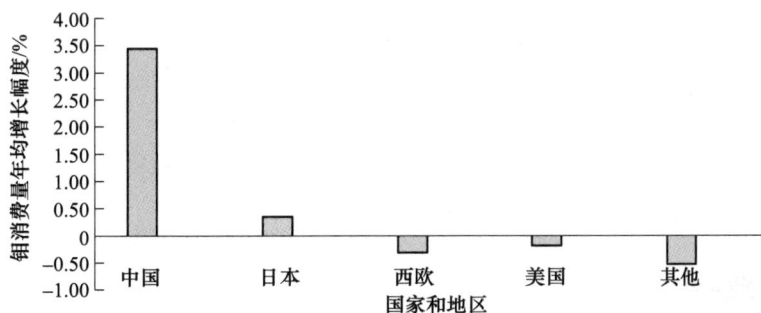

图 1　2016~2020 年钼消费年均增长幅度

二、2020 年中国钼工业发展现状

（一）经济运行情况概述

1. 生产能力

2020 年中国钼矿石处理能力超过 35 万吨/日，氧化钼、钼铁冶炼能力为

30万吨/年，钼酸铵生产能力为65000吨/年，钼酸钠的产能为9850吨/年，高纯二硫化钼粉的产能保持1700吨/年，高纯三氧化钼生产能力为18000吨/年，钼粉及其制品（包括钼粉、未锻轧钼金属产品、已锻轧钼金属产品、钼丝、其他钼制品等）的产能为20000吨/年。

2. 产品产量

据中国有色金属工业协会钼业分会不完全统计，2020年中国钼精矿产量为203680吨，同比下降8.5%；主要下降原因：一是黑龙江地区伊春鹿鸣矿业4~9月停产，减产接近50%；二是河南、陕西地区钼企业复工延迟或停产检修等原因，钼精矿产量也有不同程度减少。工业氧化钼产量为185180吨，同比下降2.46%；钼铁产量为145300吨，同比下降4.41%；钼化工产品产量为48800吨，同比下降1.2%；钼粉及其制品产量为16500吨，同比下降0.9%（见图2）。

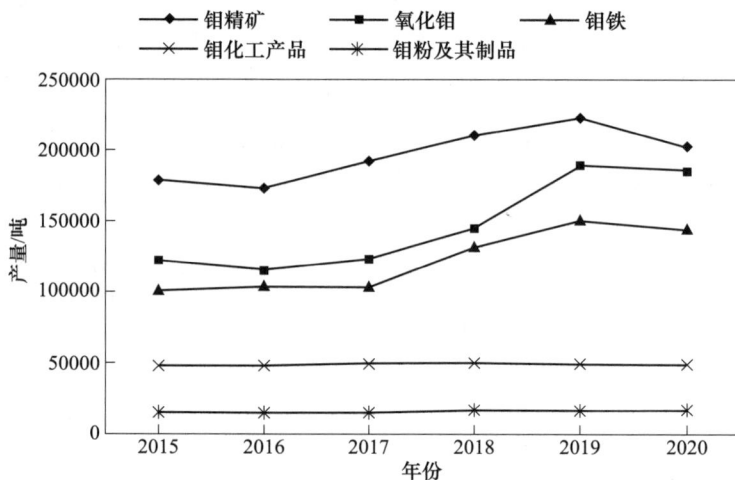

图2 2015~2020年钼产品产量统计

（二）产业结构

1. 产品结构

2020年氧化钼、钼铁产量占79.5%，同比提高3.73%，居于钼产品主导地位，钼化工产品产量所占份额与2019年相比减少15.3%；钼粉及其制品产量所占份额同比减少5.58%（见图3）。

2. 产业分布情况

2020年中国钼精矿的生产主要集中在河南、陕西、内蒙古、黑龙江、吉林、江西、河北等7省区，以上省区钼精矿产量占全国钼精矿总产量的

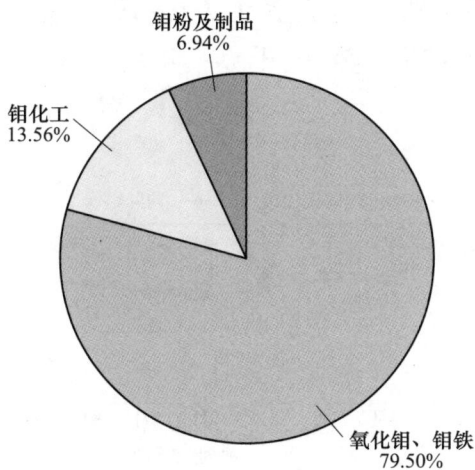

图 3　2020 年钼产品结构

96.43%，副产钼精矿产量为 21040 吨，占钼精矿总产量的 10.33%。2020 年中国钼精矿产量占比分布如图 4 所示。

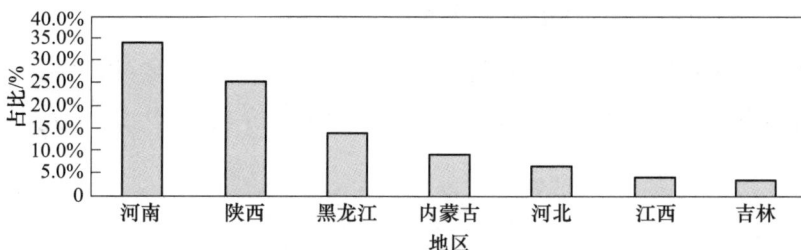

图 4　2020 全国钼精矿产量占比分布

2020 年中国钼铁的生产集中在河南、陕西、辽宁等省，2020 年中国钼酸铵等钼化工产品的生产主要集中在陕西、江苏、安徽、河南等省，其中陕西、江苏钼化工产品的产能占全国总产能的 70% 左右。2020 年中国钼粉及其制品的生产主要集中在陕西、河南、江苏和辽宁等省，四省的钼粉及其制品的生产能力分别占比依次为 26%、21%、15%、5%，占全国的 70% 左右，江苏、河南等地专业生产钼粉及其制品的厂家较多，但规模都较小。

（三）市场价格

1. 国际市场及价格

2020 年国际氧化钼、钼铁价格走势如图 5 所示。据统计，2020 年全年氧化钼平均价格为 8.8 美元/磅钼，同比下降 24.01%。

2020 年国际氧化钼价格波动范围在 7.6~10.6 美元/磅钼；另外，同期欧洲钼铁价格范围在 18.3~25.3 美元/千克；年均价为 21.5 美元/千克，同比下降 20.4%。

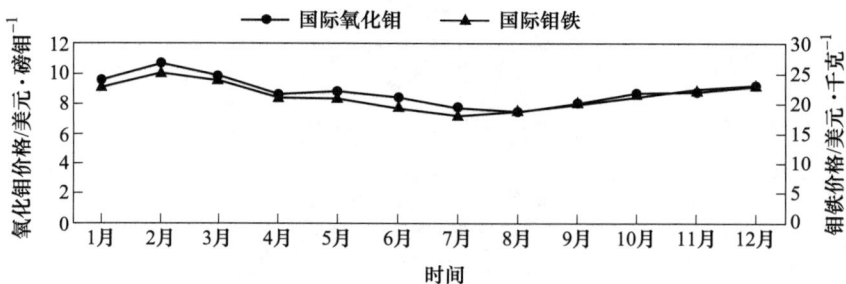

图 5　2020 年 1~12 月国际月均价格

2. 国内市场及价格

2020 年国内钼精矿月均价格走势如图 6 所示，2 月是全年最高点为 1765 元/吨度，最低点是 7 月为 1253 元/吨度。据统计，2020 年中国国内钼精矿平均价格为 1457.8 元/吨度，同比下降 17.91%。

2020 年国内钼铁月均价格走势如图 6 所示，2 月是全年最高点为 12.1 万元/吨，8 月为最低点是 8.8 万元/吨，全年平均价格为 9.9 万元/吨，同比下降 16.95%。

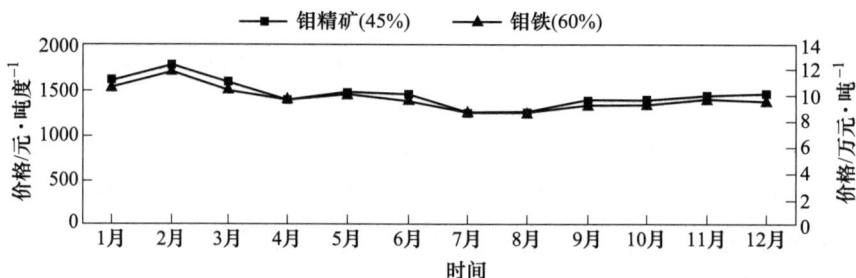

图 6　2020 年 1~12 月国内月均价格

（四）进出口贸易

根据海关数据，2020 年中国钼产品进出口总量（见表 2）为 123417 吨（实物量，下同），同比增加 17.58%，进出口总额为 127981 万美元；净进口量为 92497 吨，创历史新高（见图 7）。

表 2　2020 年中国钼进出口统计

商　品	进　口		出　口	
	累计数量（实物量）/吨	累计金额/万美元	累计数量（实物量）/吨	累计金额/万美元
已焙烧钼矿砂及精矿	40003	44106	414	473
其他钼矿砂及精矿	59216	40477	2507	1706
钼的氧化物及氢氧化物	1529	1843	2356	3962
钼酸铵	710	815	1486	2082
其他钼酸盐	1508	702	594	796
钼铁	4475	6146	3862	5526
钼粉	28	132	377	1147
未锻轧钼（包括简单烧成条杆）	1	3	2004	6057
钼条、杆、型材及异型材	383	2507	379	2593
钼丝	34	321	271	1337
钼废碎料	0	0	1132	3099
其他钼制品	70	1371	78	780
合计	107957	98423	15460	29558

数据来源：海关总署。

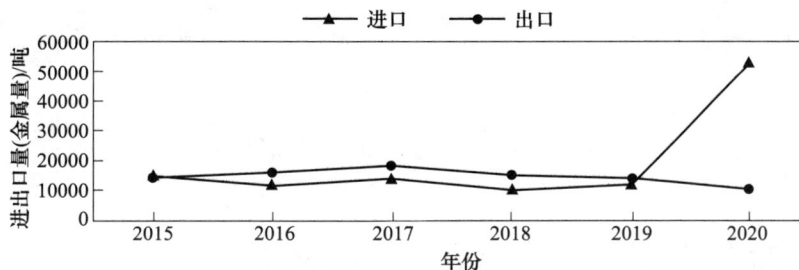

图 7　中国钼产品进出口量变化

数据来源：海关总署、中国有色金属工业协会钼业分会整理

1. 进口情况

2020 年中国共进口 52875.5 吨钼（金属量，下同），同比增加 335%。其

中，氧化钼进口量为 20401.5 吨，同比增加 400%，占总进口量的 38.58%；钼精矿进口量为 26647.2 吨，同比增加 347.7%，占总进口量的 50.4%，以上两种产品进口量占总进口量的 88.98%；钼铁进口量为 2908.75 吨，同比增加 124.4%。进口产品主要以钼炉料产品为主，进口量大增的原因一是价格大幅下跌，国内外价差明显，企业采购进口原料成本更低；二是国内钼原料产量下降，而需求端保持增长，国内供应端存在一定的缺口。

2. 出口情况

2020 年中国共出口 10658.61 吨钼（金属量，下同），同比减少 24.6%。其中，氧化钼出口量为 211.14 吨，同比减少 86.5%，占总出口量的 1.98%；钼精矿出口量为 1128.15 吨，同比减少 10.8%，占总出口量的 10.58%；钼铁出口量为 2510.3 吨，同比增加 6.9%，占总出口量的 23.55%；钼化工产品出口量为 2779.16 吨，占总出口量的 26.07%，钼金属产品为 4241 吨，占总出口量的 39.79%。

（五）市场消费

据统计，2020 年中国各行业钼消费总量在 10.23 万吨（金属量，下同），同比增加 9.06%。2020 年出口量为 1.07 万吨，同比下降 24.6%，中国钼消费总量为 11.3 万吨，同比增加 4.73%。2020 年中国钼库存量为 2.09 万吨，库存压力较大（见图 8）。

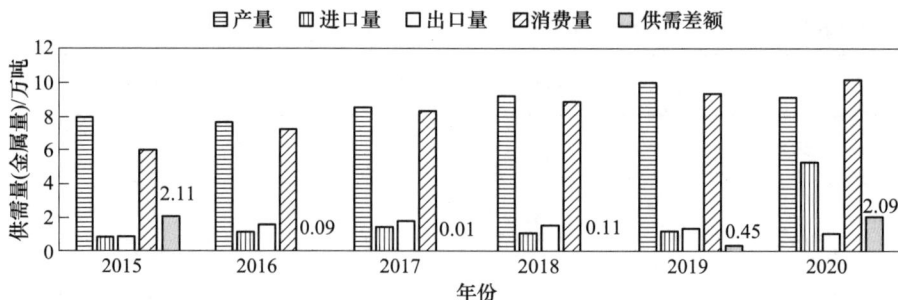

图 8　中国 2015~2020 年钼供需

三、2020 年中国钼工业经济运行情况分析

（一）政策环境[1]

2020 年 3 月 17 日，财政部、税务总局发布提高部分产品出口退税公告，

---

[1] 内容摘自各部委网站。

自 2020 年 3 月 20 日起，将钼丝、钨丝产品出口退税率提高到 13%，之前的出口退税率为 10%。

2020 年 4 月 17 日，根据《自然资源部关于推进矿产资源管理改革若干事项的意见（试行）》（自然资规〔2019〕7 号）规定：实行同一矿种探矿权采矿权登记同级管理，自 2020 年 5 月 1 日起，石油、烃类天然气、页岩气、天然气水合物、放射性矿产、钨、稀土、锡、锑、钼、钴、锂、钾盐、晶质石墨 14 种矿产的探矿权采矿权新立、延续、变更（涉及变更矿种的，以变更后的主矿种为准）、保留、注销登记以及划定矿区范围均由自然资源部办理。

2020 年 11 月，商务部、海关总署发布 2020 年第 54 号关于调整加工贸易禁止类商品目录的公告，在调整目录里，仅涉及针对钼精矿（其他钼矿砂及其精矿）的调整，根据公告内容，调整后，钼精矿进口加工贸易不再禁止。公告未对 2014 年 90 号公告中高纯三氧化钼、钼酸铵、钼酸钠、钼铁、钼粉、未锻轧钼禁止出口的政策进行调整。

（二）产业结构调整情况分析

中国钼精矿生产主要集中在河南、陕西、黑龙江、内蒙古、江西、吉林等地。中国钼工业产业链完整，除生产钼精矿外，钼冶炼、钼化工、钼金属、制品及加工已形成工业规模，并形成产业聚集区，主要分布在陕西、河南、辽宁、江苏等地。钼化工生产企业已经逐步向产业集中化趋势发展，从钼化工到钼粉到钼深加工，在一家企业实现全产业链覆盖。目前金堆城钼业集团有限公司、厦门钨业虹波公司、新华龙钼业三家企业已初步具有此规模。

（三）经营形势分析

中国是世界上最大的钢铁生产大国，粗钢产量连续 20 余年全球第一。粗钢是钢铁行业最重要的中间产品。据国家统计局公布的数据，2020 年中国粗钢产量为 10.65 亿吨，同比增长 7.0%，中国粗钢产量占全球粗钢产量的份额为 56.5%[1]；钢材产量为 13.25 亿吨，同比增长 10%；中国粗钢表观消费量同比增长 9%。

据《全球投资趋势监测》报告，2020 年中国吸收外资逆势增长 4%，达到 1630 亿美元，成为全球最大的外资流入国。2021 中国经济继续保持稳中有进发展态势，为钢铁需求提供强有力支撑。围绕"碳中和"这一发展目标，钢铁行业下游产业用钢升级将促进优质、高强、长寿命、可循环钢铁产品的广泛

---

[1] 数据来源：世界钢铁协会。

应用。

虽然 2021 年国家工信部将大力实施工业低碳行动和绿色制造工程，压缩粗钢产量，钢铁行业产能置换势在必行，但国家出台的政策和实施办法需要一定的时间落地，下游行业的快速复苏，钢材消费创新高，将拉动钢铁生产持续增长，钢铁产量仍将保持高位。

总体来看，2021 年钼市场将达到供需两旺的态势，价格有望达到新的平衡。

四、当前中国钼工业发展中需要关注的问题

钼不仅是中国的战略资源，还是中国的优势资源。但作为战略性资源的重视程度不够，法律、法规、行业管理、政策体系不完善，执行不到位；资源优势没有转化为经济优势，高端材料被国外卡脖子，处于产业链发展中低端，全球竞争话语权有待提高。当前中国钼工业发展中需要关注的问题如下：

（1）资源矿产地储备政策缺失，资源供给风险大。
（2）境外资源保障风险大，支撑服务体系亟待完善。
（3）产业结构调整，去产能，技术升级任务很重。
（4）绿色发展水平不高，循环利用力度不够。
（5）基础研究薄弱，高端产品受制于人。

五、中国钼工业下一步发展重点

（一）增加创新能力，加强基础研究和应用研究

尽管中国钼工业取得快速发展，但钼产业链依然处于中低端，科技研发投入，工艺技术及装备水平与国际先进钼企业相比还有较大差距，国内企业同质化竞争严重，应加强钼深加工领域的应用研究，丰富产品系列。

（二）强化技术创新

坚持技术引进和自主创新相结合，积极采用先进适用技术，加快技术改造，提高工艺装备水平和产品质量，开发拥有自主知识产权的专利技术产品，重点发展技术含量高，高附加值的加工产品，推动产业结构调整，产品升级。

（三）调整产业结构，打造竞争优势

中国含钼优质钢占比粗钢只有 11%，处于全球 10%～15% 平均比例区的下线，不锈钢及合金钢比重有很大提升空间，其对包括钼在内的合金的需求，应

以大城市新建公共建筑为重点，充分挖掘钼在钢结构建筑推广应用及其他领域，如民用工程：高层建筑防火抑烟工程、供水系统工程上的研究和应用，推动绿色消费，进一步拉动钼的消费增长。

撰稿人：刘　萌
审稿人：曹军义

2020 年锡工业发展报告

一、2020 年世界锡工业发展概述

锡是现代工业发展中广泛应用的金属品种之一。由于全球锡资源分布比较集中，锡矿和精锡生产也比较集中。根据 2020 年美国地质调查局（USGS）资料，全球锡资源绝大部分布于亚洲和南美洲，其中主要分布在中国、印度尼西亚、巴西、玻利维亚、澳大利亚、俄罗斯等国家，2019 年世界锡储量为 466.8 万吨，这主要六国的锡储量占全球总储量的近 80%。

2020 年全球疫情暴发对全球锡工业的影响较大，主要表现在产消不旺、价格下跌、库存下降，企业效益下滑。特别是在 3 月疫情暴发高峰期，市场一度出现恐慌状态，3 月 24 日伦敦金属交易所三月期锡价最低跌至 12700 美元/吨，创近 10 年来新低，由于受交通物流受阻等因素的影响，出现了生产原料供应紧张和产品销售困境。随后各国采取了宽松货币政策和积极财政政策等刺激经济措施，锡生产和消费才逐渐恢复、市场逐渐回暖。

从生产看，全球锡矿和锡冶炼均集中，中国、印度尼西亚、缅甸、秘鲁、玻利维亚、巴西、刚果（金）是世界主要锡矿生产国。2020 年这七个国家的锡矿产量总和占全球总产量的 92%。

2020 年受疫情影响，全球锡精矿产量为 27.94 万吨，同比下降 7.8%，除中国之外，其他主要锡矿生产国均有不同程度下降。表 1 为 2018~2020 年全球锡精矿产量情况。

表 1   2018~2020 年全球锡精矿产量（金属量）   （吨）

国家和地区	2018 年	2019 年	2020 年
中国	85000	85840	94400
印度尼西亚	85000	82500	73000
缅甸	52000	44200	36000

国家和地区	2018 年	2019 年	2020 年
玻利维亚	18000	17300	13800
秘鲁	18200	19600	16000
巴西	14800	13900	11000
澳大利亚	6700	7600	8000
刚果（金）	7400	12300	13000
非洲其他国家	2360	3030	1000
马来西亚	5200	4500	3200
俄罗斯	1600	2400	2000
其他国家	6800	7000	6000
总计	283170	303060	279400

数据来源：中国有色金属工业协会、美国地质调查局（USGS）。

全球精锡生产也比较集中，主要生产国为中国、印度尼西亚、马来西亚、秘鲁和玻利维亚，2020 年这五国精锡产量占全球产量的 84.5%。2020 年全球精炼锡产量受疫情影响下降至 34.1 万吨，同比减少 8.3%。表 2 为 2018～2020 年全球精锡产量情况。

表 2　2018～2020 年全球精锡产量　　　　　　　　　（吨）

国家和地区	2018 年	2019 年	2020 年
中国	169000	171619	160000
印度尼西亚	82000	79300	74000
马来西亚	27000	25500	22500
秘鲁	18400	19500	20000
玻利维亚	15800	17200	12000
泰国	10600	10700	9800
巴西	14800	12200	11200
比利时	9400	9300	8500
俄罗斯	1200	2350	2200
其他国家	11800	24000	21000
总计	362018	371669	341200

数据来源：北京安泰科信息股份有限公司。

注：中国总产量包含企业在国外矿区的产量。

从消费看，自 2018 年以来，全球锡的消费结构总体保持稳定。锡的消费主要以焊料、化工制品、镀锡板（也称马口铁）为主，其消费量占总量的近80%。2020 年，新冠肺炎疫情蔓延导致全球各国的锡消费快速下降，唯独中国实现在本年度引领全球锡需求的恢复。从全球消费结构来看，马口铁受到人们在疫情下"宅经济"的拉动，罐装食品需求显著增加，马口铁的消费占比近三年来首次上升到 15%；而锡焊料、铜合金等领域尽管受到中国需求后期带动反弹明显，但总体恢复稍弱于同期；由于多国汽车生产商停产减产以及全球建筑行业回暖迟缓，导致铅酸蓄电池、锡化工、铜合金用锡量有所下降，其中铅酸蓄电池的消费占比下降到 8%，2020 年全球锡消费结构如图 1 所示。

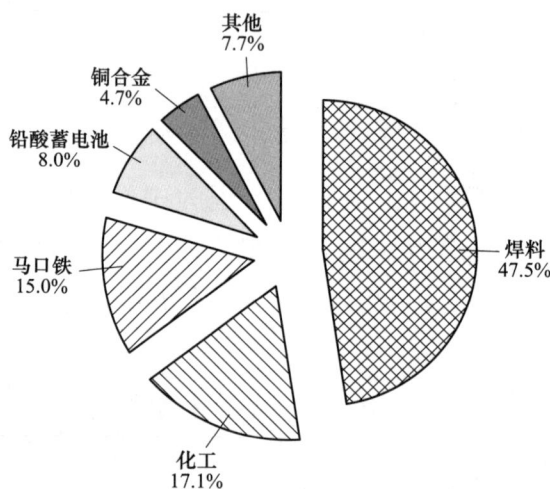

图 1　2020 年全球锡消费结构

数据来源：北京安泰科信息股份有限公司

2020 年，全球精锡消费量为 33.9 万吨，同比下降 6.9%。从主要领域看：受疫情影响居家办公成为常态，笔记本电脑、小型家电等市场销量明显上升；但美国、欧洲、印度等国家和地区在电子产业发展以及 5G 产业布局方面慢于预期，全年锡焊料用量为 16.1 万吨，同比下降 6.4%；疫情对全球锡化工领域的打击也比较大，如欧洲、美国、印度等国家和地区建筑不景气，对 PVC 市场需求疲软，导致中国锡化工出口受到严重影响，全年全球化工领域精炼锡用量下降至 5.8 万吨，同比下降 9.9%；镀锡板行业受境外疫情形势反向拉动，表现强劲一些，国外对罐装食品偏好能力一直比国内更强，广泛的隔离及旅游的限制促进马口铁的销量小幅增加，全年马口铁用锡量达到 5.1 万吨，同比小幅增加 2.8%；全球铅酸蓄电池行业上半年饱受汽车市场萎缩以及回收铅减少带来的生产大幅下滑，但下半年随着多国逐步推进复工复产，全球铅酸蓄电池产业也迎来快速补涨。总体来看，下半年铅蓄电池的恢复主要是补上半年的需求缺口，但全年该领域用锡量仍下降至2.7万吨，同比减少9.4%。

从价格走势看，一季度疫情导致的金融市场动荡致使国内外锡价最低分别跌至103200元/吨和12700美元/吨。随着多国陆续货币量化宽松救市，二季度后锡价实现"V"形反弹，国内外最高分别反弹至155940元/吨和20245美元/吨，较最低价分别上涨51.1%和59.4%。2020年LME现货锡年均价为17259美元/吨，同比下降8.6%；LME三月期锡年均价为17088美元/吨，同比下降8.1%；SHFE锡主力合约均价为138806元/吨，同比下降2.0%；国内现货市场锡均价为139042元/吨，同比下降2.1%。

总之，2020年全球锡供需双降，下半年中国经济快速回升带动全球锡消费回暖，全球精锡市场从去年的过剩再度转为小幅短缺。表3为2018~2020年全球精锡市场供求平衡情况。

表3 2018~2020年全球精锡市场供求平衡 （万吨）

年 份	2018年	2019年	2020年
全球精锡产量	36.3	37.2	34.1
全球精锡消费量	36.6	36.4	33.9
交易所库存变化	0.3	0.2	−0.5
全球供求平衡	0	1.0	−0.3

数据来源：北京安泰科信息股份有限公司。

二、2020年中国锡工业发展现状

中国是全球锡储量、锡生产、锡消费第一大国，2019年中国锡储量占世界储量的22%；中国每年锡矿产量大约8万~9万吨（锡金属量），占全球总矿产量的30%以上；中国精锡生产和消费总量均达到17万吨左右水平，各占全球总量近一半。

中国锡储量和锡生产也比较集中，其中云南、内蒙古、广西、湖南、江西五个省区是中国锡储量分布和锡矿主要产区，2020年这五省锡矿产量占全国99.5%。目前，已形成以云南个旧、广西大厂、内蒙古赤峰为骨干的锡矿工业基地。

（一）经济运行情况概述

1. 锡行业整体保持盈利

2020 年初新冠肺炎疫情暴发，对一季度的锡产业冲击较大，除个别已开工企业按当地具体通知继续正常生产，生产期间同时实施更加严格的检疫查验和健康防护以确保安全生产外，2月上旬绝大多数锡企业陷于停滞状态。一季度末疫情开始得到有效控制，各行业复工复产速度明显加快，据中国有色金属工业协会锡业分会调研统计，3 月前后国内锡企业开工率已超 80%。2020 年，锡行业整体保持盈利，一是得益于国家为应对和减轻各行业在疫情中所受冲击，实行了减税降费等一系列调控政策，使得企业成本降低；二是二季度价格迅速上涨，锡生产积极性明显提高，促进了下半年锡产业生产率的提高。据中国有色金属工业协会数据显示，2020 年全国规模以上锡工业企业实现利润 24.8 亿元，同比上涨 25.89%，其中采选企业实现利润 8.8 亿元，同比下降 4.32%；锡冶炼企业实现利润 15.97 亿元，同比增加 52.10%（见表 4）。

表 4　中国锡行业主要经济效益指标　　　　　　　　（亿元）

类别	规模以上锡采选企业			规模以上锡冶炼企业		
	2019 年	2020 年	同比/%	2019 年	2020 年	同比/%
主营业务收入	107.4	96.8	-9.91	283.8	338.2	19.18
主营业务成本	90.7	78.3	-13.61	259.8	310.1	19.37
利润总额	9.2	8.8	-4.32	10.5	15.97	52.10

数据来源：中国有色金属工业协会。

2. 锡矿产量回升，锡锭产量减少

锡矿生产上，二季度后锡矿山生产快速恢复，加之内蒙古银漫矿业三季度正式恢复生产，国内锡矿产量明显回升。据中国有色金属工业协会数据显示，2020 年，国内生产锡精矿含金属量总计 9.4 万吨，同比上涨 10.4%；精锡生产，由于原料和二次物料同步减少，年内 60 度锡精矿加工费跌破 8000 元/吨，冶炼厂利润空间被明显挤压，精锡产量明显下降。据北京安泰科信息股份有限公司数据统计显示，2020 年中国共生产精锡 16.2 万吨，同比下滑 6.4%。

（二）产业结构

从产业链分布情况看，受中国锡资源分布集中度高的特点影响，锡精矿和精锡生产地很集中，主要在云南、湖南、广西、内蒙古和江西 5 个省区，5 省区精锡产量占全国总产量的 98%。其中，云南省精锡产量最大，2020 年占全国总产量的 56%。下游消费方面，近年来锡焊料生产企业逐步向珠三角和长三角地区（广东、上海、江苏、浙江）靠拢，云南、北京、天津也有一些生产企业，集中程度不断提高；镀锡钢板企业生产较为分散，主要分布在上海、广州、河北、武汉、海南；锡化工企业分布更加零散，主要在北京、云南、湖北、江西等地。

从产品结构来看，伴随 5G、汽车电子、建筑、新能源汽车等锡终端领域产业的快速发展，锡产品结构不断调整，行业也随之实现良性发展。欧洲强制步入无铅化电子时代，中国电子无铅化也在逐步扩大，但一些锡助焊剂配方等核心技术仍掌握在国外生产商手中，国内下游锡粉、锡膏等加工材亟待进一步技术突破；硫酸亚锡、甲基锡作为 PVC 行业热稳定剂以及新型绿色环保水泥添加剂等化工产品在近几年发展较快。随着中国环保要求的不断提升，塑料工业将扩大对锡热稳定剂的使用，未来将继续推动锡在化工领域的需求量；随着中国国防军工、汽车、钢铁、电子和电工机械制造业、医疗产业的发展，锡合金使用量将有所增加。

（三）市场价格

2020 年新冠肺炎疫情突发，3 月锡价跟随全球大宗商品齐跌，国内锡价最低跌至 103200 元/吨，破四年来新低。随着中国疫情防控取得成功、减税降费政策到位、宏观经济恢复活力，以及多国货币量化宽松实施，二季度起锡价实现"V"形反弹，最高反弹至 155940 元/吨，较最低价上涨 51.1%，基本恢复到近年正常波动范围。2018～2020 年国内外锡年度平均价格情况见表 5。

表 5　2018～2020 年国内外锡年度平均价格

时间	国内精锡现货市场价/元·吨⁻¹	SHFE 锡主力合约收盘价/元·吨⁻¹	LME 现货结算价/美元·吨⁻¹	LME 三月期锡收盘价/美元·吨⁻¹
2018 年	145449	146472	20168	20077
2019 年	142017	141609	18882	18587
2020 年	139042	138806	17259	17088

数据来源：伦敦金属交易所、上海期货交易所、北京安泰科信息股份有限公司。

（四）市场消费

中国锡主要终端消费品包含焊料、镀锡板（马口铁）、锡化工、铅蓄电池、玻璃制造及锡合金（青铜及黄铜）等。2020 年，受疫情对耐储存食品的拉动，马口铁用锡量逆势增长，占比提高至 9.1%；锡焊料经过二到四季度的快速补涨，用锡量较同期基本持平，总消费占比达到 59.5%；国内锡化工产业受疫情影响，用锡量下降是最为明显的，消费占比同比下降 1.3 个百分点；铅酸蓄电池用锡受国内新能源汽车强劲复苏势头的带动逆势增长 1.3%（见图2）。

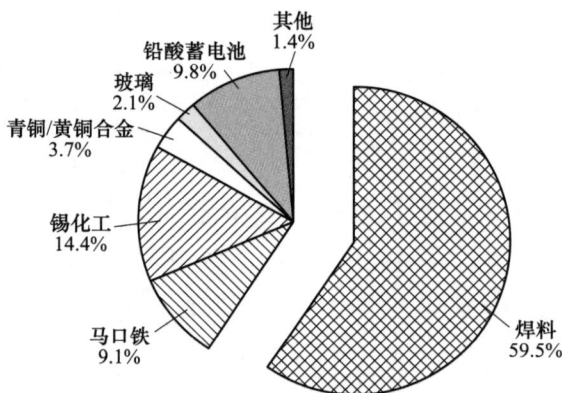

图 2　2020 年中国锡消费结构图

数据来源：北京安泰科信息股份有限公司

2020 年，中国锡消费量达到 16.6 万吨，同比减少 1.3%。分主要领域看，锡焊料行业，2020 年美国对中国半导体产业技术封锁，欧洲和中国等国焊料生产均受到不同程度影响。与此同时，由于印度等周边发展中国家因疫情严重无法正常生产，之前从中国转移过去的焊料生产订单回流国内，使得全年锡焊料用量维持在 9.9 万吨，同比仅下滑 1.5%。锡化工行业因外需低迷，国内锡化工产业产品的出口受到较大影响，是分领域中下滑幅度最大的。尽管下半年内销比重大的企业订单逐步恢复同期水平，但外销比重大的企业因物流、外需等问题的阻碍，拉低了整体效益。总体来讲，2020 年国内锡化工行业的用锡需求下降至 2.4 万吨，同比下降 9.8%。镀锡板行业受疫情影响，国内镀锡板工厂普遍停工 1~2 个月，1~4 月马口铁产量为负增长，但境外疫情反而加速拉动了罐头出口，特别是小罐型出口需求量大，到 5 月底产量实现正增长，马口铁消耗量也相应增加，全年用锡量反增至 1.51 万吨，同比增长 2.7%。铅酸蓄电池行业由于疫情原因带动了电动自行车产量，而东南亚地区受疫情影响铅蓄电池产能恢复慢，因此对海外产能形成替代效应。在新能源汽车方面，2020 年全年新能源汽车累计销量为 136.7 万辆，同比增长 10.9%。这促使铅酸蓄电池用锡量反而增长，全年用量达到 1.6 万吨，同比增长 12.6%。

（五）进出口贸易

受疫情影响，缅甸、秘鲁、玻利维亚等海外锡精矿矿山生产量明显下滑，中国进口锡精矿量进一步下降；2020 年外盘锡价倒挂，促使国内精锡进口业务窗口打开，精锡贸易转变为净进口。

据海关总署统计，2020 年中国进口锡精矿实物量为 158145 吨，同比下降

11.3%，折合金属量 33131 吨，同比减少 13.5%；全年进口精锡 17719 吨，同比增加 466.8%；出口精锡 4478 吨，同比减少 26.6%；累计净进口精锡 13241 吨，同比增加 16215 吨；2020 年国内进口锡材 3232 吨，较 2019 年减少 14.7%；出口锡材 1591 吨，同比减少 14.0%；进口锡合金 876 吨，同比增加 57.0%；出口锡合金 7 吨，同比下降 78.1%；其他锡制品进口量为 324 吨，同比减少 1.2%，出口其他锡制品 4373 吨，同比增长 7.4%。

（六）投融资情况

锡业股份是中国锡企业中唯一一家上市公司，是二级市场投融资的主要标的。

2020 年 4 月和 6 月，锡业股份在 A 股市场分别以中期票据和短期融资券方式总计融资 12 亿元。

此外，华锡集团也在积极推进公司上市进度。为加快推进集团层面混改，致力构建华锡融资渠道，2020 年 8 月，广西华锡集团拟以 5.76 元/股的价格向南宁化工股份有限公司（A 股 "ST 南化"）出售旗下广西华锡矿业有限公司的 100% 股权，标的资产估值暂未确定。2019 年 4 月，广西华锡集团注资 3000 万元成立广西华锡矿业有限公司。截至 2021 年 1 月 30 日，与 ST 南化资产重组仍在进行。

近年来，环保政策趋严，锡冶炼企业在环保方面的投资也相应加大。云南锡业股份有限公司锡冶炼异地搬迁升级改造项目是云锡全面实现锡冶炼及制酸系统退城入园搬迁和技术升级改造的重大项目。该项目选址在蒙自经开区冶金园，占地面积 450 亩、总投资 35 亿元。自 2018 年开工建设，2020 年 11 月完成竣工，历时三年。锡冶炼异地搬迁项目在大量自主创新的基础上，工艺技术装备国际一流，集成了多个国家的先进技术，是云锡集成创新与自主创新相结合的典范性项目，此次冶炼系统升级后，云锡集团锡冶炼产能新增 2 万吨/年，首批锡锭已于 2020 年 12 月 16 日顺利生产。此外，华锡环保设备技改升级：2019 年，广西华锡集团股份有限公司下属来宾冶炼有限公司投资 3000 余万元用于锡系统烟气脱硫项目，旨在进一步降低二氧化硫排放浓度，并提高烟气处理量。该项目已于 2020 年正式运行，预期效果显著。

三、2020 年锡工业经济运行状况分析

（一）产业结构调整情况分析

随着智能制造的发展，对锡材料的性能、品种、质量不断提出新要求，为多层面、多角度拓展锡在新能源、新基建、微电子、新型化工等领域的应用创

造了历史机遇。

近两年，中国锡行业主动适应需求的高端化、多样化、个性化、绿色化，大力推进锡产业的供给侧结构性改革及科技攻关。在国内环保政策的带动下，锡企业积极增加环保设备投入，大型集团不断提高管理水平，主动适应国家绿色化进程；在促进行业规范发展方面，中国有色金属工业协会锡业分会通过了《锡行业自律公约》（征求意见稿），旨在推进锡行业供给侧结构性改革，促进行业技术进步，推动锡行业高质量发展；在国产替代方面，由广东省电子学会SMT专委会组织协调，借助亿铖达、唯特偶、翰华—康普、中兴通讯等上下游企业合作，联合工业和信息化部电子第五研究所，组成"国内高可靠性微电子装备用焊膏"研制工程团队攻关的"国内高可靠性微电子装备用焊膏"满足国内高可靠性微电子装备的生产应用所需要的有铅和无铅各三种品牌焊锡膏，填补了中国无法生产高可靠性微电子装备用焊锡膏的空白，打破了国外技术垄断。

（二）经营形势分析

1. 生产情况分析

面对严格的环保要求，企业不断加大环保投入，成本进一步增加，污染物处理和存放要求执行更加严格。多数冶炼企业利润摊薄，生产经营面临挑战。部分锡冶炼企业利润减少，加工成本居高不下，一些中小型的锡生产企业被迫减产、停产。锡行业的洗牌还在进行，亟需找寻合理的转型之路。

2. 供需情况分析

2020年中国经济率先复苏，锡需求明显恢复，锡价随之强势反弹，导致沪伦比持续攀高，外盘锡价倒挂，国际锡锭大量流入国内，全年过剩约0.9万吨。2018～2020年中国精锡供需平衡情况见表6。

表6　2018～2020年中国精锡供需平衡表　　　　　　　（吨）

年份	2018年	2019年	2020年
精锡产量	173374	172619	162000
精锡进口量	2544	3126	17719
精锡供应量	175918	175745	179719
精锡消费量	168196	168637	166376
精锡出口量	6079	6100	4478
精锡需求量	174275	174737	170854
供求平衡	1643	1008	8865

数据来源：北京安泰科信息股份有限公司。

四、当前中国锡工业发展中存在的突出问题和对策建议

中国锡工业面临着资源保障程度降低、产业结构不合理、产能利用率低、供需平衡控制力弱、产业和金融结合不强、价格话语权薄弱等突出问题，亟待优化产业结构，实施科技创新，借助金融辅助力量等实现中国锡产业大国向锡业强国的转变。

（一）优化产业结构

目前，中国锡工业面临产能过剩、下游创新应用不足等情况。未来，在供给侧，行业应继续淘汰落后产能，限制冶炼规模扩张；在需求侧，要不断拓展国内外应用市场，重点扩大化工、高端锡合金材料等终端领域的用锡量；同时，加大研发力度，探索锡在传统行业以及新基建、新能源产业中的应用。

（二）保护国内开采，增强资源保障

近些年来，随着锡资源开发力度不断加大，中国原有资源优势正在不断削弱，矿山资源型企业短期盈利压缩了下游企业利润空间。建议：一是大力支持利用国内外"两种资源"，依托"一带一路"倡议，大胆实施"走出去"战略，参股占股海外法制健全国家的优质矿山企业，并加大进口贴息、加工贸易政策扶持力度；二是鼓励具有实力的企业投资矿山勘探，提高资源自给率；三是实施资源整合，使矿产资源开发逐步向大型企业集团集中，提高资源利用率，从源头解决资源乱采滥挖的问题，提高资源保障程度。

撰稿人：郭　宁、谢　群
审稿人：王中奎

2020 年锑工业发展报告

一、2020 年世界锑工业发展概述

（一）资源与生产

世界锑矿资源主要分布于环太平洋成矿带、地中海成矿带和中亚天山成矿带。其中，环太平洋成矿带经济意义最大，集中了全球约77%的锑储量。锑资源主要集中在中国、俄罗斯、玻利维亚、塔吉克斯坦和墨西哥等国家。据美国地质调查局数据显示，2019 年世界锑储量为 190 万吨，与 2018 年相比有所上升，中国、俄罗斯和玻利维亚三个国家锑储量约占世界总储量近60%，其中中国是世界上锑矿资源最为丰富的国家，如图 1 所示。

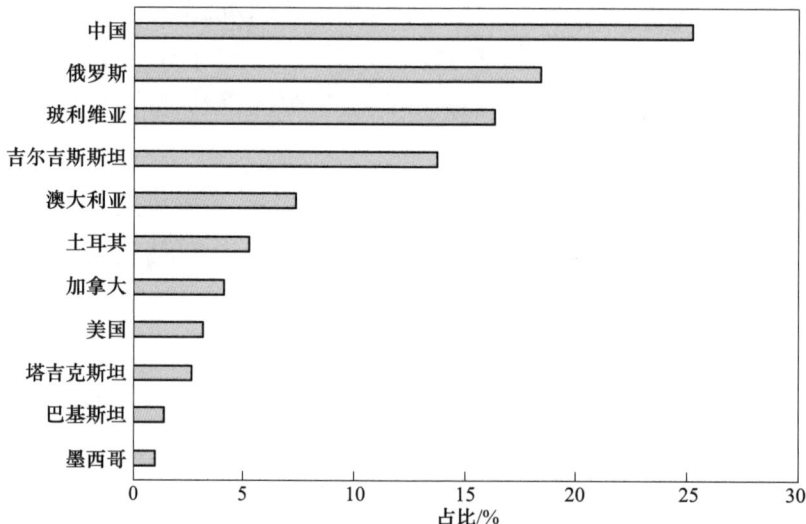

图 1 2019 年全球锑资源储量分布

数据来源：美国地质调查局

全球锑矿生产主要集中在中国、俄罗斯、塔吉克斯坦、玻利维亚、缅甸、土耳其、澳大利亚、吉尔吉斯斯坦等国家。中国的锑矿资源储量、开采量、锑品产量均位居世界首位。据世界金属统计局数据显示，近五年全球锑矿产量呈

现逐年下降的态势，2020 年世界主要国家锑矿含锑产量约 11.33 万吨，同比下降 7.7%。其中，中国锑矿含锑产量约 6.45 万吨，2020 年中国锑矿产量占世界总产量的 57%。中国近年锑矿山产量有所下降，但依然占据全球最大锑生产国地位。除中国外，塔吉克斯坦和俄罗斯是近年矿山产量较高的国家，见表 1。

表 1　2016～2020 年全球主要国家锑矿产量（金属量）　　　　（吨）

年份	2016 年	2017 年	2018 年	2019 年	2020 年
俄罗斯	11888	16533	25233	15270	16800
南非	0	0	0	0	0
中国	108000	97683	89584	60229	64530
哈萨克斯坦	574	160	100	100	97
吉尔吉斯斯坦	1880	1369	676	0	0
老挝	242	339	368	143	0
缅甸	2780	2881	3088	9896	537
巴基斯坦	38	56	0	0	17
塔吉克斯坦	28280	28100	29700	27950	22543
泰国	0	0	0	0	0
土耳其	2800	4800	4000	3400	1547
越南	229	244	244	306	300
玻利维亚	2669	2844	3110	2747	2624
加拿大	0	0	6	6	8
厄瓜多尔	0	89	300	300	0
危地马拉	25	0	0	155	108
墨西哥	687	256	310	300	290
秘鲁	0	0	0	0	0
美国	0	0	0	0	0
澳大利亚	5004	4294	2174	2032	3903
全球合计	165096	159648	158893	122834	113304

数据来源：世界金属统计局（World Bureau of Metal Statistics）。

中国也是全球最大的锑品供应国，承担着全球 80% 的锑品供应，已有产能基数对世界锑供应构成重要保障，中国锑产量的变化是影响全球供应的核心因素。同时，中国以外国家对锑资源开发和利用日益重视。除缅甸、越南、泰国、印度、土耳其、塔吉克斯坦等国有新的锑冶炼项目陆续建设投产外，英国三星资源公司的合资公司——战略与贵金属加工有限公司（SPMP）阿曼锑冶炼项目一直备受关注。

（二）贸易与消费

近年全球锑品贸易量相对稳定。锑资源主要输出国为：俄罗斯、塔吉克斯坦、玻利维亚、澳大利亚等。锑产品主要进口国和地区包括：美国、日本、韩国和欧洲等。中国是世界上最大的锑品生产国，也是最大的锑品贸易国，锑品进口以锑精矿为主，俄罗斯、塔吉克斯坦、澳大利亚、缅甸和吉尔吉斯斯坦等国是锑矿的主要供应国。锑品出口以阻燃级、催化剂级、无尘环保等多系列氧化锑为代表的深加工产品为主。

锑在诸多领域中发挥着非常重要的作用，特别是在军工、新能源等关键领域中具有很大的应用价值，且锑是再生程度很低的资源。正因为如此，美国、日本等许多国家均将锑作为战略物资，进行严格控制、管理和储备。多年来，锑被作为欧盟20种重要矿产原料之一而列居欧盟委员会关键原材料清单的首位，欧盟从战略高度积极制定相关政策以确保这些紧缺资源的供应。2018年美国将锑列入35种关键矿产清单。在中国，"十三五"至"十四五"的全国矿产资源规划中，锑同样一直被列为关键矿种资源。

近几年全球锑消费量保持相对稳定状态，基本保持在13万吨左右（原生锑金属量）。锑消费的主要领域为材料阻燃、合金、聚酯催化等，其中阻燃应用占比最高。美国、欧洲、日本以及亚洲其他地区（包括中国、印度、韩国）为全球最主要的四个阻燃剂消费市场。美国和欧洲地区作为阻燃剂的发源地，行业发展较早，亚洲地区阻燃剂行业起步较晚，世界阻燃剂的消费重心正逐步向亚洲地区转移。随着技术的不断发展，锑化合物的消费量逐渐上升，特别是以多种规格的三氧化二锑、高效乙二醇锑等为代表的锑深加工产品的应用占比不断提高。目前，中国锑消费量居全球之首。

二、2020年中国锑工业发展现状

（一）经济运行情况概述

1. 中国锑工业规模以上企业效益情况

根据中国有色金属工业协会统计，2020年1~12月全国58家规模以上锑工业企业实现利润2.86亿元，较上年同期增长9.18%。

2020年1~12月，中国锑矿采选规模以上企业的主营业务收入为16.55亿元，较上年同期下降 11.58%；利润总额为 0.81 亿元，同比增长 10.87%。

2020 年 1~12 月，中国锑冶炼规模以上企业的主营业务收入为 136.11 亿元，同比增长 3.44%；利润总额为 2.05 亿元，同比增长 27.06%。

2. 中国锑产量情况

据中国有色金属工业协会统计数据，2020 年 1~12 月中国锑品产量累计约 23.5 万吨，同比下降 1.89%。主产区广西的锑品产量增幅较大，云南和贵州锑品产量有所下降，湖南变化不大。2020 年 1~12 月中国锑精矿产量累计约 6.1 万吨，同比下降 10.85%。除广西产量稍有增加，湖南、云南、贵州、西藏等省区的锑精矿产量均呈下降状态（数据中存在一定重复计算的情况，请使用时酌情考虑）。

（二）产业结构

中国是全球最大的锑品生产国，产业集中度相对较高，目前已经形成湖南、广西、云南、贵州四大产业基地，四大冶炼基地的总产能占全国的 90%。基地内分布着锡矿山闪星锑业有限责任公司、湖南辰州矿业有限责任公司、云南木利锑业公司、贵州东峰矿业股份有限公司、桃江久通锑业有限责任公司、广西华锡集团股份有限公司等国内骨干锑生产企业，锑品合计产量占全国总量的 80% 以上。近年来，锑的产品结构得到进一步优化，骨干企业在产业链延伸方面做了很多努力和尝试，已形成以三氧化二锑、乙二醇锑、锑酸钠、硫化锑、阻燃母粒等完整的系列产品，可提供适应不同用途、不同客户及特殊需要的锑品，并正进一步向差异化、个性化、环保型产品方向发展。

此外，作为世界锑工业发展的主力军，中国锑工业全面树立高质量发展的理念，坚定走绿色发展之路，率先制定和发布了《绿色设计产品评价技术规范 锑锭》协会标准，着力构建科技含量高、资源和能源消耗低、生态环境好的产业结构和生产方式，追求生态系统与经济系统的良性循环，以实现经济效益、生态效益、社会效益的有机统一。

（三）市场与价格

2020 年，锑价总体呈振荡下跌后逐渐回升的走势。据北京安泰科信息股份有限公司锑品报价，2020 年 1 月国内锑锭（99.65%）价格保持在 37000~38000 元/吨；2 月因新冠肺炎疫情影响，企业延迟开工，物流交通受阻，锑市场供应比较紧张，锑锭价格上升到 42000~43000 元/吨。3 月因新冠肺炎疫情在欧美等国家和地区暴发并快速蔓延，锑市场需求受到影响，锑锭价格下滑，在 4 月末下降到 35000~36000 元/吨。5 月中国疫情防控取得重大战略成果，企业复工复产，国内需求逐渐恢复，锑锭价格在 5 月中旬回升到 35000~37000 元/吨，6 月和 7

月锑锭价格保持在 35000~37000 元/吨。由于国内锑精矿产量减少，锑精矿进口量下降，原料供应比较紧张，锑锭价格逐渐上升，12 月末锑锭价格上升到 42000~43000 元/吨。一至四季度的平均报价分别为 40037 元/吨、35914 元/吨、36915 元/吨、40667 元/吨，同比分别下降 17.4%、下降 13.5%、下降 3.5%、上升 0.1%。全年平均价为 38383 元/吨，同比下降 9.1%，如图 2 所示。

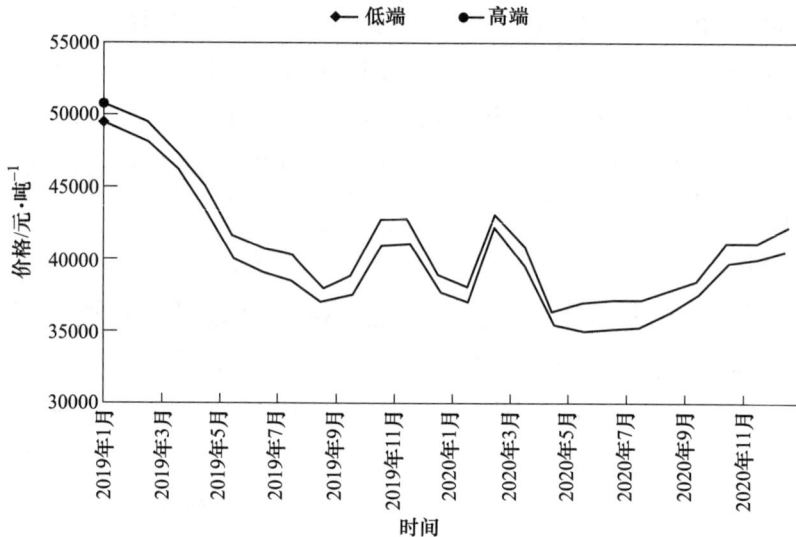

图 2　2019~2020 年国内 99.65%锑锭月均价格走势

数据来源：北京安泰科信息股份有限公司

2020 年，国际市场锑价走势与国内锑价基本类似，2 月中国突发新冠肺炎疫情后因担忧影响锑市场供应，锑价小幅上涨。锑锭（MMTA 标准Ⅱ级）价格在 1 月初为 5750~6100 美元/吨，3 月上旬上升到 6250~6485 美元/吨。之后受新冠肺炎疫情在欧美等国家和地区暴发并快速蔓延影响，锑锭价格逐渐下跌，7 月下旬价格下降到 5100~5350 美元/吨。此后由于锑锭现货供应比较紧张，供应商提高报价，锑锭价格逐渐回升，12 月末价格上升到 6675~6950 美元/吨。一至四季度的平均价分别为 6096.21 美元/吨、5649.72 美元/吨、5506.69 美元/吨、6218.89 美元/吨，同比分别下降 21.0%、下降 16.6%、下降 6.9%、上升 1.4%。全年平均价为 5867.88 美元/吨，同比下降 11.5%，如图 3 所示。

20 世纪 90 年代中期，由于全球锑品供需紧张，锑品价格最高曾达 6000 美元/吨。但受经济利益的驱动，中国锑品产量大幅度增加，严重超出市场需求，迫使价格一路下滑，在 2000 年初曾降到近 1000 美元/吨的水平。

直到 2001 年 7 月广西南丹矿难事故后，以脆硫铅锑矿为原料的精锑产量

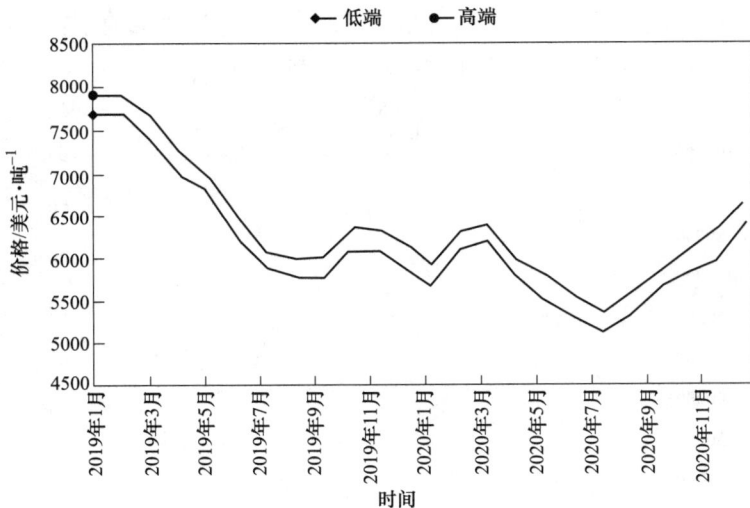

图3　2019~2020年MMTA标准Ⅱ级锑锭月均价格走势

数据来源：英国金属导报（Metal Bulletin）

大幅减少，锑产量明显下降。

2002年开始，随着全球经济的快速发展，尤其是阻燃材料的发展，使得国内锑需求不断增长，2006年初，锑价拉开了上涨的序幕，年均价达5175美元/吨。

2007年整体维持高位调整的态势，市场价格在5300~5700美元之间徘徊。

2008年金融危机后，国内锑锭价格由43000元/吨下跌至22000元/吨左右，国际锑价一路下滑至年度最低点4000美元/吨。

在国家出台刺激经济的政策影响下，2009年起锑价步入上行通道，特别是2010年湖南对涉锑企业进行环保整顿，推动国内锑价走出一波快速上涨的行情，不断刷新历史新高，国内锑锭最高价出现在2011年4月近110000元/吨。高价格刺激了产能产量的激增，造成市场供应严重过剩，锑价在新高之后开始呈震荡下行态势。

2015年底锑价跌至30000元/吨左右，2016~2017年间回升至60000元/吨左右，之后疲软至38500元/吨左右，国际锑锭价格跌至5900美元/吨。

2018年，因国内环保督查及需求较弱等因素影响，锑价总体呈现窄幅震荡运行态势。

2019年，因中美贸易战、世界经济增速放缓等因素影响，锑价震荡下跌，在9月止跌，之后小幅波动。

2020年上半年，受到贸易战、疫情、库存等方面的因素共同作用，市场信心不足，价格再次走弱下滑，7月底至8月初，包括锑在内的多数有色金属价格开始上涨。但锑价格依然处于低位，如图4所示。

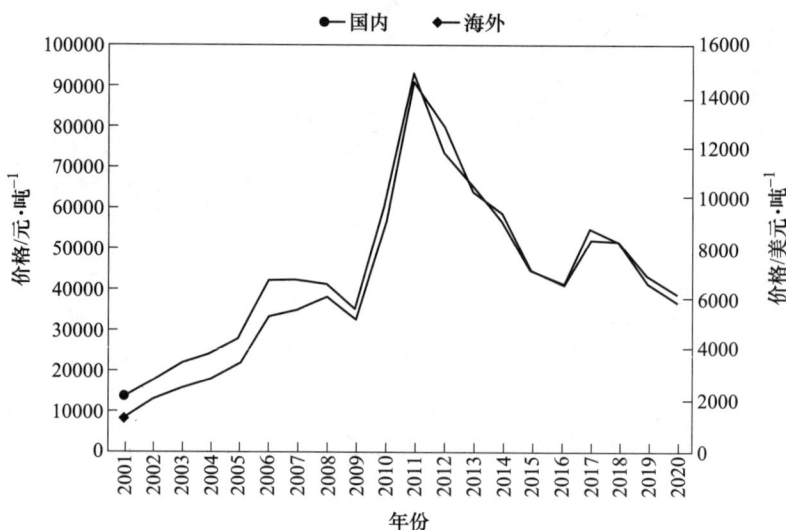

图4　2001~2020年国内外锑锭（99.65%）年均价走势

数据来源：北京安泰科信息股份有限公司、英国金属导报（Metal Bulletin）

（四）进出口贸易

据海关总署统计显示，2020年锑品进出口双向回落。

进口方面，据海关总署统计数据显示，2020年1~12月累计锑品进口量为44212.8吨，同比下降32.1%。其中，锑精矿为主要进口锑品，2020年1~12月锑矿砂及精矿进口量为42774.1吨，同比下降31.7%（见表2）。

表2　2018~2020年中国锑产品进口情况　（吨）

品种名称	2018年	2019年	2020年
生锑	63	0	106
其他锑矿砂及其精矿	89237	62689	42774
锑的氧化物	1223	691	840
硫化锑	159	146	97
未锻轧锑	1029	1658	379
锑粉	1	0	0
其他锑及锑制品	5	12	16
总值	91717	65196	44213

数据来源：海关总署。

2020 年，中国进口的锑矿砂及精矿主要来自塔吉克斯坦、澳大利亚、俄罗斯、玻利维亚、缅甸等国家，分别为塔吉克斯坦 17569.4 吨，同比下降34.4%；澳大利亚 11573.1 吨，同比增长 65.6%；俄罗斯 11386.0 吨，同比下降 39.7%；玻利维亚 1067.8 吨，同比下降 3.9%；缅甸 536.1 吨，同比下降 92.2%。

出口方面，据海关总署统计数据显示，2020 年 1～12 月累计锑品出口量为48761.3 吨，同比下降 16.4%。其中，氧化锑为主要出口产品，2020 年 1～12月氧化锑出口量为 37456.8 吨，同比下降 11.1%（见表 3）。

表 3　2018～2020 年中国锑产品出口情况　　　　　（吨）

品种名称	2018 年	2019 年	2020 年
生锑	—	—	—
其他锑矿砂及其精矿	20576	2194	2805
锑的氧化物	39286	42120	37457
硫化锑	1284	1070	244
未锻轧锑	5274	12704	8105
锑粉	52	248	151
其他锑及锑制品	—	—	0
总　值	47953	58336	48761

数据来源：海关总署。

2020 年，中国出口氧化锑主要销往美国、韩国、日本、马来西亚、印度等国家和中国台湾地区，分别为美国 14685.8 吨，同比下降 15.2%；韩国3302.3 吨，同比增长 1.2%；日本 2524.4 吨，同比下降 32.4%；马来西亚2387 吨，同比增长 23.7%；印度 2170.3 吨，同比下降 13.0%；中国台湾4745.6 吨，同比增长 14.4%。

三、2020 年中国锑工业经济运行状况分析

（一）政策环境分析

1. 《产业结构调整目录（2019 年本）》正式发布

2019 年 10 月 30 日，《产业结构调整指导目录（2019 年本）》公布，自2020 年 1 月 1 日起施行。《产业结构调整指导目录（2011 年本）（修正）》同时废止。《产业结构调整指导目录（2019 年本）》共涉及行业 48 个，条目1477 条，其中鼓励类 821 条、限制类 215 条、淘汰类 441 条。从条目数量看，

总条目比上一版增加 69 条，其中鼓励类增加 60 条、限制类减少 8 条、淘汰类增加 17 条。对鼓励类项目，按照有关规定审批、核准或备案；对限制类项目，禁止新建，现有生产能力允许在一定期限内改造升级；对淘汰类项目，禁止投资并按规定期限淘汰。

值得关注有两个方面：一是鼓励类中的"有色金属现有矿山接替资源勘探开发，紧缺资源的深部及难采矿床开采""高效、低耗、低污染、新型冶炼技术开发"及"高效、节能、低污染、规模化再生资源回收与综合利用"；二是限制类中的"钨、钼、锡、锑冶炼项目（符合国家环保节能等法律法规要求的项目除外）以及氧化锑、铅锡焊料生产项目"。

对锑行业而言，产业政策的鼓励方向很清晰，同时明确了限制发展的方向。

2. 危废管理新规发布

2019 年 11 月 12 日和 13 日，生态环境部发布《危险废物鉴别标准 通则》（GB 5085.7—2019）和《危险废物鉴别技术规范》（HJ 298-2019）。这两项标准于 2007 年制定并首次发布，本次标准修订思路主要包括三个方面：一是完善危险废物鉴别程序，精准识别危险废物，有效控制环境风险；二是优化采样、检测等技术要求，进而缩短鉴别周期，降低鉴别成本；三是鼓励危险废物资源化利用，节省危险废物焚烧、填埋处置资源，促进危险废物利用处置方式多元化。

《通则》规定了危险废物鉴别的程序和判别规则，是危险废物鉴别标准体系的基础；值得关注的有两点：一是修改了危险废物混合后判定规则，将混合后的结果，即"导致危险特性扩散到其他物质中"，作为判断混合后的固体废物属于危险废物的前提条件。二是修改了针对具有毒性危险特性的危险废物利用过程的判定规则，即"具有毒性危险特性的危险废物利用过程产生的固体废物，经鉴别不再具有危险特性的，不属于危险废物"。

《技术规范》规定了危险废物鉴别过程样品采集、检测和判断等技术要求，是规范鉴别工作的基本准则。比如样品检测过程中增加了利用过程或处置后产生的固体废物的鉴别规定，在实际鉴别工作中，可根据固体废物的各项危险特性超标的可能性确定检测优先顺序，避免过度开展特性检测工作。

该新规发布，将更有利于提升锑行业危险废物的系统性和规范化管理。

（二）经营形势分析

1. 供应情况

2016 年后，中国锑品含锑产量稳步增长，2020 年受到疫情影响，国内矿山产量下降、进口资源渠道受阻，致使2020年中国锑品产量有所下降。

据中国有色金属工业协会锑业分会的统计数据显示，2020年全年会员企业锑锭产量约7.8万吨，同比下降5.9%；氧化锑产量约9.3万吨，同比增长1.7%；乙二醇锑产量约1.5万吨，同比增长12.41%；锑酸钠产量约0.67万吨，同比下降11.4%；三硫化二锑、锑珠、母粒等其他锑品产量约0.68万吨，同比增长10.5%。

根据中国有色金属工业协会锑业分会统计数据并结合北京安泰科信息股份有限公司相关调研，中国有色金属工业协会锑业分会经调研汇总而得2020年锑品含锑产量约11.5万吨，同比下降10.2%。2001～2020年国内锑品含锑产量如图5所示。

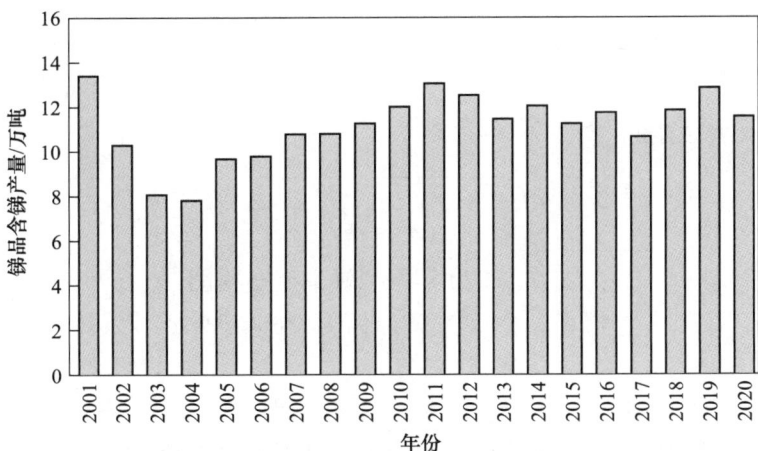

图5　2001～2020年国内锑品含锑产量
数据来源：北京安泰科信息股份有限公司

2. 消费情况

锑是中国十种常用有色金属之一，是现代工业生产不可或缺的重要原料，广泛应用于材料阻燃、合金材料、化工生产、电子工业及国防军工等领域，其中阻燃材料的应用成为保障民生安全的关键，涉及众多领域的防火安全是国家安全的重要组成，对保障中国国民经济的持续发展起着极其关键的作用。锑的应用广而分散，被称之为"工业味精"。

目前，中国是全球最大的锑消费国，占全球锑消费近50%。据北京安泰科信息股份有限公司研究，中国锑消费的主要领域包括：塑料和橡胶是三氧化二锑用于阻燃的主要应用领域，约占总三氧化二锑产量的60%。聚酯工业是锑的另一消费行业，锑系催化剂（三氧化二锑、醋酸锑和乙二醇锑是最重要的代表）是目前聚酯工业主流应用的催化剂，聚酯主要用于纤维工业、包装业（瓶类）、电子电器（薄膜）等领域。锑酸钠在新能源领域用于太阳能光伏发电系统的玻璃基片。另外，锑产品还在石油炼油行业中用于石油钝化剂，在原油催化裂化过程中，原油中所含的镍、钒等重金属会使催化剂中毒，为此需要在原料中加入以三氧化二锑为原料制成的五氧化二锑复合钝合剂，以提高轻质油收率。中国锑消费结构如图6所示。

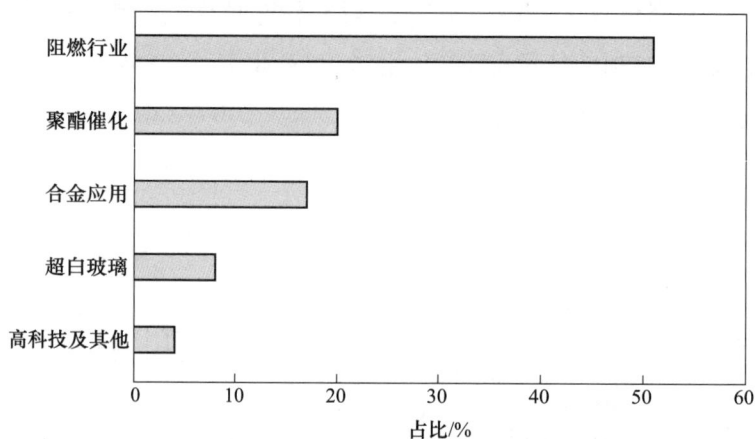

图 6　2020 年中国锑消费结构图

数据来源：北京安泰科信息股份有限公司

锑品的消费地区主要集中在广东、江苏、浙江、山东等经济发达省份。据北京安泰科信息股份有限公司测算，2020 年中国锑消费量基本保持在 6.0 万吨左右，呈现明显的弱弹性特征。需要注意的是，阻燃剂行业是法规推动型产业，也是全球竞争性产业。目前，阻燃用锑的消费增长受限，主要影响因素来自两个方面：一是阻燃相关标准、法规有待健全，执行监管不到位；二是阻燃剂行业的无卤化风潮影响，目前的研发方向均围绕着无卤阻燃剂而展开。

3. 供需平衡情况

从供给端来看，2020 年，受到国内主要矿山减产，以及疫情导致的海外资源进口萎缩等方面的影响，国内锑品产量有所下降。

从需求端看，2020 锑市场下游消费总体相对稳定，并无亮点，下游消费企业受环保的影响小于上年，国内外市场需求总量变化不大，一季度受疫情影响，部分产品出口受挫，二季度开始国内疫情得到有效控制，锑下游行业基本恢复正常。

总体而言，2020 年中国锑市场的供需基本面较上年有所好转。

四、当前中国锑工业发展中需要关注的问题

锑作为中国优势的战略性矿产，理应拥有国际市场掌控能力和相应的话语权。为提升话语权地位，必须首先将锑作为国家战略规划的重要组成部分，以巩固中国锑资源优势地位为战略目标，通过有效掌控资源，实现产业的进一步优化集中。

当前正处在国际环境复杂多变的关键时期，也是在国内产业转型升级的紧要关头。当前中国锑产业主要面临以下挑战。

（一）中国锑产业发展不平衡

当前，锑工业发展中存在大与强、量与质、质与价三个不平衡问题。经过多年的发展，中国已成为世界最大的锑资源国、生产国、消费国和贸易国，但产业整体上处于产业链和价值链的中低端，产品优质但不能优价，国际市场话语权不足。

（二）中国锑工业可持续发展面临严峻挑战

受长期超强度开采影响，国内锑资源保障程度持续下降，中国锑资源总体面临严峻挑战，一大批老矿山可采储量急剧下降，一些资源基地出现资源枯竭，主产区骨干企业的资源保障年限偏低。另外，近年来全球锑品供应呈现出的多元化态势，引发对锑资源的争夺战，由于税赋的不平衡，中国在锑矿资源贸易中处于劣势。同时，走私活动猖獗，大量走私锑锭成为国外氧化锑厂商的廉价原料，其产品价格优势明显，成为中国氧化锑企业强有力的竞争对手。尤其是国外冶炼产能本土化及国内外税收政策的严重不平衡，对中国锑品参与国际市场竞争造成很大影响。

（三）中国在世界锑业的地位受到威胁

近年来，中国以外国家对锑资源开发与利用日趋重视，阿曼、塔吉克斯坦、缅甸、越南、泰国、印度、土耳其等国陆续有新的锑冶炼项目在建设，部分项目已投产，国外锑供应呈增加态势。加之中美贸易摩擦升级，围绕资源、市场、技术、标准、贸易规则等方面的竞争日趋激烈，使得中国锑工业发展的外部环境更趋复杂。

（四）新增长点难觅

锑产业发展的新增长点主要靠技术支撑，而技术创新正是我们的短板，培育新的增长点，在很大程度上受到技术储备的制约。特别是在锑需求开发方面相对薄弱，一方面传统领域消费面临其他材料替代，另一方面新领域开发明显滞后。在复杂的国际贸易摩擦形势下，围绕着扩大应用的研究，还需要做大量

的工作。

（五）主流冶炼工艺技术与装备升级迫在眉睫

新环保法和《锡、锑、汞工业污染物排放标准》（GB 30770—2014）（以下简称为锡锑汞排放标准）实施后，传统冶炼工艺技术面临超严污染物排放标准的考验和能耗居高的压力。目前尚无可工业化应用的锑清洁冶炼适用技术和装备，锑行业主流冶炼工艺技术与装备的升级改造步履艰难，令行业面临前所未有的生存压力。

五、中国锑工业下一步的发展重点

（一）提高资源控制能力

实施全球资源战略。锑作为中国优势的战略性矿产，应以巩固中国锑资源优势地位为战略目标。依托国内骨干企业，加快实施境内外资源勘探、开发，有效增加国内资源储量和境外权益资源量。出台政策以鼓励企业更多利用国外资源。

严格保护和合理开采国内资源。坚持对国内探明的锑资源实行适度开发、保护性开采的原则，降低国内锑资源消耗强度，加强矿业开发管理，建全监督机制。

（二）坚持绿色发展

加大供给侧结构性改革力度，在重环保、保安全、防风险、重创新等方面持续发力，补齐绿色发展的短板，抓好节能减排和资源综合利用，处理好发展生产与保护生态环境的关系，推进锑行业创新、协调、绿色发展。

遵照《锑行业清洁生产评价指标体系》要求，鼓励企业通过选择适用的清洁冶炼工艺技术，或对现有工艺技术进行改造和优化，减轻末端治理压力，以实现稳定达标排放、降低能耗、提高资源利用率的目标，遏制突发性污染事件及安全事故的发生。

（三）整顿产业发展秩序

规范资源开采，从源头上扼住走私锑锭的原料。锑作为保护性开采的特定矿种，应严格规范开采行为，坚决制止和打击违法勘查和开采行为。其关键是要有政策的执行监督机制。

加强出口管理。坚持国营贸易管理，把好出口资质审核关。通过严格资源流向监管的方式，挖出黑色产业链条，同时，结合海关开展的常态化缉私行动，进一步加强打击走私锑锭的力度。

（四）提升创新发展水平

加强产学研用结合，组织核心技术攻关。加大科研投入，积极与科研院所合作，集全行业之力攻克锑清洁冶炼技术难题，以确定锑行业可推广应用的更新换代技术。

强化标准建设。完善锑产品标准体系，加快锑品的绿色设计、产品评价、技术规范的编制工作，进一步完善绿色生态标准体系建设。

加强产品应用推广。加快高技术含量、高附加值产品的研发和推广应用。鼓励锑加工企业进一步延伸产业链，不仅要为下游用户提供好用的产品，更要注重提供整体解决方案式的服务。

（五）推进产业集聚发展

加大开采冶炼企业整合。鼓励大型锑骨干企业开展矿产资源整合，严禁大矿小开、乱采滥挖。

在全国范围内引导推进矿山、冶炼企业兼并重组，引导资源向优势企业集中，大幅提升产业集中度、核心竞争力、资源高效利用水平和保障能力，增强企业竞力、创造力、控制力、影响力、抗风险能力。

撰稿人：孙　旭
审稿人：赵振军

2020 年钛工业发展报告

一、2020 年世界钛工业概述

2020 年，突如其来的新冠肺炎疫情对世界经济带来严重冲击，全球经济、贸易和投资等遭遇重挫，美国、欧盟、日本以及中国等主要经济体经济增长出现分化。

2020 年，钛材需求最大的波音、空客等国际航空企业受百年一遇的疫情影响，订单大幅减少，从而使国际钛工业需求量大幅下挫。以俄罗斯为例，全年钛加工材的产量只有 2.6 万吨，同比减少 23.5%，但中国钛工业一枝独秀，钛材产量达到近 10 万吨，占全球钛材产量的 50% 以上，预计全球钛加工材产量将接近 20 万吨，同比有一定的增长。

二、2020 年中国钛工业发展现状

（一）钛工业经济运行情况概述

1. 产能

2020 年底，中国海绵钛的产能比 2019 年增长 12.0%，达到 17.7 万吨，主要是由于国内大型海绵钛生产企业看好后市需求增长，不断兼并、重组和扩产所形成的。中国产量最大的前三家海绵钛生产企业，2020 年的产能均有不同程度的扩张，尤其是洛阳双瑞万基钛业有限公司，其产能新增 1 万吨。2020 年中国海绵钛行业的整体开工率达到 70%。

根据 33 家钛锭生产企业的统计，2020 年中国钛锭的产能比 2019 年增长了 11.8%，达到 19.9 万吨，这主要是由于新疆湘晟和云南钛业两家企业新上钛熔炼设备所形成的产能。

2. 产量

（1）钛精矿。根据攀枝花钒钛产业协会的统计，2020 年中国共生产钛精矿 633 万吨，同比增长 32.7%，其中攀西地区的产量为 511 万吨，同比增长了 35.5%，占国内总产量的 80.7%；进口钛精矿 301 万吨，同比增长了 15.3%。

（2）海绵钛。2020 年，中国 12 家企业共生产海绵钛 122958 吨，比 2019

年增长了 44.9%，连续第六年增长（见表 1）。

表 1　2020 年中国海绵钛的产量

企业名称	2020 年产量/吨
攀钢钛业有限责任公司	22768
朝阳金达钛业股份有限公司	16118
洛阳双瑞万基钛业有限公司	16000
新疆湘晟新材料科技有限公司	15430
朝阳百盛钛业股份有限公司	13560
贵州遵钛（集团）有限责任公司	12500
龙蟒佰利联新立钛业公司	8870
宝钛华神钛业有限公司	8212
盛丰钛业有限公司	3600
鞍山海量有色金属有限公司	2900
中信锦州铁合金股份有限公司	1700
宝鸡力兴钛业集团	1300
合　计	122958

数据来源：中国有色金属工业协会钛锆铪分会。

（3）钛锭。根据 33 家企业的统计，2020 年中国共生产钛锭 119937 吨，比 2019 年增长了 35.2%，已连续六年增长（见表 2）。

表 2　2020 年中国主要钛锭生产企业的产量

厂家	产量/吨	厂家	产量/吨
1	20250	18	2000
2	18304	19	1810
3	7000	20	1500
4	3000	21	1200
5	6500	22	1010
6	5588	23	1000
7	6000	24	1000
8	5872	25	950
9	5048	26	940
10	5000	27	920
11	3600	28	800
12	3500	29	800
13	3430	30	800
14	3000	31	678
15	3000	32	560
16	2600	33	277
17	2000	合计	119937

数据来源：中国有色金属工业协会钛锆铪分会。

（4）钛加工材。根据国内 32 家主要钛材生产企业的统计，2020 年中国共生产钛加工材 97029 吨，同比增长了 28.9%，已连续六年增长。2020 年中国主要钛材生产企业的产量见表3。

表3　2020 年中国主要钛材生产企业的产量统计　　　　　（吨）

厂家	钛 加 工 材							
	板材	棒材	管材	锻件	丝材	铸件	其他	合计
1	7280	4750	1346	376	117	203	4203	18275
2	14735	265						15000
3	9673		1829					11502
4	4500	582	1001					6083
5	5820	30		150			61	6061
6	4019	236	231	156	483	3	451	5579
7		3135		1000	4			4139
8	2060	10		1600	40		320	4030
9	1310	595	168	1050	28		28	3179
10	100	1689		525			672	2986
11	2200		330			150		2680
12	1800	600		50				2450
13	1983							1983
14	200	600	100	80			500	1480
15		850		320	20		48	1238
16	1150	30			50			1230
17			1030					1030
18			900					900
19			821	2				823
20	300	500						800
21		532			228			760
22	80	350		100			220	750
23	361	60	120	26		60	70	697
24		692						692
25		650						650
26		338		221				559
27	38	280			30			348
28						280		280
29		110			170			280
30			270					270
31						240		240
32		5		4	28		18	55
合计	57609	15547	9488	5660	1198	936	6591	97029

数据来源：中国有色金属工业协会钛锆铪分会。

（二）产业结构

中国近三年来各类钛产品所占的比例及产量的变化见表4。

表4　2018~2020年中国各类钛材所占比例

年份	统计量	板材	棒材	管材	锻件	丝材	铸件	其他	合计
2018年	产量/吨	35725	10322	7483	4477	863	708	3818	63396
	比例/%	56.3	16.3	11.8	7.1	1.4	1.1	6.0	100
2019年	产量/吨	39060	13297	10150	5277	773	782	5926	75265
	比例/%	51.9	17.7	13.5	7.0	1.0	1.0	7.9	100
2020年	产量/吨	57609	15547	9488	5660	1198	936	6591	97029
	比例/%	59.4	16.0	9.8	5.8	1.2	1.0	6.8	100
2020年增长率/%		47.5	16.9	-6.5	7.3	55.0	19.7	11.2	28.9

数据来源：中国有色金属工业协会钛锆铪分会。

在钛产品结构方面，从统计数据可以看出，2020年钛合金板的产量同比增加了47.5%，占到当年钛材总产量的59.4%，其中钛带卷的产量占到了一半以上；棒材的产量也同比增长了16.9%，约占全年钛材产量的16.0%；管材的产量同比减少了6.5%，占全年钛材产量的9.8%；锻件的产量同比增长了7.3%，占全年钛材产量的5.8%；钛丝的产量增长幅度最大，达55.0%，其他钛产品的产量也同比增长了11.2%。

在产业分布方面，从统计数据可以看出，海绵钛生产主要分布在辽宁地区，五家企业的产量占到全国的三分之一以上（34.6%），同比有所下降；钛及钛合金锭生产主要集中在陕西，十四家主要生产企业的产量占中国产量的四成以上（46.5%），同比有所增长；钛及钛合金棒材生产也主要集中在陕西，产量在500吨以上的主要七家生产企业的产量占总量的74.6%；陕西四家主要钛板材生产企业的产量占到全国的22.7%，同比有所减少；钛管材的生产主要集中在长三角地区，主要四家生产企业的产量占全年总量的34.4%，同比有所增长。

（三）市场与价格

1.销售量

2020年，中国海绵钛的总销售量为122958吨，净出口为-4175吨，国内销售量为127133吨，同比大幅增长了39.7%。

2020年，中国钛材的总销售量为93596吨，净出口量为9107吨，国内销售量为84489吨，同比增长了50.7%。

2. 需求分配

2020年，中国钛及钛合金在不同领域的销售量及所占比例见表5和图1，2020年中国钛及钛合金产品在不同领域的销售量与同期的对比见表6。

表5　2020年中国主要钛材生产企业产品在不同领域的应用情况统计（吨）

单位	化工	航空航天	船舶	冶金	电力	医药	制盐	海洋工程	体育休闲	其他	总量
1	9328	5987	365			192		238	44	581	16735
2	9758	400	50	211	1050	22	250	900	1459	900	15000
3	4893	1207		84	608			3100	3	1607	11502
4	5065	700	100	27	168	230	50	180	50		6570
5	4848	61	30	61	606			333	122		6061
6	2208	47	436	252	273	99	320	1218	216	184	5253
7	83	3165	167			708				42	4165
8	1400			300	940		80	1000	310		4030
9		1254	210						50	1470	2984
10	1203	47	308	231	463				47	168	2467
11	1639	55				15			274		1983
12	647	430	34	55	530	42	90	32	83		1943
13	1000	800									1800
14	200	300	200			100		100	100	480	1480
15	730	110		50		50	110		50	150	1250
16	1215							15			1230
17	1027	3									1030
18	600			50		50	100		100		900
19		656	82			37			45		820
20	100	150	50			300			200		800
21	228	266				266					760
22	8	194	1			190		55		290	738
23	681						34				715
24	98		551						48		697
25	234	13	117					182	78	26	650
26		559									559
27		150				198					348
28		224	28							28	280
29	50	200	10						20		280
30	270										270
31		240									240
32		10	4	3		18		6	15		56
合计	47513	17228	2743	1324	4638	2517	1231	7240	3262	5900	93596

数据来源：中国有色金属工业协会钛锆铪分会。

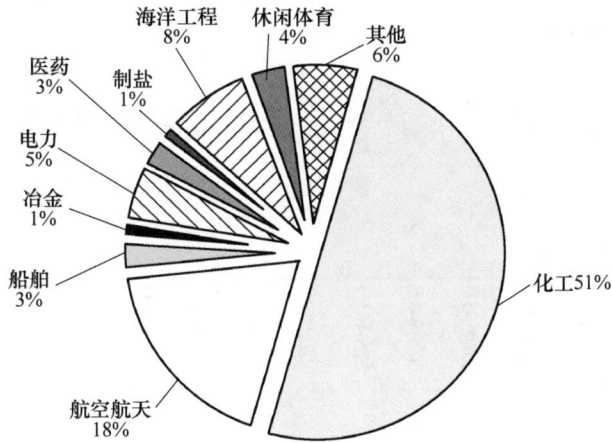

图 1　2020 年中国钛材在不同领域的应用比例

表 6　近三年中国钛加工材在不同领域的应用量对比

年份	统计量	化工	航空航天	船舶	冶金	电力	医药	制盐	海洋工程	体育休闲	其他	总量
2018 年	应用量/吨	26052	10295	1481	1297	6166	2352	1738	2253	1982	3825	57441
	占比/%	45.3	17.9	2.6	2.3	10.7	4.1	3.0	3.9	3.5	6.7	
2019 年	应用量/吨	35290	12600	1755	1024	4113	2562	1176	3162	1986	5182	68850
	占比/%	51.3	18.3	2.5	1.5	6.0	3.7	1.7	4.6	2.9	7.5	
2020 年	应用量/吨	47513	17228	2743	1324	4638	2517	1231	7240	3262	5900	93596
	占比/%	50.8	18.4	2.9	1.4	5.0	2.7	1.3	7.7	3.5	6.3	
2020 年增长率/%		34.6	36.7	56.3	29.3	12.8	-1.8	4.7	129.0	64.2	13.8	35.9

数据来源：中国有色金属工业协会钛锆铪分会。

3. 价格

根据中国有色金属工业协会钛锆铪分会的统计，2020 年中国 1 级海绵钛和具有代表性的 TA2/3 毫米厚的标准钛板的价格走势如图 2 和图 3 所示。

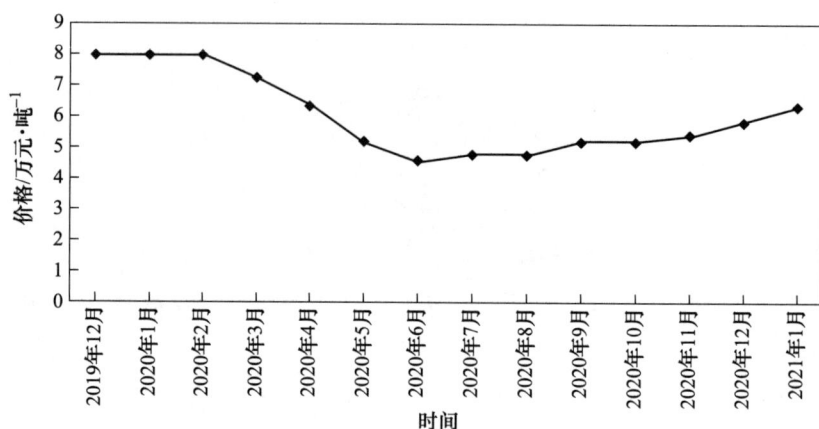

图 2   2020 年国内 1 级海绵钛的价格走势

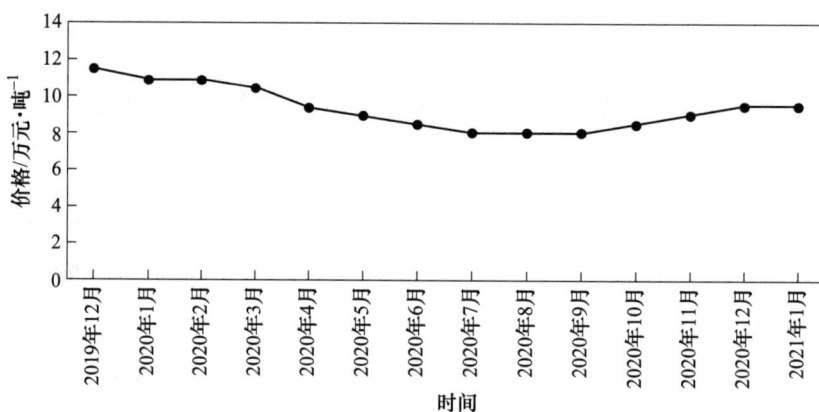

图 3   2020 年国内 TA2/3 毫米厚纯钛板价格

4. 进出口贸易

表 7 为 2020 年中国钛进出口情况，表 8 为 2018~2020 年钛产品进出口数量变化情况。

表 7   2020 年中国钛进出口情况

商品名称	进 口		出 口	
	进口数量/吨	进口金额/万美元	出口数量/吨	出口金额/万美元
钛矿砂及其精矿	3014397	64298	25846	2571
海绵钛	4723	3625	548	358
其他未锻轧钛	836	1644	234	360
钛粉末	277	417	132	327

商品名称		进　口		出　口	
		进口数量/吨	进口金额/万美元	出口数量/吨	出口金额/万美元
钛材	钛条、杆、型材及异型材	1266	6681	4891	10148
	钛丝	219	1955	550	1758
	厚度不超过 0.8mm 的钛板、片、带、箔	2252	4218	255	822
	厚度大于 0.8mm 的钛板、片、带	1153	6289	4814	13047
	钛管	697	2034	2337	6192
	其他锻轧钛及钛制品	552	24206	2399	9898
	合计	6139	45383	15246	41865

数据来源：海关总署。

表8　2018~2020 年钛产品进出口数量变化　　　　（吨）

年　份	海　绵　钛			钛 加 工 材		
	进口量	出口量	净进口量	进口量	出口量	净出口量
2018 年	4918	1245	3673	8680	19077	10397
2019 年	7139	1046	6093	8116	20916	12800
2020 年	4723	548	4175	6139	15246	9107
2020 年增长率/%	−33.8	−47.6	−31.5	−24.4	−27.1	−28.9

数据来源：海关总署。

三、2020 年中国钛工业经济运行状况分析

2020 年，新冠肺炎疫情重创全球经济。各国封锁措施一度使经济大面积停摆、失业率飙升，但中国经济随着国家对疫情的严控，逐步走出低谷。中国钛工业也随着经济的复苏，触底反弹，不论是产能、产量还是经济效益，均创近十年来最好水平。经过前几年的结构性调整，中国钛工业转型升级已基本告一段落。2020 年，中国钛工业呈现出近十年来少有的喜人局面，正步入新一轮发展的快车道，向着诸多利好的方向发展。

（一）政策环境分析

发改委、科技部、财政部联合制定的《新材料产业发展指南》中提出：到 2020 年，先进基础材料（包括钛合金）总体实现稳定供给，关键战略材料

综合保障能力超过 70%，以先进基础材料、关键战略材料、前沿新材料为发展方向，并提出加快重点新材料初期市场培育，研究建立新材料首批应用保险补偿机制，完善新材料产业标准体系，推动新材料产业标准化试点示范。

钛及钛合金材料被列入国家发展和改革委员会发布的《2019 年产业结构调整目录》重点支持项目，第 5 项"交通运输、高端制造及其他领域有色金属新材料"中第 2 条：高端制造及其他领域：用于航空航天、核工业、医疗等领域高性能钨材料及钨基复合材料，高性能超细、超粗、复合结构硬质合金材料及深加工产品，蜂窝陶瓷载体及稀土催化材料，低模量钛合金材料及记忆合金等生物医用材料，耐腐蚀热交换器用铜合金及钛合金材料，3D 打印用高端金属粉末材料，高品质稀土磁性材料、储氢材料、光功能材料、合金材料、特种陶瓷材料、助剂及高端应用。

（二）产业结构调整情况分析

2020 年，中国海绵钛行业经过近十年的产业结构调整，迎来了爆发式的增长时期。全国主要海绵钛生产企业通过多年的技术优化和设备更新，已逐步向全流程、大型化和精细化方向发展；2020 年，受国外钛矿产资源供应紧缺，以及国内钛白和金属钛需求增长的双重驱动，海绵钛产品量价齐升，国内主要海绵钛生产企业均新建、扩建和复产，产能同比增长了 12.0%，达到创纪录的 17.7 万吨。

2020 年，中国钛加工行业通过近十年的结构调整和转型升级，已形成以宝钛集团有限公司、西部超导材料科技股份有限公司、湖南湘投金天钛金属股份有限公司和西部材料科技股份有限公司等国有大型企业为代表的一线龙头企业，他们以多年行业技术积累和背景为依托，不论在产量还是利润水平方面，均取得了近十年来的最好水平；另外，以新疆湘晟新材料科技有限公司、重庆金世利航空材料有限公司和陕西天成航空材料有限公司等为代表的民营企业，利用资金、专用设备优势，结合灵活经营机制，在各自细分领域取得了突出的业绩。例如新疆湘晟新材料科技有限公司新上两台 4 米×10 米真空蠕变炉生产线；重庆金世利航空材料有限公司新上 12 吨真空自耗电弧炉（最大产品为 17 吨钛锭）；陕西天成航空材料有限公司引进了 3150 千瓦真空冷枪电子束冷床炉，并自主研发、自主设计了中国首条航空级钛合金棒线材全流程控温控轧生产线；宝鸡拓普达钛业公司新上奥地利 GFM450 精锻机；宝鸡大力神航空新材料科技股份有限公司新上兰石 6000 吨快锻机和奥地利 GFM500 精锻机等。钛行业经过近几年的产业结构调整，加工设备逐步专业化，钛合金材料逐步向高端航空、航天、舰船、医疗、兵器等领域迈进；2020 年，钛及钛合金锭熔炼能力同比增长了 11.8%，达到创纪录的 19.9 万吨。适合于钛合金熔炼的 3~5 吨炉产能扩张较快，目前整个钛加工行业已形成新一轮的高端装备投资热潮。

2020 年中国钛行业结构性调整已初见成效，由过去的中低端化工、冶金和制盐等行业需求，正快速转向中高端的军工、PTA 和海洋工程等行业，行业利润由上述中低端领域正逐步快速向以军工为主要需求的高端领域转移，尤其是高端领域的下游紧固件、3D 打印以及高端装备制造等产品精加工领域。

（三）经营形势分析

2020 年，中国钛工业在航空航天、海洋工程、化工（PTA 高端装备）、船舶和体育休闲等中高端行业需求的拉动下，海绵钛的产量同比增长了 44.9%，首次突破十万吨；钛加工材的产量同比增长了 28.9%，达到历史最好水平，产量接近十万吨级水平，不论是海绵钛还是钛材的产量均连续六年呈现快速增长的势头。国内前十家主要钛材生产企业的钛材销量占总量的 79.9%，比上一年略有提高，产业聚集度进一步提高。

2020 年，虽然受突如其来的全球疫情影响，中国钛工业在外贸和内贸方面承受了一定的压力，但在国家的严控措施下，国民经济很快触底反弹，中国钛工业不论在产量、产能和经济效益上都取得了突飞猛进的发展，其中，高端化工、航空航天、海洋工程、船舶和体育休闲等中高端领域的钛材需求量呈加速增长势头，平均增长幅度在 20% 以上，医疗行业受疫情影响需求有所回落，低端的电力和制盐等行业也有一定的增长，但增幅不大，行业整体盈利能力进一步增强。

2020 年，中国钛行业在以军工为龙头的高端行业需求拉动下，量价齐升，连续第六年呈稳步快速增长的势头，其中钛原料海绵钛（1 级）的价格自 2020 年 6 月触底反弹后，到 2021 年初，已上涨 47%。钛加工材尤其是航空钛合金材料的价格也同步有所上涨。

在进出口贸易方面，受国际疫情的影响，2020 年中国海绵钛的进口量减少了 33.8%（4723 吨），出口量则减少了 47.6%（548 吨）；中国钛加工材的进口量减少了 24.4%（6139 吨），出口量同比减少了 27.1%（15246 吨）。在进口方面，只有航空航天等高端领域用钛合金丝材和钛合金粉末继续保持稳定增长，其他品种的进口量均有所回落，这反映出国产钛材在高端紧固件和 3D 打印等领域还难以满足国内需求，而钛合金薄板和厚板的进口量虽略有减少，但基本稳定，反映出中国在高端领域的钛合金薄板和厚板对国外仍有一定的依赖。在出口方面，几乎所有品种的出口量均同比有所减少，说明国际钛市场受疫情影响，钛材需求减少了近三成。

综上所述，目前中国高端需求用航空级海绵钛、3D 打印用钛粉、航空紧固件用钛合金棒丝材、船舶用钛合金宽厚板坯等产品由于在批次稳定性上与国外有一定的差距，仍需进口，但通过宝钛股份和西部超导等龙头企业的装备进步和技术创新，差距正逐步缩减，产品质量不断提高。

2020 年，中国钛企业顶住了全球疫情的不利影响，不断砥砺前行。突出表现在国内大型钛冶炼、加工龙头企业和二线骨干企业，通过多年的技术创新和市场开拓，在各个主要领域均取得了可喜的市场份额和业绩增长，中国钛行业不论在产能、产量和净利润等方面，均达到了近十年的最好水平。

（四）市场供需及消费情况分析

2020 年，中国钛行业受疫情影响，市场表现出先抑后扬的走势。2020 年，国外主要钛矿面临枯竭，其他国家出口中国的钛矿供应不稳定，中国钛白粉需求量稳定增长。中国钛原料市场供需两旺，钛矿价格涨至高位，矿山企业利润大增，而氯化法钛原料企业仍处于盈亏边缘。其中硫酸法及氯化法钛矿价格已接近八年价格高点，酸溶性钛渣价格接近三年来的高点，而氯化法钛原料氯化渣市场因供应有所过剩，市场价格创三年新低，自 2020 年四季度价格有所回升，但 2020 年末价格较 2020 年初仍有 300 元/吨的跌幅。

2020 年，在国外钛原料价格上涨以及国内钛需求旺盛的双重驱动下，国内海绵钛和钛材价格也从下半年开始持续上涨。到 2020 年底，国内 1 级海绵钛的价格同比上涨了 47%，并一直保持在高位运行。

2020 年，中国海绵钛产量达到 12.3 万吨，国内需求量达到 12.7 万吨，同比大幅增长了 39.7%，中国钛材的产量达到 93596 吨，国内需求量为 84489 吨，同比大幅增长了 50.7%。

由于中国高端钛市场需求旺盛以及国外钛原料价格持续上涨，国内海绵钛主要生产企业扩建、复产和新建的产能扩张了 12.0%，达到历史高位的 17.7 万吨，在市场需求拉动下，预计产能扩张还将继续。

在当前国家鼓励科技创新和内循环的大背景下，国内钛材需求量 2020 年比 2019 年同比大幅增长了 50.7%，中国钛材消费领域呈现出不同的增长势头。除医疗行业用钛量受疫情影响略有下降外，其他行业均同比有一定的增长，尤其是海洋工程、体育休闲、船舶、航空航天和高端化工（PTA）行业，同比消费增长幅度高于三成。其中，军工行业涉及的海洋工程、航空航天和船舶领域的用钛量增长幅度最大，上述三个领域的用钛量占总销量的 29%，预计未来还将持续增长。体育休闲用钛量的增长，主要是受疫情影响，国外盛行高尔夫球运动，导致钛制高尔夫球杆用钛量激增，需求量创近十年最高纪录；在国内消费需求拉动下，高端化工装备（PTA）用钛量持续三年保持高速增长态势，2020 年增幅达 34.6%；传统行业制盐和电力的钛材需求增长幅度最小。

从总量上来看，由于化工（PTA）领域新扩建项目的需求拉动，钛材需求增长幅度最大（12223 吨），其次是航空航天（4628 吨）、海洋工程（4078吨）、船舶（988 吨）和电力（525 吨），也反映出国家在"十三五"期间的产业重点发展方向，以及中国钛加工材在高端领域的发展趋势。

2020 年，中国在高端化工（PTA）、航空航天、船舶和海洋工程等中高端领域的钛加工材需求同比大幅增长，钛材需求总量同比增长了 28439 吨，是近六年来增长幅度最大的一年，同比增长了 50.7%，预计未来 3~5 年内，上述高端领域的需求还将呈现出快速增长的趋势。

四、存在的突出问题及对策

（一）存在的突出问题

2020 年，中国钛行业仍存在同质化、中低端钛产品产能过剩、行业推广应用有待加强、钛及合金产品的稳定性与国外还有很大的差距等问题，在航空航天、舰船、核电等重要应用领域还存在瓶颈需要突破。

1. 中国钛原料的稳定供应和高端市场需求

中国钛工业经过几十年的发展，已从 20 世纪的以传统化工（氯碱、纯碱和制盐等）为主要需求的领域，正逐渐转向以航空航天、船舶、海洋工程和高端化工装备为主要需求的领域，钛原料的需求也从原来的以工业级海绵钛（2级）为主转向以航空级海绵钛（0 级）为主，对钛原料的批次稳定性和质量要求更高。目前国内海绵钛生产原料主要依赖进口，随着航空级海绵钛需求的快速增长，军工行业对原料的稳定供应和品质提出了更高的要求。由于行业海绵钛生产企业绝大多数没有钛矿砂资源，这也对高端钛产品长期稳定供应、产品质量和成本造成了很大的影响，难以满足未来中国高端领域用钛合金原料的长期稳定需求。

2. 采选冶工艺有待改进

以化工应用为基础的中国采选冶原料生产工艺，长期存在高品质原料海绵钛 0 级品率低、批次质量不稳定等因素，从而造成了钛合金在高端的航空航天等领域批次质量不稳定的问题，为国家今后的"大飞机计划""空间站计划""嫦娥计划""舰船建造计划"和"核电规划"等项目的实施埋下了隐患。

3. 钛加工材品质有待提高

钛合金挤压型材、模锻件、大型钛合金宽厚板、大型钛合金铸件、航空紧固件用钛合金棒丝材等高端领域用钛合金产品的品质与国外还有很大的差距，急需中国钛行业提高产品品质，以充分满足国防军工对钛合金的发展需要。

4. 生产工艺落后

美国、俄罗斯等国在设计许用应力、安全系数选取、合金系研究、腐蚀、抗爆冲击、断裂及疲劳、加工工艺特别是焊接工艺等技术方面仍领先于中国，目前，中国只能少量生产几种发动机用钛合金牌号和规格，占发动机用量30%左右的钛合金部分还需要进口，或进口发动机。

5. 技术壁垒高

钛合金因为牌号复杂、品种多、规格多、批量小，生产工艺特殊，世界上仅有如俄罗斯、美国等少数几个国家具有原创和较深的技术积累。中国大部分牌号的钛合金都是仿制的，很多钛合金的加工工艺掌握不充分，因此，现有牌号的钛合金性能与国外相比还有一定的差距。比如，对质量稳定性和可靠性要求高的民用飞机钛合金材料，90%以上依靠进口。

（二）对策建议

在国家大力发展军工装备建设的关键期，充分发挥钛行业的优势，在体制创新、产业布局、原料的稳定性、生产制造工艺、装备及产品加工等方面，以军民融合为契机，以联合攻坚为抓手，自上而下，全面统筹，系统布局，形成新能力、新体系、新示范。具体建议如下：

（1）为了满足中国航空航天等高端领域的长期需求，建议国家制定国家战略，学习俄罗斯的发展经验，从钛砂矿入手，尽快整合中国钛产业链，在政局稳定的国家收购高品质的钛砂矿资源，以满足国内高端领域需要的高品质原料的长期稳定供应。

（2）通过引进国外钛行业的先进技术和工艺装备，改造目前的钛渣及海绵钛生产技术和设备，提高海绵钛的零级品率和批次稳定性，其次是整合目前的国内钛加工企业，从熔炼、锻造、轧制、挤压、开坯等每个环节完善钛合金加工生产工艺，建立批次稳定的高品质钛加工材批量供应渠道，形成高端航空航天钛合金加工材供应体系。

（3）设立协同攻坚的工作组织关系。在"十四五"的开局之年，把握创新驱动发展、军民融合发展和科技兴军战略的交汇点，设立"军民融合装备用钛攻坚课题组"。军方作为需方的牵头方，发挥行业信息资源优势、组织优势，汇集优质力量参与课题研究和技术攻坚。按照装备规划计划指导下的市场化运作模式，由课题组以课题任务形式组织"联合攻坚、大协作"，厘清问题，分工协作创新，力争有节点、有目标、有任务、有组织地个个突破瓶颈问题，积极争取国家部委、各级政府支持，固化相应的组织关系。

（4）搭建协同创新共同体。对标美国国家制造业创新网络模式，快速搭建钛及钛合金行业联合攻坚创新网络，建设互联互通共享共赢的基础设施，建立钛材料的表征评价中心；建立应用技术基础数据库，技术指标和技术加工路线、检验检测标准等军工装备钛合金材料体系，整体规划并积极推进钛合金材料在军工装备中的应用。

希望国家能够尽快构建高端航空钛合金供应链体系，为中国今后的高端钛合金应用发展打下坚实的基础。中国钛行业通过近几年的产业结构调整和转型升级，已步入了高速发展的快车道，中国已从目前的世界产钛用钛大国向世界强国迈进，今后随着国家对航空航天、船舶和海洋工程等重大项目的大力投入，中国钛行业也将展翅腾飞。

撰稿人：逯福生、郝　斌
审稿人：贾　翙

2020 年钽铌工业发展报告

一、2020 年全球钽铌市场概况

（一）全球钽铌资源储量

据美国地质调查局（USGS）公布数据，2020 年世界钽资源储量超过 14 万吨，其中澳大利亚约 9.9 万吨、巴西约 4.0 万吨。另外，美国探明储量约 5.5 万吨，但可经济开采价值较低；铌方面，2020 年世界铌资源储量超过 1700 万吨，其中巴西约 1600 万吨，加拿大约 160 万吨、美国约 17 万吨（见表 1）。

表 1　2020 年全球钽铌资源储量表　　　　　　　　（吨）

国家	钽	铌
美国	—	170000
澳大利亚	99000	—
巴西	40000	16000000
加拿大	—	1600000
总计（约）	>140000	>17000000

数据来源：美国地质调查局。

（二）全球钽铌供需情况

2020 年，全球钽铌生产略受影响。一方面，受疫情影响，海外钽铌采矿业、加工业和终端应用产业都受到了一定冲击；另一方面，2020 年钽矿、铌矿价格基本延续了 2019 年的态势，处于历史相对低位，国外矿山资源开发投资的积极性也随之下降。

2016~2019 年，全球钽精矿产量整体呈上升趋势，2019 年全球钽精矿产量达到 1987 吨，主要产于巴西、卢旺达和澳大利亚等国家（见表 2）。

表 3 2016~2019 年世界钽精矿产量（Ta₂O₅）   （吨）

国家和地区	2016 年	2017 年	2018 年	2019 年
澳大利亚	28	50	117	283
巴西（SA）	299	340	444	535
俄罗斯（欧洲）	49	39	39	45
东南亚	45	45	45	45
中国	200	136	136	136
尼日利亚	200	204	215	181
埃塞俄比亚	40	34	5	49
莫桑比克	55	57	68	55
刚果民主共和国	207	390	197	197
卢旺达	385	347	423	350
刚果（布）	40	40	40	40
布隆迪	6	17	20	25
其他非洲	45	45	45	45
总计	1599	1744	1847	1987

数据来源：Roskill。

需求方面，据 Roskill 统计数据，2019 年全球钽原料需求量约 2304 吨（金属量），同比基本持平。电容器为钽主要消费领域，占比高达 37%；化学品、合金添加剂、溅射靶材、钽轧制品、硬质合金等领域钽消费占比分别为 18%、17%、14%、9% 和 5%（见图 1）。近年来，钽电容器、钽化学品和溅射靶材等仍保持一定的消费增速，但钽高温合金、硬质合金分别受波音公司产量下降和原料替代的影响，增速有所下滑。

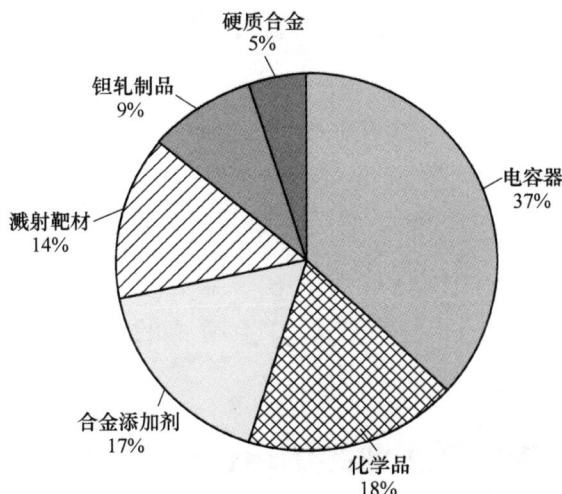

图 1 2019 年全球钽主要应用领域及占比

数据来源：Roskill

2016~2019 年，全球铌的产量也呈上升趋势，2019 年铌金属产量约 8.4 万吨，同比增长 19.9%。全球的铌主要产于巴西，占比高达 88.5%左右，加拿大和尼日利亚等国也有少量生产（见表 3）。

表 3　2016~2019 年世界铌原料产量（金属量）　　　　　（千吨）

国家	2016 年	2017 年	2018 年	2019 年
巴西	44	54.3	61.3	74.7
加拿大	6.1	6.5	6.8	7
尼日利亚	1.53	1.54	1.8	1.9
其他	1.6	0.7	0.8	0.8
总计	53.23	63.4	70.4	84.4

数据来源：Roskill。

消费方面，铌超过 90%都以铌铁的形式应用在钢铁行业，其余则用在高性能合金（包括高温合金）、碳化物、超导体、电子元件及功能陶瓷等高附加值领域（见图 2），钢铁行业的发展直接决定着铌的整体消费情况。

2020 年，受疫情影响，全球钢铁行业受到一定冲击，铌消费总量同比也有所下滑。但与海外不同的是，国内得益于疫情防控得力等多因素影响，中国粗钢产量再创新高，铌的消费也得到进一步提升，缓解了全球整体下滑幅度。

另外，在钢铁领域，铌与钒在一定程度上可以相互替代，而价格则是重要参考因素。2018 年中国实施螺纹钢新标准导致钒价飙升，

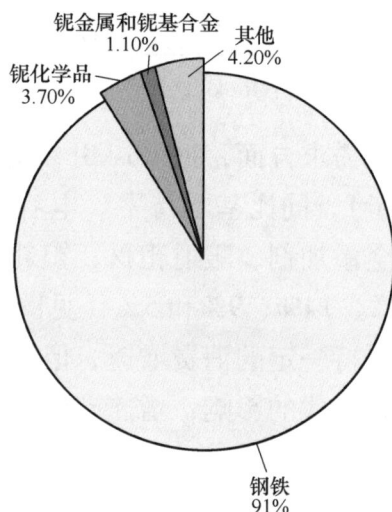

图 2　2019 年全球铌
主要消费领域及占比
数据来源：Roskill

多数螺纹钢生产企业开始用铌替代钒，在一定程度上提高了铌的消费量。但自 2018 年 10 月钒价回落后，部分对成本较为敏感的国内钢厂又重新开始用钒作为生产原料。

二、2020 年中国钽铌工业经济运行状况

（一）产量小幅上升

2020 年一季度，中国钽铌工业受春节长假及新冠肺炎疫情影响，工厂开

工不足，产量同比有所下降。进入二季度后，随着国内疫情得到有效控制，冶炼加工企业随之步入正轨，订单货运都出现增长。从全年情况来看，2020 年钽总产量与 2019 年大致相当，部分产品产量略高于 2019 年。钽精矿产量约 143 吨（金属量），同比增长 20.2%、Ta_2O_5 产量约 480.6 吨，同比下降 18.7%（见表 4）。国内铌原料主要作为钽的副产品进行回收，每年只有几十吨的产量，同消费量相比几可忽略不计。

表 4   2019~2020 年中国钽铌工业主要产品产量　　　　（吨）

名称	2019 年产量	2020 年产量	备　注
钽精矿	119	143	初级原料
K_2TaF_7	267.9	1002	中间产品
Ta_2O_5	591	480.6	中间产品
Nb_2O_5	1764	1589.38	中间产品
Ta-Nb 制品	148	310	用于超导技术
钽条	146.2	104.2	用于超级合金工业
铌条	270.6	259.49	用于钢铁工业
TaC（NbC）	32.7	129.6	用于硬质合金工业
铌粉	22.5	36.8	中间产品
钽粉	210.9	250.24	用于电容器工业
钽丝	56	44.53	用于电容器工业

数据来源：中国有色金属工业协会钽铌分会。

注：上述数据为中国有色金属工业协会钽铌分会各会员单位报送数据。

（二）经营效益向好

从行业经营效益来看，2020 年中国钽铌行业工业总产值和销售收入都实现了正增长。具体来看，2020 年中国钽铌行业工业总产值约 34.1 亿元，同比增长 9.5%，行业实现销售收入约 32 亿元，同比增长 7.5%（见表 5）。

表 5   2019~2020 年中国钽铌工业经济效益运行状况

年　度	2019 年	2020 年	同比/%
销售收入/亿元	29.77	32	+7.5
工业总产值/亿元	31.17	34.12	+9.5

数据来源：中国有色金属工业协会钽铌分会。

注：上述数据为中国有色金属工业协会钽铌分会各会员单位报送数据。

（三）价格小幅波动

2020 年国内钽铌产品价格小幅波动。钽方面，进口钽矿（$Ta_2O_5 \geqslant 30\%$）到岸价格为 50~65.8 美元/磅●，6 月和 11 月分别是价格最高点与最低点；金属钽（$\geqslant 99.95\%$）出厂价格为 2050~2310 元/千克，7 月和 11 月分别是价格最高点与最低点；氧化钽（$\geqslant 99.5\%$）价格为 1080~1390 元/千克之间，6 月和 12 月分别是价格最高点与最低点。

铌方面，进口铌矿（$Nb_2O_5 \geqslant 50\%$，$Ta_2O_5 \geqslant 5\%$）到岸价格为 8.2~10.6 美元/磅，8 月和 12 月分别是价格最高点与最低点；氧化铌（$Nb_2O_5 \geqslant 99.5\%$）出厂价为 180~222 元/千克，6 月和 12 月分别是价格最高点与最低点。

（四）进出口量同比下滑

中国钽铌工业属于原材料进口及终端产品出口两头在外的加工型工业。进口方面，2020 年中国进口钽铌矿约 7469 吨，同比减少 8.5%。钽铌矿主要进口于刚果（金）、尼日利亚、卢旺达、巴西和塞拉利昂等国，占比分别约为 41.5%、24%、19%、5.7%和 3.1%（见图 3）。从钽铌矿每月进口量变化来看，上半年相对平稳，而下半年则波动较大（见图 4）。铌原料主要以铌铁的形式进口，2020 年中国进口铌铁约 30799 吨，同比减少 34.0%。

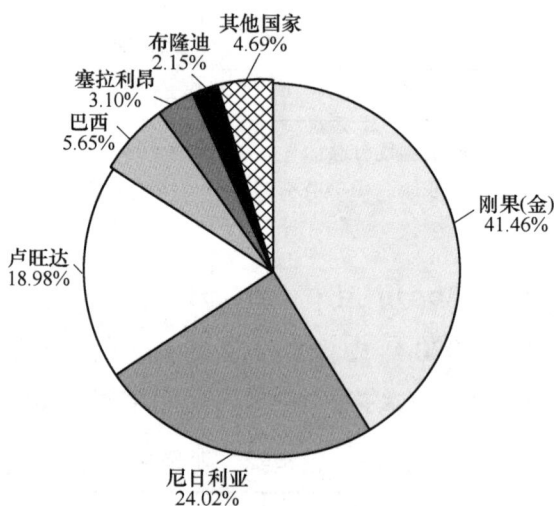

图 3　2020 年中国钽铌矿来源国及其所占份额

数据来源：海关总署

● 1 磅 = 453.592 克。

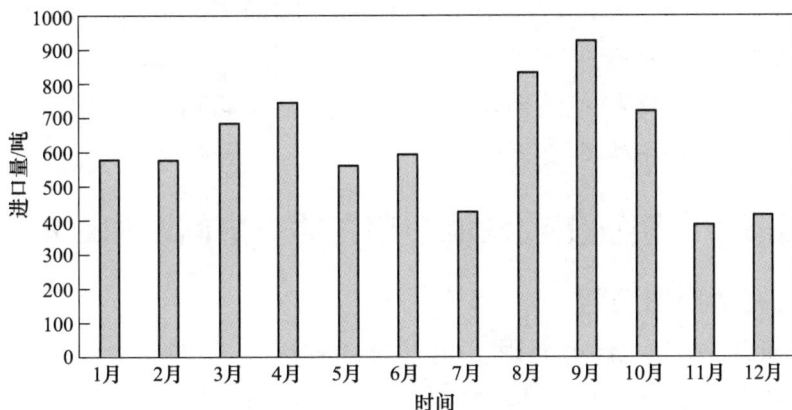

图 4　2020 年 1~12 月中国钽铌矿进口量（实物量）

数据来源：海关总署

出口方面，2020 年中国出口钽粉约 123.7 吨，同比减少 9.6%；出口钽丝约 42.9 吨，同比减少 18.2%；出口钽坩埚及其他锻轧钽制品约 317.3 吨，同比增长 8.2%。而铌方面，中国直接出口的铌原料较少。

三、2020 年钽铌行业相关政策法规

（1）《中华人民共和国资源税法》（以下简称《资源税法》）已于 2020 年 9 月 1 日起施行。《资源税法》对税目进行了统一规范，调整了具体税率确定权限，规范了减免税政策。同时，根据资源税法授权规定，各省、自治区、直辖市也陆续审议通过了本地区应税资源的具体适用税率、计征方式和减免税具体办法，钽铌品种税率为 2%~10%。

（2）自然资源部于 2020 年 5 月发布了《关于矿产资源储量评审备案管理若干事项的通知》（自然资办发〔2020〕26 号）（以下简称《通知》）。《通知》明确了矿产资源储量评审备案概念等诸多事项，对强化钽铌地质勘查单位质量管理意识、社会责任意识，促进钽铌地质勘查单位质量管理科学化、规范化和法制化具有重要的现实意义和指导作用。

（3）国务院关税税则委员会印发了《国务院关税税则委员会关于 2021 年关税调整方案的通知》（税则委〔2020〕33 号）（以下简称《通知》）。《通知》规定，自 2021 年 1 月 1 日起，中国将对 883 项商品实施低于最惠国税率的进口暂定税率。与此同时，根据国内产业发展和供需情况变化，对 2020 年实施的进口暂定税率进行适当调整。2021 年铌铁（72029300）执行最惠国税率为 2%，未锻轧铌（81129240）执行最惠国税率为 3%。

（4）2020年8月22日，刚果（金）与该国最大的几家矿商在金沙萨会晤后，矿业部长维利·基托博·萨姆索尼（willy Kitobo Samsoni）宣布对氢氧化钴、碳酸钴以及锡、钨和钽精矿出口禁令进行无限期豁免。该决定对中国钽铌行业的发展具有重要积极意义。

四、当前中国钽铌工业发展中存在的突出问题和对策建议

（一）存在的突出问题

1. 国内资源短缺，影响钽铌工业可持续发展

江西宜春钽铌矿有限公司是国内仅有的一家钽铌原料生产企业，已无法满足国内冶炼加工需求，80%以上的钽原料需要依赖进口。国内其他已探明的钽铌矿资源特点是矿脉分散、矿物成分复杂、原矿中 Ta_2O_5 品位低、矿物嵌布粒度细、可经济开采性较低。

铌原料也是如此，中国虽然是铌消费大国，但国内90%以上的铌原料需要依赖进口，主要进口于巴西、加拿大、尼日利亚等国，进口集中度较高，不利于中国的产业安全和健康发展。

2. 高端产品产能不足，初级产品同质竞争严重

近年来，中国钽铌工业技术、装备虽然已有很大发展，能够批量生产多数钽铌产品，但是以中、低端产品为主，高端产品如高比容高压钽粉、半导体用钽靶材、钽铌加工材、钽铌超合金和钽铌催化剂等仍存在一定技术瓶颈，生产能力不足，部分产品甚至需要进口，同发达国家还有一定差距。

3. 钽铌冶炼废渣问题制约着行业绿色发展

随着环保标准不断提升，"三废"达标处理问题需要格外关注，尤其是钽铌冶炼企业产生的放射性废渣处置问题已经成为行业发展难题，在环保政策日趋严格的背景下，急需突破行业瓶颈，实现行业绿色、可持续发展。

（二）对策建议

1. 鼓励利用海外资源，帮助企业"走出去"

针对中国优质钽铌资源较为匮乏，缺乏自给自足能力的短板，应鼓励国内企业积极开拓海外市场，参与国外资源勘查与开发，以保证国内资源的长期稳定供应。

2. 着力技术创新，加快产业优化升级

钽铌行业需要根据自身冶炼工艺的特殊性，瞄准并推进高端、高附加值产品的技术开发和先进技术、装备应用，升级、扩大高新技术产品份额，优化产业产品结构，推进技术升级。例如，加快湿法冶炼技术的创新、改造，推动

"绿色"湿法冶炼加工技术和装备升级。另外，企业要不断改进和淘汰落后的生产工艺与设备，推进绿色环保、节能、高效的新工艺、新技术、新装备，以解决阻碍行业实现绿色发展的行业瓶颈问题。

五、2020 年度国内钽铌行业大事简记

（1）2020 年 3 月 12 日，稀美资源控股有限公司在香港联交所挂牌上市，上市总募集资金达 1.74 亿港元。据悉，企业募集的资金主要以实现业务的持续增长和巩固公司行业领先地位为目标，募集资金的 68.8%将用于扩展产业链，17.9%用于未来研发投入，3.5%用于加强欧洲销售网络和巴西采购渠道，9.8%用于运营资金及一般用途。

（2）湖北加强勘探紧缺性稀有金属矿产资源。湖北省地质局已与中国地质调查局武汉地质调查中心签订合作协议将携手加强对湖北省优势、紧缺稀有金属矿产进行勘察评价，引导拉动后续商业性勘查开发，为湖北新能源新材料产业集群发展、钢铁有色建材等传统产业转型升级提供资源保障。根据协议，双方将加强两竹（竹山—竹溪）、两郧（郧阳—郧西）、两通（通山—通城）等地区铌、钽、锂、铷、稀土等稀有金属矿产资源调查评价、勘查示范和选矿技术攻关，力争实现找矿、选矿双突破。

（3）稀美资源控股有限公司拟在贵州省投建高纯钽铌冶金产品项目。稀美资源控股有限公司于 2020 年 7 月 8 日发布公告，该公司旗下一家全资附属公司广东致远新材料有限公司与贵州省黔西南州政府订立合作框架协议，拟在贵州省投资建设高纯钽铌冶金产品项目。

（4）炎陵龙翔钽铌新材料有限责任公司项目开工建设。2020 年 7 月 14 日，炎陵龙翔钽铌新材料有限责任公司项目正式开工。该项目计划分两期投资 6 亿元，建设年产 500 吨钽铌制品生产线，项目建成投产后年产值可达 5 亿元。一期达产后，将形成年产钽粉 100 吨（其中钽条 50 吨、铌条 50 吨）的产能。

（5）炎陵县今成钽铌有限公司与巴西中国矿业协会签署战略合作协议。2020 年 10 月 25 日，炎陵县今成钽铌有限公司与巴西中国矿业协会签署战略合作协议，今成钽铌有限公司将成为巴西中国矿业协会国内唯一的钽铌精矿全权代理企业。

（6）西部金属材料股份有限公司三家控股子公司拟申请在新三板挂牌。西部金属材料股份有限公司于 2020 年 11 月 19 日发布公告称，该公司控股子公司西安天力金属复合材料股份有限公司、西安诺博尔稀贵金属材料股份有限公司、西安菲尔特金属过滤材料股份有限公司拟在符合国家相关法律法规政策

和条件成熟的情况下，申请股票在全国中小企业股份转让系统挂牌。

（7）广东广晟稀有金属光电新材料有限公司异地搬迁升级改造项目动工。2020年12月18日，广东广晟稀有金属光电新材料有限公司异地搬迁升级改造工程项目在清远英德高新技术产业开发区开工建设，计划总投资10.2亿元建设园林式钽铌新工厂。

撰稿人：张　林、陈　武、董秀春
审稿人：胡德勇

2020 年稀土工业发展报告

一、2020 年世界稀土工业发展概述

（一）全球稀土储量

据美国地质调查局（USGS）公布数据，2020 年世界稀土储量约 1.2 亿吨（REO，下同），其中中国约 4400 万吨、越南约 2200 万吨、巴西约 2100 万吨、俄罗斯约 1200 万吨、美国约 150 万吨。同 2019 年相比，2020 年全球及中国稀土储量总量未发生变化，中国稀土储量占比仍保持约 36.7%，位居世界第一，但美国、澳大利亚和巴西等国稀土储量有所调整（见表 1）。需要注意的是，部分国家和地区虽然具有稀土，但尚未被美国地质调查局统计在内。

表 1　2019~2020 年全球稀土资源储量表

国家	储量（REO）/万吨			2020 年占比/%
	2019 年	2020 年	储量变化	
美国	140	150	+10	1.25
澳大利亚	330	410	+80	3.42
巴西	2200	2100	−100	17.50
加拿大	83	83	—	0.69
中国	4400	4400	—	36.67
格陵兰	150	150	—	1.25
印度	690	690	—	5.75
俄罗斯	1200	1200	—	10.00
南非	79	79	—	0.66
越南	2200	2200	—	18.33
其他国家	528	538	+10	4.48
合计	12000	12000		100.00

数据来源：美国地质调查局。

（二）全球稀土产量

据美国地质调查局（USGS）公布数据，2020年全球稀土矿产品产量约24.3万吨（REO，下同），同比增长11.2%，产量的增长主要来自中国、美国和缅甸，澳大利亚产量有所下滑（见表2）。中国、美国、澳大利亚、缅甸四国稀土矿产量约22.5万吨，约占全球总产量的92.6%。中国稀土矿产品供应量约占全球供应量的57.6%，随着全球稀土供给更加多元化，中国稀土矿产品产量所占份额有所下降。

表2　2019~2020年全球主要国家稀土矿产品产量

国家	产量（REO）/吨			2020年占比/%
	2019	2020	产量变化	
美国	28000	38000	+10000	15.62
澳大利亚	20000	17000	−3000	6.99
巴西	710	1000	+290	0.41
印度	2900	3000	+100	1.23
俄罗斯	2700	2700	—	1.11
泰国	1900	2000	+100	0.82
越南	1300	1000	−300	0.41
布隆迪	200	500	+300	0.21
缅甸	25000	30000	+5000	12.33
马达加斯加	4000	8000	+4000	3.29
中国	132000	140000	+8000	57.54
其他国家	66	100	+34	0.04
世界总量	218776	243300	+24524	100.00

数据来源：美国地质调查局，中国稀土矿产品产量以国家公布开采指标计算。

二、2020年中国稀土工业发展现状

（一）稀土开采生产指标小幅增加

2020年国家继续对稀土生产实行总量控制，工业和信息化部和自然资源部联合下达全国稀土矿开采总量控制指标为140000吨（REO，下同），同比增加8000吨。其中，离子型稀土矿指标为19150吨，与2019年持平；岩矿型稀土矿指标为120850吨，比2019年增加了8000吨（见表3）。具体来看，稀土指标的增加以四川江铜稀土参控股企业为主，同比增加 5000 吨；中国北方稀土（集团）高科技股份有限公司和中国稀有稀土股份有限公司开采指标分别增加 2800 吨、200 吨（见表 4）。

表 3　2019～2020 年度各省区稀土矿开采总量控制指标（REO）　（吨）

序号	省区	2019 年		2020 年		调整额度	
		岩矿型稀土	离子型稀土	岩矿型稀土	离子型稀土	岩矿型稀土	离子型稀土
1	内蒙古	70750		73550		2800	0
2	福 建		3500		3500	0	0
3	江 西		8500		8500	0	0
4	山 东	4100		4300		200	0
5	湖 南		1800		1800	0	0
6	广 东		2700		2700	0	0
7	广 西		2500		2500	0	0
8	四 川	38000		43000		5000	0
9	云 南		150		150	0	0
合　计		112850	19150	120850	19150	8000	0
总　计		132000		140000		8000	

数据来源：中华人民共和国工业和信息化部。

表 4　2019～2020 年六大集团稀土开采、冶炼分离总量控制指标（REO）　（吨）

序号	6 家稀土集团	2019 年		2020 年	
		冶炼分离产品	矿产品	冶炼分离产品	矿产品
合　计		127000	132000	135000	140000
1	中国稀有稀土股份有限公司	21879	16850	23879	17050
	其中：中国钢研科技集团有限公司	1500	4100	1700	4300
2	五矿稀土集团有限公司	5658	2010	5658	2010
3	中国北方稀土（集团）高科技股份有限公司	60984	70750	63784	73550
4	厦门钨业股份有限公司	3963	3440	3963	3440
5	中国南方稀土集团有限公司	23912	36250	27112	41250
	其中：四川江铜稀土参控股企业	16320	27750	19520	32750

续表4

序号	6家稀土集团	2019年		2020年	
		冶炼分离产品	矿产品	冶炼分离产品	矿产品
6	广东省稀土产业集团有限公司	10604	2700	10604	2700
	其中：中国有色金属建设股份有限公司	3610	0	3610	0

数据来源：中华人民共和国工业和信息化部。

（二）行业效益同比提升

2020年，在经受新冠肺炎疫情冲击的背景下，中国稀土采选冶产业实现较好效益。据国家统计局公布数据，2020年稀土采选冶规上企业累计营收约714.7亿元，同比上升4.4%，实现利润约48.1亿元，同比上升9.8%。其中，稀土采选业营业收入约49.1亿元，同比上升11.5%，实现利润约2.4亿元，同比下降16.7%。稀土冶炼业营业收入约665.6亿元，同比上升3.4%，实现利润约45.7亿元，同比上升11.7%。

从2018~2020年行业效益变化趋势来看，冶炼行业营收和利润都在稳步上升，但是稀土采选行业呈现下滑的趋势，这与稀土矿山企业近年投入不断加大、企业内部经营管理及环保要求等有关（见图1）。

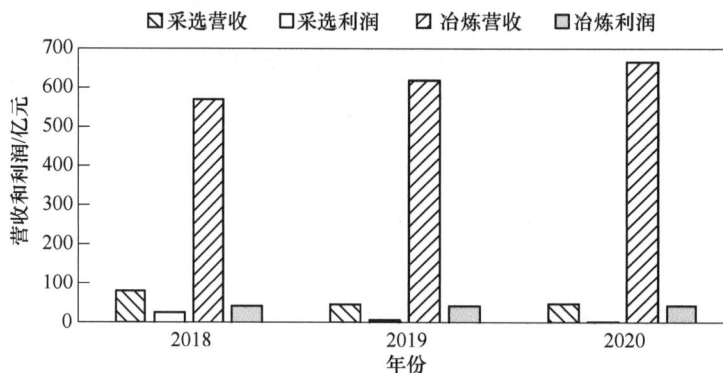

图1　2018~2020年稀土采选冶行业效益图

数据来源：国家统计局

（三）稀土价格波动明显

2020年稀土价格整体波动明显。上半年受新冠肺炎疫情影响，国内稀土下游消费和出口都受到一定冲击，稀土价格也出现阶段性下滑。进入二季度后，随着国内疫情得到有效控制，下游需求也在逐步好转，加之市场上稀土收储消息的传播，稀土价格一路震荡上升。

下半年，随着新能源汽车、风力发电、家用电器等终端消费市场的不断恢复，在供给端偏紧的情况下，稀土价格也伴随着下游需求的扩大快速上升。加之市场受《中华人民共和国出口管制法》《稀土管理条例（征求意见稿）》、"碳达峰"和"碳中和"概念、缅甸局势等消息影响，稀土价格持续性上升。截至 2020 年 12 月末，以轻稀土为代表的镨钕氧化物已经达到约 42 万元/吨，同年初相比增加 48.9%（见图 2）；以中重稀土为代表的氧化铽和氧化镝价格分别达到 194 万元/吨、725 万元/吨，同年初相比分别增长 10.2%、104.0%（见图 3 和图 4）。

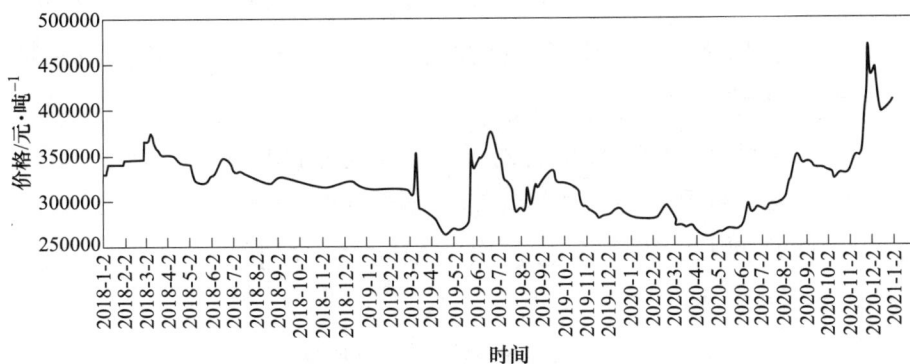

图 2　2018~2020 年氧化镨钕价格变化趋势图

数据来源：北京安泰科信息股份有限公司

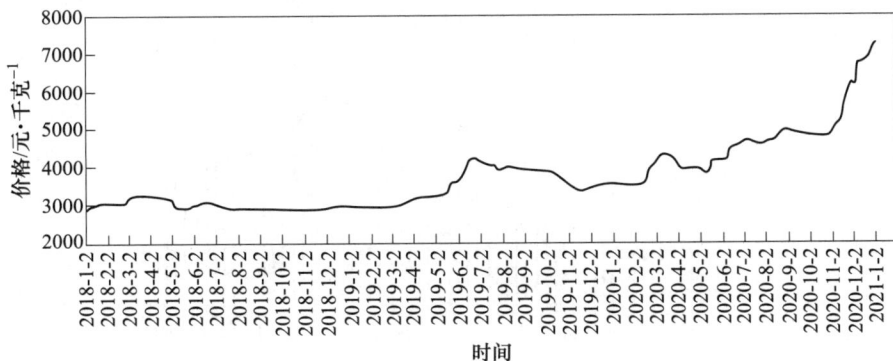

图 3　2018~2020 年氧化铽价格变化趋势图

数据来源：北京安泰科信息股份有限公司

（四）终端消费明显改善

永磁材料广泛应用于新能源汽车、智能手机、风力发电和家用电器等终端领域，也是稀土最大的应用领域。新冠肺炎疫情暴发后，国内稀土终端消费整

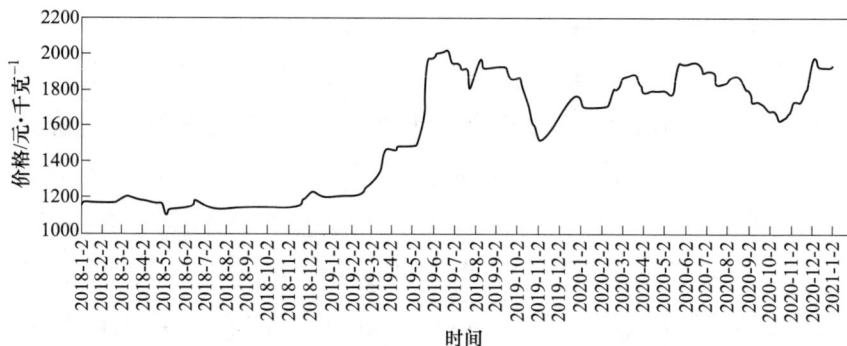

图4 2018~2020年氧化镝价格变化趋势图

数据来源：北京安泰科信息股份有限公司

体表现较为疲软，但随着疫情得到有效控制和国家相关政策的大力支持，终端消费在二季度后持续好转。

2020年，新能源汽车产销分别完成136.6万辆和136.7万辆，同比分别增长7.5%和10.9%。一季度受疫情影响新能源汽车产销量大幅下滑；进入3月后产销量开始逐步回升，并于7月首次实现同比正增长，下半年新能源汽车产销量持续增长（见图5）。

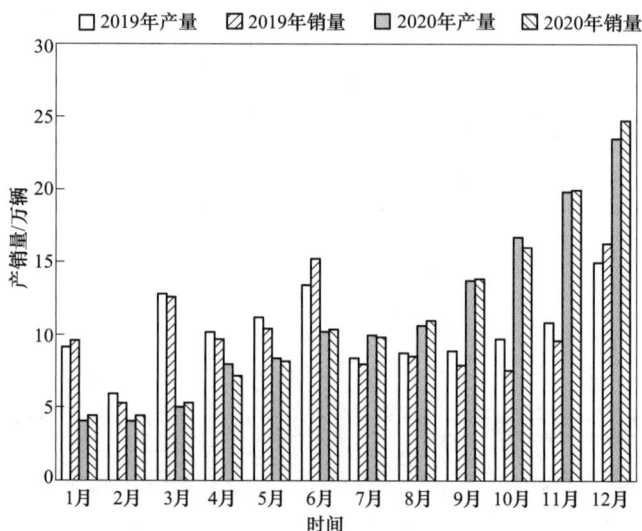

图5 2019~2020年新能源汽车产销情况

数据来源：中华人民共和国工业和信息化部

2020年，中国智能手机累计出货量约2.96亿部，同比下降20.4%。具体来看，疫情暴发后，智能手机市场于3月、4月有所恢复，随后受国际市场影响，又出现下滑趋势。但进入四季度后，中国智能手机出货量同2019年同期相比差距在逐步缩小（见图6）。

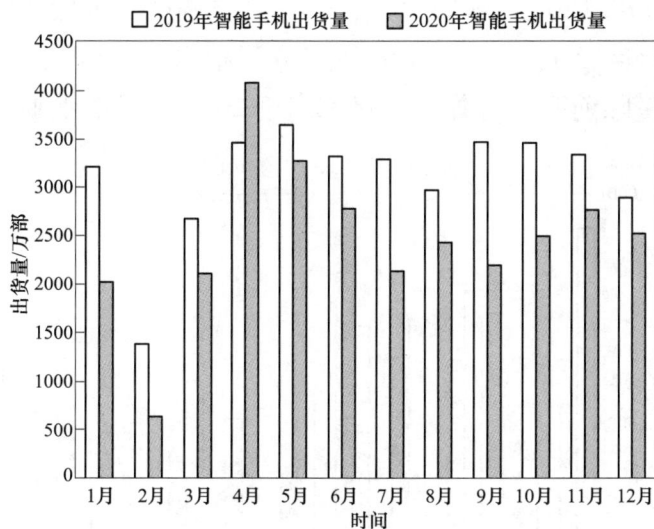

图 6   2019~2020 年国内智能手机出货情况

数据来源：中国信息通信研究院

2020 年 1~11 月，国内风电新增发电装机容量约 2462 万千瓦，同比增长 49.6%。1~7 月，风电新增发电装机容量整体处于震荡上升趋势，并于 7 月转为同比正增长。8~11 月，在政策引导拉动下，风力发电装机容量出现爆发式增长（见图7）。

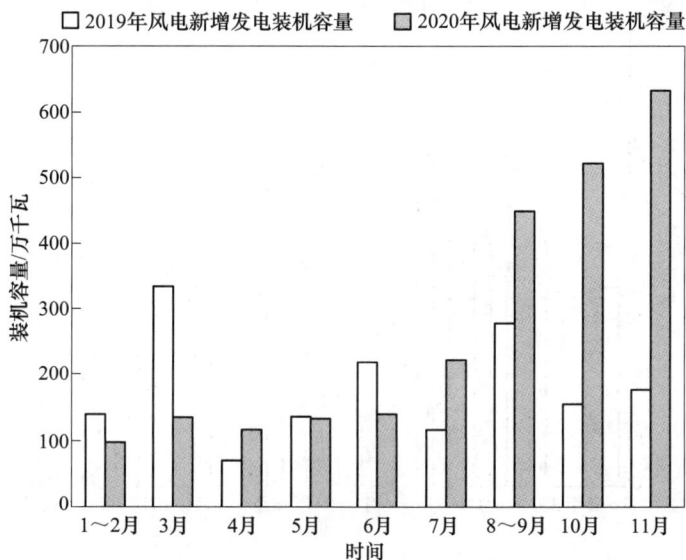

图 7   2019~2020 年国内风电新增发电装机容量

数据来源：国家能源局

家电方面，2020年，国内空调累计产量约21064.6万台，同比下降8.3%；电梯累计产量约128.2万台，同比增长7.9%。空调产量虽然总体低于2019年的水平，但自2020年10月后，空调单月产量开始出现正增长（见图8）。电梯、扶梯及升降机产量除前两个月外，产量都高于2019年同期水平（见图9）。

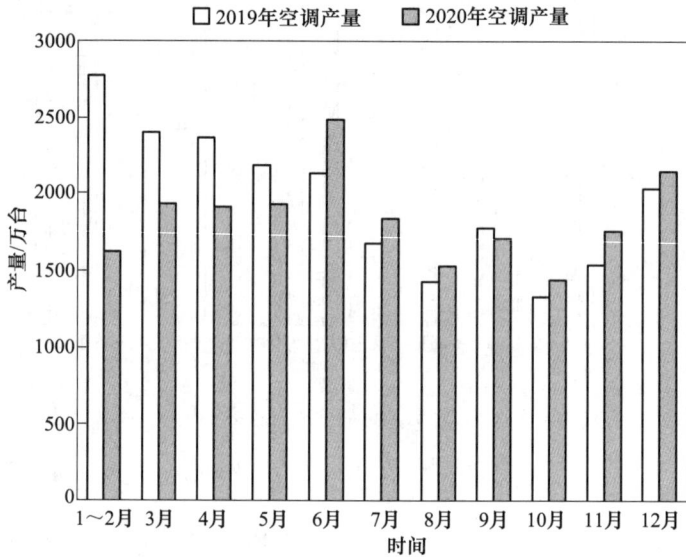

图8　2019~2020年国内空调产量

数据来源：国家统计局

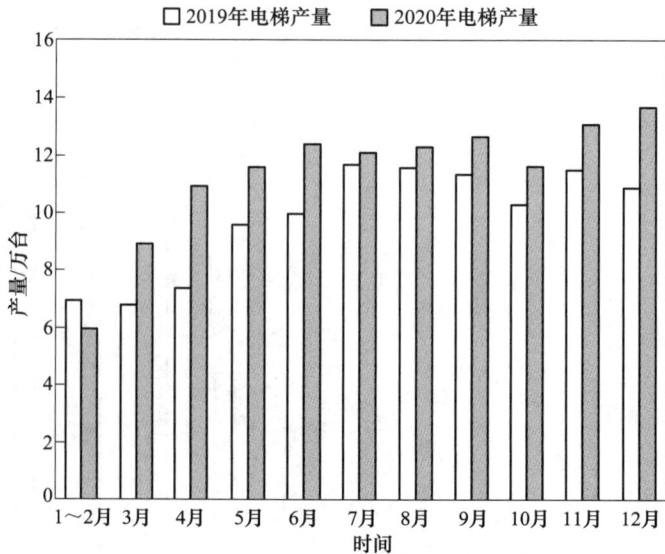

图9　2019~2020年国内电梯产量

数据来源：国家统计局

（五）进口大幅上升，出口小幅下滑

2020 年，中国稀土产品进出口继续延续 2019 年的贸易结构，进口以稀土精矿、氧化物、化合物等初级产品为主，出口产品则主要为稀土氧化物、金属和磁性材料。

进口方面，2020 年中国进口稀土精矿约 7.2 万吨（实物量，下同），同比增长 54.1%，主要来自美国，占比高达 99.4%；稀土氧化物进口量约 2 万吨，同比增长 12.7%；稀土化合物进口量约 2.6 万吨，同比增长 11.3%。稀土氧化物和化合物主要来自缅甸和马来西亚。2016~2020 年，中国稀土原料进口整体呈上升趋势（见图 10）。

出口方面，2020 年中国部分稀土产品受疫情影响出口有所下滑。稀土永磁体出口量约 3.6 万吨，同比增长 2.1%，主要出口至德国和美国；稀土氧化物出口量约为 1.5 万吨，同比下降近 30.0%，主要出口到日本和美国；稀土化合物出口量约为 1.4 万吨，同比下降 21.6%，主要出口到美国、荷兰和日本；稀土金属及合金出口量约为 0.62 万吨，同比下降 8.2%，主要出口到日本。

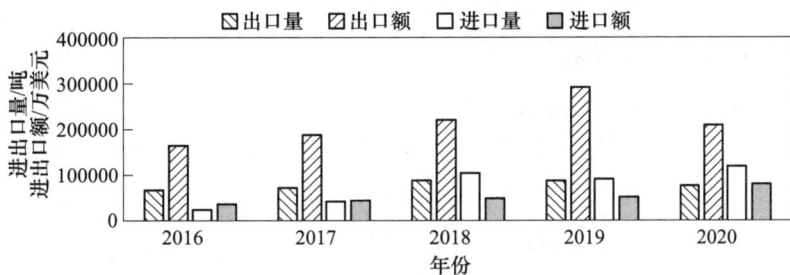

图 10　2016~2020 年中国稀土产品进出口情况

数据来源：海关总署

三、行业政策及影响

2020 年 2 月，应急管理部、自然资源部等 8 部委联合印发《防范化解尾矿库安全风险工作方案》，明确自 2020 年起，在保证紧缺和战略性矿产矿山正常建设开发的前提下，全国尾矿库数量原则上只减不增，不再产生新的"头顶库"。到 2022 年底，尾矿库安全生产责任体系进一步完善，安全风险管控责任全面落实；完成所有尾矿库"一库一策"安全风险管控方案编制，安全风险管控措施全面落实，尾矿库安全风险监测预警机制基本形成，坚决遏制非不可抗力因素导致的溃坝事故。

2020 年 3 月，生态环境部发布《排污许可证申请与核发技术规范　稀有

稀土金属冶炼》（标准号：HJ 1125—2020）并实施。该标准规定了稀有稀土金属冶炼排污单位排污许可证申请与核发的基本情况填报要求、许可排放限值确定、实际排放量核算和合规判定的方法，以及自行监测、环境管理台账与排污许可证执行报告等环境管理要求，提出了稀有稀土金属冶炼排污单位污染防治可行技术要求。

2020 年 5 月，国务院关税税则委员会发布关于第二批对美加征关税商品第二次排除清单的公告，清单中包括稀土金属矿。2019 年 8 月，国务院关税税则委员会发布对原产于美国的部分进口商品（第二批）加征关税的公告并实施后，对由美国进口的稀土金属矿（税则号列 25309020）加征 25% 关税。此次稀土金属矿从清单中排除后，美国进口稀土矿的成本会大幅下降。

2020 年 6 月，国家发展改革委、商务部发布了《外商投资准入特别管理措施（负面清单）（2020 年版）》。稀土的勘查、开采及选矿仍被列为禁止投资项目，在国家大幅度删减外商投资准入负面清单的背景下，体现了国家对稀土的重视程度。

2020 年 8 月，全国稀土标准化技术委员会发布了强制性国家标准《稀土产品的包装、标志、运输和贮存》（GB 39176—2020）。该标准成为稀土标委会归口的首个强制性国家标准，为中国对稀土产品进行流通追溯提供了便利。

2020 年 8 月，商务部、科技部调整发布《中国禁止出口限制出口技术目录》（以下简称《目录》）。《目录》中删除了 4 项禁止出口的技术条目、5 项限制出口的技术条目，新增 23 项限制出口技术条目，并对 21 项技术条目的控制要点和技术参数进行了修改。离子型稀土矿山浸取工艺和稀土的提炼、加工、利用技术仍被列为禁止类。

2020 年 10 月，中华人民共和国第十三届全国人民代表大会常务委员会第二十二次会议宣布通过《中华人民共和国出口管制法》，并予以公布，该法自 2020 年 12 月 1 日起施行。《中华人民共和国出口管制法》的颁布和实施，为中国稀土产品的出口管理和追溯提供了法律依据。

四、行业发展突出问题与对策建议

（一）行业发展存在问题

1. 稀土行业秩序整顿及立法工作亟须健全

稀土是目前国家管理手段较多的行业之一，现行的矿权登记、总量管理、专用税票、出口监管、原料追溯、环境保护等制度，覆盖了采冶加工、产品流通、进出口等各个环节，形成了较为完善的管理体系。但是，私挖盗采、违规生产、出口走私等违法违规行为仍时有抬头，扰乱了正常市场秩序。在行业监管和打击违法违规活动方面，由于缺少上位法依据或适用法律有限，各级政府在实际监管中也面临着执法难题，导致处罚依据不足或涉及多头管理的问题。

2. 稀土绿色提取和生态修复技术亟须换代升级

离子型稀土是中国的优势资源，其提取技术先后经历了堆浸、池浸和原地浸矿的工艺发展历程。中国科研工作者尽管在离子型稀土矿钠盐浸取—草酸沉淀、铵盐浸取—除杂沉淀、无（少）铵盐抑杂浸取—除杂沉淀、氨氮废水处理、矿区生态修复等方面开展了大量工作，并取得了重要进展，但鉴于原始工艺的缺陷，在离子型稀土矿提取、后续生态修复和环境保护等方面仍然存在诸多问题。随着国内环保要求愈加严格，中国南方离子型稀土矿采选技术的换代升级已迫在眉睫。

3. 放射性废渣潜在安全隐患

稀土矿中因含有钍和镭等元素而具有一定的放射性，正常情况下不会对环境和人体产生较大影响，但在稀土矿选冶过程中，钍、镭等元素会得到一定程度的富集，放射性呈指数倍增长，其危害性也会大增。目前国内只有少数核工业企业才具有放射性废渣的处理资质，加之相关处理技术不成熟、成本高以及钍、镭等放射性元素下游应用窄等难题，国内稀土生产加工企业多将放射性废渣进行堆存处理，对环境保护和人身安全造成潜在威胁。

4. 部分核心技术和装备仍受制于人

中国在稀土上游的冶炼分离技术具有国际领先水平，但在功能材料和终端产品的研发和应用方面，与国际一流水平仍有一定差距。无论是材料还是其制备技术，中国都缺乏重大原创性成果，整体上处于跟踪模仿，鲜有原创性、概念性突破。在高端稀土永磁、催化、发光等功能材料与关键技术上仍存在"被卡脖子"难题，部分依赖进口，制约下游应用领域的高质量发展。

（二）对策建议

1. 加快出台《稀土管理条例》，依法加强稀土行业管理

经过十余年的修订和酝酿，《稀土管理条例（征求意见稿）》（以下简称为《条例》）已向社会公开征求意见。这是为加强稀土行业管理制定的专门法规，《条例》的出台和实施，将从根本上解决当前稀土行业缺少上位法、行业监管难的问题，对加强稀土全产业链管理、规范市场生产经营秩序、维护战略资源产业安全、加强生态环境保护、健全稀土管理体制将起到重要作用。

2. 坚持生态优先，推进绿色可持续发展

加强稀土资源开采、提取、分离提纯过程基础理论研究及关键技术开发，

进一步提高资源开发和综合利用水平。重点研发和推广无污染采选新技术和萃取分离新工艺,以及稀土浸矿场残留浸矿剂绿色淋洗、土壤污染治理及生态修复、高含盐氨氮废水治理、放射性矿石及废渣绿色化处理等环保后处理技术。尽快建立原地浸矿环境标准规范体系,推动离子吸附型稀土矿绿色高效开采技术产业化应用。进一步拓展高丰度稀土元素的应用领域,推动稀土资源的高效、平衡利用。

3. 坚持创新驱动,实现高端应用产品自主可控

围绕国家重大战略需求,瞄准稀土材料的重大科学问题与技术难题,加强基础科学研究,提升原始创新能力,攻克一批重大核心共性关键技术与装备,掌握自主知识产权,通过全产业链同步创新,推进先进成果推广实施,保障战略性新兴产业、智能制造等重大战略需求的关键材料的有效供给,逐步实现高端应用稀土功能材料的自主供给。

撰稿人:何　青、陈边防、陈淑芳
审稿人:胡德勇

2020 年有色黄金工业发展报告

一、2020 年世界黄金工业发展概述

（一）2020 年宏观经济形势与国际金价走势分析

全球经济在 2018 年迎来金融危机爆发后的全面复苏，世界投资、制造业和贸易得到推动，不过国际贸易保护主义（特别是中美贸易冲突升级）、孤立主义、民粹主义等兴起影响全球经济复苏进程。国际货币基金组织（IMF）、世界银行（WB）、经合组织（OECD）三大机构统计发布的 2019 年全球经济增长率分别为 3.0%、2.3% 和 2.9%，较 2018 年 3.7%、3.1% 和 3.7% 同期增速有所放缓。进入 2020 年以来，新冠肺炎疫情席卷全球，世界经济受到严重冲击转入深度衰退，三大机构 2021 年 1 月公布报告显示 2020 年全球经济增长速度分别达到 -4.4%、-4.3% 和 -4.2%。随着新冠肺炎疫情好转，全球经济复苏加快，三大机构 2021 年 4 月最新预测 2021 年全球经济增长速度将分别达到 6.0%、4.0% 和 5.6%。而联合国 2021 年 1 月发布报告认为 2021 年全球经济将反弹 4.7%。

纵观 2020 年全球形势，新冠肺炎疫情肆虐世界，全球经济陷入自第二次世界大战以来最严重衰退，国际格局加速演变，单边主义和保护主义上升，全球产业链、供应链受到冲击。为刺激经济，世界各国政府纷纷出台经济刺激计划，宽松货币政策和积极财政政策不断推出，受到新冠肺炎疫情避险需求和世界各国政府经济刺激政策等影响，国际黄金价格在 2020 年 7 月底突破 2011 年 9 月创下的 1921 美元/盎司❶的历史高点，8 月 6 日触及 2075 美元/盎司历史新高。

新冠肺炎疫情及其引发的各国政府推出超常规刺激政策和措施、中美等国际贸易冲突、美元疲软、美国总统大选以及政局失序等风险事件是 2020 年影响全球金融市场的主要风险点；在新冠肺炎疫情全面肆掠蔓延、美联储推出无

---

❶　1 盎司（金衡制）= 31.10 克。

限量货币政策宽松背景下，市场避险需求大增，加上世界各国、地区央行继续购金、全球黄金矿业并购重组持续等，2020年国际黄金价格在全球金融市场中表现出色，黄金在2020年跑赢了大多数主流资产。

纵观2020年国际黄金价格：伦敦金银协会（LBMA）黄金现货（下午定盘价）全年均价为1769.2美元/盎司，同比上涨27.0%；全年收盘价格最高为2067.2美元/盎司（出现在8月），全年收盘价格最低为1474.3美元/盎司（出现在3月）。而纵观以美元、欧元、英镑、日元、瑞士法郎和澳元等6种货币计价的2年期国际黄金价格看，美元计价的国际黄金价格波动涨幅最大，瑞士法郎计价的国际黄金价格涨幅最小。表1为2016~2020年来国内外黄金现货均价统计情况。

表1　2016~2020年来国内外黄金现货均价统计

黄金价格	2016年	2017年	2018年	2019年	2020年
国内黄金现货均价/元·克$^{-1}$	268	276	270	312	386
国际黄金现货均价/美元·盎司$^{-1}$	1251	1257	1269	1393	1769
美元兑人民币汇率	6.65	6.74	6.63	6.89	6.89

数据来源：上海黄金交易所（SGE）、伦敦金银协会（LBMA）、国家外汇管理局。

（二）2020年世界黄金工业概况

1. 2020年世界黄金矿业勘探预算约为43亿美元

自然资源部信息中心《2021年全球矿业展望》报告披露数据显示，受到疫情影响，2020年世界范围内的矿产勘查活动总体萎缩。根据标普全球市场财智（S&P Global Market Intelligence）对勘查预算在10万美元以上的2500家矿业公司的调查统计，这些公司2020年有色金属勘查预算合计为83亿美元，加上投资预算少于10万美元的公司以及其他企业，估计2020年全球有色金属勘查预算为87亿美元，较2019年减少11亿美元，下降11%。不过2021年全球勘查预算将出现两位数增长，增幅可能达到20%，金矿将引领勘查投资回升。标普统计数据显示2019年全球黄金矿业勘探总投入为42.9亿美元，较2018年同比下降12%，2020年全球黄金矿业勘探总投入为43亿美元，占全球有色金属勘查预算近一半。

2. 2020年世界黄金矿业并购重组有所放缓

标普全球市场财智统计资料显示2020年全球规模以上黄金并购（并购金额超过1000万美元）有50起（2019年统计为39起），金额达到129.2亿美元，同比下降36.3%；而2020年规模以上黄金并购占当年全球有色金属矿产领域并购金额的 77.4%，较 2019 年大幅提升。2020 年全球有色金属行业 10 大规模并购案例中黄金矿业并购案例达到 7 例，其他 3 个案例为铜业矿业并购。最大并购案例为 2020 年 10 月 6 日澳大利亚北极星资源公司（Northern Star Resources Limited）宣布以 42.8 亿美元收购萨拉森矿业控股公司（Saracen Mineral Holdings Limited）。

3. 2020 年世界黄金实物供应量同比下降 2.4%

世界黄金供应主要来自矿产金、再生金和官方售金，矿产金是世界实物黄金供应的最主要构成部分，自 2010 年以来世界各国、地区央行从官方净抛售转为净购买后，官方售金基本停止。世界黄金协会（WGC）最新公布数据显示，2020 年全球黄金实物供应总量为 4698.2 吨，同比下降 2.4%（其中矿产金产量为 3400.8 吨，同比下降 3.7%；再生金产量为 1297.4 吨，同比增长 1.2%）。2020 年以来新冠肺炎疫情全球蔓延，各国为了应对疫情纷纷限工甚至停工，各种限制措施对全球矿产黄金生产形成一定冲击。受到新冠肺炎疫情影响，2020 年全球黄金实物供应总量、全球矿产金产量为近 5 年来新低；不过再生金产量达到 5 年来新高。2020 年中国黄金产量虽然也受到疫情冲击但产量依旧世界第一，中国连续 14 年蝉联世界最大矿产黄金生产国殊荣。

4. 2020 年世界黄金实物消费需求同比下降 16.5%

世界黄金协会（WGC）最新公布数据显示，受到新冠肺炎疫情冲击，2020 年全球黄金消费需求总量为 3675 吨，同比下降 16.5%；其中黄金珠宝首饰消费需求为 1324.3 吨，同比下降 37.9%；金饰和工业用金为 301.9 吨，同比下降 7.4%；金条、金币黄金需求为 896.1 吨，同比增长 2.9%；黄金 ETF 产品黄金净需求增仓 877.1 吨，同比增长 120.23%；2020 年各国央行机构购金 272.9 吨，同比下降 59.2%。2020 年黄金 ETF 产品黄金净需求持仓大增成为黄金需求市场最大亮点，而金条、金币黄金需求也出现增加。目前中国和印度依旧是世界最大两个黄金实物消费国。

5. 黄金 ETF 增持成为 2020 年黄金市场需求最大亮点

2020 年末，世界黄金 ETF 总持仓达到 3752 吨，2020 年世界黄金 ETF 总持仓增持黄金 877.1 吨，同比增长 120.23%；截至 2020 年 12 月 31 日，全球黄金市场最大 ETF 基金——SPDR®持仓黄金 1170.4 吨，较 2019 年 12 月 31 日公布数据增加 277.2 吨，其中第二大黄金 ETF——iShares Gold Trust 截至 2020 年底黄金持仓量达到 525 吨。目前全球 10 大黄金 ETF 分别是：SPDR Gold Shares、iShares Gold Trust、iShares Physical Gold ETC、Invesco Physical Gold ETC、Xetra-Gold、WisdomTree Physical Gold、Sprott Physical Gold Trust、Gold Bullion Securities Ltd、

ZKB Gold ETF 和 SPDR Gold MiniShares Trust。截至 2020 年底全球 10 大黄金 ETF 黄金总持仓量达到 2794.5 吨，ETF 投资需求和世界各国、地区央行购金等为主的投资需求已经成为 2020 年国际金价上涨的主要驱动力之一。

2020 年各国央行机构购金 272.9 吨，同比下降 59.2%。根据国际货币基金组织（IMF）、世界黄金协会（WGC）公布资料，2020 年土耳其央行、印度央行和阿联酋央行分别增储黄金 163.1 吨、41.6 吨和 28.9 吨，位列 2020 年世界各国地区央行黄金储备增储前 3 名。蒙古央行、斯里兰卡央行、塔吉克斯坦央行 2020 年分别抛售黄金 14.8 吨、12.9 吨和 11.3 吨，位列 2020 年世界各国地区央行黄金储备抛售前 3 名。中国官方黄金储备方面，中国人民银行公布统计数据显示，截至 2020 年 12 月中国人民银行官方储备资产中黄金储备为 6264 万盎司（约合 1948.3 吨，市值为 1182.5 亿美元），2020 年 1~12 月中国人民银行未增储黄金。预计随着人民币国际化的不断推进，从中长期看中国人民银行未来有望继续增持黄金。

二、2020 年中国有色黄金工业发展现状

（一）2020 年宏观经济形势与国内金价走势分析

2020 年新冠肺炎疫情百年不遇，世界经济深度衰退，多重冲击前所未有。面对重大考验，中国率先控制住疫情、率先复工复产、率先实现经济正增长的显著成绩，展现了中国经济的强大韧性和抗冲击能力。国家统计局统计数据显示，2020 年一季度中国国内生产总值（GDP）大幅下降 6.8%，不过二季度增速由负转正增长 3.2%，三季度增长 4.9%，四季度增长 6.5%，走出了一条 V 形曲线，经济恢复走在世界前列，成为推动全球经济复苏的主要力量，"十三五"圆满收官。国家统计局公布数据，2020 年全年中国实现国内生产总值达 101.6 万亿元，比上年增长 2.3%，是全球唯一实现经济正增长的主要经济体。按年平均汇率折算，2020 年中国经济总量占世界经济的比重预计超过 17%。

2020 年国内两大黄金交易所——上海黄金交易所和上海期货交易所金价继续大幅上涨。上海黄金交易所黄金现货交易情况：2020 年上海黄金交易所 Au99.95 收盘加权平均价为 386.6 元/克，同比上涨 23.9%，成交量为 82.1 吨，同比下降 56.1%，成交额为 316.9 亿元，同比下降 45.2%；Au99.99 收盘加权平均价为 387.1 元/克，同比上涨 24.0%，成交量为 3211.0 吨，同比下降 27.0%，成交额为 12113.7 亿元，同比下降 9.3%；2020 年虽然全年黄金成交均价大幅上涨，但全年成交量、成交额同比大幅下降；2020 年上海黄金交易所黄金品种 Au99.99 活跃程度继续远远超过 Au99.95。

中国黄金协会公布数据显示，2020年上海黄金交易所全部黄金品种累计成交量双边达5.9万吨（单边为2.9万吨），同比下降14.4%，成交额双边为22.6万亿元（单边为11.3万亿元），同比增长4.9%；上海期货交易所全部黄金品种累计成交量双边为11.0万吨（单边为5.5万吨），同比增长18.4%，成交额双边为41.5万亿元（单边为20.7万亿元），同比增长38.3%。2020年国内黄金ETF基金由4支增加至11支，年末持仓量约60.9吨，较上年末增持16.1吨，增长约36%。

（二）2020年中国有色黄金（副产黄金）工业概况

1. 2020年中国黄金生产概况

根据中国有色金属工业协会（CNIA）信息统计部公布的初步统计数据，2020年全国有色冶炼厂副产黄金161.4吨，同比增长26.4%。2020年全国有色冶炼厂产金占全国黄金总产量479.5吨（CGA统计）的比重为33.6%，占比较2019年的25.5%提高8.1个百分点（见图1）。

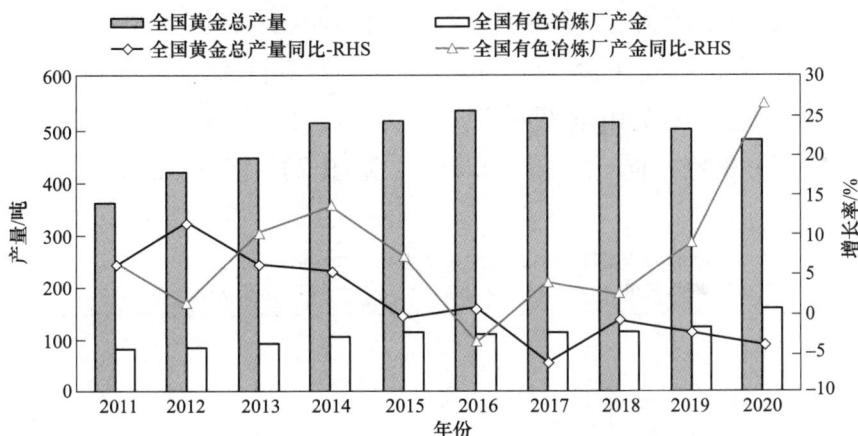

图1　2011～2020年中国黄金总产量、有色冶炼厂黄金产量变化图

数据来源：中国有色金属工业协会（CNIA）、中国黄金协会（CGA）、

北京安泰科信息股份有限公司（以下简称安泰科）

有色黄金（有色冶炼厂副产黄金）产量是全国黄金总产量的重要组成部分，目前中国有色冶炼厂产金全国产量占比有不断提高趋势。这主要有几个原因：一是近期大量阴极铜冶炼项目（配套阳极泥副产金银项目）不断上马。中国有色金属工业协会统计数据显示，2020年全国精炼铜1002.5万吨，同比增长7.4%。二是随着国内环保政策的日趋严格，国家对矿产金生产环保监管加强，如自然保护区内矿业权清退，氰渣作为危险废物管理等，加上部分矿山资源枯竭等原因，2017～2020年国内矿产金产量持续下降（2020年产量下降

还有新冠肺炎疫情冲击影响因素）。三是近期一些新的有色冶金工艺应用也提高了有色副产金产量，例如近年来中国恩菲工程技术公司自主研发的氧气底吹造锍捕金技术，通过造锍熔炼将金、银等贵金属富集于铜锍，对复杂难处理金精矿有很好的综合回收效果，解决了现有传统黄金冶炼企业规模小、环保压力大、金属回收率低等问题，可以消除传统矿产金冶炼氰化物污染问题，实现了黄金冶炼大规模生产，是黄金冶炼行业的重大技术变革，为黄金冶炼和铜冶炼的产业技术升级提供了新途径。

据中国黄金协会最新统计数据显示，2020年中国黄金行业总体运行平稳，产业结构不断优化。2020年中国共生产黄金479.5吨，同比下降4.2%。其中受新冠肺炎疫情冲击以及金矿资源品位下降等影响，国内黄金原料供应趋紧，利用国内原料生产黄金365.3吨，同比下降3.9%；利用进口原料生产黄金114.2吨，同比下降5%。

2. 2020年中国黄金消费概况

据中国黄金协会统计数据显示，2020年国内黄金消费整体疲软，全国黄金消费量为821吨，同比下降18.1%。其中，黄金首饰消费量为490.6吨，同比下降27.5%；金条及金币消费量为246.6吨，同比增长9.2%；工业及其他领域消费量为83.8吨，同比下降16.8%（见图2）。年初新冠肺炎疫情暴发，

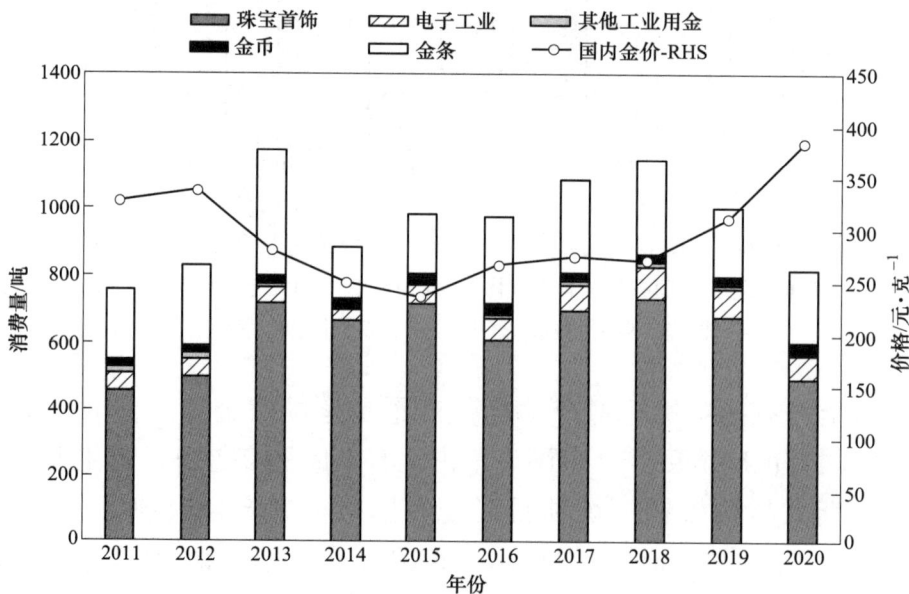

图2 2011~2020年中国实物黄金分领域消费与金价走势图

数据来源：中国黄金协会、上海黄金交易所、安泰科

全国迅速采取严格的防控措施，黄金首饰、金条等生产加工和零售均受到较大影响，一季度黄金消费量同比下降 48.2%，随着国内疫情防控态势好转和经济持续稳定恢复，黄金消费量稳步回升。特别是部分黄金零售企业在线上打开新市场，销售成绩亮眼，但由于线上销售基数较低，仍旧无法弥补店铺销量的下滑。金价的巨幅波动和宽松的货币政策引发了民间投资者对黄金的关注，尤其下半年金条及金币消费量较上一年同期增长 50.9%，进而扭转了全年金条及金币消费趋势。

国家统计局最新公布数据显示，作为国内黄金消费最大领域的珠宝首饰行业继续疲软。2020 年 1~12 月国内规模零售企业金银珠宝销售总额达到 2376 亿元，同比下降 4.7%（2020 上海黄金交易所 Au99.95 收盘加权平均价为 386.6 元/克，同比上涨 23.9%）。中国人民银行 2020 年贵金属纪念币项目发行计划共包括 10 个项目，61 个品种。其中金币 30 个品种（如果全部发行总计消耗黄金 65.4 吨，较 2019 年计划发行黄金纪念币减少 14.4 吨，同比下降 18.1%），银币 31 品种（如果全部发行总计消耗白银 508.3 吨，较 2019 年计划发行白银纪念币增加 107.4 吨，同比增长 26.8%）。

3. 金矿资源勘查进展及金矿项目国土资源科学技术获奖统计

（1）山西紫金繁峙县金矿勘查项目获"2020 年度中国十大地质找矿成果奖"。由紫金矿业集团股份有限公司矿产地质勘查院和山西紫金矿业有限公司共同完成的"山西省繁峙县山西紫金矿业有限公司金矿勘查"项目荣获中国地质学会 2020 年度十大地质找矿成果。该项目金矿是山西省发现的首个新类型大型斑岩型金矿床，备案新增金金属量超过 57 吨，约占山西省历史上累计查明资源量的一半、现在保有量的 2 倍，其潜在经济价值近 160 亿元。此次勘查改写了区域找矿的历史，突破了该区单一石英脉型金矿成矿的认识，开拓了找矿思路和方向，对该区域乃至更大范围找矿具有重要的指导意义。现在该金矿已作为山西省重点工程项目开发建设，项目投产后，将为促进地方就业和经济发展发挥重大作用。

同时入选"中国十大地质找矿成果奖"的还有青海省都兰县那更康切尔沟探明超大型银多金属矿。由四川省冶金地质勘查局水文工程大队承担的"青海省都兰县那更康切尔沟银多金属普查"项目取得重大找矿突破，在青海东昆仑地区首次发现了超大型中低温构造热液型银矿床，地质勘查、研究意义重大。那更康切尔沟银矿的发现，填补了青海省无超大型独立银矿床的空白，对青海省的经济建设以及西部大开发都具重要意义。

（2）河南桐柏老湾金矿探明黄金资源量 208 吨，位列全国第七大金矿。

2020年7月8日从河南省地矿局获悉，由河南省地矿局第一地质勘查院承担的河南省桐柏县老湾金矿接替资源勘查报告、老湾金矿深部及外围普查日前通过河南省自然资源厅组织的专家验收，取得资源量208吨的重大找矿突破。桐柏老湾金矿是河南省迄今为止发现的最大金矿床，预计也是2020年国内勘探发现的储量最大金矿之一。根据安泰科统计，目前河南桐柏老湾金矿探明黄金资源量位列全国第七位。该区域也将成为河南省继小秦岭、外方山之后的又一个重要的黄金勘查基地，桐柏老湾金矿的勘探发现也将为全国第二大黄金生产省份——河南省的黄金工业进一步发展提供资源保障支撑。

（3）9个黄金项目申报"2020年度国土资源科学技术奖"。2021年1月6日国家自然资源部科技发展司宣布，2020年度国土资源科学技术奖申报工作已结束，共有222项申报项目通过形式审查，其中包含9个黄金项目，这9个项目分别是：甘肃省地质矿产局地质科学研究所完成申报的"甘肃省金矿Ⅲ级成矿远景区划和资源总量预测"，湖南省有色地质勘查局二四五队、甘肃加鑫矿业有限公司完成申报的"甘肃省合作市以地南—下看木仓矿集区铜金矿勘查"，湖北省地质局第一地质大队、湖北省地质勘查基金管理中心、中国地质大学（武汉）、湖北省地质调查院完成申报的"湖北大冶—阳新地区铜金矿整装勘查区专项填图与技术应用示范"，中国地质科学院地球物理地球化学勘查研究所等完成申报的"金矿化探理论技术创新、标准物质研制与西部覆盖区大型金矿发现"，中国地质科学院矿产资源研究所、西藏自治区地质矿产勘查开发局、中铜矿产资源有限公司等完成申报的"西藏大洋俯冲型斑岩铜金矿找矿理论技术创新与重大突破"，山东省地质矿产勘查开发局第六地质大队完成申报的"胶东招平断裂深部探获特大型金矿与找矿理论创新"，青海省第五地质勘查院完成申报的"青海省曲麻莱县扎家同哪金矿详查及外围普查"，河南省地质矿产勘查开发局第一地质勘查院、桐柏兴源矿业有限公司完成申报的"河南省桐柏县老湾金矿接替资源勘查报告"，湖南省有色地质勘查局二一七队、水口山有色金属有限责任公司完成申报的"湖南省常宁市水口山康家湾铅锌金银矿接替资源勘查"等。

4. 2020年有色黄金重大项目上马建设进展

2020年12月18日江铜国兴（烟台）铜业有限公司"搬迁新建18万吨阴极铜节能减排项目"正式开工建设。该项目总投资约32亿元，采用世界先进的"侧吹炉熔炼+多喷枪顶吹吹炼+回转式阳极炉精炼+永久不锈钢阴极电解"工艺，预计2022年上半年全线竣工投产；项目建成达产后可实现年生产阴极铜18万吨、黄金11.9吨、白银147.5吨、硫酸85.5万吨。此外2020年10月

29日山西中条山有色金属集团有限公司侯马北铜铜业有限公司年处理铜精矿80万吨（原规划150万吨）技术改造项目建设启动，项目总投资34.5亿元，设计产能为阴极铜20万吨、硫酸80万吨、金锭7.8吨、银锭75吨。

目前国内其他有色副产金重点在建项目还有：中国有色集团大冶有色金属集团控股有限公司40万吨高纯阴极铜项目（2021年投产后中色大冶阴极铜、黄金、白银年生产能力将分别达到100万吨、20吨和1000吨以上）、广西南国铜业有限责任公司三期50万吨阴极铜项目（规划年产50万吨阴极铜、硫酸117万吨、黄金4.7吨、白银418.4吨、粗硒325吨）等。此外2020年10月26日铜陵有色金属集团控股有限公司赤峰金剑铜业公司铜冶炼工艺升级搬迁改造项目投产，项目包括年产40万吨铜冶炼能力及配套设施建设（其中阴极铜20万吨、阳极铜20万吨、硫酸114万吨、阳极泥含金2吨、含银250吨等），其中一期投资24亿元，年产能26万吨（20万吨阴极铜+6万吨阳极铜）；2020年12月19日紫金铜业公司40万吨阴极铜扩产改造主系统完成闪速炉顺利投料复产等。

5. 两项有色黄金科研创新成果获得2020年中国有色金属工业科学技术奖一等奖

有色金属行业科技进步方面，2020年中国有色金属工业科学技术奖总奖项236项，其中，一等奖83项、二等奖92项、三等奖61项。其中"全热态底吹三连炉铜金连续冶炼技术创新实践"和"难处理金矿加压氧化中矾相包裹金靶向消除强化浸金技术开发及应用"荣获2020年中国有色金属工业科学技术奖一等奖。

由中国恩菲工程技术有限公司、包头华鼎铜业发展有限公司、国投金城冶金有限责任公司联合研发申报的"全热态底吹三连炉铜金连续冶炼技术创新实践"荣获2020年中国有色金属工业科学技术奖一等奖。包头华鼎铜业发展有限公司三期工程为世界首条全底吹全热态三连炉连续炼铜金生产线。目前氧气底吹吹炼铜金技术已经在河南中原黄金冶炼厂、国投金城冶金有限责任公司、包头华鼎铜业有限责任公司等7家工厂生产应用。

此外由紫金矿业集团股份有限公司、贵州紫金矿业股份有限公司、厦门紫金矿冶技术有限公司联合研发申报的"难处理金矿加压氧化中矾相包裹金靶向消除强化浸金技术开发及应用"也荣获2020年中国有色金属工业科学技术奖一等奖。该技术经济指标先进、技术重现性好、成熟度高，大大提高了加压预氧化工艺的适应性，促进了黄金冶炼技术进步，经相关行业专家评定达到国际先进水平。

6.2020 年中国企业海内外金矿投资与并购情况进展

目前黄金已经成为中国企业境外矿业投资仅次于铜的第二大矿种、中国企业海外矿产勘察投入的第二大矿种。安泰科初步统计，截至 2019 年中国海外金矿投资控制的权益黄金资源量（非黄金储量）已经超过 5000 吨，2020 年中国企业海外金矿并购与投资继续。

2020 年 3 月 5 日，紫金矿业集团股份有限公司（紫金矿业集团）宣布完成对哥伦比亚武里蒂卡金矿的并购，此次交易金额约为 13.3 亿加元（约合70.3 亿元人民币）；哥伦比亚武里蒂卡金矿拥有黄金资源量 353 吨，2020 年 10月 23 日竣工投产，2021 年将达到年产 9 吨矿产黄金的生产能力，成为拉美地区现代化的黄金生产企业，也将是目前中国企业独立拥有矿产黄金产量最大在产金矿之一。

5 月 8 日，山东黄金集团有限公司斥资 1.5 亿美元收购加拿大特麦克资源公司 100%股权，获取旗下霍普湾（Hope Bay）金矿（探明控制黄金资源量为160.9 吨），不过 2020 年 12 月 21 日加拿大政府以国家安全为由否决了该项收购。

6 月 12 日，紫金矿业集团宣布以 17 亿元收购圭亚那金田公司，控制圭亚那 Aurora 金矿（保有资源量约 178 吨，黄金年产量为 4~5 吨）。

9 月 29 日，山东黄金矿业股份公司宣布以换股方式私有化香港上市公司——恒兴黄金股份公司，该公司股东将按照其持有的每 1 股股份，获得 5/29股山东黄金 H 股股份（交易价值约 4.2 亿美元），恒兴黄金目前运营新疆金山金矿，2019 年储量和年产量分别为 40.9 吨和 2.7 吨。

12 月 15 日，赤峰黄金股份公司宣布以 1.1 亿美元收购加纳 Bibiani 金矿（保有黄金储量 77.8 吨）。

12 月 24 日，山东黄金矿业股份有限公司宣布其境外全资子公司已成功收购澳大利亚卡蒂诺资源公司（Cardinal Resources Limited），收购要约价格为每股 1.1 澳元，按当天股票价值来算这次交易总投资最高价格将约为 5.8 亿澳元（约合 29 亿元人民币）。Cardinal 拥有加纳 Namdini 金矿，该矿山黄金储量达 145 吨。

此外，2020 年白银有色集团股份有限公司所属刚果（金）唐吉萨金矿可研启动，万宝矿产有限公司与中色地科矿产勘查股份公司签约启动苏丹某金矿地质勘查，赤峰黄金股份公司启动老挝塞班（Sepon）金铜矿原生金矿生产（正式投产后金矿处理能力将达到 300 万吨/年，估计 2020 年产金 2 吨，2021 年产金达到 7 吨）等。

7. 金银贵金属生产加工与黄金珠宝企业资本运作进展

2020 年 9 月 24 日，中国黄金集团黄金珠宝股份有限公司（中金珠宝）首次公开发行并上市申请，通过了中国证券监督管理委员会第十八届发行审核委员会 2020 年第 142 次发审委会议审核，成为国家发展和改革委员会混合所有制改革试点、国务院国有资产监督管理委员会"双百行动"首单主板过会企业。2021 年 1 月 15 日，中国证券监督管理委员会正式核发中金珠宝 IPO 批文；2021 年 2 月 5 日，中国黄金集团黄金珠宝股份有限公司正式登录 A 股。中金珠宝此次申请发行人民币普通股（A 股）不超过 1.8 亿股（不低于发行后总股本的 10%），发行股票数量计划募集资金 12.5 亿元，主要用于区域旗舰店建设项目、信息化平台升级建设项目、研发设计中心项目和补充流动资金。2019 年中金珠宝实现营业收入 382.7 亿元，实现净利润 4.5 亿元；根据有关方面公布资料，中金珠宝 2019 年营业收入在国内黄金珠宝行业仅次于周大福和老凤祥位列第三位。2019 年中金珠宝资产合计为 84.3 亿元，负债合计为 36.8 亿元；中金珠宝黄金首饰及其黄金制品主要采用委外价格的模式组织生产，2019 年该公司委外加工数量分别为 57.9 吨，在各期产品生产中占比为 44.1%。截至 2019 年 12 月 31 日，中金珠宝公司共拥有 12 家控股子公司，79 家直营店以及 2852 家加盟店。

2020 年 6 月 18 日，无锡帝科电子材料股份有限公司（帝科股份，股票代码：300842.SZ）正式在深圳证券交易所创业板上市，发行价为 16.0 元/股，成为 A 股市场太阳能导电浆料第一股。该公司为中国晶硅太阳能电池正面银浆电子材料龙头企业，主要从事新型电子浆料等电子材料的研发、生产和销售。未来三年该公司将继续聚焦于太阳能正面银浆和叠瓦导电胶、半导体及显示照明领域的封装和装联材料的研发及生产。帝科股份 2019 年度营收为 13.0 亿元，净利润为 7070.4 万元。

2021 年 1 月 13 日，国内贵金属资源二次综合回收利用代表企业——徐州浩通新材料科技股份有限公司（浩通科技）首发申请获创业板上市委员会通过，将于深交所创业板上市。该公司首次公开发行的 A 股不超过 2833.3 万股，占发行后总股本的 25.0%。据招股书显示，浩通科技拟募集资金 65396.4 万元，此次募集的资金将用于工厂智能化改造建设、年产 10 吨贵金属新材料建设、新建贵金属二次资源综合利用、研发中心建设、补充流动资金等项目。

此外黄金与珠宝首饰行业企业——北京菜市口百货股份公司（申请沪市主板）、梦金园黄金珠宝集团股份有限公司（申请深市中小板）、老铺黄金股份有限公司（申请深市中小板）、周六福珠宝股份有限公司（申请深市中小板）、曼卡龙珠宝股份有限公司（申请深市创业板），黄金选矿药剂高科技企业——广西森合高新科技股份有限公司（申请深市创业板），贵金属催化剂研发回收企业——西安凯立新材料股份有限公司（申请沪市科创板）等2020年以来也纷纷向中国证监会提交了首次公开发行股票申请。

8. 山东黄金集团迈进全球矿产金企业前十

2020年6月24日由英国金属聚焦公司主办的《世界黄金年鉴》发布会正式公布了全球产金企业产量前20排名数据（数据截至2019年底），中国第一产金企业——山东黄金集团以47.9吨的矿产黄金产量成功跻身全球产金企业第十位。自2017年起，山东黄金集团连续三年居中国第一产金企业。2019年山东黄金集团营业收入达到768.1亿元，较"十二五"期末增长13%；利润总额达到28.4亿元，较"十二五"期末增长312%；资产规模达到1162.4亿元，较"十二五"期末增长47%。

2020年以来新型冠状肺炎疫情全球蔓延，全球资本与矿业市场遭受冲击，一些小型矿业公司受疫情影响出现流动性危机，山东黄金集团抓住并购良机实时并购，通过"小步快走"国际并购战略加速落地，并取得了丰硕成果。

9. 江西铜业股份有限公司加大并购布局，黄金产量稳居全国有色行业第一

2020年11月25日，山东恒邦冶炼股份有限公司（恒邦股份，股票代码：002237）发布非公开发行股票及上市公告书，向公司控股股东——江西铜业股份有限公司非公开发行新增股份2.4亿股，发行价格为10.5元/股，募集资金总额为25.0亿元，新增股份于2020年11月30日在深圳证券交易所上市。增发完成后，江西铜业股份有限公司对山东恒邦冶炼股份有限公司持股比例从此前的30.0%提高到44.5%，江西铜业对中国第一大黄金冶炼企业——恒邦冶炼控制权进一步上升。2019年江西黄金股份公司黄金产量达到50.2吨，同比增长96.0%，在有色行业遥遥领先；随着江西铜业加大并购布局，黄金产量稳居全国有色行业第一。江西铜业集团黄金产业涉及矿产金（代表企业：江西黄金股份有限公司）、铜冶炼副产金（江西铜业股份有限公司贵溪冶炼厂、江铜国兴（烟台）铜业有限公司）、铅冶炼副产金（江西铜业铅锌金属有限公司）和专业黄金冶炼（山东恒邦冶炼股份有限公司）等，是目前国内唯一全面涉足矿产黄金、铜铅副产金、黄金冶炼精炼全产业链的有色企业。

10. 7家黄金企业入选"2020中国企业500强榜单"

2020年9月28日，中国企业联合会、中国企业家协会发布"2020中国企业500强榜单"。在行业划分上有色矿业（含黄金矿业）企业依然占据中国企

业500强榜单的重要位置，入选"2020中国企业500强榜单"的有色企业有30家。而7家黄金企业（5家黄金矿业企业+2家黄金珠宝企业）入选"2020中国企业500强榜单"，较2019年增加1家。这七家黄金企业分别是：紫金矿业集团股份有限公司、中国黄金集团有限公司、山东黄金集团有限公司、山东招金集团有限公司、老凤祥股份有限公司、山东中矿集团有限公司和深圳金雅福控股集团有限公司。在5家黄金矿业企业中，紫金矿业集团股份有限公司以营业收入1361.0亿元位列2020中国企业500强榜单151名，中国黄金集团有限公司以营收1096.5亿元位列197名，山东黄金集团有限公司以营收768.1亿元位列269名，山东招金集团有限公司以营收657.1亿元位列297名，山东中矿集团有限公司以营收426.3亿元位列428名。在2家黄金珠宝企业中，老凤祥股份有限公司以营收496.3亿元位列374名，深圳金雅福控股集团有限公司以营收426.2亿元位列429名。

11. 中国黄金进出口概况

（1）金锭进口情况。长期以来，中国黄金供应存在缺口，供不应求，黄金是目前国内少数几个供应严重短缺的金属品种之一。中国黄金协会公布资料显示，2020年中国总计生产黄金479.5吨、消费黄金821.0吨，生产消费缺口为341.5吨，生产消费缺口主要靠进口来弥补。

香港特区政府公布数据显示，2019年内地从香港净进口黄金275.7吨，2020年内地从香港净进口黄金40.9吨，同比下降85.2%。

中国黄金协会发布数据显示，2019年中国进口黄金741吨，安泰科估计2020年中国进口黄金可能不足500吨。

（2）含金精矿进口情况

中国长期以来是含金精矿进口大国。除了进口金银精矿外，还大量进口富含黄金的铜精矿、铅精矿、锑精矿等，国内众多有色副产金来自进口铜、铅、金、银、锑等精矿。海关总署公布数据显示，2020年中国累计进口银矿砂及其精矿86.2万吨，同比增长39.6%；2020累计进口其他贵金属矿砂及其精矿（金精矿+铂族金属精矿）117.1万吨，同比下降0.43%。表2为2016~2020年中国金锭、合金精矿进口实物量统计情况。

（3）黄金珠宝首饰出口情况

海关总署统计数据显示，中国不仅是世界黄金（原料金锭、含金精矿）进口大国，同时也是黄金珠宝首饰出口大国。2018年中国出口金首饰及零件194.7吨，2019年中国出口黄金首饰及零件177.9吨，2020年中国出口黄金首饰及零件72.9吨，同比下降59.1%。

表2　2016~2020 年中国含金精矿进口实物量统计　　　　（万吨）

年份	其他贵金属矿砂及其精矿（金精矿+铂族金属精矿）	银矿砂及其精矿	铜精矿	铅精矿	锑精矿
2016 年	82.98	56.14	1696.33	140.92	5.40
2017 年	85.47	53.19	1735.08	128.06	7.09
2018 年	107.47	50.81	1971.62	122.71	8.93
2019 年	117.64	61.74	2199.00	161.24	6.27
2020 年	117.14	86.21	2178.73	133.45	4.28
2020 年增长率/%	-0.43	39.63	-0.92	-17.24	-31.74

数据来源：海关总署。

三、中国黄金产业政策环境

（一）2019 年国家发布《中华人民共和国资源税法》《产业结构调整指导目录》《重点新材料首批次应用示范指导目录》等产业政策（涉及黄金）2020 年开始执行

《中华人民共和国资源税法》于 2019 年 8 月 26 日由全国人大常委会审议通过，于 2020 年 9 月 1 日正式施行；根据《税目税率表》金矿实行从价计征，征税对象为原矿或选矿，税率为幅度税率 2%~6%，较此前税率 1%~4%有所提高，中国金矿资源税征收主要对象为选矿金精矿。目前全国有 26 个省市区出台了资源税征收的具体实施办法，中国产金第一大省山东金矿资源税率为原矿 4.5%、选矿 4.2%。

国家发改委制定的《产业结构调整指导目录（2019 年本）》于 2019 年 8 月 27 日审议通过，自 2020 年 1 月 1 日起施行。对于黄金品种而言，产业目录规定黄金深部（1000 米及以下）探矿与开采、从尾矿及废石中回收黄金、黄金冶炼有价元素高效综合利用等 3 类项目纳入鼓励目录；对于日处理金精矿 200 吨（不含）以下的原料自供能力不足 50%（不含）的独立氰化项目（生物氰化提金工艺除外）等 7 类项目纳入限制类目录；对于混汞提金工艺、小氰化池浸工艺与土法冶炼工艺等 5 类项目纳入淘汰类目录。

2019 年 11 月 25 日，工信部发布《重点新材料首批次应用示范指导目录（2019 年版）》（工信部原〔2019〕254 号），该指导目录自 2020 年 1 月 1 日起施行。"金基银钯合金复合材料（用于高亮 LED 封装）"入选《重点新材料首批次应用示范指导目录（2019年版)》中先进基础材料高性能靶材目录。

（二）2020 年国家新发布《黄金工业污染防治技术政策》《黄金及黄金制品进出口管理办法》（修订）《国家危险废物名录（2021 年版)》《铅锌行业规范条件》等涉及黄金产业政策

为贯彻国家相关环保法律法规，落实《中共中央国务院关于全面加强生态环境保护坚决打好污染防治攻坚战的意见》要求，防治黄金工业环境污染，改善环境质量，促进黄金工业持续健康发展和污染防治技术进步，国家生态环境部组织制定的《黄金工业污染防治技术政策》（生态环境部公告 2020 年第 7 号）于 2020 年 1 月 14 日发布。该技术政策适用于黄金工业金矿采选和以金精（块）矿、废杂金等含金物料为主要原料冶炼黄金过程的污染防控，不适用于有色金属工业等冶炼副产金的过程。

2020 年 4 月 16 日，中国人民银行、海关总署发布关于修改《黄金及黄金制品进出口管理办法》（中国人民银行、海关总署令〔2020〕第 3 号）的决定，简化了国内黄金矿山企业的办证手续，提高了企业出口效率，促进了黄金市场要素资金流通，利好国内黄金矿山企业。不过国家对黄金及黄金制品进出口管理并未放松，中国人民银行依旧对黄金及黄金制品进出口实行准许证制度，列入《黄金及黄金制品进出口管理商品目录》的黄金及黄金制品进口或出口通关时，应向海关提交中国人民银行及其分支机构签发的《中国人民银行黄金及黄金制品进出口准许证》。

2020 年 11 月 25 日，生态环境部、国家发展和改革委员会、公安部、交通运输部、国家卫生健康委员会共同发布了《国家危险废物名录（2021 年版)》，自 2021 年 1 月 1 日起施行。根据《国家危险废物名录（2021 年版)》，采用氰化物进行黄金选矿过程中产生的氰化尾渣和含氰废水处理污泥被列入危险废物。不过在危险废物豁免管理清单中，采用氰化物进行黄金选矿过程中产生的氰化尾渣（废物类别/代码：092-003-33）处置满足《黄金行业氰渣污染控制技术规范》（HJ 943）要求进入尾矿库处置或进入水泥窑协同处置，处置过程不按危险废物管理（豁免内容)。

2020 年 2 月 28 日，工业和信息化部根据国家有关法律法规和产业政策制定发布《铅锌行业规范条件》，此举是为进一步加快铅锌产业转型升级，促进铅锌行业技术进步，提升资源综合利用率和节能环保水平，推动铅锌行业高质量发展。《铅锌行业规范条件》指出铅锌冶炼企业，应配套建设有价金属（包括黄金白银等）综合利用系统；鼓励企业开展铜、铅、锌冶炼系统协同生产，实现资源综合利用。

此外 2020 年 11 月 5 日，商务部、海关总署公告 2020 年第 54 号发布《关于调整加工贸易禁止类商品目录的公告》，将商品编码 2604000001：镍矿砂及其精矿（黄金价值部分）、商品编码 2604000090：镍矿砂及其精矿（非黄金价值部分）（进口硫化镍精矿、出口电镍 7502109000 的除外）从加工贸易禁止类商品目录中剔除。

随着黄金等贵金属价格大幅波动创下历史新高，为了防止风险，2020 年下半年来中国工商银行等众多国内商业银行陆续宣布暂停账户贵金属开仓交易；在贵金属市场炙手可热之际，上海黄金交易所也连续发文警示风险。据《证券日报》不完全统计，截止到 2020 年年底，为规避黄金价格等波动风险，中国工商银行、中国建设银行、中国农业银行、中国银行、中国交通银行、中国邮政储蓄银行、招商银行、平安银行、兴业银行、北京农商银行、中信银行等十多家银行发布公告将暂停贵金属交易相关业务的新开户申请。

（三）国家发展改革委办公厅发布《关于组织开展绿色产业示范基地建设的通知》

为搭建绿色发展促进平台，不断提高绿色产业发展水平，2020 年 7 月 7 日国家发展改革委办公厅发布《关于组织开展绿色产业示范基地建设的通知》（发改办环资〔2020〕519 号）。基地建设以示范引领绿色产业发展为目标，以提高绿色产业规模、质量、效益为重点，以增强绿色产业综合竞争力为核心，选择一批产业园区开展绿色产业示范基地建设，着力推动绿色产业集聚、提升绿色产业竞争力、构建技术创新体系、打造运营服务平台、完善政策体制机制，培育形成绿色产业发展新动能。工作目标是到 2025 年，绿色产业示范基地建设取得阶段性进展，培育一批绿色产业龙头企业，基地绿色产业集聚度和综合竞争力明显提高，绿色产业链有效构建，绿色技术创新体系基本建立，基础设施和服务平台智能高效，绿色产业发展的体制机制更加健全，对全国绿色产业发展的引领作用初步显现。根据《绿色产业指导目录（2019 年版）》，进一步明确绿色产业示范基地主导产业，不断提高绿色产业集聚度，扩大绿色产业规模。加快推进原有存量绿色产业转型升级，大力培育绿色产业增量，促进各项生产要素投向绿色产业。坚实的产业基础和技术支撑是加强生态文明建设、推动绿色发展、建设美丽中国的重要保障。

（四）工信部制定下发 2020 年三批行业标准制修订项目计划

2020 年工信部分别制定下发工业和信息化部办公厅《关于印发 2020 年第一批行业标准制修订项目计划的通知》（工信厅科函〔2020〕114 号）、《关于印发 2020 年第二批行业标准制修订和外文版项目计划的通知》（工信厅科函〔2020〕181 号）、《关于印发 2020 年第三批行业标准制修订和外文版项目计划的通知》（工信厅科函〔2020〕263 号），涉及多项黄金相关产品标准修订制定。

2020 年第一批共安排项目计划 415 项，其中制定 287 项，修订 128 项；重点专项标准 177 项、基础公益类标准 39 项、一般标准 199 项；产品类标准 396 项，节能与综合利用标准 19 项。第一批项目计划中在 2020 年其他标准项目计划表中涉及黄金标准两项，一项是基础公益类项目：工信部节能与综合利用司主管、全国黄金标准化技术委员会归口，由山东招金集团有限公司、长春黄金研究院有限公司起草标准《含氯金物料中金量的测定》（项目计划号：2020-0212T-YS）。一项是一般项目：工信部节能与综合利用司主管、全国黄金标准化技术委员会归口、由山东恒邦冶炼股份有限公司、东北大学、长春黄金研究院有限公司起草标准《铜冶炼侧吹炉协同处置氰渣技术规范》（项目计划号：2020-0213T-YS）。

2020 年第三批共安排行业标准项目计划 797 项，其中制定 610 项，修订 187 项；重点专项标准 179 项、基础公益类标准 212 项、一般标准 406 项；工程建设标准 11 项、节能与综合利用标准 29 项、安全生产标准 9 项、产品类标准 688 项、标准样品 60 项。行业标准外文版项目计划 4 项，其中翻译现有行业标准的 3 项，与行业标准制修订计划同步研制外文版的 1 项。第三批项目计划中在 2020 年其他标准项目计划表中涉及黄金标准 3 项。基础公益类项目 1 项：工信部原材料工业司主管、全国黄金标准化技术委员会归口，由内蒙古太平矿业有限公司、长春黄金研究院有限公司、长春黄金设计院有限公司等起草标准《埋管滴淋堆浸提金技术规范》（项目计划号：2020-1571T-YS）。一般项目 2 项：工信部原材料工业司主管、全国有色金属标准化技术委员会归口，由贵研铂业股份有限公司起草标准《贵金属及其合金箔材》（项目计划号：2020-1566T-YS）、《贵金属及其合金丝、线、棒材》（项目计划号：2020-1567T-YS）。

此外，2020 年 12 月 9 日工业和信息化部发布 2020 年第 48 号公告，批准 669 项行业标准，涉及黄金等贵金属的有：《铜冶炼分银渣》（YS/T 1397—2020）、《铅冶炼分银渣》（YS/T 1394—2020）、《贵金属纪念章坯》（YS/T 1393—2020）、《黄金选冶金属平衡技术规范—金精矿焙烧工艺》（YS/T 3036—2020）、《金矿围岩松弛范围声波测定技术规范》（YS/T 3037—2020）、《黄金生产用颗粒活性炭》（YS/T 3038—2020）、《粗银化学分析方法　第 3 部分：金含量的测定　火试金富集–电感耦合等离子体原子发射光谱法》（YS/T 955.3—2020）、《银铜磷

合金化学分析方法 磷含量的测定 磷钼黄分光光度法》（YS/T 1382—2020）、《银钯厚膜导体浆料》（YS/T 614—2020）、《高纯海绵铂》（YS/T 81—2020）等。

（五）黄金行业有 21 家矿山入选 2020 年度全国绿色矿山遴选名单

按照《自然资源部办公厅关于做好 2020 年度绿色矿山遴选工作的通知》（自然资办函〔2020〕839 号）要求，2020 年 12 月 29 日自然资源部办公厅发布了《关于 2020 年度全国绿色矿山遴选名单的公示》，在企业自评、第三方评估、省级核查推荐基础上，经审核，共有 302 家矿山通过遴选，有 21 家黄金行业矿山入选。据了解，进入遴选名单的矿山将被授予"全国绿色矿山"称号，并被纳入全国绿色矿山名录。此前，已有 953 家矿山纳入全国绿色矿山名录，接受社会监督。

在自然资源部之前公布的 953 家绿色矿山名录中，黄金矿山占 106 家，加上此次的 21 家，目前全国绿色黄金矿山总计达到 127 家。入选 2020 年度全国绿色矿山遴选名单代表金矿有：河北省大白阳金矿有限公司、内蒙古自治区苏尼特金曦黄金矿业有限责任公司毕力赫金矿、苏尼特右旗白音哈尔矿区 2、4 号脉岩金矿、赤峰市敖汉旗光源工贸有限公司毛头山矿区岩金矿、黑龙江红兴隆农垦宝利采金有限公司、山东黄金矿业（莱州）有限公司（曹家埠金矿区）、河南省嵩县金牛有限责任公司店房矿区金矿、洛阳坤宇矿业有限公司上宫金矿区、云南黄金有限责任公司镇沅分公司金矿、陕西庞家河金矿、甘肃省西和县中宝矿业有限公司四儿沟门金矿、新疆维吾尔自治区阿希金矿、伊宁县金山金矿等。《中国黄金报》报道，根据现有政策，进入全国绿色矿山名录后，可享受优先划拨矿产资源、土地，优先银行贷款，优先财税与金融政策。尤其在用地方面，从优先保障绿色矿山建设用地需求，到采取灵活方式出让建设用地，再到允许分期缴纳土地出让价款等方面，给予了很多利好政策。

撰稿人：石和清
审稿人：孙幼平

2020 年白银工业发展报告

一、2020 年世界白银工业发展概述

（一）世界白银现货供应同比下降 4.5%

Metal Focus 预计，2020 年全球矿产银产量将达到 24264 吨，同比下降 6.3 个百分点；再生银产量在银价上涨的推动下同比增长 8.1% 到 5633 吨。2020 年全球白银现货供应量为 29934 吨，同比下降 4.5%；再生银产量的增长未能弥补矿产银产量的下降。

据 Metal Focus 统计，2019 年，全球矿产银中 28.7% 产自独立银矿，15.8% 产自金矿伴生，22.8% 产自铜矿伴生，32.1% 产自铅、锌矿伴生。

2020 年上半年独立银矿的平均总维持成本同比下降 3% 到 11.01 美元/盎司❶，得益于副产品产值的增长，以及 2019 年关停的一些高成本运营项目带来的积极影响，抵消了新冠肺炎疫情下生产中断造成的后果。成本降幅不大，但银价的上涨，使得生产商的利润空间有大幅提升。

（二）世界白银消费同比下降 8.5%

Metal Focus 预计，经北京安泰科信息股份有限公司（以下简称安泰科）调整后，2020 年全球白银现货需求同比将下降 8.5% 到 29038 吨。

2020 年现货消费中，受疫情影响最严重的是首饰和银器，同比有 21% 的下降，到 6307 吨；工业用银同比也有 5% 的降幅，到 16977 吨。2020 年现货银价的上涨，鼓励了白银的现货投资，同比增长 14% 到 6660 吨，部分弥补了其他领域消费的下降。

分领域来看，2020 年全球白银工业用银占比达到 58%。全球工业用银的集中度很高，中国和美国是最大的消费国，2019 年两国的白银消费合计在总消费中占到 53%。银币和银条及首饰和银器在总消费中的占比分别为 23% 和 22%。

---

❶ 1 盎司（金衡制）= 31.10 克。

（三）全球投资情绪乐观

2020 年，全球白银实物投资活跃，不仅散户重燃兴趣，机构投资者积极性也空前高涨。包括对冲基金、共同基金、宏观对冲基金等专业机构投资都进入了白银市场。从美股获利退出的散户资金与对冲基金资金等投机资本也大举涌入白银 ETF。另外，由于疫情冲击导致不少银矿停工停产，矿企只能将白银库存质押给投行，用于归还开采贷款本息。2020 年，全球白银 ETPs 持仓量净流入 7983 吨。

（四）COMEX 白银库存刷新纪录

COMEX 白银库存自 2017 年以来持续增加，2020 年 7 月，库存超过 1 万吨，年底达到 12334 吨，比 2019 年底增加了 2469 吨。

（五）世界白银现货市场平衡

2020 年，白银现货市场逆转前一年的供应短缺，过剩 896 吨。ETPs 持有量净流入了 7983 吨，COMEX 交易所库存创下历史新高。2018～2020 年全球白银现货市场平衡表见表 1。

表 1 世界白银现货市场平衡表　　　　　　（吨）

项目	2018 年	2019 年	2020 年
现货供应	31625	31335	29934
现货需求（经安泰科调整）	31036	31744	29038
现货市场平衡	589	−409	896
ETPs 持有量变化	−651	1944	7983
COMEX 库存变化	1573	724	2469

数据来源：Metal Focus，安泰科，Wind。

（六）世界白银贸易情况

印度和美国是两个重要的白银进口国。中国是重要的白银出口国。

2020 年，印度白银进口量大幅下降。当地银价涨至创纪录高位后，印度国内白银回收供应量强劲增长；加上投资者获利了结，打压了印度白银的进口。此外，现货价和期货价之间存在的套利空间，促使很多投资者将其持有的白银运至交易所出售，也使得白银的进口量下降。

美国地质勘探局（USGS）发布的"Mineral Commodity Summaries 2021"显示，2020 年，美国进口白银 6500 吨，同比增长 36.6%；出口 130 吨，同比下降 40.9%。

据海关总署统计，2020 年，中国银锭净出口 3285 吨，同比增长 48%。国内外银价的倒挂鼓励了中国银锭的出口。

二、2020 年中国白银工业发展现状

（一）经济运行情况概述

1. 白银产量同比增长 7.42%

据中国有色金属工业协会初步统计，2020 年，中国白银产量同比增长 7.42% 到 20338 吨。据安泰科估算，2020 年中国白银的原料对外依存度为 47%。

根据各家企业的产量报告，2020 年，年产量上千吨的有四家企业，分别是江西铜业集团有限公司、河南金利金铅集团有限公司、济源市万洋冶炼（集团）有限公司和河南豫光金铅股份有限公司。前十家企业的产量合计在总产量中的占比达到 41.5%，生产集中度进一步提高。

2. 2020 年中国白银消费同比下降 2.7% 到 6505 吨

安泰科预计，2020 年中国白银总消费量同比下降 2.7% 到 6505 吨。光伏行业白银消费量的增长，部分弥补了其他行业的消费下降。

（1）全球新增装机容量的增长推升光伏用银量。中国光伏行业协会预计，2020 年中国光伏新增装机容量同比增长 61% 到 48.2 吉瓦。在中国产能增长的支持下，虽受疫情影响，全球新增装机容量仍保持增长态势，同比增长 13% 到 130 吉瓦。中国有色金属工业协会硅业分会预计，2020 年国内电池片产量同比有 9.1% 的增长到 120 吉瓦。叠加单片电池银浆用量的下降，安泰科预计，2020 年中国光伏用银同比有 5.2% 的增长，到 2089 吨；2020 年，国产正银粉的国产化率达到了 47%，整个光伏用银粉的国产化率因此达到 56%。

（2）触头行业银用量略有下滑。据安泰科调研，2020 年一季度，银基触头的主要生产地区温州的疫情比较严重，当地主要企业的生产都不同程度地受到影响。二季度，海外疫情再次扩散，海外订单向中国转移，中国继医疗用品后生活用品出口恢复。三季度，触头企业的订单很饱满。高端产品市场没有受到疫情影响，全年的生产平稳。安泰科预计，2020 年触头合金用银量为 1800 吨，同比下降 2%。生产进一步向大企业集中。

（3）电子信息产业银用量下降。工信部运行监测协调局公布的数据显示，规模以上电子信息制造业增加值在 4 月份已经逆转跌势，集成电路和印刷电路未受疫情影响，维持着产量增长的势头。智能手机的产量同比下降。国内外 5G 的建设放缓，中美贸易摩擦导致中兴、华为等企业的国际市场业务被全面打压。据安泰科调研，2020 年电子信息产业银用量同比下降 3.7% 到 709 吨。

（4）银饰品/制品行业继续运行在下降通道中。安泰科预计，2020年中国银饰品制品用银同比下降38%到400吨。疫情限制外出影响现场交易活动，经济下滑带来消费情绪的低落，加上今年银价的大幅波动，均对银首饰和银器的消费形成负面影响。

（5）环氧乙烷。2020年中国环氧乙烷的新增产能有73万吨，加上更换量，安泰科预计，该行业中的银用量为167吨。

（6）钎焊料。中国电子材料行业协会电子锡焊料材料分会统计，2020年中国无铅锡焊料产量同比有9.4%的下滑，无铅锡焊粉同比增长41.9%。安泰科预计，2020年中国钎焊用银812吨，同比下降3.1%。

（7）现货投资活跃。据安泰科调研，2020年白银市场现货银锭（银条）的交易很活跃，3月银价的大跌吸引大批买兴；对银价的上涨预期以及上半年银价的持续上涨吸引买兴。当银价冲上多年高位后，部分投资者获利了结。银币销售受到疫情影响。一些展会被取消，对应的银币项目也被取消。

3. 2020年国内白银市场库存创新高

安泰科对国内白银市场库存的统计数据，包括上海期货交易所、上海黄金交易所和由安泰科自主统计的其他社会库存三个部分。

国内白银库存自2016年以来持续增加，在2020年9月创下历史新高，达到7739吨。截至2020年底，统计内的全社会白银库存达到7176吨，比2019年增加了1514吨。

4. 中国白银现货市场供需情况

表2列出主要数据反映中国白银市场的供需情况。

表2　中国白银市场供需情况

年份	中国有色金属工业协会统计产量①/吨	安泰科估计产量②/吨	消费量/吨	银锭净出口/吨	现货平衡/吨	库存变化/吨	银价③/元·千克$^{-1}$
2018年	19606	11003	6467	1710	2826	489	3600
2019年	18933	11162	6686	2223	2253	2080	3886
2020年	20338	11438	6505	3284	1649	1514	4670

注：1. 数据来源：中国有色金属工业协会、海关总署、安泰科、上海黄金交易所、上海期货交易所。

　　2. 协会产量数据统计中有重复统计。根据国家《统计法》，将粗银的产量也统计在其中，重复统计造成统计数据过大。安泰科根据主营金属产量，估计了国内白银的矿产量数据。

① 数据为中国有色金属工业协会统计的快报数。

② 数据为安泰科估算产量数。

③ 上海黄金交易所白银T+D价格。

5. 行业投资及经营情况

据中国有色金属工业协会统计，2020 年，银矿采选主营业务收入同比下降 33.13% 到 27.47 亿元，主营业务成本同比下降 40.07% 到 21.45 亿元，利润总额同比增加 1.19 亿元（或增长 89.56%）到 2.53 亿元。利润增长来自银价的大幅上涨，2020 年，上海黄金交易所白银 T+D 价格同比增长 20.2%。

2020 年，银冶炼主营业务收入同比增长 13.69% 到 322.81 亿元，主营业务成本同比增长 17.81% 到 318.47 亿元，利润总额同比亏损有所收窄，亏损额从 2019 年同期的 19.28 亿元下降到 10.99 亿元。

贵金属压延加工主营业务收入同比增长 34.17% 到 769.44 亿元，主营业务成本同比增长 34.26% 到 721.17 亿元，利润总额同比增加 8.45 亿元（或增长 46.53%）到 26.61 亿元。

从 2020 年产业链各环节的经营情况来看，银价的上涨支持了上游矿业利润的显著增长。深加工行业在经过近年来投资持续增长后，开始步入良性通道。白银产业链的结构在不断优化。

6. 进出口贸易

2020 年，中国银产品贸易总额达到 64.2 亿美元，同比增长 38.4%；其中进口总额为 31.7 亿美元，同比增长 16.1%；出口总额为 32.4 亿美元，同比增长 69.6%，增量主要来自银锭出口。实现贸易顺差 0.7 亿美元。

2020 年，中国银产品总的进口量为 866477 吨，同比有 39.4% 的增长，出口量为 4382.2 吨，同比下降 30.2%。进口的增长贡献主要来自银精矿和银粉。

三、市场与价格

2020 年 2 月中旬，新冠肺炎疫情暴发及扩散，引发人们对全球经济的担忧；24 日美国经济数据公布，美国三大股指跳水，在 3 月 23 日回到 2016 年的水平。3 月初，美国基准 10 年期国债收益率盘中下破 1%，创历史新低。周末沙特打响原油价格战，美国 10 年期国债收益率首次跌破 0.5%。全球恐慌指数 VIX 接近 70%，超乎历史周期律。多国股市触发熔断，道指跌幅逼近 40%。市值的大量蒸发导致美国金融市场美元流动性步入紧张局面。金融机构为了维持足够的流动性，支付足够的保证金，选择抛售流动性好的贵金属资产。金银铂钯均为套现对象。银价最低回到 2009 年年初的水平，盘中几次下破 12 美元/盎司。

美联储开启无限量的量化宽松模式，金价在对通胀和债务的避险需求下稳步上扬，带动银价走高。8月初，美债10年期收益率再次跌至0.5%，各个期限的美国抗通胀债券收益率（即美元真实收益率）同时创下有史以来的最低值，金价创下历史新高，银价也站上7年的高点，止步于30美元/盎司前。

此后，名义利率向下，财政助推的通缩预期大幅度转为通胀预期升温，鲍威尔预期管理在年中明确表示不会走向负利率，封住了向下的空间。整个债券收益率出现了一个缓慢抬升的状态。金银价格自8月以后进入高位震荡的状态，直至年底。

2020年，COMEX白银年初开盘价18.07美元/盎司，年末收盘价26.41美元/盎司；其中最低价11.64美元/盎司（3月18日），比2019年低点下降18.6%；最高价29.92美元/盎司（8月7日），比2019年高点上涨51.5%；振幅157%，远高于2019年的38%。年均价20.68美元/盎司，同比上涨27.5%。

国内银价基本跟随国际银价走势。但2020年因中国率先控制了疫情，经济率先恢复，境外长期资金有序增持人民币资产，人民币汇率在市场供求推动下大幅升值。国内外银价价差不断收窄，7月、8月，已经打开了出口窗口。

2020年，沪银主力开盘价4388元/千克，同比增长18.6%；最低价2857元/千克（3月19日），比2019年的低点下降17.6%；最高价6877元/千克（8月11日），比2019年的高点上涨42%；年内振幅140%，远高于2019年的40%。2020年沪银主力年均价为4714元/千克，同比上涨20%，涨幅低于国际银价涨幅。

四、政策环境分析

2020年颁布的政策法规中，与白银产业关联的介绍如下。

（一）进出口政策调整

（1）2020年3月17日，财政部税务总局发布《关于提高部分产品出口退税率的公告》。2020年3月20日起实施。涉及银产品11项。

（2）2020年11月24日，生态环境部、商务部、国家发改委、海关总署联合发布《关于全面禁止进口固体废物有关事项的公告》。自2021年1月1日起，禁止以任何方式进口固体废物，禁止中国境外的固体废物进境倾倒、堆放、处置。

（二）行业发展关联政策

（1）2020年3月24日，工业和信息化部发布《关于推动5G加快发展的通知》。《通知》提出，要加快5G网络建设部署、丰富5G技术应用场景、持续加大5G技术研发力度以及着力构建5G安全保障体系等。

（2）2020年4月29日，中华人民共和国第十三届全国人民代表大会常务委员会第十七次会议修订通过《中华人民共和国固体废物污染环境防治法》，自2020年9月1日起施行。在固体废物进口管理方面，新《固废法》不再划分禁止进口、限制进口和非限制进口三类固体废物，规定国家逐步实现固体废物零进口，禁止境外的固体废物进境倾倒、堆放和处置，禁止经中国过境转移危险废物。

（3）2020年11月2日，国务院办公厅公布《新能源汽车产业发展规划（2021~2035年）》。《规划》提出，到2025年，新能源汽车销售占比达到20%左右，到2030年占汽车总销量30%以上，2035年占50%以上。

（4）2020年12月11日，财政部、税务总局、发展改革委、工业和信息化部发布《关于促进集成电路产业和软件产业高质量发展企业所得税政策的公告》。《公告》提出，对于国家鼓励的集成电路生产企业或项目，国家鼓励的集成电路设计、装备、材料、封装、测试企业和软件企业，以及国家鼓励的重点集成电路设计企业和软件企业，分别明确了企业所得税减免税率。

（5）2020年12月20日，工信部印发《工业互联网创新发展行动计划（2021~2023年）》。

（6）2020年12月21日，中华人民共和国国务院新闻办公室发布《新时代的中国能源发展》白皮书。中国首次提出"二氧化碳排放力争于2030年前达到峰值，努力争取2060年前实现碳中和"的目标。指出，开发利用非化石能源是推进能源绿色低碳转型的主要途径，中国把非化石能源放在能源发展优先位置，大力推进低碳能源替代高碳能源、可再生能源替代化石能源，这为构建一个清洁低碳、安全高效的能源体系提出了明确的时间表。在2021年全国能源工作上，国家能源局提出了"2021年中国风电、太阳能发电合计新增1.2亿千瓦"的目标，超出市场预期，更高的目标指引将助力行业加速发展。围绕上述目标，除了国家正在制定的扶持政策外，多个省市陆续出台的"十四五"规划和2035年远景目标中，也写入了清洁能源、可再生能源、光伏、风电、氢能、新能源汽车等关键词，奠定了未来5~10年的能源发展基调。

下游消费领域的发展，积极拉动其中白银的消费预期。

撰稿人：靳湘云

审稿人：孙幼平

2020 年硅工业发展报告

2020 年是极不平凡的一年,全球新冠肺炎疫情对各行业造成的打击前所未有,但是疫情带给全行业的不仅是磨砺和考验,也带来了新的变革、新的模式和新的机遇。随着疫情稳定,国内经济逐步复苏,中国硅行业也呈现出疫情后的新发展,主要表现为供给侧结构性改革持续推进,产业结构不断优化;供需基本平衡,市场行情合理回升;绿色发展和创新驱动持续推动行业高质量发展。

硅产业作为有色金属工业重要的组成部分,经过十多年的快速发展,在产业规模、技术经济指标、综合竞争力等方面取得了较快发展,受到国内外相关行业的广泛关注。特别是多晶硅、单晶硅作为光伏发电以及电子半导体芯片产业的重要材料,其下游已经应用到国防军工、航空航天、电子通信和新能源等各个专业领域中,重要作用不可忽视,战略地位日益凸显。

截至 2020 年底,中国工业硅装置产能、产量分别为 482 万吨/年(有效产能为 350 万吨/年)和 210 万吨,分别占全球比重的 77.4%和 69.3%;中国多晶硅产能和产量分别为 42 万吨/年和 39.6 万吨,分别占全球比重的 74.5%和 80%;多晶硅供应自给率也进一步提升至 79.7%。中国单晶硅产能和产量分别为 180 吉瓦/年和 135 吉瓦,分别占全球比重的 96.3%和 98.5%;单晶硅市场占比也进一步提升至 83.9%。目前,整个硅产业规模已跻身中国有色金属工业继铝、铜、铅、锌之后的第五大品种。

一、2020 年中国硅产业运行现状

(一)工业硅企业生产运行情况

截至 2020 年底,中国工业硅装置产能为 482 万吨/年、有效产能为 350 万吨/年,均和 2019 年底持平。目前在建的新增产能主要集中在新疆、云南地区,预期 2021 年新增产能不足 10 万吨/年。2020 年,中国工业硅产量共计 210 万吨,同比下滑 4.5%。

分地区来看:新疆工业硅装置产能为 170 万吨/年,占全国总量的 33.6%。

2020 年，受疫情以及硅石原料短缺影响，新疆地区工业硅产量为 88 万吨，同比下滑 9.3%；云南工业硅装置产能为 115 万吨/年，占全国总量的 23.9%。在四季度市场价格持续上涨的推动下，怒江、德宏、保山三大主产区基本维持满产状态，带动云南整体产量提升。2020 年云南地区产量为 45 万吨，同比增加 9.8%；四川工业硅装置产能为 63 万吨/年，占全国总量的 13.1%。下半年，四川乐山、阿坝地区遭受百年不遇的特大洪灾，部分企业被迫减产。2020 年四川地区产量为 29 万吨，同比减少 9.8%。2020 年，新疆、云南、四川三大主产区装置产能和产量分别为 348 万吨/年和 162 万吨，分别占全国总量的 72.2% 和 77.1%。

2020 年中国工业硅生产规模前十家企业产量共计为 93.4 万吨，占全国总量的 44.5%，产业集中度较 2019 年略微降低 2 个百分点。国内前十家企业中，有新疆企业 4 家，占新疆地区产量的 76.4%；有云南企业 2 家，占云南地区产量的 26.2%；有四川企业 2 家，占四川地区产量的 20%。表 1 为 2018~2020 年中国工业硅产能、产量情况。

表 1　2018~2020 年中国工业硅产能、产量情况　　（万吨）

地区	2018 年		2019 年		2020 年	
	产能	产量	产能	产量	产能	产量
云南	115	48	115	41	115	45
新疆	168	102	170	97	170	88
四川	70	34	63	32	63	29
贵州	14	4	14	5	14	4
湖南	14	6	14	5	14	5
甘肃	18	9	18	9	18	9
福建	25	11	25	8	25	7
其他	76	26	63	23	63	23
总计	500	240	482	220	482	210

数据来源：中国有色金属工业协会硅业分会、北京安泰科信息股份有限公司。

（二）多晶硅企业生产运行情况

截至 2020 年年底，国内在产多晶硅生产企业有 11 家，产能约为 41.95 万吨/年，较 2019 年底有 7.2% 的降幅。产能减少量主要来自 2019 年底停产的江苏康博新材料科技有限公司、宁夏东梦新材料有限公司、内蒙古盾安光伏科技有限公司，以及大幅减产的洛阳中硅高科技有限公司，减少量共计为 4.25 万吨/年，增量 1 万吨/年来自永祥股份 2019 年投产的新产能满产最优释放。

国内 8 家万吨级企业多晶硅产能为 40.1 万吨/年，占国内总产能的 95.6%。4 家年产能在 5 万吨以上企业包括永祥股份有限公司、协鑫硅产业科技集团、新疆大全新能源股份有限公司、新特能源股份有限公司，产能共计为 31.7 万吨/年，占国内多晶硅总产能的 75.6%。

2020 年国内多晶硅产量约为 39.6 万吨，同比增长 15.1%。其中永祥股份、协鑫硅产业、新疆大全、新特能源前 4 家企业产量共计为 30.2 万吨，占国内总产量的 76.3%。全年来看，7~8 月月产出有较大幅度减少，主要是由于新疆地区的多晶硅企业计划外检修规模骤增，同时另有万吨级企业因防汛及设备维护停产、检修，大幅影响了国内多晶硅产量，从 9 月开始，随着各企业检修结束，国内多晶硅月产量逐步恢复。表 2 为 2018~2020 年国内多晶硅产量情况。

表 2   2018~2020 年国内多晶硅产量情况

年份	产能		产量		企业产量/吨					集中度/%
	数量/吨	同比/%	数量/吨	同比/%	协鑫	永祥	新特	大全	东方希望	
2018 年	388000	40.4%	258898	7.7%	61916	20480	34510	23200	15990	60.3
2019 年	452000	16.5%	343673	32.7%	77460	65600	51670	41150	31520	77.8
2020 年	419500	-7.2%	396116	15.3%	74310	85950	70700	71400	40450	86.5

数据来源：中国有色金属工业协会硅业分会、北京安泰科信息股份有限公司。

二、市场价格走势

（一）工业硅价格走势

2020 年中国工业硅价格呈"V"形走势。553 工业硅全年均价为 10873 元/吨，同比上涨 1.5%，最高点为 13250 元/吨，出现在 11 月底至 12 月初，最低点为 9750 元/吨，出现在 7 月上旬；441 工业硅全年均价为 11883 元/吨，同比上涨 2.1%，最高点为 14450 元/吨，出现在 11 月底 12 月初，最低点为 10750 元/吨，出现在 7 月下旬；421 工业硅全年均价为 12153 元/吨，同比下滑 1.7%；3303 工业硅全年均价为 12182 元/吨，同比上涨 9.3%；2202 工业硅全年均价为 13253 元/吨，同比下滑 2.3%。全年来看，2020 年工业硅各牌号价格整体呈现先降后升——"V"形态势，企业平均盈利水平较 2019 年有所收窄。

2020 上半年硅价下跌原因是：国内突发疫情，上半年全国以抗疫为主要目标，整个行业疲软，上下游产业处于停滞静止状态，市场库存较大，下游需求较少，供大于求，价格下跌。下半年硅价上涨原因：下半年，国内疫情形势转好，各行各业明显复苏；第三季度多晶硅市场供不应求，价格上涨，并带动工业硅价格稳步上涨；第四季度，有机硅需求旺盛，以 DMC 为代表，有机硅产品价格暴涨，推动工业硅价格大幅走高。临近年底，北方相关生产企业平稳运行，供应量逐步释放，一定程度弥补了南方枯水期供应减少的量，市场库存消化滞后。但下游企业备货积极，价格高位运行。图 1 为 2018~2020 年中国工业硅价格走势图。

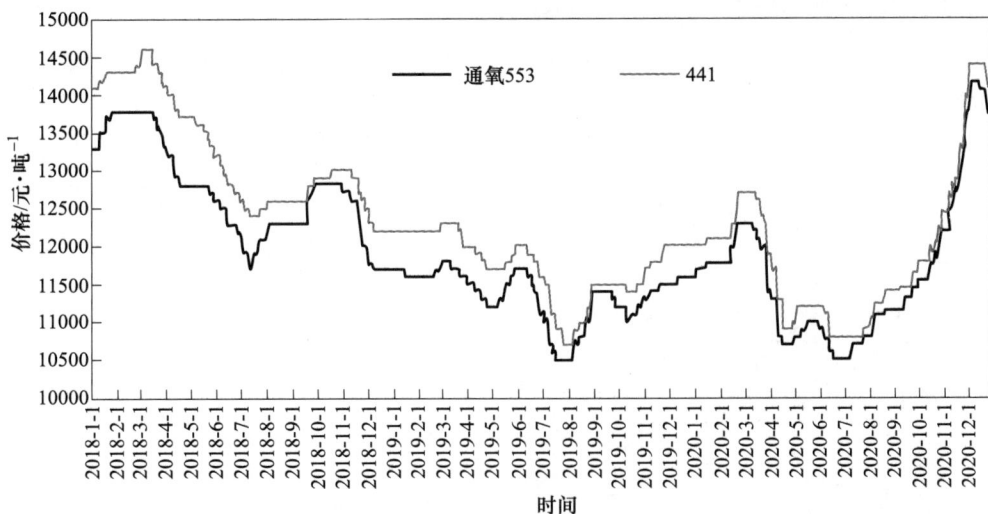

图 1   2018~2020 年中国工业硅价格走势图

数据来源：中国有色金属工业协会硅业分会、北京安泰科信息股份有限公司

（二）多晶硅价格走势

2020 年国内太阳能级单晶致密料全年均价为 7.61 万元/吨，同比仅小幅上调 0.1%，价格从年初的 7.16 万元/吨，经历 4~5 月连续 8 周历史新低、7~10 月供应紧缺下的价格触底回升，到年底调整至 8.4 万元/吨，年初到年底涨幅为 17.3%。2020 年国内太阳能级多晶免洗料全年均价为 4.80 万元/吨，同比大幅下跌 21.2%，价格从年初的 4.28 万元/吨，同样经历 4~5 月的历史低点和 7~10 月的恢复性上涨，到年底调整至 5.17 万元/吨，年初到年底涨幅为 20.8%。2020 年单晶致密料和多晶免洗料全年最低价均出现在 5 月下旬，分别为 5.84 万元/吨和 2.97 万元/吨，均为历史新低。

4~5 月价格屡创历史新低：从 4 月第一周开始到 5 月底，单晶用料和多晶用料的价格连续8周下跌，周周创历史新低，低于大部分企业生产成本，甚至低于部分企业现金成本，主要是由于受全球疫情影响，海外光伏安装大面积搁置，国内电池片、组件环节需求订单被取消或延后，企业库存开始积压，导致需求大幅缩减，而同期多晶硅料供应相对持稳，因此导致多晶硅价格连续创历史新低。

7~10月价格恢复性上涨：从7月初开始多晶硅价格逐步回升，一方面是由于6~7月新疆地区四家多晶硅企业陆续大规模非计划检修，国内供应骤减；另一方面是国家陆续推出的光伏利好政策，使业内预期未来光伏需求持续向好，加速推动硅片扩产释放进程，需求持稳增长。因此供需双重因素共同作用，支撑多晶硅价格逐步回升（见图2）。

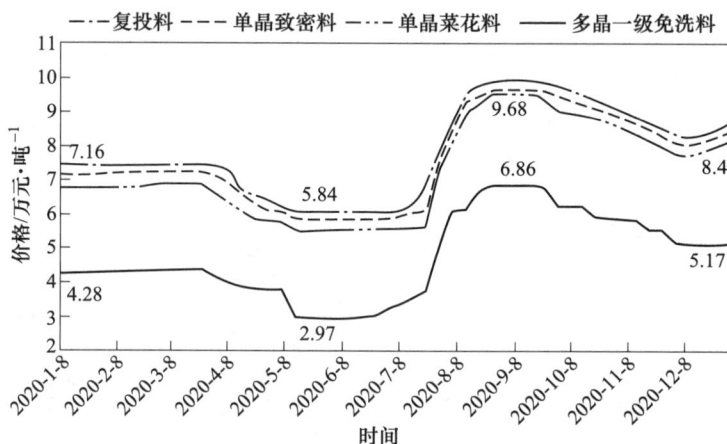

图2　2020年1~12月国内单、多晶用料价格

数据来源：中国有色金属工业协会硅业分会、北京安泰科信息股份有限公司

三、进出口贸易及影响因素分析

（一）工业硅进出口贸易情况

根据海关数据统计，2020年全年工业硅累计出口量为619238吨，同比减少10.8%。全年累计出口均价为1823美元/吨，同比小幅上涨4.5%。目前中国工业硅主要出口地区有日本、韩国、欧洲和亚洲部分地区。2020年，出口日本、韩国、欧洲和亚洲部分地区的工业硅数量分别为154912吨、81347吨、81334吨和268837吨，各地区进口量占比分别为25%、13.1%、13.1%和43.4%，以上四个地区出口共计58430吨，占累计总出口量的87.7%。

2020年，受全球新冠肺炎疫情影响，中国工业硅出口到上述主要地区的数量均出现不同幅度的减少。其中出口到日本、欧洲和亚洲其他地区的数量下滑较少，分别下滑了 5.9%、15.2% 和 0.3%；而出口到韩国地区的数量下滑幅度较大，下滑幅度达到 30%，出口量大幅减少的主要原因除疫情之外，韩国多晶硅产能退出市场也有着直接的联系。表 3 为 2018~2020 年中国工业硅分国别和地区出口情况。

表3　2018~2020 年中国工业硅分国别和地区出口情况

年份	总计/吨	日本		韩国		欧洲		亚洲部分地区	
		数量/吨	占比/%	数量/吨	占比/%	数量/吨	占比/%	数量/吨	占比/%
2018 年	815340	200752	24.6	134318	16.5	139433	17.1	282431	34.6
2019 年	694495	164617	23.7	116227	16.7	95873	13.8	269761	38.8
2020 年	619238	154912	25.0	81347	13.1	81334	13.1	268837	43.4

数据来源：海关总署。

（二）多晶硅进出口贸易情况

根据海关数据统计，2020 年多晶硅累计进口量为 100776 吨，同比减少 30.3%。全年累计进口均价为 9.47 美元/千克，同比小幅上涨 8.3%。值得注意的是：

（1）从韩国进口量大幅减少。全年累计从韩国进口量为 15530 吨，同比大幅减少 68.6%，一方面是由于从 2019 年下半年开始的市场价格持续下跌，韩国两家主要多晶硅生产企业受成本压力影响，于 2020 年初陆续停产，故全年韩国多晶硅产出大幅减少，则进口量也随之下降。

（2）从德国进口量占比近五成。全年累计从德国进口量为 50061 吨，同比减少 4.9%，2020 年受海外疫情影响，年中瓦克化学（中国）有限公司（德国瓦克）虽有小幅减产，但出口几乎未受影响，产量几乎全量出口至中国，占国内总进口量的 49.7%。

（3）从马来西亚进口量基本持稳。全年从马来西亚进口多晶硅量在 23035 吨，同比小幅增长 8.4%。奥瑟亚（中国）投资有限公司（韩国 OCI）收购马来西亚多晶硅工厂后，除 2020 年年中受疫情影响停产检修外，其余时候基本维持满产运行，且有小幅产能优化，故从马来西亚累计进口量小幅增加。

目前中国多晶硅主要进口地区有德国、马来西亚、韩国这三个地区。2020 年 1~12 月，自德国、马来西亚、韩国进口量共计为 88426 吨，占累计总进口量的 87.7%，各地区进口量占比分别为 49.7%、22.9%、15.2%，自德国进口量位居首位。表 4 为 2018~2020 年中国多晶硅分国别进口情况。

表4 2018~2020年中国多晶硅分国别进口情况

年份	总计/吨	韩国		德国		马来西亚	
		数量/吨	占比/%	数量/吨	占比/%	数量/吨	占比/%
2018 年	139610	55474	40.30	45207	31.49	11959	8.64
2019 年	144506	48881	33.83	52667	36.45	21254	14.71
2020 年	100776	15330	22.86	50061	49.68	23035	22.86

数据来源：海关总署。

从进口均价来看，2020 年全年进口均价为 9.47 美元/千克，同比小幅上涨 8.3%。主要是由于国内疫情得到控制后，终端光伏安装逐步回暖，加之同期国内多晶硅企业检修尚未恢复，短期内出现供不应求的现状，支撑多晶硅价格从底部开始反弹，因此进口多晶硅价格也借助国内需求旺盛等支撑因素，随之上调。

四、技术进步和品质提升情况

（一）工业硅技术进步情况

近年来，中国工业硅技术取得了长足的进步，主要体现为大炉型应用和推广推动产业机械化、自动化。2008 年中国工业硅生产以 6300 千伏安矿热炉为主，12500 千伏安矿热炉刚刚起步，生产过程中，以木炭为主要还原剂，绝大部分企业使用人工加料、捣炉。十余年后，中国工业硅先进企业的生产工艺和装备已经达到国际先进水平。目前，中国在产 25000 千伏安（含）以上矿热炉已经超过百台，产能达到 150 万吨/年以上，占比 30%左右。同时，生产过程已基本摆脱木炭，改用煤或油焦作为还原剂，自动上料、加料和捣炉设备已得到普遍应用，余热利用等先进技术也正在逐步推广。

（二）多晶硅技术进步和品质提升情况

中国多晶硅企业经过十余年的引进、吸收、消化再创新，目前中国多晶硅生产装备已经完全实现国产化，且各环节生产工艺均不断得到优化。特别是在突破冷氢化、大型还原炉等关键技术之后，中国多晶硅工艺装备水平已经达到全球领先地位。

近年来中国多晶硅生产各项技术经济指标持续改善，产品质量显著提升。在技术经济指标方面，目前中国多晶硅生产平均还原电耗已经从 2008 年 120 千瓦时/千克降低到 45 千瓦时/千克，先进企业的还原电耗在 42 千瓦时/千克左右；同期综合电耗从 300 千瓦时/千克降低到 65 千瓦时/千克，先进企业的综合电耗在 60 千瓦时/千克左右；平均综合生产成本从 350 元/千克降低至 65 元/千克，降幅达到 81.4%，先进企业的综合生产成本在 50 元/千克左右。

在产品质量方面，目前中国绝大多数多晶硅产品都在太阳能特级和一级以上，完全可以满足太阳能光伏产业的需求，部分多晶硅产品已实现在半导体产业中的应用。其中，在光伏应用领域，近 90% 的多晶硅产品都可满足 P 型单晶硅生产，四川永祥股份有限公司、协鑫硅产业科技集团、新疆大全新能源股份有限公司、新特能源股份有限公司、亚洲硅业（青海）股份有限公司等优秀厂商的产品甚至已经开始在 N 型单晶硅生产上应用，中国单晶用多晶硅料占比已经从 2018 年的 40% 左右提升到 2020 年的 82.4%，一线多晶硅生产企业单晶用料占比可达 90% 以上，且仍在继续提升中。在半导体应用领域，包括青海黄河上游水电开发有限责任公司新能源分公司、协鑫硅产业科技集团在内的少数企业的半导体芯片、功率器件用超高纯电子级多晶硅产品品质正逐步向国际先进水平看齐。

五、硅产业面临的问题和发展趋势

当前中国硅产业正处于战略转型期，面临着创新能力亟待加强、发展质量有待提升、协调发展不够通畅、行业绿色安全生产认知提升等多重挑战，转型发展的任务依然十分艰巨。

（一）在创新发展、高质量发展方面

硅产业高质量发展要围绕国家战略需求，着力突破电子级多晶硅、单晶硅生产的关键核心技术和工艺，通过发展智能制造，彻底解决产品批次稳定性问题，促进产业迈向中高端，满足中国集成电路等现代化制造业发展和维护国家安全的需要。

（二）在协调发展方面

一方面，协调发展体现在国内产业结构调整，目前硅产业正处于转型升级的关键时期，要在积极引导工业硅、多晶硅、单晶拉棒产能向能源资源丰富的西部地区有序转移的同时，加快淘汰缺乏竞争力的产能，实现产业规模的合理控制和产业布局的持续优化，使产品有市场，需求有保障，供给结构与需求结构相互匹配，实现全产业链的平稳运行与高质量发展。另一方面，协调发展体现在企业、行业、区域之间的合作，整个硅产业和光伏产业要以更加开放的姿态进行协调发展，包括上下游企业之间的合作共赢，光伏发电、电网以及储能行业之间的跨界融合，区域间的分工配合；围绕中国"双循环""新基建"倡议，持续发挥晶硅光伏产业在国内国际双循环中的作用，并携手"一带一路"

各国为构建人类命运共同体作出新贡献。

（三）在行业绿色发展、企业安全生产方面

近年来，在国家政策引导下，国内硅产业积极贯彻绿色发展、安全生产的理念，一方面通过创新驱动，不断优化生产工艺，降低生产过程中的原辅料使用；另一方面全面推进"智能制造"，实现生产过程的自动化、信息化、智能化，在提高产品质量的同时，显著降低能源消耗以及各种废弃污染物的产生，力求产品在全生命周期中最大限度降低资源消耗、尽可能减少污染物产生和排放，从而实现全行业的绿色发展。目前，包括新特能源股份有限公司、江苏中能硅业科技发展有限公司、亚洲硅业（青海）股份有限公司、四川永祥股份有限公司等多家硅企业获得工信部"绿色工厂"称号。

但是，多晶硅生产具有投产时间长、产能弹性小、安全生产风险大等特点。企业既要严密做好工艺过程安全管理，又要抓好日常的职业安全工作。由于中国的现代化多晶硅生产历程较短，虽然在生产规模、工艺技术上实现了可喜的跨越式发展，但在工艺过程安全管理方面仍要不断加强。未来，协会将组织建立多晶硅企业安全生产联盟，共同解决多晶硅生产过程中出现的问题，实现企业间信息共享，在包括消防和环保的大安全层面上履行好自己的社会责任。

撰稿人：徐爱华、马海天、刘　晶
审稿人：林如海、赵家生

2020 年锂工业发展报告

一、2020 年世界锂工业发展概述

世界主要锂生产国包括中国、智利、阿根廷、美国、澳大利亚、俄罗斯等。根据美国地质勘探局 2021 年最新数据显示，世界锂资源量约为 8600 万吨；锂储量随着勘探工作的不断进展，由 2020 年公布的 1700 万吨金属量提高到 2100 万吨金属量（按照金属锂与碳酸锂 1∶5.3 折算，折合碳酸锂当量超过 1 亿吨），详见表 1。

表 1　世界锂资源量及储量（金属量）　　　　　　　（万吨）

国家	储量	资源量
智利	920	960
中国	150	510
澳大利亚	470	640
阿根廷	190	1930
美国	75	790
玻利维亚	——	2100
加拿大	53	290
巴西	9.5	47
葡萄牙	6	27
津巴布韦	22	50
刚果（金）、德国、墨西哥、捷克等国	210	刚果（金）300、德国 270、墨西哥 170、捷克 130、塞尔维亚 120、秘鲁 88、马里 70、西班牙 30、加纳 9，奥地利、芬兰、哈萨克斯坦、纳米比亚各 5
世界总计（约）	2100	8600

数据来源：美国地质调查局。

在区域分布上，世界锂储量分布极不均衡，主要集中在智利、澳大利亚、

阿根廷三国，三者合计约占世界锂储量的75%，其中智利占比高达43.8%。由于资源分布情况，锂矿（包括盐湖锂矿和固体锂矿）产出的区域分布存在较大差异，澳大利亚仍然是最大的锂矿供给国，约占据世界锂矿石供给90%、占世界锂原料供应总量的44%。尽管中国锂储量位于世界前列，资源品种相对丰富，但是相对中国锂盐生产能力，仍属于资源短缺国家，50%的锂原料需要进口。

2020年，世界锂及其衍生物产量折合碳酸锂当量为42.16万吨，同比增长11.83%，产量增加主要来自中国。2020年，全球锂离子电池出货量达到294.5吉瓦时。中国每年的需求量约占全球总需求量的三分之二，详见表2。随着欧洲、日韩等锂电市场和产业链的崛起，锂作为未来的战略矿产，确保锂资源供应已成为全球共识，美洲、非洲、欧洲的矿石锂资源开发也备受关注。

表2　中国及全球锂盐需求量　　　　　　　　　（万吨）

年份	2020年	2021年	2022年	2023年	2024年	2025年
全球	37.0	44.4	55.1	68.5	86.2	112.6
中国	23.7	29.3	37.4	48.1	59.9	75.4

数据来源：中国有色金属工业协会锂业分会。

注：2021~2025年为预测值。

二、2020年中国锂工业发展现状

2020年受新冠肺炎疫情影响，上半年锂盐生产企业与正极材料厂开工率低，基础锂盐价格持续走低，从四季度开始，伴随下游正极材料订单回暖，主流碳酸锂企业供应偏紧，碳酸锂价格逐渐回升，年末工业碳酸锂和电池级碳酸锂价格创出年内新高。

（一）经济运行情况概述

国内锂矿石资源主要位于四川、新疆、江西等地，盐湖锂资源主要位于青海和西藏。目前正在勘探开发的盐湖锂资源主要集中在青海，锂矿的开采主要在四川、江西等地。

上半年，受新冠肺炎疫情影响，正极材料厂开工率低，部分碳酸锂企业持续调低售价，电池碳酸锂价格从年初的每吨5万元降到6月末的4万元左右，电池级氢氧化锂价格从年初的每吨5.4万元降到6月末的5.1万元。

下半年伊始，需求仍没有增长，碳酸锂和氢氧化锂价格小幅回落，碳酸锂产线开工率同比下降20%以上，氢氧化锂产量同比下降20%。国内钴酸锂、三元材料开工率都有上升，产量增幅达到 20% 以上。9 月后，国内新能源汽车、电动自行车等产销量明显提升，同比环比都出现较大幅度增长，9 月当月，全国锂离子电池完成产量 19.9 亿只，同比增长 26.6%。

2020 年中国碳酸锂产量为 18.7 万吨，同比增长 15.43%，天齐锂业股份有限公司、江西赣锋锂业股份有限公司等前 6 家企业市场占有率达到 57.8%。中国利用盐湖卤水锂资源和锂云母矿生产碳酸锂产量也创历史新高，超过 8 万吨。

2020 年中国氢氧化锂产量达到 9.27 万吨，同比增长 14.44%。产量增量主要来自四川雅化实业集团股份有限公司、江西雅保锂业有限公司、江苏容汇通用锂业股份有限公司、宜宾天宜锂业科创有限公司等企业。产量排名前三的企业市场占有率约 70%。3 家企业氢氧化锂生产线投产，新增产能约 10 万吨。

2020 年国内无水氯化锂产量约 2.3 万吨，有些采用锂辉石精矿直接生产，部分采用工业碳酸锂转换，还有部分是利用回收的含锂废料、盐湖卤水生产。国内主要生产企业有江西赣锋锂业股份有限公司和天齐锂业股份有限公司。

国内基础锂盐生产情况见表 3。

表 3　中国锂盐产量　　　　　　　　　　　　　　　（万吨）

产品名称	2019 年	2020 年
碳酸锂	16.2	18.7
单水氢氧化锂	8.1	9.27
无水氯化锂	2.8	2.3
合计碳酸锂当量	25.7	28.86

数据来源：中国有色金属工业协会锂业分会。

2020 年，基础锂盐行业效益下滑明显，部分企业仍没有摆脱亏损，但企业经营情况在持续好转。为满足国内外锂电产业快速发展的需求，锂盐加工产能逐渐增加，新建项目朝自动化、智能化方向发展，产线规模、产品质量不断提升，赢得了国内外用户的好评，纷纷与主要锂盐生产企业签署供货协议或合同。

新能源汽车产业已成为全球共识的战略性新兴产业，产业链涵盖上游资源、中游材料、下游电池系统以及终端整车，未来还将成为全球合作的重要桥梁。电动汽车的核心是锂离子电池，从全球锂离子电池的供给格局来看，锂电产业经过多年的发展，除中国、日本、韩国外，欧洲和美国也在加速布局，为实现温室气体零排放推出或将推出新能源汽车发展中长期规划。中国锂电行业蓬勃发展给锂电正极材料市场带来了前所未有的发展机遇。

根据中国汽车工业协会数据显示，2020 年中国新能源汽车产销分别为 136.6 万辆和 136.7 万辆，分别增长 7.5% 和 10.9%。其中纯电动汽车产销分别完成 110.5 万辆和 111.5 万辆，同比分别增长 5.4% 和 11.6%；插电式混合动力汽车产销分别完成 26 万辆和 25.1 万辆，同比分别增长 18.5% 和 8.4%。

2020 年中国锂电正极材料产量为 55.37 万吨，同比增长 26.13%，见表 4。其中，三元正极材料累计产量约 21.74 万吨，同比增幅 10.36%；磷酸铁锂材料产量达 15.9 万吨，同比增长 33.61%；钴酸锂材料产量为 8.45 万吨，同比增长 34.13%；锰酸锂材料产量达到 9.28 万吨，同比增长 54.67%。

表 4　近两年正极材料生产情况

产品名称	产量/万吨		同比增长/%
	2020 年	2019 年	
钴酸锂	8.45	6.3	34.13
三元材料	21.74	19.7	10.36
磷酸铁锂	15.90	11.9	33.61
锰酸锂	9.28	6.0	54.67
合　计	55.37	43.9	26.13%

数据来源：中国有色金属工业协会锂业分会。

从统计数据看，2020 年中国钴酸锂产量达 8.45 万吨，拉动钴酸锂产量大幅增长的主要来自笔记本电脑及平板电脑的消费增长，以及手机用锂电池容量提升等因素。厦门厦钨新能源材料股份有限公司、湖南杉杉新材料有限公司、天津巴莫科技股份有限公司产量占据国内前三位。

2020 年三元材料产量比 2019 年增长约 10%，宁波容百新材料科技有限公司、天津巴莫科技股份有限公司、北京当升新材料科技股份有限公司产量位居国内前三，产量在 2 万吨以上。

磷酸铁锂正极材料因为新能源汽车、储能市场及两轮电动车的不断发展，需求快速上升，2020 年产量为 15.9 万吨，深圳市德方纳米科技股份有限公司、湖南裕能新能源电池材料有限公司、深圳市贝特瑞新能源材料股份有限公司、湖北万润新材料科技发展有限公司、合肥国轩电池材料有限公司产量居国内前五位。

锰酸锂电池的正极材料，具有价格低、电位高、倍率高、安全性好等优点，应用于电动自行车及低速电动车、电动工具、数码电子产品、储能等领域，应用市场在不断拓展，行业呈现出较快的增长趋势。2020 年产量达到 9.28 万吨，安徽博石高科新材料股份有限公司、淮北天茂循环能源有限公司、新乡市弘力电源科技有限公司、多氟多化工股份有限公司、青岛乾运高科新材料股份有限公司等企业产量位居前列。

（二）产业结构

中国锂产品主要包括碳酸锂、氢氧化锂、氯化锂、钴酸锂、镍钴锰酸锂、镍钴铝酸锂、磷酸铁锂、锰酸锂等化合物，还有金属锂及多种锂合金。碳酸锂、氢氧化锂等化合物有多个级别品种，分为电池级、工业级或医药级等。

碳酸锂、氢氧化锂等基础锂盐产业主要分布在江西、四川、青海、江苏、山东等地，金属锂及其合金生产企业主要分布在江西、四川、新疆、江苏、重庆、天津等地，生产锂电池正极材料的企业主要集中在北京、天津、湖南、广东、河南、山东、福建、湖北、河北等地。今年，江西、河北等地有数个锂盐项目建设即将完成投产。四川、贵州、安徽等地正极材料建设项目也在逐年增加。

目前，中国已形成了一些专门的锂电池回收企业，如格林美股份有限公司、广东邦普循环科技有限公司等，国内也已建成一定规模的废旧电池与报废电池材料处理生产线，可以回收废旧电池中含有的镍、钴、锰、锂等稀有金属。

国内还有一批可以利用粗制碳酸锂、硫酸锂或含锂废料生产电池级碳酸锂或氢氧化锂的企业，规模大小不一，具有生产高品质锂盐的能力。同时还有一批与锂工业配套的设计、科研、设备制造、环保等企业。

（三）市场价格

碳酸锂格在 2020 年一季度走势较为平稳，国内锂盐厂受疫情影响开工不足。进入二季度碳酸锂生产线全面恢复正常生产后，国内对于碳酸锂的需求不旺，加之上半年进口碳酸锂 2.2 万吨比 2019 年同期 1.1 万吨大幅增长，碳酸锂价格开始持续走低，7 月初，个别企业工业级碳酸锂成交价已跌破 3 万元，国内包括盐湖提锂在内的产线都出现亏损，工业级碳酸锂价格开始低幅价位修复。三季度企业为减少亏损，锂辉石生产碳酸锂产线部分减产或停产。四季度伴随下游正极材料订单回暖，主流碳酸锂企业供应偏紧，碳酸锂价格逐渐回升，年末时工业碳酸锂和电池级碳酸锂价格创出年内新高。

氢氧化锂价格 1 月走势比较平稳，2 月电池级氢氧化锂主要生产企业因国内现货供应偏紧，加上物流运输成本上涨等因素，价格出现小幅上涨，企业恢复正常生产后，3 月末电池级氢氧化锂价格回落。二季度受国内高镍正极材料市场减量，出口暂时受阻后，氢氧化锂价格出现小幅下滑。三季度受国内高镍正极材料市场不及预期，新的氢氧化锂产能投产等因素影响，氢氧化锂价格持续下滑。四季度末，受国内碳酸锂价格快速上涨等因素影响，氢氧化锂价格在年末出现小幅上涨，但仍低于年初价格。

根据锂业分会统计，2020 年工业级碳酸锂年平均价为 3.7 万元/吨，同比下降 37.29%；电池级碳酸锂年平均价为 4.4 万元/吨，同比下跌 35.29%；工业级氢氧化锂年平均价为 4.5 万元/吨，同比下降 38.36%；电池级氢氧化锂年平均价为 5 万元/吨，同比下降 38.27%（见图 1）。

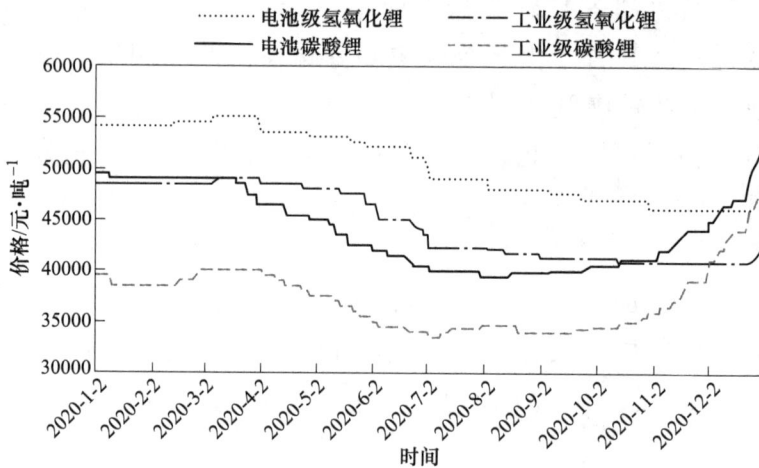

图 1　2020 年锂盐价格走势图

数据来源：中国有色金属工业协会锂业分会

2020 年，澳大利亚一家锂矿山企业破产，对全球的锂供应及价格走势产生较大影响。国内锂盐企业放货量较为谨慎，预计国内锂盐价格将逐步走稳。2021 年，国内将有约十万吨碳酸锂、氢氧化锂产线投入生产，由于部分产能下半年投产，且大部分是矿石提锂项目，预期不会对锂盐价格造成大的影响。

2020 年 1 月受钴价格影响，钴酸锂及三元材料价格略有上涨，2 月四氧化三钴价格大幅拉涨，钴酸锂价格出现较大上涨，3 月下旬，受 3C 市场消费低迷，钴酸锂价格出现下滑，三元材料价格也开始下滑；二季度钴酸锂和三元材料价格都小幅下滑，期间钴酸锂价格略有上涨后又下滑；7 月下旬后，受四氧化三钴价格上涨，钴酸锂价格出现较大上涨，8 月中旬后开始平稳运行，9 月中旬后开始略有下滑；7 月中旬后三元材料价格略有上调，8 月价格波动不大，9 月末稍有下滑；四季度，钴酸锂和三元材料价格一直处于弱稳定阶段，价格波动不大，三元材料在 11 月下旬开始略有上涨，主要受碳酸锂和三元前驱体价格影响，12 月下旬，受四氧化三钴和碳酸锂价格影响，钴酸锂略有上涨。钴酸锂全年平均价格为每吨 21. 15 万元，同比下降 8. 32%，三元 523 材料平均价格为每吨 10. 66 万元，同比下降 19. 67%；三元 622 材料平均价格为每吨 12. 19 万元，同比下降 19. 27%，价格趋势图如图 2 所示。

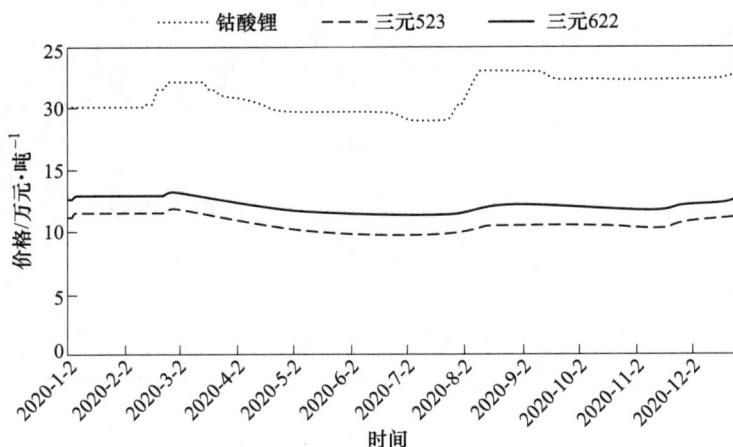

图 2　2020 年钴酸锂及三元材料价格趋势图

数据来源：中国有色金属工业协会锂业分会

2020 年一季度锰酸锂价格出现小幅下滑，主要因为市场需求不旺，部分企业调低出货价格，磷酸铁锂价格保持平稳；二季度出口受疫情影响，加之碳酸锂价格持续下行，国内锰酸锂和磷酸铁锂销售压力持续增大，产品价格也持续走低；三季度国内碳酸锂价格疲软，锰酸锂价格维持低位波动，9 月受电动自行车电池和数码类电池需求增加，锰酸锂价格开始逐渐上行；虽然磷酸铁锂的用量有增加，但部分企业为占领市场份额，继续低价出售，8 月中旬，市场平均价格继续下行；四季度后，受市场需求影响，企业订单逐渐饱满，碳酸锂价格持续上行，锰酸锂和磷酸铁锂价格也持续上涨。价格趋势图如图 3 所示。

（四）进出口贸易

2020 年中国全年氢氧化锂出口同比增长 16. 20%，进口同比增长 10. 02%；碳酸锂进口同比增长 70. 99%，出口同比减少 42. 10%；镍钴锰酸锂进口量同比增加 56. 16%，出口同比增加 102. 26%（见表 5）。中国碳酸锂进口同比大幅增长，主要是国内可以将碳酸锂转化为氢氧化锂或氟化锂等其他锂产品，同时国内正极材料企业对碳酸锂的需求在迅速上升。

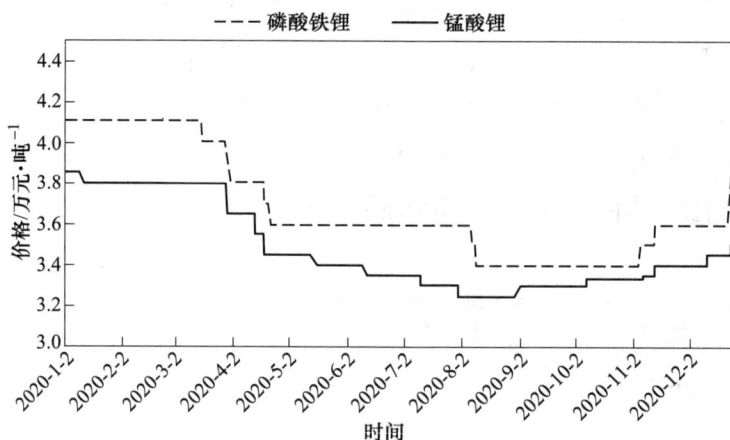

图3　2020年磷酸铁锂及锰酸锂价格趋势图

数据来源：中国有色金属工业协会锂业分会

表5　2020年锂产品进出口情况　　　　　　　　（吨）

商品名称	进口	出口	进出口净量
氢氧化锂	526.22	56573.17	出口 56046.95
锂的碳酸盐	50102.42	7488.08	进口 42614.34
锰酸锂	215.30	514.66	出口 299.36
锂镍钴锰氧化物	59617.68	38710.42	进口 20907.26
磷酸铁锂	250.88	524.46	出口 273.58

数据来源：海关总署。

（五）投融资情况

2020年中国新能源汽车与动力电池产业发展迅猛，不断有新的项目落地。在不断扩大的产量面前，各大电池厂商的竞争却越加激烈，不仅中日韩三国上演群雄逐鹿，欧美及东南亚也加入这场没有硝烟的战争之中。

根据中国电池网统计的2020年电池新能源产业链投资扩产项目相关情况来看，统计在内的103个项目，97个公布投资金额，投资总额逾3737.52亿元。其中，锂电池投资项目28个，26个公布了投资金额，投资总额逾1820.23亿元；正极材料、上游原材料投资项目15个，13个公布了投资金额，投资总额逾296.34亿元；电解液投资项目7个，投资总额达61.77亿元；新能源汽车、零部件、充换电领域投资项目24个，总额达909.52亿元；氢能领域投资项目7个，其中6个公布了投资金额，投资总额逾222.75亿元；锂电设备及其他领域投资项目9个，投资总额逾91.82亿元。与2019年相比，新能源汽车、正极材料及上游原材料、氢能领域的项目投资金额均缩水 2 倍以上。2019 年，中国电池网统计在内的正极材料、上游原材料投资项目 16 个，投资总额近 753 亿元；新能源汽车领域投资项目 16 个，总额达 3371.58 亿元；氢能领域投资项目 21 个，15 个项目公布了投资额，投资总额逾 622 亿元。

三、中国锂工业运行状况分析

2020 年，新能源汽车产业正在由政策驱动为主向市场驱动为主转变。国家支持新能源汽车产业发展的方向和决心从未动摇，政府相关部门陆续出台了多个产业政策，推动新能源汽车产业高质量发展。中国的锂产业形成了从上游开采到中游锂盐加工再到下游正极材料生产、动力电池制造最终到废旧电池回收再利用的全生命周期闭环的可持续发展模式。

（一）政策环境分析

通过国家多年来对新能源汽车整个产业链的培育，各个环节逐步成熟，丰富和多元化的新能源汽车产品不断满足市场需求，使用环境也在逐步优化和改进，在这些措施下，新能源汽车越来越受到消费者的认可。2020 年 10 月 9 日，国务院常务会议通过《新能源汽车产业发展规划（2021~2035 年）》，进一步明确了对于未来 5 年、15 年的新能源汽车的发展目标：到 2025 年新能源汽车新车销量占比要达到 20%左右，到 2035 年国内公共领域用车全面实现电动化。

政策依然是中国电动汽车及动力电池产业发展的最大驱动力，任何来自决策层的风吹草动，都会给市场端带来快速的连锁反应。

从政策的整体导向来看，主要的方向是以 2022 年补贴全部退出后，产业上不发生大的波动为指导。措施是分阶段释放补贴退坡所带来的市场压力，防止产业的大起大落，并逐步完善电动汽车安全标准体系。

1. 明确新能源汽车补贴政策实施期限延长至 2022 年底

4 月 23 日，财政部、工信部、科技部及发改委联合发布了《关于完善新能源汽车推广应用财政补贴政策的通知》，综合技术进步、规模效应等因素，将新能源汽车推广应用财政补贴政策实施期限延长至 2022 年底。为加快公共交通等领域汽车电动化，城市公交、道路客运、出租（含网约车）、环卫、城市物流配送、邮政快递、民航机场以及党政机关公务领域符合要求的车辆，2020 年补贴标准不退坡，2021~2022 年补贴标准分别在上一年基础上退坡 10%、20%。原则上每年补贴规模上限约 200 万辆。

2. 三项电动汽车强制性国家标准正式发布

5 月 12 日，工业和信息化部组织制定的《电动汽车安全要求》（GB

18384—2020）、《电动客车安全要求》（GB 38032—2020）和《电动汽车用动力蓄电池安全要求》（GB 38031—2020）三项强制性国家标准由国家市场监督管理总局、国家标准化管理委员会批准发布，此次标准增加了电池系统热扩散试验，要求电池单体发生热失控后，电池系统在 5 分钟内不起火不爆炸，为乘员预留安全逃生时间，标准于 2021 年 1 月 1 日起开始实施。

电动汽车安全是消费者关注的焦点，也是新能源汽车产业持续健康发展的根本保障。为落实《节能与新能源汽车产业发展规划（2012～2020 年）》《汽车产业中长期发展规划》等要求，结合新能源汽车产业发展实际和技术进步需要，工业和信息化部于 2016 年启动电动汽车安全三项强标制定工作。三项强标以中国原有推荐性国家标准为基础，与中国牵头制定的联合国电动汽车安全全球技术法规（UN GTR 20）全面接轨，进一步提高和优化了对电动汽车整车和动力电池产品的安全技术要求。

3. 双积分新政发布，松紧有度刺激车市

6 月 22 日，工信部、财政部、商务部、海关总署和市场监督总局发布《关于修改〈乘用车企业平均燃料消耗量与新能源汽车积分并行管理办法〉的决定》。此次修改明确了 2021～2023 年新能源汽车积分比例要求，分别为 14%、16%、18%。按照该比例要求，基本能够保障实现"到 2025 年乘用车新车平均燃料消耗量达到 4.0 升/百公里、新能源汽车产销占比达到汽车总量 20%"的规划目标。《决定》还增加了引导传统乘用车节能的措施；完善了新能源汽车积分灵活性措施；丰富了关联企业的认定条件；将燃用醇醚燃料的乘用车纳入核算范围，对具备节能减排优势的车型给予核算优惠。《决定》自 2021 年 1 月 1 日起施行。

4. 国家能源局部署 2020 年能源工作：加大储能发展力度

6 月 22 日，国家能源局官方网站发布了关于印发《2020 年能源工作指导意见》的通知。《意见》提出加大储能发展力度，此外，《意见》还提出加强充电基础设施建设，提升新能源汽车充电保障能力。

5. 两部委印发绿色出行创建行动方案

7 月 24 日，交通运输部和国家发展改革委印发关于《绿色出行创建行动方案》的通知，《方案》明确了通过开展绿色出行创建行动，倡导简约适度、绿色低碳的生活方式，引导公众出行优先选择公共交通、步行和自行车等绿色出行方式，降低小汽车通行总量，整体提升中国各城市的绿色出行水平。《方案》提出重点区域新能源和清洁能源公交车占所有公交车比例不低于60%，其他区域新能源和清洁能源公交车占所有公交车比例不低于50%。新增和更新公共汽电车中新能源和清洁能源车辆比例分别不低于80%。

6. 国务院办公厅印发《新能源汽车产业发展规划（2021~2035年)》

11月2日，国务院办公厅正式印发《新能源汽车产业发展规划（2021~2035年)》。《规划》提出，到2025年，纯电动乘用车新车平均百公里电耗降至12.0千瓦时，新能源汽车新车销售量达到汽车新车销售总量的20%左右，高度自动驾驶汽车实现限定区域和特定场景商业化应用。到2035年，纯电动汽车成为新销售车辆的主流，公共领域用车全面电动化，燃料电池汽车实现商业化应用，高度自动驾驶汽车实现规模化应用，有效促进节能减排水平和社会运行效率的提升。

（二）产业结构调整情况分析

中国作为全球最大的动力电池和新能源汽车产销基地和市场，新能源汽车的发展极大地促进了上游原材料碳酸锂、氢氧化锂的消费需求。中国拥有较为丰富的锂资源和完善的锂电池产业链，以及基础人才储备，使中国在锂电池及其材料产业发展方面成为全球最具吸引力的地区，并且已经成为全球最大的锂电材料和电池生产基地。

中国动力电池龙头企业凭借技术、工艺以及成本等优势，正在与国际车企积极合作，加速动力电池产品走向世界的进程。当前，如何突破锂电池产业链薄弱环节，提升电池安全性能，实现跨越式降本增效是中国锂电池产业高质量发展的关键所在。

同时也要注意废旧动力电池的综合利用，推动动力电池全价值链发展。鼓励具备条件的企业提高锂、镍、钴等关键资源保障能力。建立健全动力电池模块化标准体系，加快突破关键制造装备，提高工艺水平和生产效率。完善动力电池多层次多用途回收利用体系，鼓励共建共用回收渠道。建立健全动力电池运输仓储、维修保养、安全检验、报废退出等环节管理制度，加强全生命周期监管。

（三）经营形势分析

锂是新能源汽车产业发展不可或缺的关键原料。锂资源的安全供应关系到中国新能源汽车产业、储能、电子信息等战略性新兴产业健康稳定发展。目前，中国锂资源消费约占全球的60%，但国际话语权较弱；中国锂原料供应对外依存度还比较高，存在一定的安全隐患。

2020年10月，澳大利亚锂生产商阿尔图拉矿业（Altura Mining）进入破产程序，并关闭了其位于西澳大利亚州的皮岗古拉（Pilgangoora）锂矿项目。随后，皮尔巴拉矿业公司与阿尔图拉矿业公司达成一项购买协议，皮尔巴拉矿业公司以 1.75 亿美元收购阿尔图拉的锂业务。阿尔图拉和国内多家锂盐企业签订了供货协议,其锂辉石精矿年产能约 22 万吨,其破产将会给国内的锂辉石精矿供应和锂辉石精矿价格带来较大的影响。

国内碳酸锂、氢氧化锂企业在 2020 年经受了"生死考验",在市场价格跌破生产成本时,被迫减产、停产来渡过难关,想方设法降低成本、提高利润,从原料供给、产能以及产品质量等方面进行提升。今后,将会形成一批产能规模在 4 万吨以上的企业,满足下游不断增长的需求。

2020 年中国正极材料细分市场集中度进一步提升,具备产品质量优势以及产能规模效应的企业逐渐向龙头企业集中。龙头企业逐渐加强在国际主流电池客户的供应链布局,进入 CATL、LG、BYD、松下等企业核心供应链的企业逐渐向少数具有实力的企业集中。磷酸铁锂电池成本优势将持续,受动力电池以及储能电池市场带动以及新技术新工艺应用的加快,磷酸铁锂材料产能和产量不持续增加。核心正极材料企业将进一步加大自身在技术、专利、客户资源、管理等方面的布局与优化改革,提升自身核心竞争力。龙头企业将进一步加强自身上下游产业链合作布局,确保自身原材料供应以及产品产销。此外,无模组电池技术的产业化将对磷酸铁锂材料市场产生巨大影响,之前受限于能量密度较低,磷酸铁锂材料的应用市场一直局限于商用车及少量乘用车领域。随着业界对磷酸铁锂材料性能不断改进以及 CTP 等无模组技术的应用,未来磷酸铁锂材料的应用领域将逐步拓宽。

四、中国锂工业发展中存在的突出问题和对策建议

虽然中国是全球最大的锂生产国与锂消费国,电动汽车的发展也取得了长足的进步,但是中国的锂工业发展仍然存在了一些突出问题,比如中国虽然锂资源丰富,但存在开发利用率低,锂资源的对外依存度过高,产业同质化严重,锂盐提取与正极材料投资过热等问题。建议从以下几方面发展锂工业:

(1)加大国内外锂资源勘查开发力度。在国内应以国家公益性地质工作为先导,支持企业进一步加大地勘投入,加大锂矿勘查力度,实现找矿突破,提高国内资源保障程度。同时,依托国家"一带一路"倡议,鼓励国内企业参与境外锂资源的勘查开发,尤其应关注南美及非洲地区,通过竞标收购、资产重组、租赁经营、项目互换等方式,采取贸易与开发并举的方针,加大对阿根廷、智利、玻利维亚等高品质南美盐湖锂矿,以及国外锂辉石矿的开发利用,积极参与非洲锂矿开发,提高全球资源控制能力。

(2)进一步加大青海与西藏盐湖提锂产能的有效利用。针对国内青海、

西藏地区丰富的锂资源进行规划开发，继续完善适宜不同盐湖类型的提锂技术工艺，不断优化生产工艺，提高盐湖锂资源利用效率，根据需求开发多种锂产品及深加工产品。国内应建立由科研院所、高等院校及国内骨干企业等组成的产业技术创新联盟，提高中国盐湖卤水锂资源的开采和提取工艺水平，提高锂的综合回收利用率。

（3）加强高性能锂电技术研发，拓展锂产品产业。目前，国内对锂资源的开发利用多停留在初级产品阶段，下游产业发展较美国、韩国等相对滞后，应大力发展高纯碳酸锂、氟化锂、氢氧化锂等锂电材料，以及锂及锂合金箔、有机锂化合物等精深加工产品，以延伸锂产业链，提高产品附加值。企业应通过技术创新改进锂辉石中提取碳酸锂的工艺，降低成本，改善能耗和环保指标，提升产品质量，提高市场竞争力。同时，骨干企业应该牵头建立锂电产业协同创新平台，推进原料、电池材料、电池生产企业以及下游用户深度合作和协同创新，推进高端锂电池的研发，进一步提升其安全性和可靠性，在重点领域形成国内自主创新的核心工艺并加强推广应用。

（4）在国家层面上加强战略指导和规划，优化锂产业发展布局。"十四五"是《新能源汽车产业发展规划（2021~2035年）》实施开局之年，中国新能源汽车产业发展取得了举世瞩目的成就，成为引领世界汽车产业转型的重要力量。十九届五中全会公告也鼓励发展包括新能源汽车在内的战略性新兴产业。锂作为动力电池的最佳储能材料，国家应从战略层面高度重视锂产业发展，加强统一规划和战略布局，优化资源配置，以淘汰落后工艺、扩大消费需求等措施积极推动企业做强做优，培育和扶持上下游一体化运作的大集团。支持青海、四川、江西等省区建设锂精深加工产业基地，加快西藏能源基础设施建设，并在税收、资金补贴、贷款等方面给予政策支持。

撰稿人： 张江峰、吴艳华、崔　妍
审稿人： 赵家生

统计篇

TONGJI PIAN

2020 年有色金属产品产量汇总表

指标名称	产量/吨			同比/%
	12 月	12 月止累计	同期累计	
一、十种有色金属	5745643	61679651	58459044	5.51
1. 精炼铜（铜）	985530	10025059	9335114	7.39
2. 原铝（电解铝）	3267903	37080401	35361618	4.86
3. 铅	716075	6443071	5889049	9.41
4. 锌	601999	6424876	6254521	2.72
5. 镍	27583	269466	242058	11.32
6. 锡	21727	202910	181518	11.79
7. 锑	23351	235363	239894	−1.89
8. 汞	257	1993	2046	−2.60
9. 镁	87753	858282	853817	0.52
10. 海绵钛	13465	138230	99410	39.05
二、六种精矿含量	562184	6031659	5939252	1.56
1. 铜精矿含量	143847	1673338	1610011	3.93
2. 铅精矿含量	132986	1329255	1251415	6.22
3. 锌精矿含量	263041	2768560	2819146	−1.79
4. 镍精矿含量	9294	105048	104674	0.36
5. 锡精矿含量	8958	94463	85584	10.38
6. 锑精矿含量	4058	60995	68422	−10.85
三、钨钼精矿折合量				
1. 钨精矿折合量	15898	138612	145408	−4.67
2. 钼精矿折合量	20041	213273	232592	−8.31
四、氧化铝	6133902	73131946	72910240	0.30
五、有色加工产品				

续表

指标名称	产量/吨			同比/%
	12月	12月止累计	同期累计	
1. 铜材	1920704	20454552	19912825	2.72
2. 铝材	5677527	57793190	53206590	8.62
六、冶炼厂产金/千克	14573	161422	127671	26.44
七、白银/千克	2328649	20337777	18933119	7.42

注：1. 该表中的数据均为初步统计数。

2. 计算各项指标同比增长速度所采用的上年数与本年的企业统计范围相一致，和上年公布的数据存在口径差异。

2020 年有色金属行业规模以上企业主要财务指标

指标	计算单位	2020 年 1~12 月累计		2019 年 1~12 月累计		同比/%		备注
		含黄金	不含黄金	含黄金	不含黄金	含黄金	不含黄金	
企业个数	个	8607	8263					
资产总计	千元	4857828870	4486355858	4816176724	4467480967	0.86	0.42	
流动资产平均余额	千元	2332332559	2196408015	2285053630	2155040157	2.07	1.92	
应收账款	千元	370203557	362594875	312049353	306137573	18.64	18.44	
产成品库存	千元	174216583	166382937	163761286	157273519	6.38	5.79	
负债合计	千元	2990515183	2770182949	3023867150	2815694705	-1.10	-1.62	
营业收入	千元	5826654942	5370688013	5610329043	5212130047	3.86	3.04	
营业成本	千元	5366938839	4955312949	5191080181	4825767673	3.39	2.68	
营业费用	千元	42664984	41084946	43343072	42128403	-1.56	-2.48	
管理费用	千元	101279992	88719358	102043663	91647589	-0.75	-3.20	
财务费用	千元	63668751	58984640	74730810	69968948	-14.80	-15.70	
利润总额	千元	183319085	161154714	153861747	140220560	19.15	14.93	
亏损企业亏损额	千元	39386075	37776732	45441080	43400030	-13.32	-12.96	
亏损企业个数	个	1861	1797	1825	1744	1.97	3.04	
资产负债率	%	61.56	61.75	62.79	63.03	-1.22	-1.28	百分点
资产利润率	%	3.74	3.56	3.21	3.16	0.53	0.40	百分点
销售收入利润率	%	3.15	3.00	2.74	2.69	0.40	0.31	百分点

注：1. 该表中数据为初步统计数。

2. 计算各项指标同比增长速度所采用的上年数与本年的企业统计范围一致，和上年公布的数据存在口径差异。